中国の歴史5

中華の崩壊と拡大

魏晋南北朝

川本芳昭

講談社学術文庫

目次

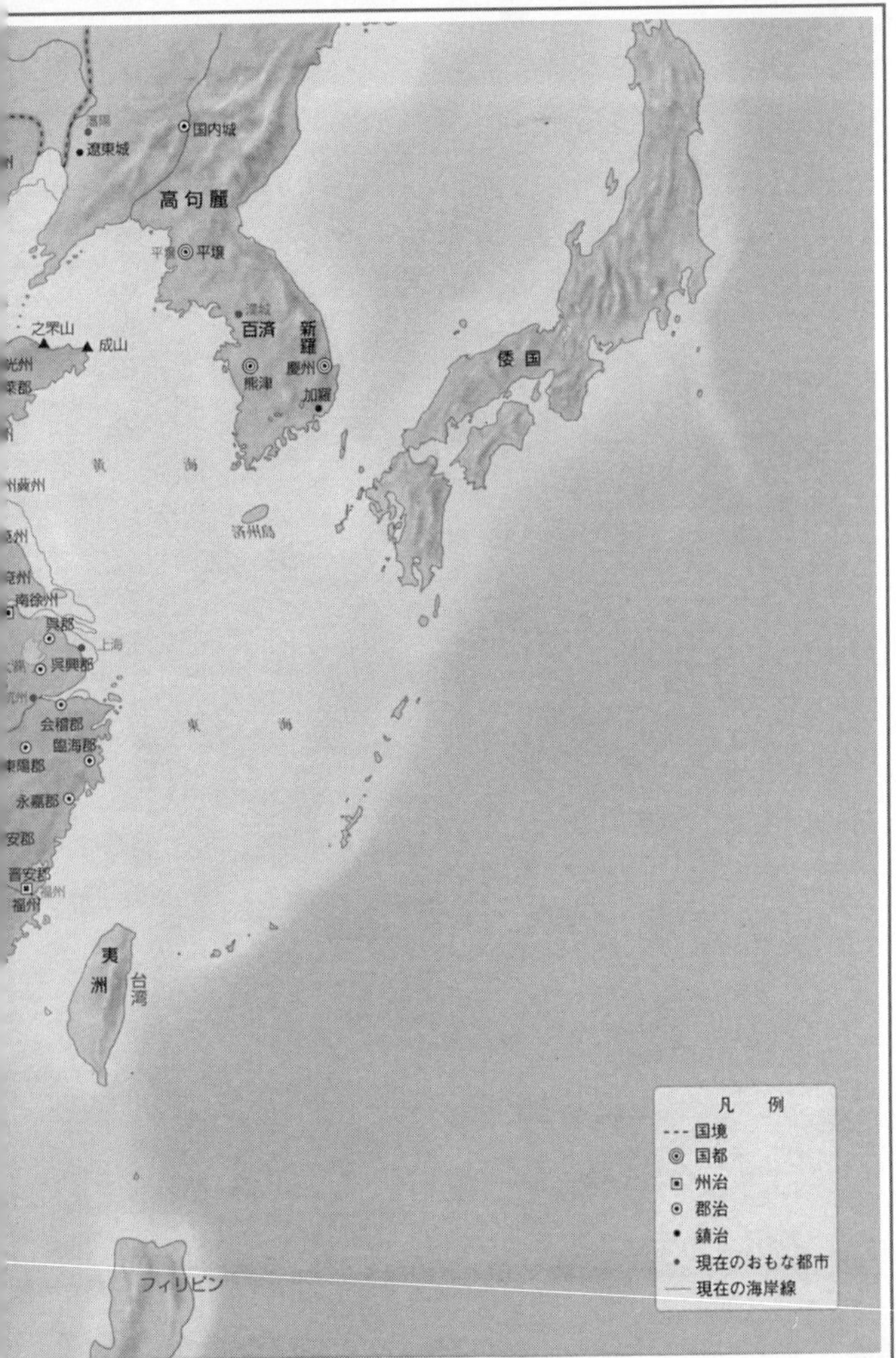

国内城
遼東城
高句麗
平壌
百済
新羅
之罘山
成山
熊津
慶州
加羅
済州島
倭国
呉郡
上海
呉興郡
会稽郡
臨海郡
永嘉郡
晋安郡
福州
夷洲
台湾
東海
フィリピン
凡例
国境
国都
州治
郡治
鎮治
現在のおもな都市
現在の海岸線

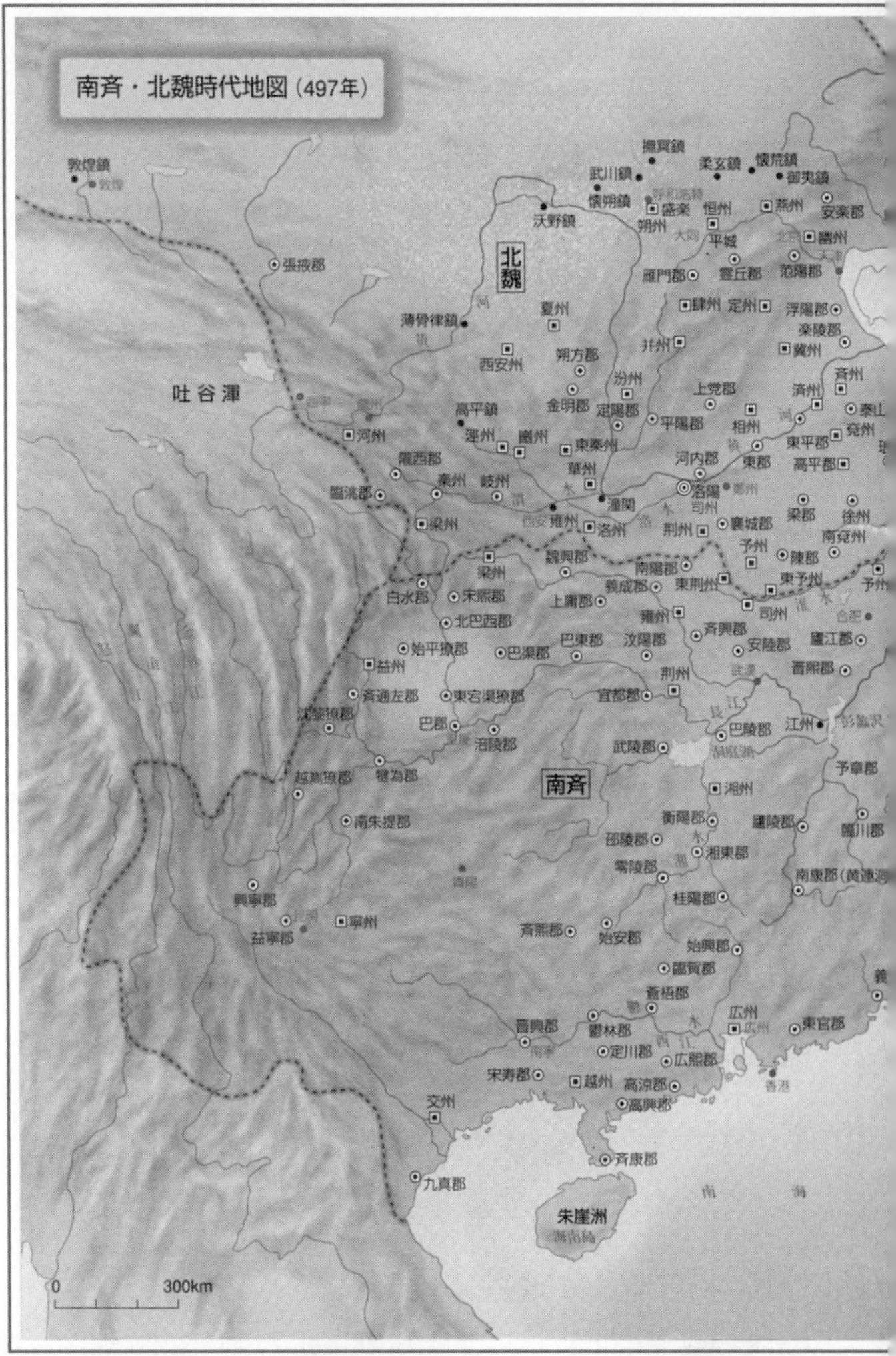

南斉・北魏時代地図（497年）

地図・図版作成
さくら工芸社
ジェイ・マップ
図版提供
瀧本弘之

中国の歴史 5

中華の崩壊と拡大

魏晋南北朝

はじめに

四〇〇年に及ぶ大分裂時代

雲岡第20窟露座大仏　主仏の高さは13.7m。雲岡石窟は北魏前期の文成帝のとき（西暦460年頃）、造営が開始された。現存する曇曜五窟はそのとき開窟された石窟群で、第20窟は五窟のうちの最も西にあって、その偉容を示している

中国の歴史を通観するとき、そこには春秋戦国《しゅんじゅうせんごく》の諸国が割拠した時代の後におとずれた中国最初の統一国家としての秦漢《しんかん》帝国の時代、その後に続く分裂と混乱の時代たる魏晋南北朝《ぎしんなんぼくちょう》時代、そしてその後に再びおとずれる絢爛たる大統一時代としての隋唐《ずいとう》帝国の時代というように、政治的にきわめて錯綜した時代と安定した時代とが、巨大なサイクルのもとに交互に繰り返されるように現れていることがわかる。

本巻で取り扱われる魏晋南北朝時代は、そうした大統一時代にはさまれた約四〇〇年にも及ぶ、まさしく「乱世」と

呼ぶにふさわしい大分裂の時代である。

しかし、この時代は、今日に伝えられる雲岡《うんこう》や龍門《りゅうもん》の壮麗な仏教遺跡群や王羲之《おうぎし》、陶淵明《とうえんめい》などの文人・詩人に代表される六朝《りくちょう》文化を生み出した時代でもあり、決して「暗黒」そのものの時代ではなかった。むしろこの時代は種々の面できわめて豊かで華やかな時代であり、わが国の古代文化にもきわめて大きな影響を及ぼした、国際色豊かな隋唐時代の淵源ともなった時代なのである。

画聖顧愷之《こがいし》の画風、多くの名文を集めた詞華集《しかしゅう》『文選《もんぜん》』、老荘思想の盛行や道教《どうきょう》の出現などは、豊かで華やかな時代としてのこの時代が後世に残した偉大な遺産である。

この点は、秦漢帝国出現以前の時代たる春秋戦国時代が決して単なる「乱世」ではなく、いわゆる諸子百家《しょしひゃっか》の出現などに見られるように人々のきわめて活潑なエネルギーの爆発が見られた時代であったのと、軌を一にしているということができるであろう。

郷村社会や中央政界において活躍した貴族

こうした一見すると相互に矛盾する「乱世」的様相と文化的絢爛の様相とが混在する時代を、われわれはどのように理解すべきであろうか。この点は本巻に課せられた中心課題の一つということができる。

この時代は一般に「貴族制」の時代といわれる。それは後漢末の混乱の中から出現した文化的知識人である貴族が、郷村《きょうそん》社会のリーダーとして、かつまた中央・地方の政界の指導階層として存在したことに注目したものであるが、政治的に混乱したこの時代が、きわめて豊かな様相を呈する原因の一つはここにあると見ることができる。

すなわち、長い「乱世」の時代にあって、文明、文化が萎縮することなく華やかに展開、発展し得たのには、彼ら知識人の強靱な精神の果たした大きな役割があったからと考えられるのである。

ただ、活力にあふれたこの時代を作り上げた人々はこうした貴族ばかりであったわけではない。一見逆説的ではあるが、「乱世」を現出させた一方の立て役者としての胡族《こぞく》が、中華文明の保護、発展に努めたという面もあったのである。

また、この時代における仏教の隆盛、広大な未開発地を擁した江南の地の本格的開発の進展等の背景には、厖大な数に上る名もなき人々の弛《たゆ》まぬ営為がそこにあったのである。

本巻においては、こうした観点から文明の展開、継承の問題についても考えてみたいと思う。

王羲之「喪乱帖」（宮内庁三の丸尚蔵館蔵）王羲之の書簡を集めて一巻としたもの。真跡ではないが、書法をよく伝えているとされる。もと正倉院に蔵されていたもの

漢民族と非漢民族との抗争・融合の歴史

この時代は、よく知られているように世界的に見て

巨大な民族の移動が見られた時代であり、ヨーロッパではゲルマン民族の大移動が生じた時代である。中国においてもいわゆる五胡《ごこ》と呼ばれる民族（匈奴《きょうど》、鮮卑《せんぴ》、羯《けつ》、氐《てい》、羌《きょう》）などの大移動が見られた時代であり、ゲルマン民族の大移動を引き起こしたフン族は、西方世界へ侵攻した匈奴であるとする見解も存在するほどである。

こうした「民族」の時代という観点からこの時代に注目したとき、どのようなことが見えてくるのであろうか。この問題を考える際、注意しておくべきことは、日本においてもまったく存在しなかったというわけではないが、中国にあっては、日本の場合と比較にならないほど多様な諸民族が古来その大地で生活し、歴史を形成してきているということである。

このことは現在の中国にモンゴル、ウイグル、チワン（壮）、ミャオ（苗）など五六もの民族が存在していることからも容易にうかがわれることである。そうした中にあってもっとも多数の人口をかかえる民族が漢民族である。

しかし、この漢民族の問題を考えるとき、漢民族もまた、他の諸民族との間で歴史上種々の抗争、融合をへて形成されてきたものであることを忘れてはならない。それはたとえば、今日の北中国の漢民族と南中国の漢民族との間に見られる形質的相違（たとえば北方の人々の平均身長が南方の人々のそれより高いといったような）、北京官話《ペキンかんわ》、広東語《カントンご》などきわめて多様な方言の存在、四川《しせん》料理、広東料理など食文化の多様性などからも容易にうかがうことのできることである。

『容斎随筆《ようさいずいひつ》』という一二世紀の宋《そう》の時代の書物に「古代の周の時代、中国の領域はもっとも

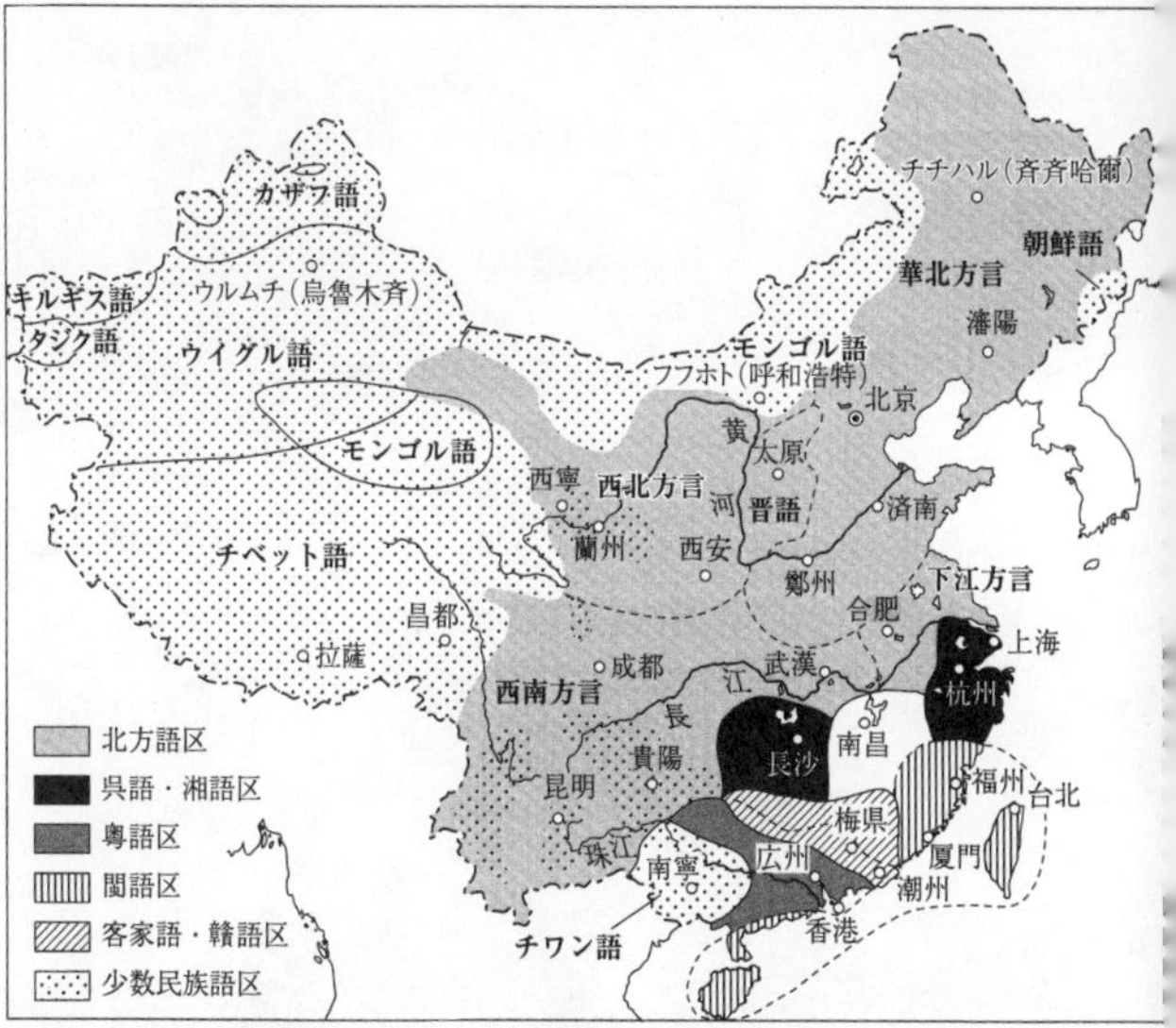

中国の方言分布（週刊朝日百科「世界の食べもの」参照）現代の漢語は、①北方語、②呉語、③粤（えつ）語（広東語）、④閩（びん）語（福建語）、⑤客家（はっか）語の5方言に大別される

中国の料理分布（週刊朝日百科「世界の食べもの」参照）

北方系
1 北京菜（京菜）
2 天津菜
3 山東菜（魯菜）
4 済南菜
5 膠東菜

四川系
6 四川菜（川菜）
7 成都菜
8 重慶菜

湖南系
9 湖南菜（湘菜）

長江下流系
10 上海菜（滬菜）
11 南京菜
12 揚州菜（揚菜）
13 蘇州菜（蘇菜）
14 杭州菜（杭菜）

福建系
15 福建菜（閩菜）

広東系
16 広東菜（粤菜）
17 東江菜（客家菜）
18 潮州菜（潮菜）

狭かった。現在（宋の時代）の地理で考えると、呉《ご》、越《えつ》、楚《そ》、蜀《しょく》、閩《びん》（福建《ふっけん》）はみな蛮《ばん》族の地であり、淮南《わいなん》はやはり蛮族の地であり、秦《しん》は戎《じゅう》族の地であり、……洛陽《らくよう》は天下の中心としての王の城の所在地であったが、それでも周辺に楊拒《ようきょ》、泉皐《せんこう》、蛮氏《ばんし》、陸渾《りくこん》、伊雒《いらく》などと呼ばれる戎族がおり、宋の都が後に置かれることになる開封《かいほう》の地には萊牟《らいぼう》、介《かい》、莒《きょ》などと呼ばれる夷《い》族がいた。……当時中国といえるところはただ晋《しん》、衛《えい》、斉《せい》、魯《ろ》、宋、鄭《てい》、陳《ちん》、許《きょ》の国のみで、全体でも……宋の時代の天下の五分の一にしかあたらなかった」とする記述が見える。

　この記述は宋の時代から過去の周の時代を振り返って述べられたものである。つまり、春秋戦国時代より以前における、いわゆる「中国」の範囲は宋の時代のそれと比較するときわめて局限されたものであったわけである。

　しかし、今日の中国の領域が、チベット、新疆《しんきょう》、モンゴルの南部、かつての満州の地などをも包含したさらに拡大したものであることを踏まえると、宋の時代の「中国」の範囲も今日と比較したときまた「狭かった」といわざるをえない。

そうした歴史的変遷をへて出現してきた今日の中国全体の領域に居住する人口のうち、その九割以上をいわゆる漢民族が占めているのであるが、このことは今日の漢民族自体が過去の上述したような諸民族との融合によって出現したものであることを、如実に物語っているのである。

こうした観点に立って「民族」の時代として魏晋南北朝時代を見たとき、この時代は中国史全体の中でどのような時代であったと位置づけられるのであろうか。この問題も本巻で考えてみようと思う課題の一つである。

そもそも漢民族という呼称の民族は、用語の面からいえば、中国史上初めて四〇〇年にも及ぶ統一を維持した漢帝国の出現以前には存在し得ないであろう。その漢帝国の時代の後に、多くの異民族や異文化との抗争、融合をへて、漢民族の文化、文明は今日に至っている。

そのような漢民族の形成という観点を導入してこの魏晋南北朝時代をとらえたとき、この時代のどのような実相が浮かび上がってくるのであろうか。私は本巻でこうした課題について考えてみようと思うのである。

「中国化」の波とその歴史的意味

ところで、この時代には中原の混乱などによって厖大な数にのぼる人口の移動、移住が生じている。その波は、北アジアの地域から華北へ、華北から江南へ、華北から朝鮮半島へなど、東西南北のいずれの方向にも及んでいるが、そうした移動の焦点となったのは、黄河文明の揺籃の地としての華北平原であった。そのためこの地は暴力と破壊によって甚大な被害を受けることになった。

そしてその暴力から逃れるために生じた巨大な移住の波が集中したのが江南であるが、その結果、それまで未開発地域を広範にかかえていた江南の開発が急速に進展し、後の中国の歴史展開にきわめて大きな影響を与えることになるのである。世界的に見ても異例ともいえる政治の中心と経済の中心との分離が、北京（政治の中心）と上海《シャンハイ》（経済の中心）という形で今日の中国に生じている原因の淵源の一つは、こうした点に求めることができる。しかし、江南等の諸地域への移住は、当然、こうした変容のみをもたらしたわけではなく、そのほかにも種々の重大な変化を、中国を中心とした東アジア地域にもたらしたのである。そうした変化の一つとして、中国周辺地域の広い意味での「中国化」の進展をあげることができる。

たとえば、日本の鎌倉時代にできたと考えられる『拾芥抄《しゅうがいしょう》』という書物に、「京都では、……東の京を洛陽《らくよう》城と号し、西の京を長安《ちょうあん》城と号す」とする記述が見える。ここに見える京都は日本の京都のことであるが、このように日本では洛陽という用語が日本の都である京都の雅称として使用されるようになるのである。このことは京都に行くことを歴史上「上洛」と称したり、「洛中洛外図屏風」（狩野永徳筆）の存在などに端的に示されているといえるであろう。

しかし、よく知られているように、洛陽は中国の王都の中の王都ともいうべき都であり、「土中」（中国の中心）とも称せられるように、永く「中国」「中華」の中心と目されてきた都である。

中国人は古来その高度な文明を誇り、「未開」「野蛮」な周辺の民族や地域を犭偏《けものへん》や虫偏《むしへん》をつけて呼び（猺《よう》、獞《どう》、獠《ろう》、蛮、蜀、閩《びん》など）、強烈な中華意識を抱いてきたが、洛陽はいわばそうした意識の空間的中心であった。

日本において、その洛陽に自らの都である京都を擬することが生じていることは、古代の日本にあっても中国と同様の中華思想、すなわち中国の思想を下敷きにした中華思想が存在したことを想像させる。

日本古代の国家形成の跡をたどるとき、そうした想定が確かであることがわかるが、さらに日本におけるそのような思想の形成において、本巻が担当する魏晋南北朝時代の動向がきわめて大きな役割を果たしていることが明らかとなるのである。

そしてそうした動きはこの時代の日本以外の中国の周辺部、高句麗《こうくり》、百済《くだら》などにも同様に生じているのである。本巻ではこうした「中国化」の実態、およびそのようなことの生じた歴史的意味の解明をもう一つの課題として取り上げたいと思っている。

第一章　魏晋南北朝時代の幕開け

新たな時代へのうねり

公権力の私物化と「公」の再構築への動き

魏晋南北朝《ぎしんなんぼくちょう》時代は、秦漢《しんかん》と隋唐《ずいとう》という統一の時代にはさまれた「乱世」の時代である。四〇〇年に及ぶ秦漢帝国の時代は、後漢《ごかん》中期以降の衰退に始まって、後漢末・三国《さんごく》期の混乱した時代、その後漢末・三国期を上回る五胡十六国期における大崩壊の時代へと転回していった。

それだけに、そうした混乱を克服して新たな平和な時代をいかに構築していくかは、この時代に課せられた根本的問いであったといえるであろう。

大局的に見たとき秦漢の長い平和な時代は、中国の社会、経済、文化に多大な恩恵を与え、東アジアにおける古典文明の地としての中国に大きな文化的経済的進歩をもたらした。その恩恵は社会の隅々にまで及び、庶民のレベルにまで広く及んでいった。その結果、それ以前の春秋戦国時代以前には見られなかった規模での富の創出、蓄積が、国家段階から庶民のレベルにまで進行していったのである。

そうした状況の進展はそれまで経済的にほぼ均一であった庶民のレベルにおいても、広範な貧富の格差を生み出すようになり、階層の分化という新たな事態が生じるようになっていった。

その階層分化は在地の社会にさまざまな形で広範な豪族層を生み出していくが、そのうちの上層の人々は地方や中央の官界にあって官人としての地歩を固めていった。しかし、そのような各階層よりなる国家・社会の「成層化」は、一君万民的な秦漢帝国型の国家にとっては、国家の存立そのものにも影響する構造変化ということができる。

なぜなら、秦漢帝国においては、唯一絶対の皇帝のもとに厖大な数に上る基本的に均質な民衆が存在し、彼らから上納される税や兵役によって、国家財政や軍政が維持され、その財政や軍政の遂行は、皇帝の下僕である「王の耳・王の目」として国事に精励する官僚群に委ねられるのが、その建て前であったからである。

そのような斉一性が徐々に崩れ成層化し、その上層のものが地方、中央にあって地歩を固めていくということは、一君万民的構造を否定する方向へと突き進み、社会・国家をきわめて不安定な構造へと導くといえる。

より直截に述べれば、こうして出現した豪族層が一般庶民を囲い込み、本来国家に集中されるべきその税役を自己のもとに集中する、そうした事態が全国において広く深く進行するということが、後漢から魏晋南北朝の時代には生じたのである。こうした事態は公権力の弱体化を引き起こすが、そうした公権力自体もまた、外戚《がいせき》、宦官《かんがん》や異民族などによる朝政の専断、その結果生じた混乱に見るように、権力私物化の波に洗われていたのである。

一方、漢代における儒教《じゆきよう》の国教化は、以後、儒教の素養を備えた官僚群、およびそれを支える全国各地の広範な官僚予備軍を生み出していくが、各地に生じた豪族のなかにそうした儒教的素養に基づいて、一般庶民の囲い込みや大土地所有といった公権力の破壊に抗し、郷里社会の支持のもとにその結集点となる名望家も数多く出現した。

後漢末における党人の結集はそうした動きが朝政の動向にまで影響を及ぼした最初の事件ということができるであろう。

公権力の私物化を行う潮流と、それに抗し、郷里に立脚し、そこから「公」の再構築を目指す動きとは、漢的な社会が崩壊するなかから生じた時代の両面であったということができるのであり、この時代の群雄割拠的不安定性の根源の一つはそこにあった。

よって魏晋南北朝時代の国家にとって、その不安定性を克服し、中国を再統一するためには、こうした構造をいかに克服するかが大きな鍵となっていたといえるのである。

この時代に課せられた問いはいま述べたようなことのみにとどまらない。先に、漢の長い平和な時代は、中国の社会、経済、文化に多大な恩恵を与え、東アジアにおける古典文明の地としての中国に大きな文化的経済的進歩をもたらしたと述べたが、そうした文明の光被《こうひ》は中国外の東アジアや北アジアなどの地域へも広く及んでいった。

それはそうした中国外の地域の諸民族を文明の中心としての中国に大きく引きつけるものであったが、後漢末から進行した中国の混乱はそうした状況をいっそう進展させ、大量な非

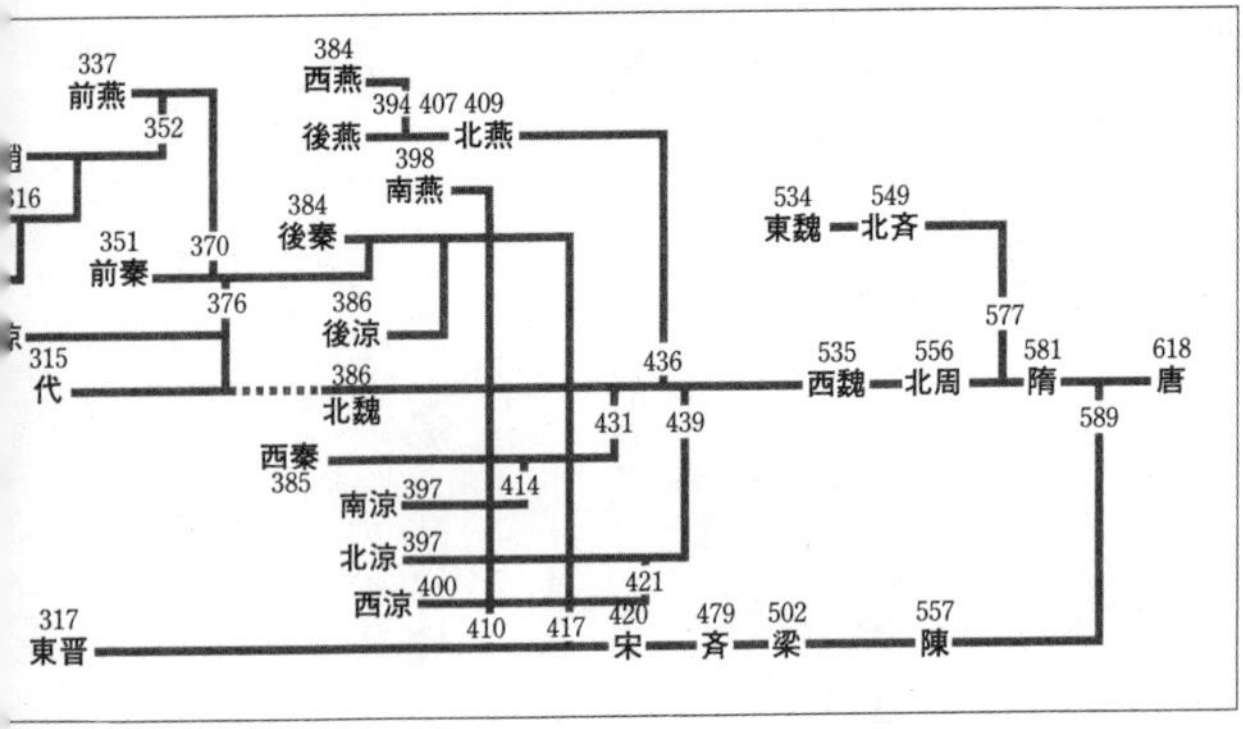

漢民族の中国内地への移住・侵入という事態を生むようになるのである。

つまり、この時代には非漢民族と漢民族という非和解的集団が中国の大地に混在するという事態が日常化したのであるが、このことは、必然的に各集団間の激しい抗争を引き起こすことになっていった。そして先に述べたようなモザイク的成層からなる国家は、そうした混乱、抗争に対してきわめて脆弱であった。それゆえ、こうした漢民族と非漢民族との間の抗争状況をいかに克服していくのかという問題もまた、この時代に課せられた大きな問いであったといえるのである。

このように混乱し不安定な社会・国家の状況の下にあって、人々は自己の内面を深く凝視し、かつまた精神や魂の救済を強烈に求めた。この時代において詩や絵画などの芸術への沈潜や、仏教や道教への篤い傾倒が生まれるのも、ある意味ではこの時代の必然であったといいうるであろう。こ

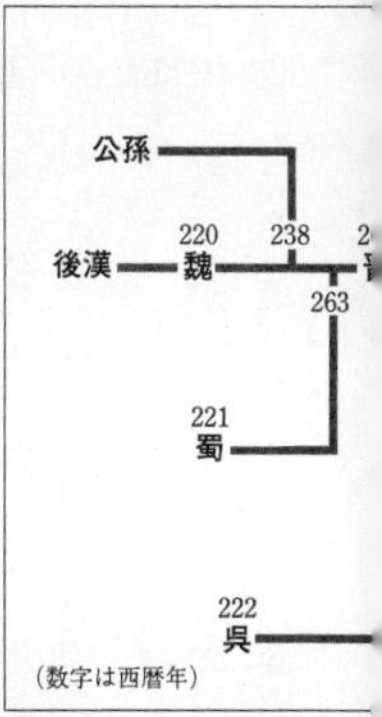

魏晋南北朝王朝興亡表

うした、この時代を生きた人々の精神の有り様もまた、いま述べたこの時代に課せられた大きな問いと連動するものだったのである。

では、この時代の人々はどのようにこの問題に立ち向かっていったのであろうか。その壮大な変遷の絵巻の世界へと旅立つことにしよう。それはいわゆる「三国志」時代から始まる。よってまず本シリーズ第四巻『三国志の世界』に描かれた経過を一瞥することから始めよう。

後漢末に勃発した民衆の大反乱、「黄巾の乱」

後漢《ごかん》はその中期を過ぎると天災や飢饉が相つぎ、二世紀前半の順帝《じゅんてい》のころからは、毎年のように各地で農民の反乱が起こるようになった。また、官僚、宦官らの対立によって内政も乱れていたため、民衆の疲弊にははなはだしいものがあった。そうしたなか勃発した最大規模の反乱が黄巾《こうきん》の乱である。

黄巾と呼ばれるのはこの蜂起に参加した人々がみな黄色い布で頭を包んだからであり、その母体は河北省鉅鹿《きょろく》の人である張角《ちょうかく》がはじめた太平道《たいへいどう》であった。後漢の順帝のとき、干吉《かんきつ》という人物が『太平清領書《たいへいせいりょうしょ》』という道書を得て神仙の教えを説いたが、張角はこの教えに民間信仰を加え太平道という宗教を唱えたのである。

張角は黄天《こうてん》の神の使者として大賢良師《だいけんりょうし》と号し、護符《ごふ》（おふだ）と霊水の効験によって病気

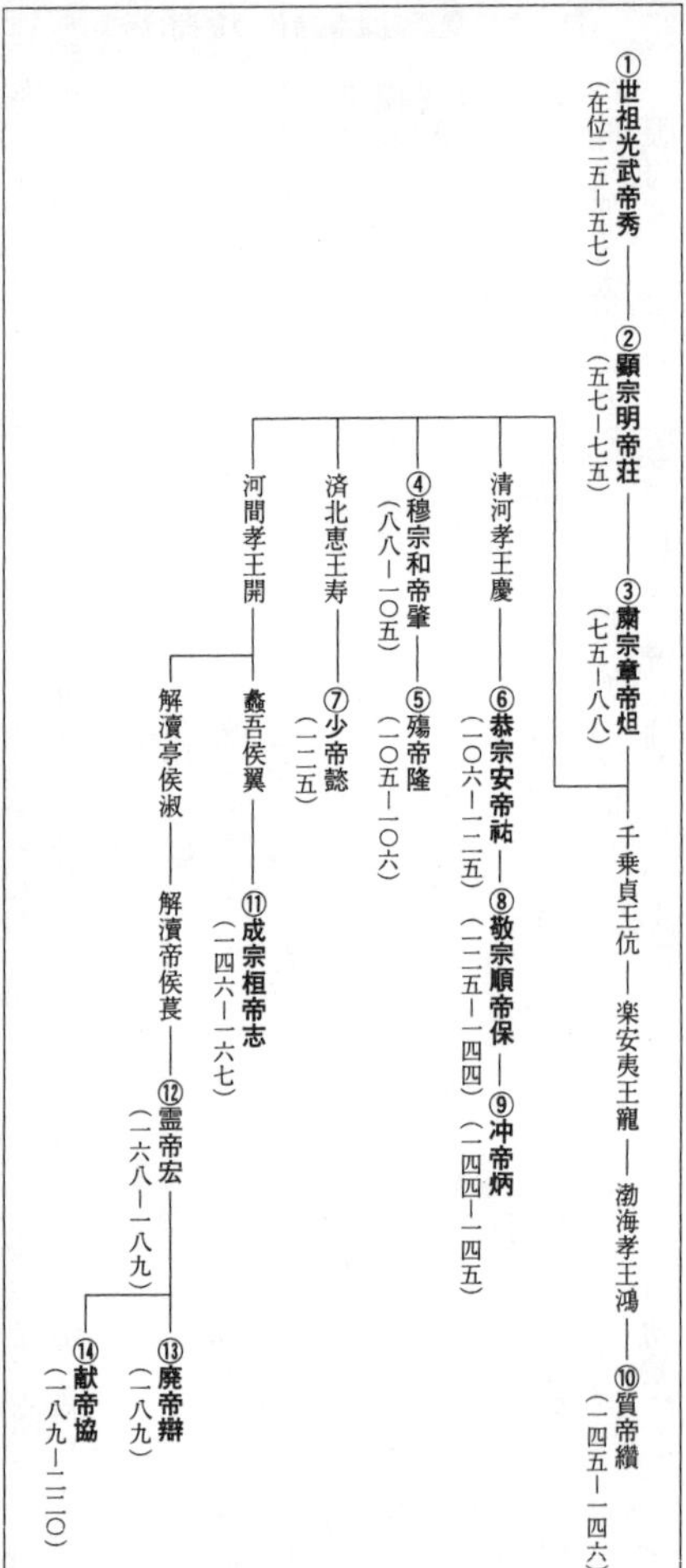

後漢（劉氏）系図

に苦しむ人々を治療し、民衆に罪過の反省と懺悔による救済を説き、弟子を各地に遣わしてその教線を拡大した。当時、貧困の中で生活や病への不安と恐怖をいだいていた民衆や豪族層はその教えに強く惹かれ、一七〇年代の初めからの十余年の間に華北の東部から長江（揚子江）流域にかけて数十万人もの信者が生まれるに至った。

政争に明け暮れていたときの政府も、こうした事態の出現には大いに驚き、しばしば弾圧を加え解散をも命じた。しかし、そのことが逆に信者の団結や反政府的性格を強めるようになり、ついには当時、民衆の間に醸成されていた反政府感情と結合して、革命を志向する運動へと展開することとなっていったのである。

一八四年（中平《ちゅうへい》元年、後漢霊帝《れいてい》の甲子の年）、彼らはついに「蒼天《そうてん》すでに死す、黄天まさに立つべし」とするスローガンのもと、全国に張りめぐらされた「方《ほう》」という組織を核として、一斉に蜂起した。

この全国的大反乱に直面して中央は、朝廷での権力闘争を一時中止し、黄巾軍の制圧に乗り出した。たまたまその年の秋に張角が病死し、有能な指導者を失ったために黄巾軍の主力は衰えたけれども、すでに火の手は各地に波及し、乱に呼応した地方の黄巾軍や、また黄巾軍に呼応して立った各地の農民軍はなお強力であった。なかでも大きな勢力を保有していたのは河北の黒山《こくざん》軍と、陝西《せんせい》から四川にかけて存在した五斗米道《ごとべいどう》の軍で、朝廷はこれらの蜂起軍を鎮圧するために、さらに二〇年もの歳月を要することになったのである。

宦官勢力の一掃から群雄の割拠へ

黄巾の主力軍が平定されると、朝廷では外戚と宦官による権力闘争が再開された。しかし、一八九年、外戚何進《かしん》らによる宦官誅滅計画がもれて何進が宦官に殺されると、逆に何進の配下にあった名族出身の袁紹《えんしょう》が二千余の宦官をことごとく殺すという事態が生じた。ここにこれまで大きな権限を把持し、後漢の朝政を壟断《ろうだん》していた宦官勢力は一掃され、時代は大

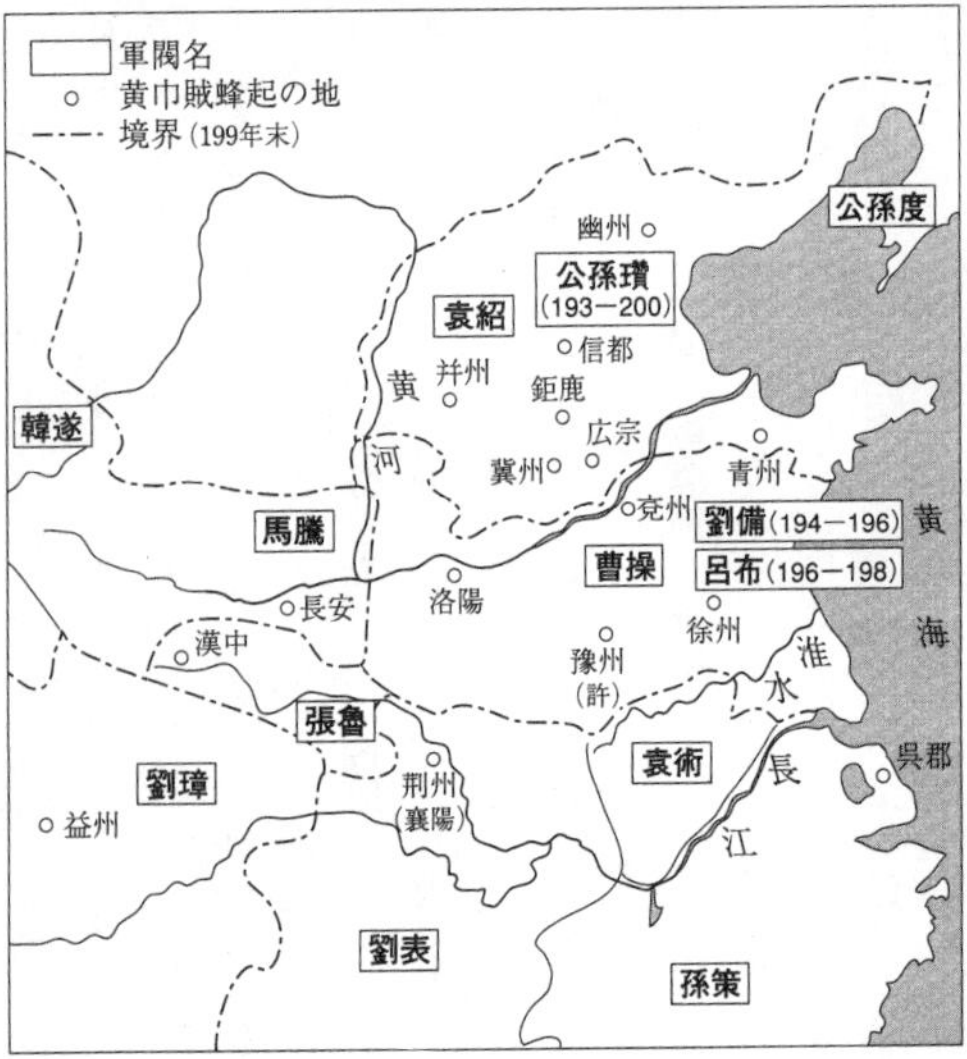

後漢末群雄割拠図

きく展開し始めることになるのである。

何進による宦官の誅滅が計画されていたころ、現在の甘粛《かんしゅく》省の臨《りん》洮《とう》に董卓《とうたく》という人物があった。彼は、当時ようやく強大化してきていたチベット系の羌《きょう》族と連携し、強大な軍隊を率いて時勢を観望していた。そして一八九年、何進の宦官誅滅計画に応じて洛陽に進軍し、献帝《けんてい》を擁立して政権を掌握する。

しかし、その施政はあまりにも暴虐であり、一九〇年、袁紹《えんしょう》を盟主とする董卓討伐軍が組織されるに至る。そのため彼は長安に遷都したが、その暴政は収まることなく、ついに部下の呂布《りょふ》に殺され、事態はいっそう混迷の度を深めていくことになった。

黄巾の乱につづく董卓の暴挙によって漢は事実上滅亡し、時代は群雄割拠の時代へと突入していく。そうした中、漢の時代に四代にわたって三公を輩出した汝南汝陽《じょなんじょよう》（現在の河南《かなん》省商水県《しょうすい》）の名族の出身である袁紹が、一九一年、鄴《ぎょう》（現在の河北省臨漳県《りんしょう》）を本拠として黄河北方の地に覇を唱えた。

しかし、やがて曹操が黄河以南の地に勢力を扶植《ふしょく》しはじめたので、一時、反董卓の旗の下に結束したこともある曹操と袁紹は急速に対立の度を深め、二〇〇年の官渡《かんと》（現在の河南省中牟県《ちゅうぼう》）の戦いにおいて激突するに至った。戦いは曹操の勝利に帰し、さらに袁紹の跡を継いだ息子たちの間に不和が生じたため、華北における曹操の覇権確立はいっそう容易なものとなっていったのである。

魏・蜀・呉という三国時代の構図が定まる

曹操は献帝を擁して鄴《ぎょう》に移り、やがて長江中流域への進出を企てたが、それは黄巾の乱討伐に功名を挙げた劉備《りゅうび》と江南の地に勢力を扶植していた孫権《そんけん》に阻止されることになる。

当初、劉備は群雄の間を転々としたのち、荆州《けいしゅう》の劉表《りゅうひょう》のもとにあったが、その劉表が死去すると曹操は南征の軍を起こした。劉備はそれを防ぐために諸葛亮《しょかつりょう》（孔明《こうめい》）の策を容《い》れ、当時、対曹操主戦論に傾いていた孫権との同盟をはかり、ここに、両者の連合がなり、曹操の軍を赤壁《せきへき》の戦いにおいて大いに破ることに成功したのである（二〇八年）。

その後、曹操は関中へ勢力を伸ばして華北全土を手中に収め、蜀《しょく》への進攻を企図するようになる。当時、益州《えきしゅう》の長官であった劉璋《りゅうしょう》が劉備に援助を請うと、劉備は劉璋を攻めてこれを降し、益州を手中に収めることに成功するが、このとき孫権との間で長江中流域の要衝である荊州の領有をめぐる問題が生じ、劉備と孫権との間の同盟関係は頓挫することとなる。孫権は曹操と結んで、荊州の奪取を試み、蜀側の守将関羽《かんう》を襲い、この地を奪うことに成功する。ここに魏（曹操）が華北を、蜀（劉備）が四川の地を、呉（孫権）が荊州以東の地を領有し対立するという三国時代の構図が定まる（二一九年）。

翌年、曹操は死去し、子の曹丕《そうひ》（文帝）が後漢の献帝から帝位を譲られて魏帝国を建てた。それを受けて、漢室の末裔と称する蜀の劉備も、自ら漢帝の位に即いた（二二一年）。呉の孫権の皇帝への即位はこれよりやや遅れ、二二九年のことであった。

劉備は即位後、荊州の奪回をはかったが果たさずして病死する。諸葛亮は劉備の子の劉禅《りゅうぜん》を助け、魏と対峙して善戦するが、蜀は彼が死去した後はその国勢が振るわず、二六三年、魏軍に成都《せいと》を攻略されて滅んだ。

しかし、魏自体も第二代明帝《めいてい》以後、徐々に国勢が振るわなくなり、一方で権臣司馬懿《しばい》（仲達）の力が強まって、ついには二六五年、司馬懿の孫である司馬炎《えん》によって滅ぼされることとなるのである。

一方、江南に存続した呉は、孫権の後継者をめぐる問題に端を発した朝廷内部の確執以降、朝政が混乱し、徐々に衰退していった。そして、魏晋革命に成功した司馬炎は二八〇年、ついに呉を平定して、中国を再統一することに成功し、後漢末からの混乱はここに一旦は終息することとなったのである。

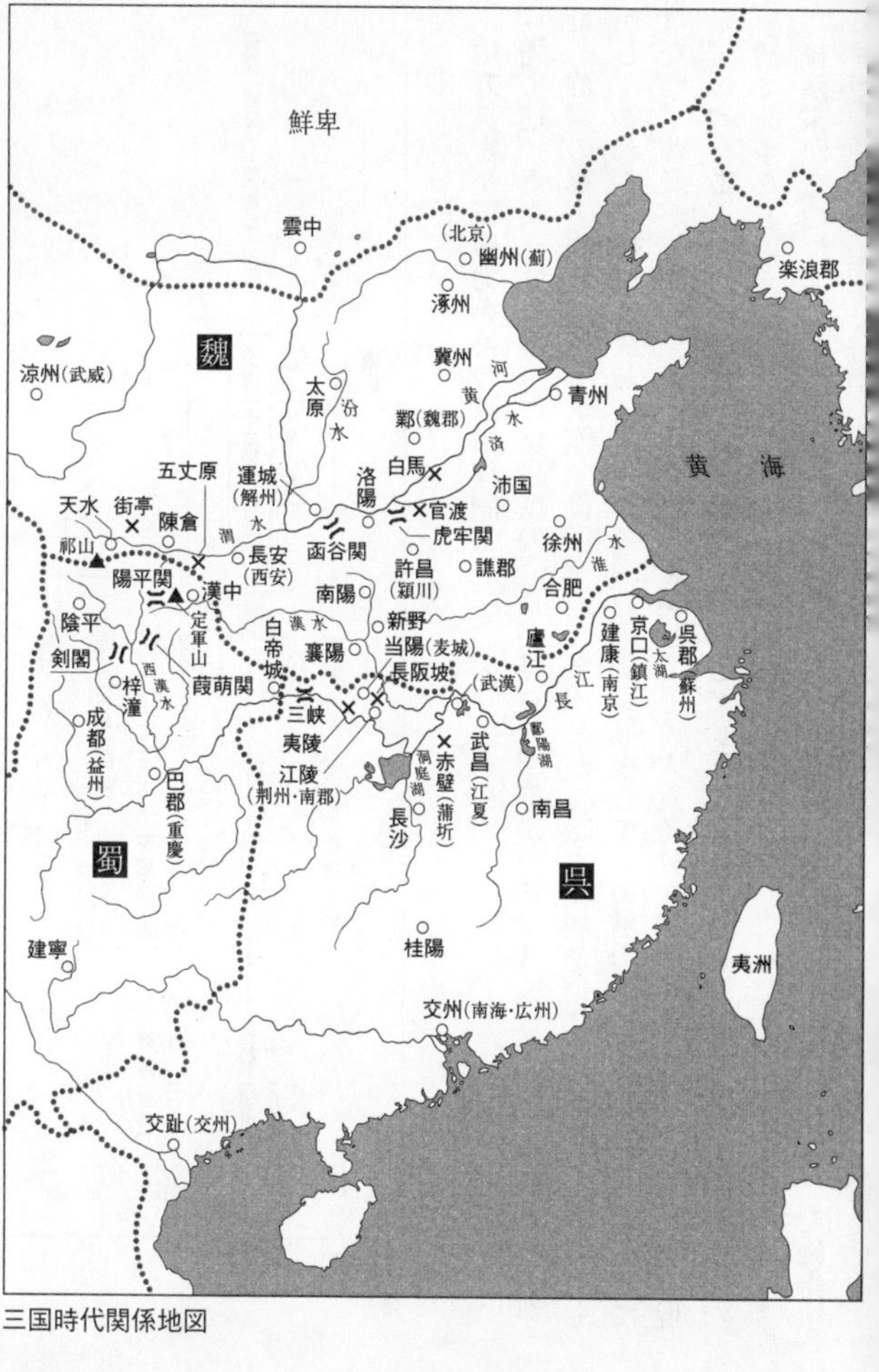
鮮卑
雲中
(北京)
幽州(薊)
涿州
楽浪郡
魏
涼州(武威)
冀州
太原
汾水
河
黄
青州
鄴(魏郡)
水
済
黄海
白馬
五丈原
運城(解州)
洛陽
沛国
天水
街亭
陳倉
渭水
官渡
虎牢関
函谷関
祁山
長安(西安)
許昌(潁川)
譙郡
徐州
淮水
陽平関
漢中
南陽
合肥
定軍山
陰平
漢水
新野
廬江
京口(鎮江)
呉郡(蘇州)
建康(南京)
太湖
白帝城
襄陽
当陽(麦城)
長阪坡
剣閣
西漢水
梓潼
葭萌関
(武漢)
長江
三峡
夷陵
武昌(江夏)
鄱陽湖
成都(益州)
赤壁(蒲圻)
洞庭湖
江陵(荊州・南郡)
巴郡(重慶)
長沙
南昌
蜀
呉
建寧
桂陽
夷洲
交州(南海・広州)
交趾(交州)

三国時代関係地図

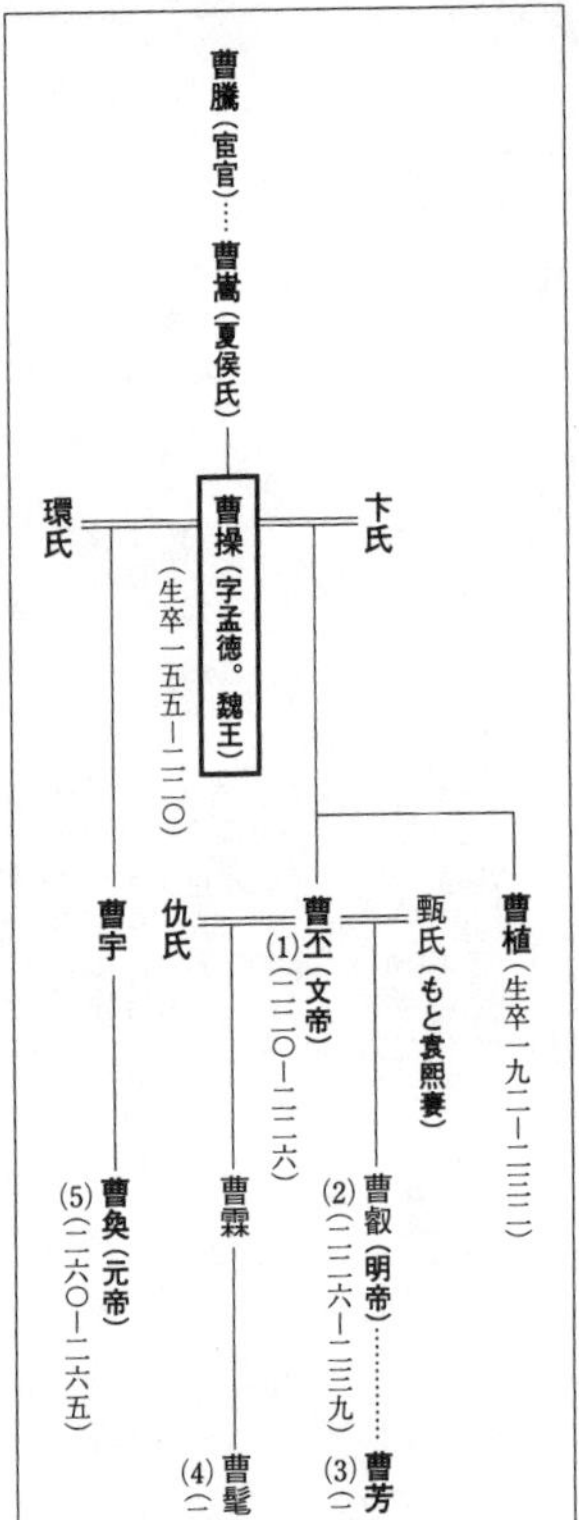

魏（曹氏）系図

地方長官が軍事力を持つ政治体制

先に述べたように後漢末には豪族の成長が見られ、群雄の多くは彼らをその兵源としていた。群雄の軍事的基礎は、前漢・後漢を通じて成長してきた豪族勢力にあったのである。しかし、これらの群雄は決してそれまで漢の体制を無視してその勢力を拡大していったわけではない。曹操が後漢の皇帝である献帝を擁してその大義名分を標榜しながらその野望を実現していったことや、劉備が漢室の輔弼《ほひつ》を標榜して蜀漢を建国していったことはその象徴的な事柄であったといえる。

後漢末からの群雄の多くは、後漢の官僚としての地方長官の地位（州牧《しゅうぼく》、刺史《しし》）を獲得することに努め、それを自己の勢力の正当性の根拠としようとした。刺史は当初、中央から派遣された監察官であったが、やがて地方にあって行政を担当する長官へと変身していき、漢末には豪族勢力を擁した軍事力を持つ集団のリーダーとしての性格を持つようになるのである。こうして地方長官である刺史が軍団をもつという事態は、そのまま後の時代にまで続き、魏晋南北朝時代の特有の政治体制となっていくのである。

この時代について考える際、袁紹、袁術《えんじゅつ》、劉璋《りゅうしょう》といった漢王朝の名士が滅び去り、曹操、劉備、孫権のような名士とは言い難い戦略家たちが勝ち残ったことは注目されてよい。

確かに後漢時代からの豪族層が在地や中央にあって徐々にその勢力を拡大確立していったことが魏晋南北朝時代の大きな特徴であるが、三国時代を見るとき、曹操が人材登用の際、もっぱら才能を重視し、その品行を問わなかったことは注目すべき事柄である。劉備や孫権の場合の人材登用も、曹操ほど徹底したものではないが、おおむねそのようであった。

後に貴族制が強まってこうした動きが押しとどめられる状況が生まれるが、この動きには長きにわたって存在した漢帝国の弱体化、崩壊によって生じた、過去の伝統から解き放たれた新しい時代としての一面が現れているといえるのである。

九品官人法という官吏登用法

漢魏革命の直前に九品官人法《きゅうひんかんじんほう》という官吏登用法が創始されているが、この制度にも新たな時代を迎えるにあたって、これまでとはまったく異なる方針の下に国制を造りあげていこうとする強い意欲がうかがわれる。

この官吏登用法は、一品から九品にいたる九つのランクで人を官につけるので九品官人法といわれるものである(のちには九品中正《ちゅうせい》制度ともいわれた)。二二〇年に曹丕《そうひ》が後漢の禅《ゆず》りを受けて魏王朝を建てたとき、その重臣であった陳羣《ちんぐん》(?―二三六)は、漢朝の官僚をその才能・徳行に応じて新政府に吸収することを目的として、この法の実施を建議した。それは曹丕の受け入れるところとなり実施され、その後、魏晋南北朝時代を通じて採用され続けることとなるのである。

この登用法では、漢代において行われた秩《ちつ》一〇〇石、秩二〇〇〇石などといった秩禄のランクによる等級制度が改められ、中央の官職に対して一品から九品にいたるランク付けを行い、これを官品といった。ついで地方の郡に中正という官をおいて、その郡出身者で現に任官しているものや任官希望のものの才能・徳行を郷里の輿論《よろん》に基づき調査させ、その高下《こうげ》を官品の場合と同じく一品から九品に分かって中央に報告させた。これを郷品《きょうひん》というが、中央はこれを受けて郷品の九等に対応する適当な官品のポストに人材を登用したのである。

この九品官人法は漢魏革命が実現したのちも存続し、次いで地方の豪族や貴族の子弟が最初に任官する、いわゆる起家の際にもっぱら適用されるように変容する。その結果、たとえば郷品二品の者は六品官から起家させるというように、郷品から四等下の官品に任官させ、最終的には郷品と同じ等級の官品まで昇進させるということが建て前となっていった。

この時期は後漢末からの趨勢を受けて、各地の豪族層がその勢力をさらに拡大させ、その上層に特権的な貴族階級を形成する時期に当たっている。そのようななかで、この起家の制は生じるのである。

この法が元来、郷里の輿論に基づいて個人をその才能・徳行に応じて登用することを狙ったものであったことはすでに述べた。しかし、起家の制に見られる変化は、それが権勢家におもねる形で実行されたとき、その精神を根本から変質せしめるものであったといえる。貴族豪族層はこの制度のもと、中央地方の官界に盤石の勢力を築くようになっていくのである。後漢末からの輿論に基づく公権回復という流れはここにいたり、貴族の門閥化という潮流の前に大きな転回点を迎えたのである。

司馬氏の時代

司馬懿の登場

後漢末の一七九年に、河内《かだい》の名族出身の司馬懿《しばい》が生まれた。彼はのちに魏の将軍として諸葛亮（孔明）と五丈原《ごじょうげん》に戦い、三国を統一する西晋《せいしん》王朝の礎を築くことになる。ときは宦官勢力によって儒家官僚が弾圧され、「登龍門《とうりゅうもん》」のエピソードとともに知られるそのリーダーである李膺《りよう》らが処刑されたいわゆる党錮《とうこ》の禁（一六九年）が起こり、まもなく黄巾の乱（一八四年）が勃発し時代が騒然としてくる前夜にあたっていた。

司馬懿の家柄は、秦の滅亡後に項羽や劉邦とともに活躍した殷《いん》王司馬卬《しばぎょう》の子孫と称し、後

司馬懿（歴代古人像賛）

漢時代にはすでに代々郡の長官を輩出する名族であった。司馬氏と曹操との関係は、司馬懿の父である司馬防《しばぼう》のときにすでに生じていたと考えられるが、彼が曹操のもとに出仕するのは二〇八年のことである。こののち彼は曹操の参謀、曹操の嫡子である曹《そう》丕《ひ》の世話役として、曹操の丞相府《じょうしょうふ》のなかでその地位を確立していくことになる。

二二〇年、一代の英雄曹操が死去するとその死による政情の混乱が危ぶまれるなか、丞相府の司馬であった司馬懿はその葬儀を取り仕切り、曹丕（即位して魏の文帝）が丞相、皇帝の位へと上り詰めていく上で大きな役割を果たした。そのため司馬懿は、文帝から漢の劉邦のときの宰相蕭何《しょうか》になぞらえられるほどの厚い信頼を勝ち得るまでに至る。

司馬懿を取り立てた文帝は、「蓋《けだ》し文章は経国《けいこく》の大業にして、不朽の盛事なり」と述べ文学のもつ価値を称揚した文人皇帝としても著名であるが、二二六年死の床につき、宗室の曹《そう》真《しん》、曹休《そうきゅう》、九品官人法を建言した陳羣《ちんぐん》、そして司馬懿の四人に、皇太子に立てられたばかりの曹叡《そうえい》（魏の明帝）を託して崩御する。

この時、こうした政情に不安を抱いていた魏の辺将孟達《もうたつ》に諸葛亮は使者を遣わし、蜀への帰順を勧めた。孟達はその誘いに乗り魏に反逆するが、それに対し司馬懿は鮮やかな戦略のもとこの謀反を鎮圧し、諸葛亮の北進の志を挫くことに成功する。

　このとき諸葛亮と司馬懿とは直接対峙したわけではないが、この戦いは、二二八年から諸葛亮が五丈原の陣中に没する二三四年まで行われた、都合五度にわたる蜀による北伐の前哨戦という性格を持った戦いであった。

五丈原から見た渭水　諸葛亮が司馬懿と戦うため陣を置いた五丈原は、北に渭水、東に石頭河、西に麦里河が流れる三方が切り立つ100km^{2}余の台地である

　このように司馬懿は魏における軍事行動の最高責任を負い、蜀の諸葛亮と対峙して二三四年には、五丈原での諸葛亮の死を受けて蜀の勢威を挫くことに成功する。その後、彼は矛先を転じて二三八年には、東方の遼東の地にあって割拠勢力となり、呉と連動してしばしば反魏的行動をとっていた公孫淵《こうそんえん》を討って、魏朝内におけるその勢威を不動のものとした。

　正史『三国志』によればちょうどそのとき、病床にあった明帝は河内に帰還した司馬懿を参内せしめ、その手を取って、「吾が疾《やまい》は甚だし。後事を以て君に属せん。君、爽（曹爽《そうそう》）と共におさなごを輔弼《ほひつ》せよ。吾、君に見《まみ》えるを得たり。恨むところ無し」と述べて崩御したという。

　司馬懿は遺詔《いしょう》を受けて新帝の斉王芳《せいおうほう》（在位二三九―

二五四）を補佐することになったが、同じく補佐の任に当たった魏の宗室の曹爽との間に確執が生じ、一時はその実権を奪われるという事態にまで追い込まれる。

虚々実々の駆け引き、司馬懿七一歳の権力奪取

しかし、二四九年、司馬懿はクーデターによって曹爽一派を誅滅し、魏の実権を完全に掌握するに至る。本シリーズ第四巻でも紹介されている、このときの司馬懿と曹爽との虚々実々の駆け引きの一端を伝える史書にみえる次のエピソードは、真偽のほどは定かでないが、当時の緊迫した状況を今日の我々によく伝えてくれる。

二四七年四月、司馬懿の妻である張春華《ちょうしゅんか》が五九歳で死去した。五月になって司馬懿は病気と称して政治に与《あず》からなくなった。曹爽派の一人で、都のある河南郡の長官であった李《り》勝《しょう》は荊州《けいしゅう》（湖南省）の長官に任命されたので、いとまごいと称して司馬懿の様子をうかがいにやって来た。そのとき、司馬懿は二人の婢《ひ》（下女）に支えられて出迎えたが、衣を手から落としてしまう。口を指さして喉が渇いたというので、婢が粥をすすめると司馬懿は杯をもたずに粥を飲むので粥がみな流れて胸を濡らした。李勝は「噂で司馬懿様には持病が再発されたと聞いておりましたが、これほどまでとは思いませんでした」といった。司馬懿は息も絶え絶えに、「年をとって病の床についております。死ぬのももうすぐでしょう。君は并州《へいしゅう》（現在の山西省）に行かれるとのこと。并州は北方の異民族の地に近い。よ

くそのために備えなさい。おそらく再び見《まみ》えることはないでしょう。わが子の司馬師《し》、司馬昭《しょう》兄弟のことをたのみます」といった。李勝は「私は自分の出身地である荆州に行くのです。并州ではありません」と返事したが、司馬懿はその言葉を取り違えて「ああ并州に行くのですか」とまた間違うので、李勝はもう一度「荆州に任命されました」と繰り返した。司馬懿は「年をとって、頭が悪くなり君のいうことがよくわからなかった。ご出身地

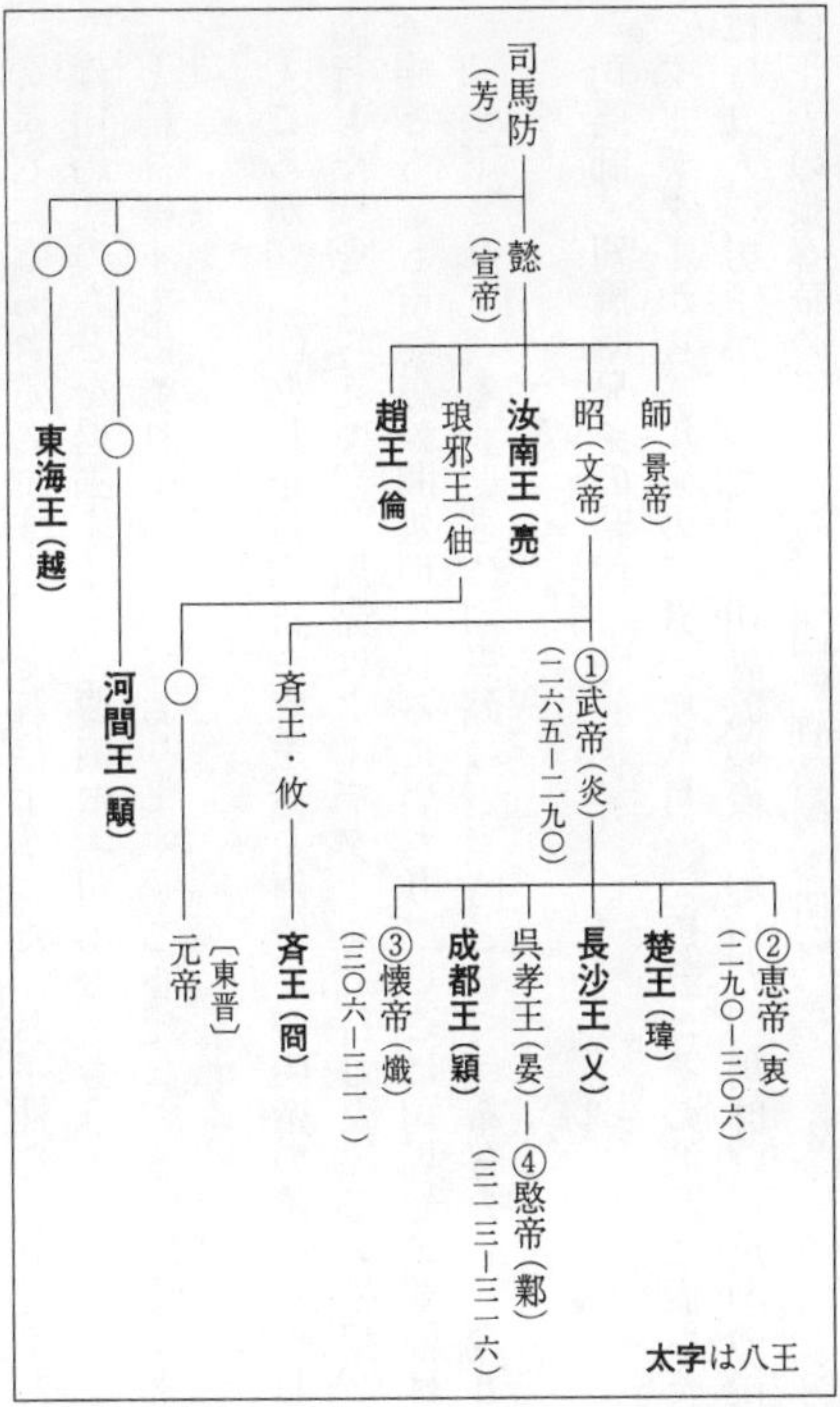

西晋（司馬氏）系図

の長官になられるのですか。それはよかった。お手柄をお立てください」と答えた。李勝は司馬懿のもとを退去すると、曹爽に「司馬公はもうすぐお亡くなりになるでしょう。体と精神はすでに離れてしまっております。ご心配なさるには及びません」と注進した。

ところが、二四九年正月六日、斉王芳（廃帝）が明帝の陵に行幸し、曹爽一派がみな帝に随行した機をとらえて、司馬懿はクーデターを敢行した。その結果、曹爽やその一派はみな一族ともども市場で公開処刑されるにいたり、ここに司馬懿の覇権はなって、彼に丞相任命の詔が下されている。ときに司馬懿は、当時としては希有の七一歳という高齢であった。

司馬師・司馬昭兄弟の時代

クーデターから二年後の二五一年八月、司馬懿はその波乱に満ちた生涯を閉じる。司馬懿には九人の男子があったが、司馬懿の後を継いだ司馬師、司馬師の後を継いだ司馬昭の兄弟は正妻の張春華の子である。（四一頁系図参照）

クーデターの際、司馬懿は司馬師と二人で計画を練ったといわれ、司馬師自らが養成した「死士」三〇〇〇人とその勝利に貢献したとされるが、司馬懿亡き後、その後継としての重責を担い得る器であるか否かはいまだ未知数であった。

そうした折、魏は二五二年、呉との間に行われた東関《とうかん》の戦いにおいて大敗北を喫してしまう。この戦いは、魏の勇将毌丘倹《ぶきゅうけん》、諸葛誕《しょかつたん》などをリーダーにした大規模な対呉作戦であった。その軍が、当時、呉の大将諸葛恪《しょかつかく》の軍に大敗を喫するのであるが、このとき朝廷では従軍した諸将の罪を問うものがあった。

しかし、司馬師が「諫言《かんげん》を聞かずここに至った。これは私の過失である。諸将に何の罪があろうか」としてその罪を自ら引き受けようとしたため、人々はみな恥じてその度量に服したと史書は伝える。この行動について『資治通鑑《しじつがん》』の注釈者として著名な胡三省《こさんせい》は「（司馬師のこうした言動は）自己の権力を固めようとしたものである。盗賊にもそのやり方がある。ましてや国を盗むならなおさらであろう」と辛辣な評価を下している。ともかくも司馬師はこの出来事を通じて、司馬懿亡き後の人心収攬に成功し、以後、着々と魏晋禅譲へと突き進んでいくのである。

二五四年二月、宰相の李豊《りほう》による反司馬師の密謀が発覚し、それに関与していたものたちが処刑されるという事件が生じた。この事件には皇帝（斉王芳）も関与していたので、司馬師は皇太后の令と称して皇帝の堕落ぶりを指弾し、皇帝廃位を断行した。ついで文帝の孫、明帝の弟の高貴郷公髦《こうききょうこうぼう》（後廃帝）を傀儡として擁立する。

しかし、この強引な廃立は対呉戦線の重鎮にあった毌丘倹、文欽《ぶんきん》など魏の宿将たちの強い反撥を招き、司馬師自らがその乱を鎮定するために出陣するという事態にまで発展する（二五五年正月）。司馬師は戦い自体には勝利するが、この戦いの最中に彼の病んでいた目が飛び出すということが生じたため、諸軍の動揺を恐れそれを押し隠して戦うという凄絶な状況に追い込まれた。その後、彼の病状はさらに悪化し、乱の首謀者毌丘倹の死後、七日にして司馬師もまた洛陽への帰途、許昌《きよしょう》（現在の河南省許昌県東）に没することとなった。

当時、弟の司馬昭は都である洛陽の留守をあずかっていたが急遽、許昌に駆けつける。司馬師はその死の直前司馬昭に全軍を委任するが、そのとき皇帝（高貴郷公）は起死回生の挙にでる。彼は司馬昭に対し、東南の地は新たに鎮定されたばかりであるのでしばらく許昌にとどまるように命じ、その一方で尚書《しょうしょ》の傅嘏《ふか》に命じ諸軍を率いて洛陽に帰還するように命じたのである。

これは司馬師の死による統率者の不在に乗じての奪権行動であるが、その動きを察知した司馬昭は高貴郷公の命を無視して洛陽に向かい、二月には軍事の頂点としての大将軍、行政の頂点としての録尚書事に就任する。

当時、毌丘倹亡き後、対呉戦の重鎮である寿春《じゆしゆん》には諸葛誕があった。彼は琅邪《ろうや》の諸葛氏であり、蜀の諸葛亮、呉の諸葛瑾《しよかつきん》（亮の兄）・恪《かく》父子などと同族である。司馬昭は輔政の任に就くと腹心の賈充《かじゆう》をこの諸葛誕のもとに派し、その動静を探らせた。

そのおり賈充は「洛陽の諸賢はみな魏から晋への禅代を願っているが、君はどう思うか」と尋ねたところ、諸葛誕は声を奮い立たせ、「君は賈逵《かき》の子ではないのか。代々魏の恩を受けているのに、どうして社稷《しやしよく》（国家）を他人におくろうとするようなことができるのか。もし洛陽で変があれば私は命をかけるつもりだ」と述べた。結果、二五七年五月に諸葛誕討伐の詔が下され、司馬昭は皇帝と皇太后を奉じて二六万の大軍をその鎮圧のために差し向けた。皇帝や皇太后を奉じたのは、留守となる洛陽の地で皇帝を擁立する勢力の出現を封じ込める狙いがあった。

こうした周到な作戦によって、翌年の二月にはこの戦いも司馬昭側の勝利に帰した。諸葛誕は斬殺され、その一族も誅殺された。諸葛誕の直属兵数百人は手を胸の前に組んで列を作り一人斬られるごとに降伏を勧められたが、だれもそれに応じるものはおらず、最後の一人にまで至ったと史書は伝える。

皇帝（高貴郷公）は二六〇年五月、即位以来五年あまりにして司馬氏からの奪権に失敗し、わずか二〇歳の若さで非業の死を遂げることになる。皇帝は学問を好み聡明でもあった。成長するに従い、司馬氏の専権に対する憤懣を募らせついにそれが爆発するときがやってくる。

二六〇年五月己丑の日に側近の王沈《おうちん》、王《おう》経《けい》、王業《おうぎょう》を召して、「司馬昭の心は路行く人もみな知っている。吾はみすみす廃辱を受けることはできない。今日こそ卿らとともにこれを討とうと思う」と告げた。ところが王沈、王業は直ちにその密事を司馬昭に漏らした。

竹林の七賢　後漢末の清議に発する清談は、弾圧を受け魏の時代には哲学的な談論の性格を強めた。いわゆる竹林の七賢の高踏的な清談もその系譜の上にあり、魏王朝簒奪の動きがあらわとなった魏晋交代期の政局に対する憤りと憂いが隠されている

皇帝は自ら剣を抜いてわずかな宿営の兵を連れて打って出たが、賈充は外から禁中に入り皇帝と南の門闕に遭遇した。皇帝自らが剣を抜きはなっているので、賈充側は怯《ひる》んで後退したが、このとき賈充は子飼いの成済《せいせい》に対して、「司馬公がおまえたちを養ってきたのはまさしく今日のためである。今日何が起こったとしても問うところではない」といったという。成済はそれに従い進んで皇帝を刺殺した。この知らせを受けた司馬昭は大いに驚き倒れ込んでしまったという。

このようにして司馬昭は後廃帝を死に至らしめたが、彼はこのことに対して輿論がどのように反応するかを慎重に見極めながら、次いで魏晋禅代を目指して、諸葛亮なきあと退潮の色が濃くなっていた蜀の討滅に乗り出し、その世誉を背景として一気に禅代を実現させようとするのである。

蜀の滅亡と晋王司馬昭の誕生

魏による蜀への遠征は、曹爽が司馬懿との覇権争いの過程で実行したとき以来行われないままになっていた。しかし、二六三年五月ついに蜀征討の詔が下され、八月、領内から動員された一八万の軍団が鍾会《しょうかい》らに率いられて進発した。

一〇月、鍾会の軍団は漢中を制圧して蜀の入り口である剣閣《けんかく》（現在の四川省北部の地）を守る蜀の大将姜維《きょうい》と対峙した。一方、関中から南下した鄧艾《とうがい》は、剣閣を通らず陰平《いんぺい》から険峻な山岳地帯を縫って江油《こうゆ》（現在の四川省北部の地）に入り蜀を急襲、綿竹《めんちく》（現在の四川省北

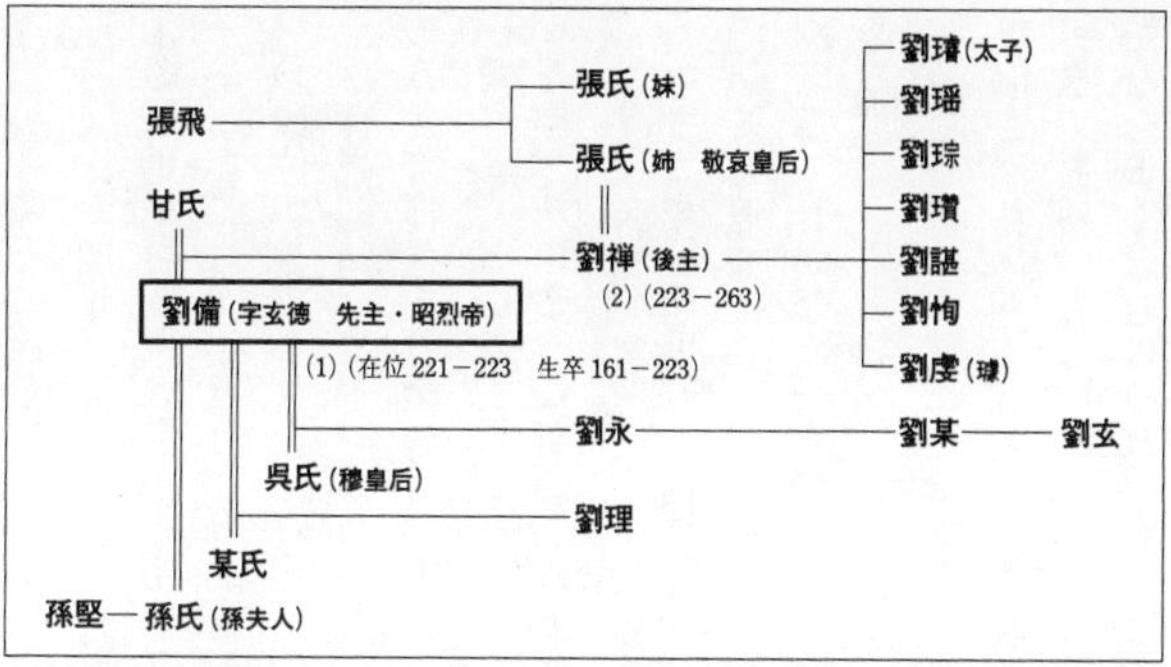

蜀（劉氏）系図

部の地）に諸葛亮の子の諸葛瞻《しょかつせん》の率いる蜀軍を大破した。突然の魏軍の侵入、大敗に驚いた蜀は朝議により降伏を決し、劉禅は、都である成都の北に至った鄧艾の軍門に自ら後ろ手に縛られ、自分の罪は死罪にあたるとして棺を輿《こし》にのせて（面縛輿櫬《めんばくよしん》）降った（一一月）。

　ここに蜀は劉備・劉禅の二代四三年で滅びることとなった。この後、鍾会と鄧艾の確執、蜀の故将姜維との連携による反乱など蜀の地はしばらく混乱するが、もはや時の流れが逆行することはなかった。

　蜀の平定が最終局面に達していた最中の二六三年一〇月、司馬昭を晋公に封ずる詔が下り、彼はそれを受ける。彼はそれまでは幾度にもわたる勧進《かんじん》にもかかわらず晋公拝命を固辞していたが、このとき初めてそれを受けたのである。そこにはようやく機が熟したとする司馬昭の判断と強い決意があったと考えられる。

　以降の動きは速い。同じく禅代を企図した曹操は魏公から魏王に就くのに三年の月日を要したが、司馬昭は晋公となった六ヵ月後には晋王に進み（二六四年三月）、五月には司馬懿を晋国の宣王《せんおう》、司馬師を景王《けいおう》と諡《おくりな》し、一〇月に嫡子の司馬炎《しばえん》を晋国の世子《せいし》と定めている。

また、二六四年五月、五品官である騎督以上の文武官六〇〇人に対して公、侯、伯、子、男の爵位が与えられ、それぞれの有爵者に対しその高下に応じて五〇〇〇戸から四〇〇戸に至る食邑《しょくゆう》（知行）が与えられた。これは魏晋禅代をひかえ、魏臣に対し本領安堵《ほんりょうあんど》をなし、そのうえで禅代を万全のものとしようとしたところから行われたものであろう。

その後、七月には礼儀、法律、官制の全面的な改正など禅譲への準備がととのえられていったが、そのような折の二六五年八月、司馬昭は急死し、禅代はその子の司馬炎によって成就されることとなる。

いままで、司馬懿、司馬師、司馬昭にいたる父子三人による権謀術数を駆使した王朝簒奪《さんだつ》の軌跡を追ってきたが、そこからはこの父子二代にわたる政争の血なまぐささのみが伝わってくる。しかし、一方でこうした評価とは別の評価もこの時代の史書には見いだされるのである。

東晋時代の史家に習鑿歯《しゅうさくし》という人物がいるが、彼は魏軍が東関の戦いに大敗したとき、司馬師が諸将の罪を問わず、それを自らの罪としたことについて、「こうした行動は智というべきである。もし敗れたことを嫌って誤ったものを追及し、その咎《とが》めを多くの人々に及ぼしたなら上下の心は離れ、賢いと愚かとにかかわらずその結びつきは解体したことであろう」

と評価している。

また孫呉の張悌《ちょうてい》は「曹操は功績は中国を覆うが、詐術を弄し、戦争もやむことがなかった。だから民はその威を畏れたけれど懐《なつ》くことはなかった。曹丕・曹叡もこれを継承し、残虐な政を行い、内には宮殿を造営し、外には戦いに明け暮れ休まるときがなかった。魏が民心を失って久しいものがある。司馬懿父子は権柄《けんぺい》を握ってからしきりに大功があり、苛政を除いて公平・恩恵に心がけ、率先して民の苦しみを救っている。民心が司馬氏に帰して久しいものがある。だから淮南《わいなん》（寿春）で反乱が起こっても根本は揺るがず、曹髦《そうぼう》（高貴郷公）が死んだときも四方は動かなかった。賢者を任じ能力あるものを用い、各々こころから司馬氏に尽くしているが、これは智慧と勇気とが人をしのぐ人物でなければ、誰ができるだろうか」と述べている。

こうした食い違いはどのようなところから生じてきているのであろうか。次節ではこうした点について見てみたいと思う。

司馬炎による中国再統一

司馬炎の登場

司馬炎は司馬昭の嫡長子として魏の青龍《せいりゅう》四年（二三六）に生まれている。母は王元姫《おうげんき》といい、その祖父は魏の元勲の一人である王朗《おうろう》、父は思想家として著名な王粛《おうしゅく》である。若くして

「寛恵《かんけい》にして仁厚《じんこう》、沈深《ちんしん》にして度量あり」と評され、九品中正制度に基づく郷品を定める際その出身地の河内郡《かだい》では比較の対象者がいないというほどの貴公子であった。

任官後の彼は祖父の司馬懿や伯父の司馬師などが就いた官職を歴任し、二六四年、晋国の世子に立てられ、さらに父の死を受けて、二六五年八月、晋王と相国《しょうこく》という司馬昭が就いていた官爵に就いた。そして一二月ついに、魏帝（元帝）の禅をうけて帝位（武帝）に即き（一七日）、年号を魏の年号である咸熙《かんき》から泰始《たいし》と改めたのである。

司馬炎の初期の政治を見るとき、まず注目されることは、その重臣に多く学識と礼教を重んじる名望家を配していることが挙げられる。その点は徳行よりも才幹を重視した曹操の方針とは大きく異なっている。彼は即位直後に三国の混乱によって途絶えていた庶民への爵（民爵《みんしゃく》）の賜与《しよ》を実施し、しかもそれを一律に五ランク引き上げるという大盤振る舞いを行っている。

民爵賜与は、漢の時代には郷村における年齢秩序を重視しながら郷村の指導者に爵を与え、さらに酒肉をも賜り、それによって郷村の社における祭礼を実行させ、そのことを通じて下は庶民から、上は皇帝に至る国家構成員の一体感の醸成と秩序化とを図って実行されたものである。

司馬炎による民爵の「大盤振る舞い」は西晋王朝の建国に際し、民心をつかむために実行されたという面も強いが、上で述べた司馬炎の礼教重視の施政を見るとき、後漢末から魏に至る過酷な時代を克服し、礼教に基づく国家を構築しようとする一面をそこに見いだすこともできるのである。

また、司馬炎はその即位の翌月、すなわち二年正月、司馬氏一族から二七人を郡王に封じている。魏の時代には、明帝の時代に若干ゆるめられるが、曹丕《そうひ》の遺命によって王族である宗室の人々は官職に就くことができず、また、絶えず国家の監視下に置かれていた。七歩の詩で著名な曹植《そうしょく》と曹丕兄弟の関係はそれを端的に示している。こうした宗室抑止策は、ある面では後漢末以来の同族でさえも信を置きがたい混乱した時代の産物という面をもっている。

晋武帝司馬炎（歴代帝王図）

しかし、西晋時代にはこれと反対に宗室が高位高官をはじめとした官職に就くことが許されており、それのみにとどまらずきわめて優遇された。こうした施策の採用は、一面で幹を強め枝を弱める強幹弱枝の策という面をもっているが、先に見たことを踏まえると、司馬炎が魏の時代の過酷な政情を克服し、宗室間の友愛に基づく政治を志向していたことをうかがわせるものである。

泰始元年に、司馬炎は漢や魏の宗室の人々の任官禁止を解き、曹植の子の曹志を太守に任じ、諸葛亮の子孫を任

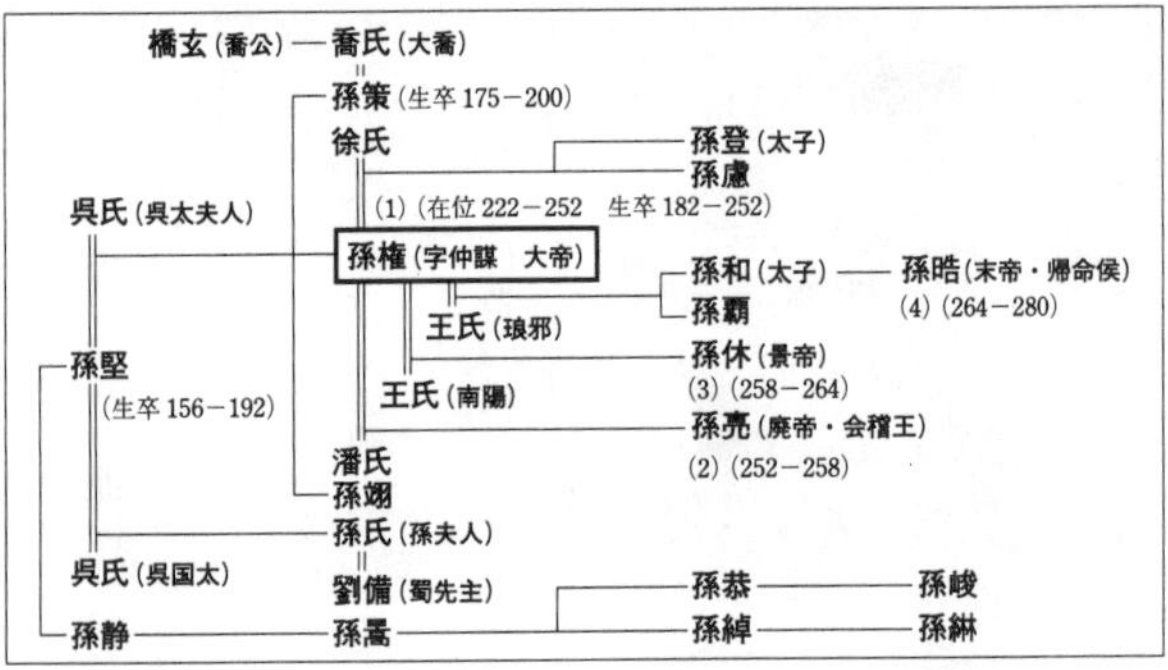

呉（孫氏）系図

用したことなどをはじめとして、官僚の任用にきわめて寛大な態度を示しているが、この点もそうした彼の姿勢と関連しているであろう。

呉の滅亡と天下再統一

呉では孫権晩年の二四一年、皇太子の孫登《そんとう》が死去し、新皇太子の孫和《そんか》の支持者と孫権の寵愛を受けていた孫覇《そんは》の支持者との間の抗争が激化し、ついに二五〇年の孫和の廃位、孫覇への賜死へと発展する。そのうえ、その直後の二五二年に孫権は死去し、そのため臣下の間の亀裂はさらに大きくなっていった。それは旧太子派の諸葛恪、孫覇派の孫峻《そんしゅん》、孫綝《そんちん》らの確執・専権を生み、王朝は自壊へ向かって進み始めていったのである。

そのような状況下に孫権の孫にあたる年少の孫晧《そんこう》が二六四年即位した。しかし彼は、王朝が崩壊の危機に瀕しているにもかかわらず、宮殿を造営したり、残虐な行いが絶えなかった。おそらくそこには迫りくる王朝滅亡への不安、年少皇帝としての権威確立にともなう焦りなどが存在したのであろうが、後の南朝諸朝の滅亡期などに見られる暴虐な天子の嚆矢《こうし》は、この孫晧にあるということができる。

孫晧の時代はそのまま司馬炎の時代と重なる。司馬炎にとって天下再統一の絶好の機会が到来したのである。司馬炎の腹心の羊祜《ようこ》や、羊祜が後事を託した杜預《どよ》などは司馬炎に孫呉討滅の軍を起こすことを強く勧めた。しかし、朝廷内部には慎重論が強く、司馬氏の禅代の功労者というべき賈充のようにこれに対して強硬に反対するものさえあった。ただ、その多くは、帝権のさらなる拡大を嫌う貴族層の思惑、討呉の計画が皇帝と数人の者との間で密議され、自分たちがそこからはずされているという焦り、天下統一の際における論功行賞に与かれないという不満といったことから生じていた。

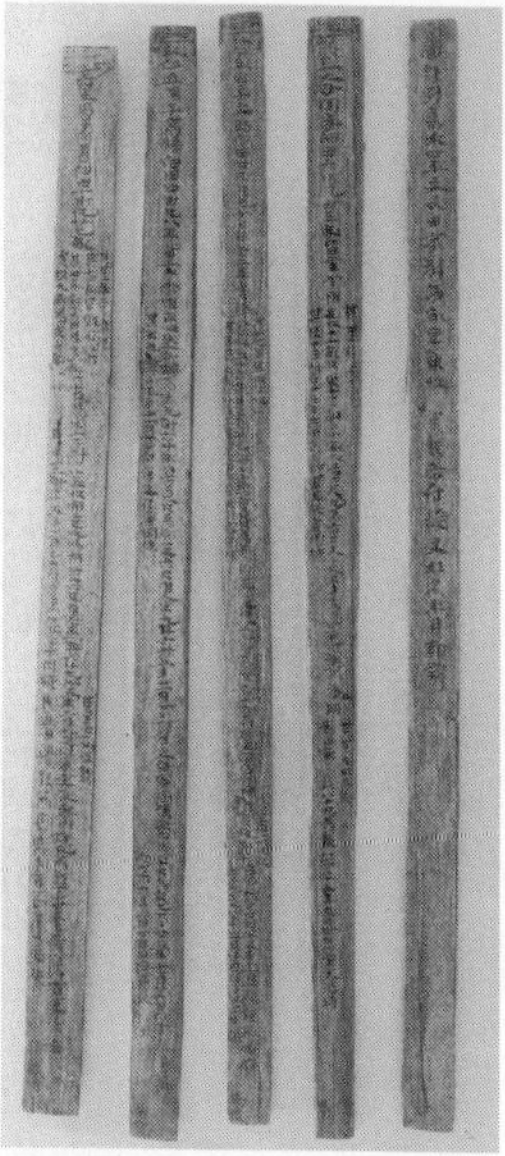

走馬楼木簡　1996年、湖南省長沙市の走馬楼建設区域から約10万点の簡牘が出た。呉の時代のものが多く、研究が期待される

この点はのちの西晋末に見られる私事のみを優先し、国事を顧みない風潮の蔓延との関連で注意すべき事柄であるが、後漢末以降の混乱を終息させ天下を再統一するという計画の実行を阻む障害とはなりえなかった。

二七九年一一月、ついに孫呉討伐の詔が発布される。東西二〇万余の軍団は淮南、湖北の地から一斉に南下し、もはや、晋の領域となって久しい蜀の地からも長江を下る水軍が派遣されたのである。晋軍は早くも翌年二月には呉の江陵を攻略し、三月には呉の都の建業を守る要害である石頭城《せきとうじょう》を落とし、建業に進攻した。孫晧は亡国の礼に則り、片肌を脱いで後ろ手に縛られた形（肉袒面縛《にくたんめんばく》）で晋軍に降り、ここに四代続いた呉は五二年にして滅亡し、中国は晋によって再び統一されたのである。

晋が押収した当時の記録によれば、呉は戸数五二万三〇〇〇、人口二三〇万、吏三万二〇〇〇、兵二三万であったと伝えている。

軍備撤廃と戸調式

武帝は天下統一後、二つの施策を断行する。一つは、若干のものを除いて州郡に所属していた兵士を帰農させるという軍備撤廃の施策である。これは長く続いた戦時体制を平時体制に戻すための軍事面における改革であり、有事の場合には洛陽など要衝に展開する中央軍を派遣するという形をとり、地方における分権的な軍事状況を終息させようとする狙いのもとに行われたものであった。

また、武帝は占田《せんでん》・課田制《かでんせい》という土地制度、それに対応した徴税制度を定めた。占田法では、男子一人七〇畝《ほ》（一畝は約五アール）、女子三〇畝、すなわち夫婦の家が所有する耕作地を国家に申告させ耕作させた。また、官人に対しては第一品の五〇頃《けい》（一頃は一〇〇畝）以下、九品の一〇頃に至る範囲で耕作地の占有を認め、身分に応じて土地所有の上限を定め、大土地所有に対して制限を加えようとした。

石頭城　南京城の西北に位置する。南北の全長は約3000m。楚の威王の城として紀元前333年に築かれ、211年孫権が再びここに築城し石頭と命名した。建業（建康）攻防の要の位置にある

同時に規定された課田制では、男子五〇畝、女子二〇畝、次丁男はこの半分を課し（二五畝）、公有地を割り当てて耕作させた。後漢末の一九六年、曹操はその拠点の許県で屯田制を始め、やがてそれを鄴《ぎょう》、洛陽、長安などの郊外に展開し、中央の司農卿の管轄下において農産に努めた。当時、典農部民、屯田客などとよばれたこの屯田民は、官牛を給される者が収穫の六割、私牛をもつ者が五割を国家に納めることが義務づけられており、そこから上がる収益は、魏の国力充実に大きな貢献を果たしたのである。

さらにこの民屯《みんとん》のほかに呉や蜀との前線に近

い淮南や関中に軍事を主目的とする軍屯《ぐんとん》も設けられていた。やがて晋の時代を迎えると、この軍屯は魏晋革命時に、民屯も呉の平定後には廃止され、一般州郡に組み入れられることになり、屯民の負担も一般民並みとなっていったと考えられる。そして呉平定後のこの課田規定の制定を見るのであるが、こうしたことからこれは魏の時代における旧屯田民を対象として実施されたものと考えられ、そこに戦時体制から平時体制への政治方針の大転換をうかがうことができる。

こうして一定の土地を割り振られ再生産を保証された農民は、戸ごとに国家に対して耕作地から生産される穀物（田租）と絹（調）を納めることが義務づけられていくことになったのである。

武帝は二八〇年、このもととなった戸調式という税法を施行しているが、これは漢代の人頭税方式による課税を戸単位に変更したもので、画期的税法であった。

斉王司馬攸排除の企て

斉王司馬攸《しばゆう》は司馬炎の一〇歳年下の、母を同じくするただ一人の弟である。彼は才能に恵まれ人望の高い人物で、幼いころより祖父司馬懿から将来を嘱望されていた。司馬懿が彼を司馬師の後嗣とした点にもそのことがよく表れている。父司馬昭も種々の配慮のもと生前、「自分はいま兄上様（司馬師）の死によって相国の地位に仮にいる。だから自分の死後、大業はその後継ぎである攸に返すべきである」、「これは景王の天下である。どうして私がかかわることができようか」と述べることがあった。これは実現することはなかったが、斉王攸自身は晋朝の成立以降も朝政の中心にあって重きをなし続けていた。

その斉王攸に対して天下統一から二年後の二八二年、攸の封国である斉国へ赴くよう司馬炎は命じたのである。その背景には曹操の子である曹丕・曹植という母を同じくする兄弟と同様の確執があった。また、司馬炎の嫡子司馬衷《しばちゅう》（のちの恵帝《けいてい》）はその政治的能力の欠如からのちに八王《はちおう》の乱を引き起こし、中国を大崩壊へと導く主因の一つとなった人物であるが、朝臣の多くは早くからそのことを憂え、そのため人心は司馬炎の後継として司馬攸に嘱望するようになっていたのである。

呉平定以前の二七五年、都の洛陽で疫病が流行し、その死者が人口の半分を越えるという事態にまで至ったことがある。司馬炎自身も重い病にかかり、このことをきっかけとして司馬炎は司馬攸排除を真剣に考えるようになっていったと考えられる。

そこから出てきたのが攸の封国への赴任命令であるが、多くの朝臣はその非を諫言した。しかし司馬炎はそうした諫言を封じ、諫言をなしたものに対し左遷等の処罰をもって臨み、それを取りやめようとはしなかった。

司馬攸自身はこの命に憂憤し、ついに発病するという事態が生じるが、病中であるにもかかわらず出立を強いられたため、出立の二日後、血を吐いて亡くなってしまう。こうして朝廷を揺るがした事件は落着するが、これ以降、皇帝に対してあえて諫言するものはいなくなり、西晋王朝を支配した闊達な輿論は逼塞《ひっそく》することを余儀なくされてしまったのである。

暗愚な皇帝司馬衷

武帝の後、皇帝の位に即く司馬衷すなわち恵帝は、武帝と皇后楊艶《ようえん》との間に生まれた次子である。長子が幼くして夭折したので、蜀を平定した後の二六七年正月、皇太子に冊立《さくりつ》された。

即位後、戦乱で穀物がなく民が飢えていることを聞いて、ではなぜ肉糜《にくび》（肉入り粥）を食べないのかといったと伝えられるほどの無能な人物であった。先に述べたように皇太子時代からそのことは朝廷において周知のことであり、重臣の衛瓘《えいかん》が宴席で武帝の前に跪き武帝の座っているところをたたきながら「この席が惜しゅうございます」と嘆いたというエピソードに端的に示されているように、すでに皇太子時代から武帝亡きあと皇帝としての責務を果たすことができるのか危ぶまれていたのである。

このことは武帝自身も認識するところであったと思われるが、生みの親である楊皇后の寵愛、皇太子の子である司馬遹《しばいつ》が将来を託しうるという期待があったため、廃立を思いとどまったという。当時、朝廷には暗愚な皇太子を廃し司馬攸に皇位を継がせたいと思う者や司馬攸が恵帝を輔弼し、実権を掌握することを望む者などがあり、司馬攸に対する輿望はきわめてたかいものがあった。しかし、先に述べたように武帝は結局その道をとらず、輿論の失望を生む道を選択したのである。

その後、武帝晩年の朝政は楊皇后の一族である楊駿《ようしゅん》が握るようになり、武帝の死によって輔政の任につき、あたかも後漢の末のような外戚専権の様相が再現されたのである。

司馬氏三代の功罪

司馬懿父子が権謀術数を駆使して、魏晋禅代を実現したことについてはすでに述べたところである。それはこの一族の私利追求ということができる。しかし、一面で彼らがまた後漢末の動乱の中を生き、儒教的教養を身につけた名望家として経世済民の志をもっていたことも否定できないであろう。

彼らは輿論が後漢末・三国時代にかけての過酷な時代の終息を熱望していたこともよく認識していたであろう。先に見たように魏から民心が離れて司馬氏に帰したことも、こうした輿論の動向と密接に関連していた。であればこそ魏晋禅代によって帝位に即いた武帝には、そうした方向性のもとに私利を排した公権の確立が強く求められていた。

先に取り上げた占田・課田制については、研究者の間でもその実態をめぐって様々な意見の対立があるが、この土地制度が豪族の私利追求に基づく大土地所有を規制し、広範に存在する自作農の再生産を保護することをその主要な目的としていたことは疑いない。そしてそれはのちの北魏や隋唐の均田制へと受け継がれていくのである。また、司馬氏三代の間に確立してくる貴族制もそれが在地の輿論に基づいて形成される限りにおいて、そうした公権の再確立に大きな力を発揮していたのである。

しかし、そうした公権の再確立の方向性と表裏して、司馬氏の政権には権力の私権化の動きが絶えず存在した。たとえば司馬炎は即位直後に後漢末・三国の混乱によって途絶えていた庶民への爵（民爵）の賜与を行い、下は庶民から、上は皇帝に至る国家構成員の一体感の醸成と秩序化とを図っているが、それを一律に五ランク引き上げるという「大盤振る舞い」の形で行っているところに、そのことを通じて輿論を誘導せんとする恣意を見て取ることができる。

皇太子、司馬攸をめぐる事件もまた、公権の要ともいうべき次代の皇帝の選定をめぐって、司馬炎の私的配慮が大きく関与した事例であったといえよう。そしてその後の動きが、外戚の専権へと行き着いたことを見るとき、後の時代の混乱の端緒は、すでにこの時に生じていたということができるのである。

第二章　胡漢の抗争

五胡十六国の時代

八王の乱と永嘉の乱

三国時代を終息させ中国を再統一に導いた西晋《せいしん》の武帝《ぶてい》司馬炎《しばえん》が二九〇年四月崩御し、それを契機として時代は坂道を転げ落ちるように、中国史上でもまれにみる大混乱の時代へと突入していく。それはまず西晋の宗室による皇位継承争いから始まった。

武帝なき後、皇太子の司馬衷《しばちゅう》（恵帝《けいてい》）が即位したが、彼は暗愚であったため、武帝の皇后であった楊《よう》皇太后は自らの父である楊駿《ようしゅん》に輔政させ、楊氏一族の専政が開始された。しかし、恵帝の皇后賈氏《かし》はこれを嫌い、汝南王《じょなんおう》司馬亮《しばりょう》、楚王《そおう》司馬瑋《しばい》らの力を借りて楊駿を誅し、司馬亮、司馬瑋をも殺害し実権を握った。

政治闘争自体はこのように激しいものがあったが、賈后による権力奪取後の一〇年弱の間、政治自体は名望家の張華《ちょうか》や裴頠《はいぎ》らの力によってかろうじてその安定が保たれていた。

しかし、二九九年一二月、皇太子司馬遹《しばいつ》が賈后によって廃され殺害されたことによって、朝野は憤激し、事態は急転回を始める。三〇〇年四月、趙王《ちょうおう》司馬倫《しばりん》は賈后一派を排除し、翌年一月には恵帝を幽閉して、自ら帝位に即いた。こうした動きに対して諸王は一斉に反撥し、司馬倫は伐たれるが、諸王間の抗争は泥沼化し、中原は大混乱に陥っていくのである。世に八王《はちおう》の乱と呼ばれるこの大乱は、三〇六年一一月、懐帝司馬熾《かいていしばし》が東海王司馬越《しばえつ》に擁立されるまで続くが、その頃にはすでに中央の威令に服さぬ諸勢力が各地に割拠し、西晋の衰亡は目を覆うばかりの惨憺たる状況に立ち至っていた。

さらに西晋をかろうじて支えていた東海王司馬越が三一一年に死去すると、華北の混乱はその第二幕を開くことになる。当時、山西の地にあった匈奴《きょうど》のリーダー劉淵《りゅうえん》は、羯《けつ》族の石勒《せきろく》や漢族流民の首領王弥《おうび》らを用いて河南、山東の地方を席巻していた。石勒は東海王の死後の混乱にあった晋を攻め、その将士十余万を捕殺する。このとき劉淵はすでに死去し、その子の劉聡《りゅうそう》が立っていたが、彼はこの機に乗じて配下の武将劉曜《りゅうよう》と王弥を派して、大挙洛陽《らくよう》を攻め、略奪暴行の限りを尽くさせた（三一一年六月）。

ときの年号をとって永嘉《えいか》の乱と史上呼ばれるこの戦乱によって、洛陽は焼き払われ、何万もの人命が失われた。懐帝自身も玉璽とともに匈奴の根拠地・平陽《へいよう》（現在の山西省臨汾《りんふん》県）へと拉致され、恵帝の皇后羊氏《ようし》は劉曜の妻とされた。西晋は事実上ここに滅亡したのである。

その懐帝が平陽で殺害されると、武帝の孫にあたる司馬鄴《しばぎょう》が長安で即位するが（愍帝《びんてい》）、これも匈奴の攻撃を受け、同じく平陽へ拉致され、三一七年、殺害の悲運に見舞われることとなるのである。

民族	王朝	創始者	都城
匈奴	漢→前趙	劉淵	左国城・平陽・長安
	夏	赫連勃勃	統万城
	北涼	沮渠蒙遜	張掖・武威
羯	後趙	石勒	襄国・鄴
鮮卑	前燕	慕容皝	棘城・龍城・薊・鄴
	後燕	慕容垂	中山・襄国
	＊西燕	慕容冲	長安
	南燕	慕容徳	広固
	＊代→北魏	拓跋猗盧	盛楽・平城・洛陽
	西秦	乞伏国仁	苑川・武威
	南涼	禿髪烏孤	楽都・武威
氐	前秦	苻健	長安
	〇成（漢）	李特	成都
	後涼	呂光	武威
羌	後秦	姚萇	長安
漢人	前涼	張軌	武威
	＊冉魏	冉閔	鄴
	西涼	李暠	敦煌・酒泉
	北燕	馮跋	龍城

五胡十六国王朝表　十六国は＊を除く、〇の成は氐と蛮の二説あり

五胡十六国の国々

永嘉の乱の主役を演じる匈奴は、三〇四年に自立して漢《かん》と号していた（後の前趙《ぜんちょう》）。この三〇四年から匈奴が建国した北涼《ほくりょう》が、鮮卑《せんぴ》が建国した北魏《ほくぎ》によって滅ぼされ、華北が再統一される四三九年までの、諸民族、諸国家が相継いで興亡した一三六年間を五胡十六国《ごこじゅうろっこく》時代と呼ぶ。五胡とは、匈奴《きょうど》、羯《けつ》、鮮卑《せんぴ》、氐《てい》、羌《きょう》の諸族をいう。

この間に興亡した諸国は厳密にいうと一九国であるが、後に北魏を建国し国名を変更した代《だい》、短命であった西燕、漢族の建国した冉魏《ぜんぎ》は一般にのぞかれて、前趙、後趙《こうちょう》、前《ぜん》燕《えん》、前秦《ぜんしん》、後燕《こうえん》、後秦《こうしん》、南《なん》燕《えん》、北燕《ほくえん》、西秦《せいしん》、前涼《ぜんりょう》、後《こう》涼《りょう》、南涼《なんりょう》、北涼《ほくりょう》、西涼《せいりょう》、成《せい》（漢）、夏《か》の国々を十六国と称し、のちに五胡の用語と合し

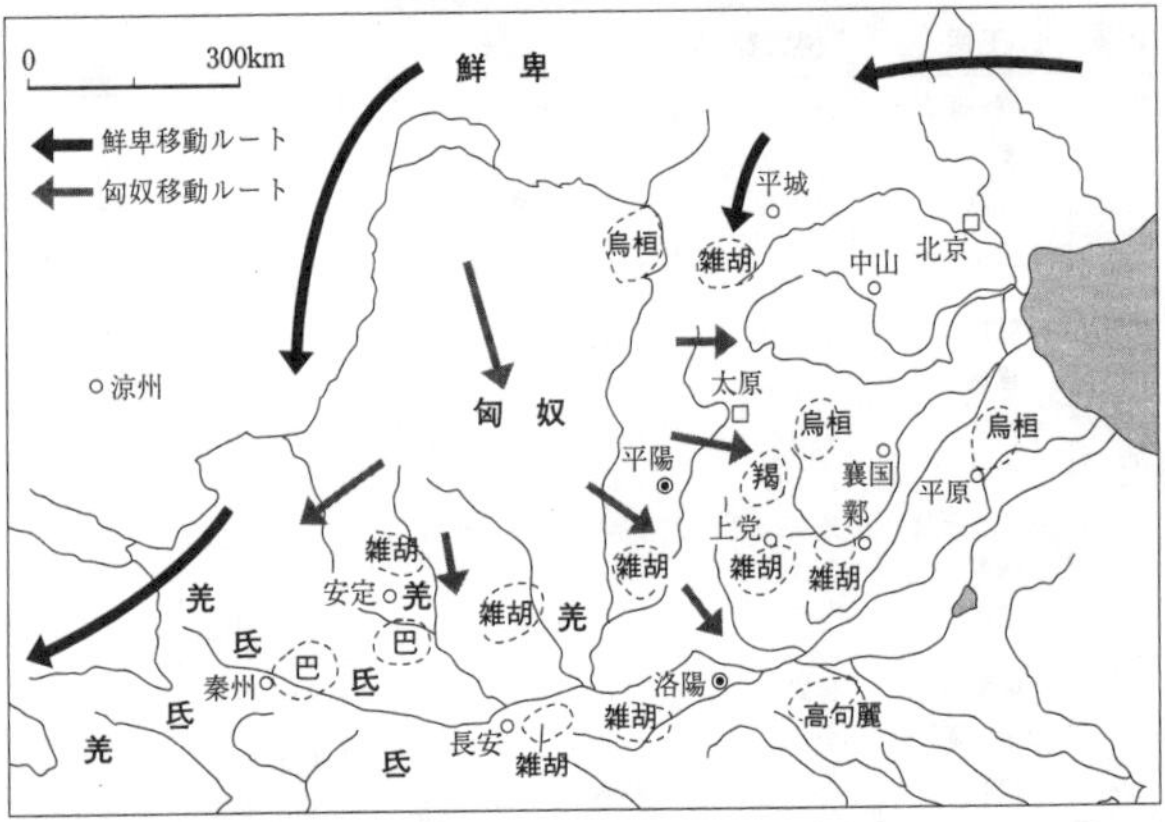

西晋時代の五胡の分布

てこの時代に対する呼称となる。

　そもそも五胡は上で述べた西晋末の混乱に乗じて一挙に華北に進出したわけではなく、すでに後漢から三国にかけての移住や侵入を通じて中国との接触を深めていた。

　その魁《さきがけ》をなしたのは匈奴である。後漢の初めに中国に内附していた匈奴は、魏の時代に陝西北部から山西中部の地域に居住していたが、西晋の時代には山西の汾水流域に定住し、漢人に使役され農耕生活に従事するものが多くなっていた。匈奴の別種といわれる羯《けつ》も山西に居住し、匈奴と相似た状況下にあった。鮮卑は当時、慕容《ぼよう》、宇文《うぶん》、段《だん》、拓跋《たくばつ》などの諸部に分かれ、遼河の上流域から河北、山西の北辺に居住していた。また、チベット系の氐、羌も後漢末以来、陝西、甘粛地域に居住するようになっていた。

　西晋内部ではこのような状態を危惧するも

のも現れ、胡族を域外へ移すようにいった郭欽《かくきん》の上疏《じょうそ》や、このままに放置すれば恐るべき事態が生ずると警鐘を鳴らした江統《こうとう》の徙戎論《しじゅうろん》等も現れている。郭欽は「戎狄《じゅうてき》（中国の西方や北方に住む異民族）は強くて荒々しく、古来、中国に災いをなしてきました。三国の魏のはじめには人口が少なかったので、戎族たちは中国の西北の諸郡を占拠するところとなっています。今は服従していますが、一〇〇年の後に戦いが起これば、匈奴の騎馬は彼らの根拠地である平陽や上党《じょうとう》の地から三日もかからずに黄河の渡し場である孟津《もうしん》に至るでしょう。そうなれば北地《ほくち》、西河《せいか》、太原《たいげん》、馮翊《ひょうよく》、安定《あんてい》、上郡《じょうぐん》などの重要拠点はすべて胡族の支配するところとなるでしょう。……戎狄が中華を乱すことのないよう、平陽、弘農《こうのう》、魏郡《ぎぐん》、京兆《けいちょう》、上党の雑胡を徐々に移住させ、四方の異民族の中国への出入りを厳しくすることが必要です」と述べているが、結局採用されるところとならなかったのである。

匈奴の国家

八王の乱は、華北がこのような状況にあったときに勃発したのである。三〇四年、匈奴のリーダーを意味する大単于《だいぜんう》の位につき国号を漢と称した劉淵《りゅうえん》は、一族や羯族出身の石勒などの功臣を郡県に封じるとともに、三〇九年その都を平陽に定め、南下の形勢を示した。翌年、劉淵が没すると、その子の劉聡《りゅうそう》が位を継ぎ、石勒や一族の劉曜《りゅうよう》を遣わして洛陽を攻め、西晋の懐帝《かいてい》を捕らえ、さらに劉曜に命じて長安を攻め、次いで立った愍帝《びんてい》をも捕らえ、西晋を滅ぼした。三一八年に劉聡が没すると、国内に内乱が起こるが、劉曜と石勒がこれを鎮定し、劉曜が長安に都をおいて国号を趙と改める（前趙）。一方、石勒も自立への動きを強め、襄国《じょうこく》（現在の河北省邢台県《けいだいけん》）に都をおいて後趙を建て、前趙と対抗するようになる。

このように目まぐるしく展開していったこの時代の諸勢力間の抗争は、地域の観点から見たとき、華北の二大要地である長安を中心とする関中に拠る勢力と、襄国や鄴《ぎょう》（現在の河北省臨漳県）、中山《ちゅうざん》（現在の河北省定県《ていけん》）などを中心とする関東に拠る勢力との角逐であったということができる。関中に拠る前趙と関東に拠る後趙との対立の後に出現する、後趙と関東に進出してくる前燕との対立、関東に拠る前燕と関中に拠る前秦との対立、関中に拠る後秦と関東に拠る後燕との対立、関中に拠った後秦・夏と関東に進出した北魏との対立というように展開していくのである。この政治的分裂は、鮮卑拓跋部《たくばつぶ》が建国する北魏が四三九年に華北を統一するときまで続く。

また、南北朝後期の時代において、北魏が分裂したのち、関中に拠る西魏と関東に拠る東魏との対立が生じ、それを受けて北周《ほくしゅう》・北斉《ほくせい》の対立が生まれることをも見通すと、この関中に拠る勢力と関東に拠る勢力によって華北が二分されるという分裂状況は、四世紀初頭に始まる五胡十六国時代から六世紀末に北周によって北斉が滅ぼされ華北が統一されるときまで続く、この時代の華北における歴史展開の大きな特徴の一つということができるのである。

その原因は、秦漢以来の華北における経済・文化の中心としての関中と関東が、それぞれの政治勢力の拠点となったことによって生じたものであり、石勒と劉曜の対立は五胡十六国時代における地域間対立の最初期に生じた一事例といえる。

劉曜は長安に宗廟や宮殿を築造し、多数の民を移住させて長安の充実を図り、太学、小学を興して教育にも意を用いている。こうした施策は彼が、中国文化に対してかなりの理解を持っていたことによっている。史書によれば彼は読書を好み、よく文章をなし草書や隷書にさえ巧みであったとされている。異民族の君主といえば、その蛮行によって中国文化に対してほとんど無知、あるいは理解に乏しいと思われがちであるが、事実はそうではない。匈奴の劉淵は儒教の経典や『春秋左《しゅんじゅうさ》氏伝《しでん》』などの歴史書、さらには『孫子《そんし》』などの諸子の書物にまでも通じていた。前趙を建国する劉聡も幼いときから聡明で、経典や史書、諸子の書物に通じ、書に巧みで、詩賦にも秀でていたとされる。こうした異民族君主の学識は、後の前秦の苻堅《ふけん》や北魏の拓跋宏《たくばつこう》（孝文帝《こうぶんてい》）にも受け継がれていくものである。

五胡十六国時代地図

羯族石勒の登場

関東を統一した後趙は国力を充実させ三

二九年、前趙を滅ぼす。後趙の建国者である石勒は、山西省武郷の地に住んだ匈奴羌渠部《きようきよぶ》の一種族である羯族《けつぞく》の族長の子として生まれている。そして二〇歳のころ、山西の地を襲った飢饉の際に略取されて、山東へ奴隷として売られる悲運に遭遇する。

匈奴の劉淵《りゆうえん》の伝に、劉淵が漢を建国する直前のこととして、彼の一族の劉宣《りゆうせん》が、「晋は無道をなし、奴隷として我を御す」と述べたことが記されている。この場合は、劉淵や劉宣らの匈奴が漢族から、比喩として「奴隷」のように扱われたとしているのであるが、石勒の場合は実際にその境遇に落とされたのである。彼が売られ移送されるとき多くの胡族もまた、首かせをはめられ山東に連行されているが、ここから我々は、中国内地にあった当時の胡族のおかれた悲惨な状況の一端を看《み》て取ることができるであろう。

のち石勒は諸奴と語らって群盗に身を投じその首領となり、その勢力を強めていった。このとき、劉淵は西晋に背《そむ》いて漢を建国し、中原は混乱の極にあったが、石勒は時局を読み、その配下を率いて劉淵に帰した。その後、劉淵の信任を得て、関東の地の計略を委ねられるが、このことが、後に彼が大きく飛躍して皇帝の位にまで上りつめる結果を生むことになる。

当時、漢は関中の経略に力を注いでいたが、石勒は彼のブレインであった張賓《ちようひん》の計に従って、着々とその勢力を扶植し、襄国を拠点として、関東の地にその勢力を拡大することに成功する。さらに三一九年、劉曜が都を関中の長安に移し、国号をそれまでの漢から趙へと改めると（前趙）、石勒は自立して配下の二四の郡を趙国とし、趙王・大単于の位についた。

史にいう後趙である。石勒はその後徐々に西進し三二九年には前趙を滅ぼし、翌年皇帝の位に即いた。

彼は漢族を保護し、胡族が漢族を陵辱することを厳に戒めた。また、中国文化を重んじ、漢族が忌み嫌った胡族の中に存在する風習、すなわち亡くなった父兄の妻妾を妻とすること、服喪中に結婚することなどの風習を厳禁した。

当時、胡族と漢族は相互不信の真っ直中にあったが、そうした意識状況が生む胡漢の厳しい対立、殺戮と略奪の横行という状況下にあって、彼の採用したこれらの施策は両者の対立を融和することを目指したものであったといえる。この点は後世の歴史展開が、胡漢の対立から胡漢の融和、融合へと展開していくこととの関連で興味深いものがある。つまり、彼の採った施策は後の歴史展開を先取りした面があるわけである。この胡漢の融和、融合については、後の章で取り上げることになる。

仏教と後趙

石勒が融和策を採ったのには仏教が大きな影響を与えている。とりわけ彼が帰依した西域の僧侶仏図澄《ぶっとちょう》の存在は大きなものがあった。

仏図澄は西域のクチャ（亀茲）の人である。彼はウディヤーナ（烏萇）で出家し、カシミールで仏学を学んだ。当時、北インドやクチャは小乗仏教を奉じていたので、彼が中国にもたらしたものも小乗仏教であったと思われる。三一〇年、洛陽に至った仏図澄は、石勒の軍が殺戮をこととするのをいたみ、その非を説いてそれを教化し、石勒の信奉をかちえていく。

あるとき、石勒がかわいがっていた子の石斌《せきひん》がにわかにみまかり、仏図澄がこれを生き返らせるということがあった。ために石勒は諸子を仏寺で養育させ、四月八日の釈迦の誕生日には灌仏法会をつとめるようになった、という石勒の奉仏を伝えた逸話も残されている。また、仏図澄は、その伝によれば、鈴の音から未来の吉凶を予言してみせたり、鉢に水を満たし、そこから蓮の花を咲かせてみたり、腹の中から五臓六腑を引き出して、それを水中で洗い清め、またもとの場所に戻してみせたりするなど、数多くの神異奇術を駆使して石勒を初めとした同時代の人々を信服させている。

この時代は戦乱が相継ぎ、従来の価値観が崩壊していったため、人々は来世での救済を説くインド伝来の仏教を熱狂的に信仰していくようになるが、その際、仏図澄やこの後、後秦の時代に法華経などの経典を翻訳したことで著名な鳩摩羅什（クマーラジーヴァ）らのような神異や新知識をもたらす僧侶の存在は大きなものがあった。石勒が仏教を保護した背景には、彼の信仰もさることながら、民衆の心を収攬するうえで、そのもつ力に大きなものがあることを十分認識していたからであろう。

ただし、その仏教も排斥を受けなかったわけではない。三三三年に石勒が死去し、その跡を継いだ石弘《せきこう》を廃して、三三四年、後趙のリーダーとなった石虎《せっこ》のとき、漢族出身の王度《おうど》という人物が、「仏は外国の神であり、中国人がまつるべきものではない。漢の時代にその教

敦煌莫高窟壁画　右は275窟のピリンジェリ王本生、左は同じく275窟の菩薩半跏像で、いずれも北涼の作。敦煌の郊外の砂漠の中に莫高窟が開削され始めたのは、4世紀中頃、五胡十六国時代のこと。それから約1000年間にわたって、鳴沙山の東の断崖1.6kmの間に、2〜3段の層をなして掘り続けられた石窟の総数は1000窟を超えるといわれる。そのうち、現在判明しているのは492窟。古い時代の石窟は中心部にあり、両端部に新しい石窟が集中している。窟内は、正面奥の須弥壇の上に塑像が並び、四面の壁面は壁画で埋めつくされており、雲岡や龍門と同じく当時の仏教信仰のエネルギーの強烈さがうかがわれる

えが初めて伝わったが、西域の人々だけが寺を都に建て、その神をまつることを許されていたのみで、漢人が信仰することは許されなかった。……今よりはこの後趙の人々が寺に詣で焼香や礼拝をしたりするのを禁止させてください。もしそれでも止めないものがあれば邪教を信じているものと同罪にし、後趙の人間で僧侶となっているものは還俗させてください」と述べたので、朝廷の士は多くこれに同調したという。

　しかし石虎は、この廃仏の建議に対して、「朕は西方の蛮族の生まれであるが、この中国の地にいま君臨している。とはい

え中国に君臨しているからといって、その宗教まで中国風にするべきではなく、もともとの宗教を信奉すべきである。仏は西方の神であると聞いている。であれば、朕はこの神を信奉すべきであろう。この後趙の領域において仏教を信じようとするものがあれば胡といわず漢といわずその出家を許す」といったという。

つまり、仏教の信仰に関してもそれが外来であるか否かとする議論が存在し、そこに胡漢の対立が伏在していたのである。この問題は、後の五胡十六国や北朝の国々における仏教の尊崇と王朝権力との関係を考える上で、大きな示唆を与えてくれる。

石虎は即位すると都を鄴《ぎょう》に移した。彼は有能な武将ではあったが、多くの人民を労役に徴発して、その政治は奢侈《しゃし》淫虐を極めた。このため人心は離反し、石虎が没すると後趙は乱れ、その部下の漢人冉閔《ぜんびん》が魏国を建てることになるのである（冉魏《ぜんぎ》）。

鮮卑の台頭

このころ、遼西《りょうせい》にあった鮮卑の慕《ぼ》容皝《ようこう》は三三七年都を龍城《りゅうじょう》に定めて燕王と称し、南下の機をうかがっていた。

鮮卑の名が初めて史上に現れるのは前漢の末であるが、後漢の歴史を記した『後漢書《ごかんじょ》』には戦国時代に蒙古地方で繁栄した東胡《とうこ》の子孫であると記されている。東胡が匈奴に滅ぼされると（前二〇六年）、鮮卑は匈奴の傘下に入り、シラムレン河流域で遊牧していた。そして一世紀の初めに匈奴が衰えると徐々に自立の気配を示すようになり、二世紀の中頃、檀石槐《だんせきかい》

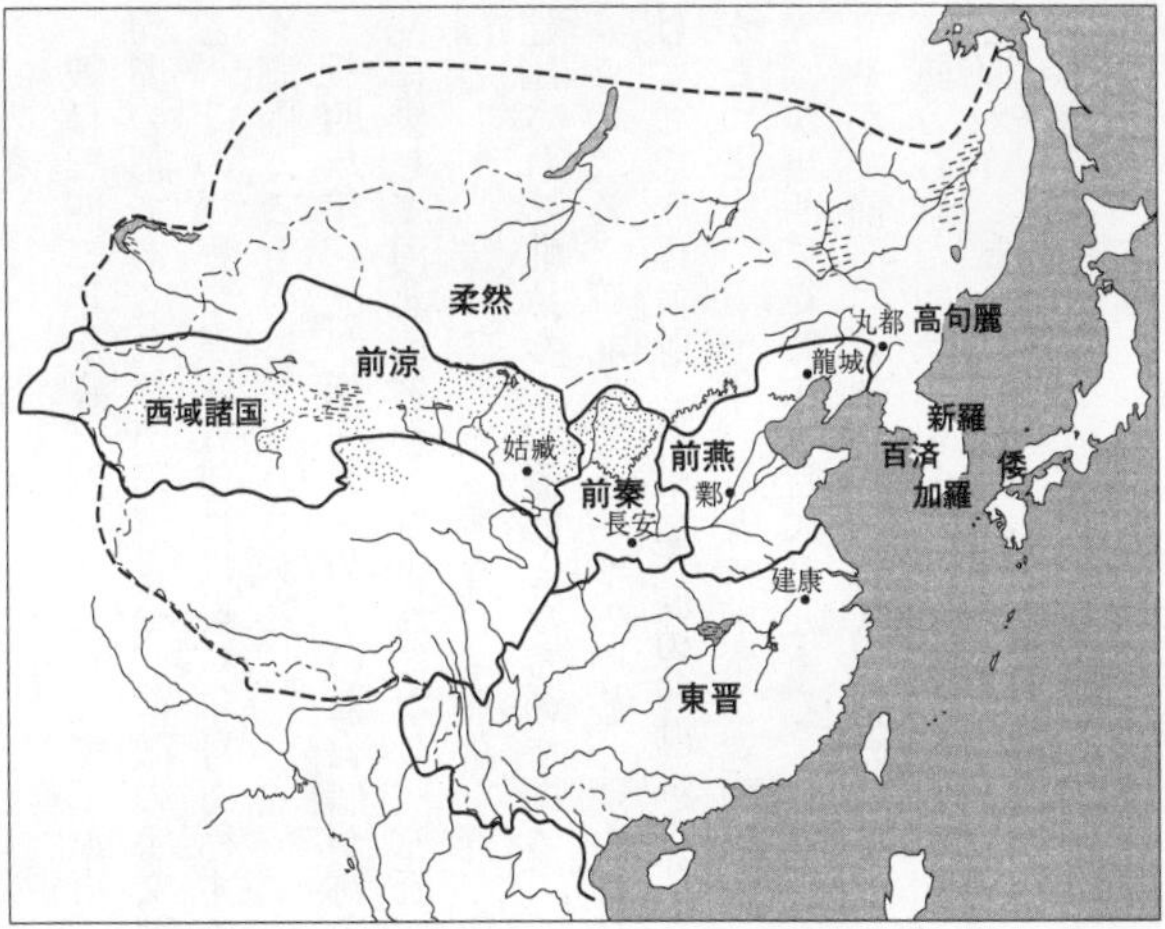

東晋・十六国時期（４世紀）図

という人物がリーダーとなると（一六六年）、鮮卑諸部を統合して全蒙古を支配下に収め、盛んに後漢に侵攻するようになる。さらに、三世紀の初めには慕容《ぼよう》、宇文《うぶん》、乞伏《きつぷく》、拓跋《たくばつ》などの部族を中心とする鮮卑系部族が内蒙古の各地に跋扈するようになり、晋の無力化にともなって、華北へ移住するようになるのである。

　慕容の名は檀石槐のとき、その構成部族としてその名が見えるようになり、右北平《ゆうほくへい》から上谷《じようこく》（現在の遵化から北京一帯）の領域に遊牧していたことがわかる。三世紀の初めになると、大《だい》凌河《りようが》の流域から遼西に移り、遊牧とともに農耕をも行うようになる。

　慕容皝《ぼようこう》は、十六国の一つの前燕を建国した鮮卑慕容部のリーダー慕容廆《ぼようかい》の子である。

彼は三四二年から三四六年にかけて、遼東、遼西地方の対抗勢力に対して攻勢をかけ、高句麗の都である丸都を陥落させ、宿敵の宇文部を滅ぼし、さらに夫余《ふよ》を滅ぼすことに成功する。その過程で三四五年には自ら年号を称するようになり、東北アジアの強国としての地位を確固たるものにするのである。

三四八年、皝が死去しその子の慕容儁《ぼようしゅん》が跡を継ぐと、さらにその勢力を拡大し、後趙の混乱に乗じて河北を席巻するようになり、三五七年、後趙の都であった鄴に遷都し、中原の大国として、後の諸燕国、すなわち前燕を継ぐ後燕、山東の地に建国される南燕、河北の地に建国される北燕などの濫觴《らんしょう》となるのである。

このころ、華北のもう一つの中心、関中には、チベット系の氐・羌がいて後趙の混乱を受けて、氐族の酋帥《しゅうすい》苻《ふ》洪《こう》と羌族の酋帥姚弋仲《ようよくちゅう》とがその覇権を争っていたが、苻洪の子の苻健《ふけん》がたつと、三五一年、長安に前秦を建国し、ここに華北は氐族の前秦と鮮卑の前燕という二大国が東西に対峙する時代を迎える。

やがて前秦に五胡十六国時代屈指の英主である苻堅《ふけん》が即位し、前燕を滅ぼし、石勒によって試みられた胡漢融和の施策が強く推進され、ここに五胡十六国時代の歴史は大きな転回点を迎えることになるのである。

胡漢両者のコンプレックス状況

わが族類に非ずんば、その心必ず異なる

前節で述べたように、八王の乱の中心人物の一人、成都王司馬穎《しばえい》（漢族）が幽州刺史王浚《おうしゅん》（漢族）に敗れ、匈奴の劉淵に救いを求めたとき、匈奴側の劉宣はその要請に応えることを強く諫めて、「晋は無道をなし、奴隷として我を御す」として反対している。一方、当時の漢族は、その劉淵に対して、「わが族類に非ずんば（非我族類）、その心必ず異なる」と述べ、強い敵愾心《てきがいしん》を懐《いだ》いていた。

このように、西晋・五胡十六国期における胡族と漢族とはそれぞれ自ら（我）と他者（非我族類）とを峻別し、各々が別個の集団に属すという意識を強く懐きつつ反撥し合っていたのである。

胡漢両者は、こうした意識のもと、五胡十六国時代を通じて血みどろの抗争を繰り広げたのであるが、その際、胡族と漢族との間に、いかなる人物がこの中華の世界の王者たるにふさわしいか、ということをめぐっての興味深い意見の対立が見いだされる。

あるとき西晋の忠臣であった漢族の劉琨《りゅうこん》という人物が、羯族の石勒に手紙を送り、その援軍を要請したことがある。その際、彼は石勒に「いにしえよりこのかた、異民族出身で、この中華世界の帝王となったものはいない。しかし、名臣や国家に勲功をたてたものならばい

る。将軍（石勒）は軍略に長《た》けているのだから、必ず勲功をたてられるであろう」と述べ、石勒の随身を勧めている。

つまり、随分と人を食った話ではあるが、漢族の劉琨は石勒の助けを求めているにもかかわらず、胡族は所詮《しょせん》帝王にはなれないと考えていたことを、胡族に対して自ら表明しているのである。

永嘉の乱のときの漢族の群雄の一人に王浚《おうしゅん》というものがあったが、その王浚が皇帝の位への野望を懐くようになったとき、石勒が彼に皇帝の位につくよう勧めたことがあった。その際、逆に石勒の野心を疑う王浚に対し、石勒の使者は、先に漢族の劉琨が石勒に送った言葉を用いつつ、「いにしえより異民族出身で名臣と為るものはいるけれども、いまだ帝王となったものはいません。石将軍（石勒のこと）が帝王の位をきらって、明王（王浚を指す）に譲っているのではありません。石将軍が帝王になることは天も人も許すところではないからです。願わくは、公、疑うことなかれ」と述べたが、それを聞いて王浚は大いに喜んだと史書は伝えている。

こうした弁舌を石勒の使者が行ったのは、この論理で王浚を説得し得ると考えたからであろう。現実に王浚は使者の言を聞いて大いに喜んでいるのである。

劉琨や王浚の事例は、胡族の軍事力を認め、それに依存せざるを得ない状況にあったにもかかわらず、当時の漢族の間に胡族は所詮は帝王にはなれないとする屈折した考えが共在していたことを示している。こうした考え方は、当時の時代状況を考えると、胡族に比べ文化的に優越の立場に立つが、政治的、軍事的にはその圧力に屈しつつあった当時の漢族が、従来、抱いていた夷狄観――夷狄は禽獣にも比すべき劣った存在であり、所詮は漢族の下僕たるに止まるという考え方――をもって現実に対処しようとした際、露呈したものであるといえる。

一方、こうした考え方とは相反する考え方も、当時の史書には見いだされる。匈奴の劉淵は、自ら「帝王となるものに、どうして常にということがあろうか。漢族が聖王と称える伝説の夏王朝の始祖である禹《う》は西方出身の異民族であり、周を開いた武王の父君であり聖王と称えられる文王《ぶんおう》も東方の異民族生まれであるというではないか。帝王になれるか否かはただその授けられた徳のみによるのだ」と述べている。

鮮卑慕容部が建国した前燕の始祖である慕容廆《ぼようかい》も、漢族名族出身の高瞻《こうせん》という人物が異民族である自らへの出仕を拒んだとき、「どうして中華であるか、夷狄であるかということにこだわるのであろうか。中国人が聖君子と称える禹は西方の異民族の出身であり、同じく聖君子である文王も東方の異民族出身であるというではないか。思うにただその志と知略のいかんのみが問題なのだ」と述べている。

ここには先に見たのとはまったく逆の考え、すなわち胡族も帝王となることができるという考えが表明されている。劉淵、慕容廆は胡族君主であるが、ここには、先の「胡族は所詮帝王にはなれない」とする漢族の考え方に反撥し、それを乗り越えようとして生み出された論理が劉淵、慕容廆の言葉として表明されているのである。

胡族の意識構造

ただし、胡族の側の反撥はもっと複雑な様相を呈していた。前趙から後趙の時代に、関中にあって羌族を率いた姚弋仲《ようよくちゅう》には四〇人の子があったが、いつもその子らを戒めて「いにしえよりこのかた、いまだ異民族出身者でこの中華世界の天子となったものはいない。私が死んだら、おまえたちは江南の東晋王朝に帰属し、臣節を尽くし、決して不義の事を行ってはならない」と述べていたが、その晩年にはついに、使者を東晋に遣わして東晋への帰属を求めている。

姚弋仲は五胡十六国の一つである後秦の建国者姚萇《ようちょう》の父であるが、ここに見える彼の考えは、劉淵や慕容廆の場合と異なり、先に述べた漢族の立場を踏襲している。では姚弋仲はなぜこのような考えをとったのであろうか。当時の史書はその理由を明確に示してはいないが、右の発言が後趙の滅亡直後になされたものであることから、直接的にはこうした政治状況の変化が影響を与えていると推測される。

しかし、より巨視的、あるいは本質的立場から見るとき、そこに彼の漢文化に対するコンプレックス、あるいはひけ目が存在していたから、とみなしてもそれほど的外れではない。なぜなら、漢族の文化と比較した際の当時の胡族文化の発達水準、あるいは胡族の農耕化等に見られるような自らの文化の放擲《ほうてき》・喪失、およびそれに連動した漢文化受容とは、それが意識的であったとしても、無意識的であったとしても、そうしたコンプレックスを生み出すと考えられるからである。

ところが、先に述べた西晋の忠臣・劉琨《りゅうこん》から石勒《せきろく》への要請に対する返信で、石勒は「君（劉琨）は忠節をあなたが仕える本朝（晋）に尽くしなさい。わたしは夷ですので勲功をたてることができません」と告げて、厚くその使者をもてなし、名馬・珍宝をおくり、その後の交際を絶っているのである。

また、先に取り上げたように王浚が皇帝の位への野望を抱くようになったとき、石勒は王浚に送った上表文のなかで、「私はもともとちっぽけな胡（原文は小胡）でありまして、西方の異民族の末裔《まつえい》（戎裔《じゅうえい》）でございます」とも述べている。

ここで石勒は漢族である劉琨や王浚に対し、「夷」、「小胡」、「戎裔」などと称して、自らを卑下している。一見するとこれは石勒が先に見た姚弋仲と同じ発想をなしていたかのようである。しかし、石勒が自ら「夷」であるとして結局、劉琨と絶交していることや、王浚に対し表面上自らを卑下しながらも、その実、王浚の併呑をめざしていたことなどから考えて、彼が姚弋仲のような考え方をしていないのがわかる。

彼は「夷」、「小胡」などと称しながらも、その本心に漢族への強い反撥、自立への意志を抱いていたのである。

胡漢相互の他者認識

こうした石勒の考え方は姚弋仲の場合とは異なっている。では、当時の胡族の中には姚弋仲のような考え方をとるものと、石勒のような考え方に立つものとが各々別個に存在していたのであろうか。一見するとそのようでもある。

しかし、一歩彼らの心の中にまで踏み込み、胡族が漢地に入ってその支配者となるという当時の時代状況に注意すると、この問題はそれほど割り切って考えられるものではないと思われる。

この際の彼らの心情を具体的に追究することは、こうした事柄がもともと史料として残り難い性格のものであるだけにきわめて難しいが、あえて想像をたくましくするならば、漢族・漢文化に対するコンプレックスと自立への志向とは、彼らの内面の、あるいは彼ら自身も十分には意識していない深いところで結びついていたと考えるのが自然であろう。

なお、先に少し述べたように、鮮卑の出身で五胡十六国の一国である前燕を建国した慕容廆は、華北の漢族名族である高瞻《こうせん》に対して、胡族君主としての勢威を背景に、自己への出仕を求めている。このような漢族士大夫の官僚機構への吸収は、そのもつ行政能力、あるいは豪族として地方社会に及ぼす影響力等の理由から、胡族が漢地を経営するための必須要件であった。そのために慕容廆は高瞻に出仕を求めたのであるが、それが胡族を夷狄視する高瞻によって拒絶されたのである。

慕容廆は、そうした高瞻の態度に強い不快の念を抱き、先に述べた発言をなしたけれども、結局そのことで高瞻を処断するということはなかった。

ところが当時の史書は、高瞻が処断されることに怯え、その恐怖が最終的には高瞻の煩悶の末の憂死を招いたと述べている。この高瞻の死に至る事件は、当時の錯綜した胡族の心情、およびそれに対する漢族の心情が、今日においても如実に伝わってくる好個の事件であったといえるであろう。

個々には様々なケースがあったが、大勢として見たとき、当時の漢族の内面には、胡族への文化的優越感に伴う夷狄視、およびそうした胡族に政治的・軍事的に抑え込まれているという屈辱感、恐怖といった感情が抱かれ、一方、胡族の内面には多かれ少なかれ漢族に対する軍事的優越感とともに、漢族・漢文化に対するコンプレックス、あるいは反撥とが屈折、動揺しながら混在しており、特に当時の胡族支配者は、その「優越」性を押し出すことを運命づけられていたといえるのである。

漢族・胡族に生じた変化

華北士大夫と江南政権

前節では、永嘉の乱の混乱以降、正統王朝である西晋を失った華北の漢族士大夫が、華北の地を席巻する非漢族王朝に対しどのような態度をとったのかについて述べた。その際、この時代の華北の漢族が、江南の漢族王朝に対してどのような気持ちを懐《いだ》いていたのかという点については述べることができなかったので、次にこのことについて見てみよう。

さて、漢族が胡族を忌避していたのであれば、同じ漢族によって江南に新たに樹立された

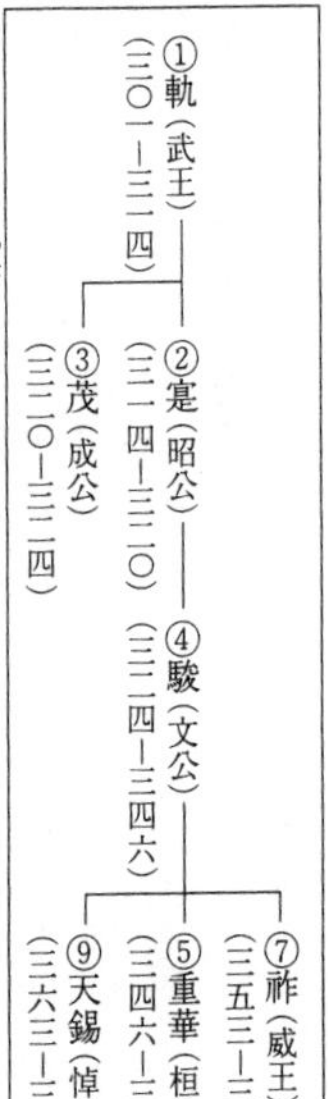

前涼（張氏）系図

東晋に心を繋《つな》ぐことは容易に想像される。しかし、実際にはこの時代の漢族が皆こぞって、東晋を西晋を継ぐ正統な王朝と簡単に認めたわけではないのである。また、先に羌《きょう》族の酋帥姚弋仲《ようよくちゅう》について述べたが、胡族のすべても漢族政権である東晋を忌避していたわけではなく、漢族政権を容認し、それに帰属しようとする胡族もいたのである。それはどのような意識から生まれていたものなのであろうか。

　五胡十六国の一つに漢族が建国した王朝である前涼《ぜんりょう》という王朝がある。この王朝の始祖である張軌《ちょうき》は、晋末の戦乱に際してその郷里である安定《あんてい》（現在の甘粛省平涼《へいりょう》）の西方に広がる河西のオアシス地帯が、農牧の物産や西域交易の利があり、また、中央の混乱が及んでいないことに着目し、望んでその地の長官となり半独立の姿勢をとった。これが前涼のはじまりである。

　西晋が滅亡し、西晋の皇族であった琅邪《ろうや》王司《おうし》馬《ば》睿《えい》は江南の地に東晋を建国し、年号を太興《たいこう》と改めた。このとき前涼のリーダーとなっていた張軌の子の張寔《ちょうしょく》は、これまで使用していた年号である西晋愍帝《びんてい》の年号建興《けんこう》を継承し、なお建興六年と称した。

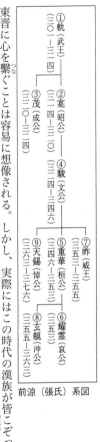

その後、前涼自らの年号を立てたこともあるが（和平《わへい》の年号など）、また建興に復している。このときの建興年号採用の際、前涼の領域では李儼《りげん》というものが立って東晋の年号を奉じようとしたので、前涼のリーダー張玄靚《ちょうげんせい》は衆を率いてこれを討った。

このときの事態を伝えて史書は、前涼の民衆は東晋の年号を奉じようとする李儼の行動を喜んだとも伝えている。これらのことは西晋が滅んで四〇年近くたっても、前涼では西晋を奉じるものと東晋を奉じるものとの確執が存在していたことを示しているのである。

河西回廊　長安からシルクロードの玄関ともいうべき敦煌に至るルートは河西回廊と呼ばれる。写真は、武威の地の景観

つまり、西晋から東晋への移行の過程で、漢族の間には東晋の正統性に対する疑念が生じていたのである。しかし、とはいっても一方で、胡族政権下の華北における漢族士大夫の多くが、晋の皇族である司馬睿が江南に建国した東晋に、その心を繋いでいたということも確かなことと言えるのである。

宋の正統性

東晋の次の江南漢族王朝である宋の時代になると、こうした状況にまた変化が生じるようになっている。東晋が滅び、東晋の将軍であった漢族の劉裕《りゅうゆう》によって宋が建国される直前、東晋の皇族である司《し》馬国璠《ばこくはん》、司馬叔道《しばしゆくどう》らが、五胡の一つである羌族が長安に建国した後秦に亡命してきた。

このとき後秦の皇帝であった姚興《ようこう》は、かれらに「劉裕は晋室を助けたのに、なぜ卿らはわが国へ亡命してきたのだ」と尋ねている。それに対して国璠らは「劉裕は不逞の徒と王室を削弱《さくじやく》しているのです。わが一族の中で有能なものはみな殺されています」と述べたのである。そのため、姚興はこのとき長江中流域や上流の四川にいる晋の将士の中にも、宋に反撥するものが多いのを見て、相集《あいつど》って宋に対する戦いを起こそうとしている。

また、この頃、シルクロードにつながる河西《かせい》の地にある酒泉《しゆせん》に、五胡十六国の一つである西涼《せいりよう》という国があった。この王朝の王室は前漢の将軍・李広《りこう》の子孫と称する家柄で、代々敦《とん》煌《こう》の太守をつとめていた。最近、甘粛省の酒泉の中心部から八キロメートルほど西方の地点で、魏晋時代のものとしては最大のものである大墓が発掘され、墓の主はこの王朝の始祖である李暠《りこう》と想定されているが、この晋宋交代のときの王は、その李暠の子の李歆《りきん》であった。かれは在位四年にして江南政権の交代に遭遇したが、このとき李歆もまた、軍を率いて宋の討伐を行おうとしている。

司馬国璠らの劉裕への反撥は、江南からの亡命者や長江中流域の地の将士の反撥であり、李歆のそれは河西の地にあった漢族君主の反撥であって、華北士大夫の劉裕に対する反撥を示しているわけではない。しかし、当時の華北士大夫の東晋に馳《は》せる心情を思うとき、いま見た亡命者らの宋の建国者劉裕に対する反撥と同様の反撥は、同時に華北士大夫にあっても生じていたと考えられる。

そのうえ、劉裕は司馬氏のような貴族ではなく、「賤しい」寒門の出身である。この時代が貴族の存在に端的に示されているように、強烈な身分意識の存在する時代であることを考えると、このことも単に劉裕が東晋を滅ぼして簒奪《さんだつ》を行ったという点に対してだけではなく、彼らの強い反撥を生む要因となったであろう。

五胡十六国の時代には戦乱や異民族支配を嫌って、華北から江南へ移り住む者が数多く存在していたが、注意しておくべきことはそれはあくまで東晋の時代までに現れた現象であるということである。宋による簒奪以降では、華北から江南へ亡命する華北士大夫は、ほとんど見ることができなくなり、それ以前のありかたと際立った違いを示すが、このこともいま見たことと関係している。

つまり、劉裕の建国した宋は、華北の漢族士大夫にとってその正統性という点において多くの疑念を抱かしめる王朝であったのである。また、それは彼らの「江南政権離れ」を引き起こした。宋が建国されるころの華北士大夫の間には、後の章で取り上げることになるが、本章で述べたような激しい胡族政権忌避の対応とは異なり、華北統一を背景にようやく安定期に入ってきた胡族政権を中原王朝として容認、支えていこうとする流れが生じてきていたのである。

五世紀の前半に華北を再統一する鮮卑拓跋部が建国した国家である北魏のことを記した歴史書である『魏書』においては、東晋を建国した司馬睿《しばえい》は「僭晋《せんしん》」すなわち「僭越にも晋を称した司馬睿」としてその伝記が立てられており、その後の劉裕以降の江南諸朝の皇帝等は、「島夷劉裕《とういりゅうゆう》」のように「島夷（島に住む夷狄）の某《なにがし》」として、その伝記が立てられているのである。華北における漢族士大夫の認識の変化は、こうした江南政権を夷狄視するような表記の変化にまで及ぶものであった。

漢族士大夫の目指した道

翻って考えてみると、異民族の支配下に組み込まれる、あるいはその侵攻に絶えずさらされるという状況におかれたこの時代の華北士大夫には、異民族の支配下に入りその王朝に出仕する、その支配下に組み込まれながらも出仕することなく漢族としての矜持《きょうじ》を示す、江南王朝を盟主と仰ぎつつ異民族と対抗する等の、とりうる道があった。その際、注目しておくべきことは、非力ではあっても条件が与えられれば、彼らの中の有力な者のうちには一個の独立勢力を形成しようとする姿勢を示すものもあったということである。

西晋のために辺境の地にあって孤塁を守った前涼の張重華《ちょうじゅうか》（張軌《ちょうき》の曾孫）に対し、東晋が三四八年使者をつかわして、大将軍の官と侯爵の爵位を与えようとしたことがある。このとき、鮮卑の慕容皝《ぼようこう》はすでに東晋から燕国の王爵を名乗ることを認められていた。そのため張重華は、代々晋の国に忠節を尽くしてきたわが家がなぜ、王爵の下の侯爵として、忠臣でもない鮮卑の風下に立たなければならぬのか、と立腹して東晋の使者がもたらした詔書の受領を拒んだという。

さらに、張祚《ちょうそ》の代になると、ついに帝位を僭称し、百官を置いて、西晋の建興という年号を奉じるのを取りやめ（このとき建興《けんこう》四二年）、自ら年号を称して和平元年とするという挙にでている。

しかし、前涼の場合、この革命に反対する勢力も依然として存在していた。建興から和平へと年号が改まった二月には災異が頻発した。そこで、側近官の丁琪《ていき》という人物は諫言して、「革命の事を行うことについて、臣はひそかに、これは誤っていると思います。中華の民や夷狄がわが国を慕い、援軍を送ってくるのは、陛下（張祚）が晋を守ろうとする忠臣であるからです。いま自分で自分を尊ぶという行為を行ったが（天命を受けたと称して、帝位につくこと）、この所行を見れば天下の人々が陛下を信じるということはもはやないでありましょう」と述べている。先に李儼《りげん》という人物が自立し、東晋の年号を奉じて、張祚に対して反したと述べたが、それはこの革命事件に際して生じたことである。

つまり、当時の前涼には、そこに西晋を奉じるもの（西晋の年号である建興四三年を称する）、東晋を奉じるもの（中興の年号を奉じる）、独立を志向するもの（革命の事を行う）が共存し、容易に国論の統一が図れない状況にあったのである。

前涼は、張天錫《ちょうてんせき》が朝政を専掌するようになると、建興四九年を改め、東晋年号である升平《しょうへい》を奉じるようになっている。これには東晋の将軍桓温《かんおん》が北伐と称して華北を攻め、その勢威を華北にまで示したことが影響しているが、以後は、東晋の年号である咸安《かんあん》の奉用をへて滅亡に至っている。（なお、桓温の北伐についての詳細は、本書第四章において述べる）

いま、主に五胡十六国時代の一国、前涼の動きを一つの例として取り上げ、この時代における漢族士大夫の動向を見てきたが、その軌跡からは彼らが中華の伝統を保持せんとし、かつ、その正朔を奉じる対象を求めつつ苦渋した姿を如実にとらえることができるであろう。

ここにこの激動の時代を生きた一人の士大夫の事績がある。それは河北范陽《はんよう》出身の李産《りさん》という人物の事績である。李産は永嘉の乱の時、郷里の指導者として民衆の保全に努め、のち石勒の後趙に仕え、范陽太守となっていたが、前燕の攻撃を受け、やがてその軍門に降る。その伝に、

鮮卑の慕容儁《ぼようしゅん》が南征し、その前鋒が、河北の范陽郡の界に達した。郡の人はみな産に降伏を勧めた。産は言った。そもそも人の封禄を受けたものは、それと安危を同じくするべきだ。いまもしこの忠節をすてて、己の命のみを図れば、義士は私を何と言うだろうか、と。衆が潰滅して、始めて慕容儁の軍門に降った。儁はこれを嘲って、卿は石氏の寵任を受け、故郷に錦を飾ったではないか。なぜ石氏がために勲功をあげず、反って私に平伏するのか。烈士たるもの身を世に処するとき、このようであってよかろうか、と言った。産は泣いて、これは天命というものだ。自分のようなつまらぬものがあらがうことのできるものではない。犬馬さえも主のためにつくす。どうして自分がわが身を捧げるということを忘れようか。孤立し勢力が弱まり如何ともしがたい状況となったからであり、ただただ死のうと思ってやってきたのである。誠の心で前燕に降伏して来たのではない、と言い放った。慕容儁はその悲憤慷慨《ひふんこうがい》を嘉《よみ》し、その側近に向かってこの人物は真の長者である、と

言った。

とある。引用がやや長くなったが、このエピソードには、この時代の士大夫の苦衷が生き生きと伝わってくるものがある。こうした、漢族の正統王朝による華北解放を願いながらも、胡族勢力の拡大とともにその可能性がますます小さくなっていく状況において、天命の何たるかに思いをはせる心情は、五胡十六国時代を生きた漢族士大夫共有のものであったといえるであろう。

胡族と正統王朝

以上、五胡十六国時代の華北における漢族の「思い」を追究してきたが、ではこの時代におけるもう一方の主である胡族は、中華の世界に侵入し、あるいは中華の世界と対峙して何を考え、いかなる世界を創ろうと考えたのであろうか。

まず最初に確認しておかなければならないことは、おのずから明らかな事柄ではあるが、胡族の側には自らが滅ぼした王朝である西晋を奉じ続けるといった思いはなかったということである。ただ、胡族は西晋を、前趙や後趙といった自分たちが建国した王朝より前の時代に、この中華世界を支配した正統の王朝であるとは考えていた。西晋は自らとは異種族である漢族が建国した王朝であるとして、その正統性さえも否定するということはなかったのである。そこには西晋が中国を統一し、華夷を包摂した王朝であり、胡族自らもかつてそこに臣下として参画したという意識がかれらの間にも存在していたのである。先に見たように、羌族酋帥の姚弋仲《ようよくちゅう》は子供たちに「夷狄が天子となることはできない、東晋に臣下としての節を尽くせ」と述べているが、このことは姚弋仲が漢族王朝・東晋の臣下としての意識を持っていたことを示している。

当時、四川には賨人《そうじん》という蛮族が建国した五胡十六国の一つである成漢《せいかん》という国があったが、その三代目のリーダー李雄《りゆう》は「私の祖父も父も西晋の臣であった。東晋の瑯邪王《ろうやおう》（すなわち東晋の元帝司馬睿）が大晋を中夏に復興させようとするならば、私は衆を率いてこれを助けよう」と述べて、東晋元帝を支持する発言をなしている。また、チベット系の氐族が建国した前秦の朝廷内での発言として「晋の中宗（東晋司馬睿）は藩王にすぎない。にもかかわらず、夷夏《いか》の情が、みなともに彼を推すのは、すでに滅んだ西晋の遺愛がまだ存在しているからであろう」とある記録が残されており、東晋の建国時に、元帝が「夷夏の情」すなわち漢族と夷狄の支持を得ていたとする認識があったことがうかがえる。つまり、東晋の建国時においては、多くの漢族にとってもそうであったように、東晋は、彼ら非漢族にとっても盤石とまでは言い難いが、正統王朝としての資格を有する存在であったのである。

ただ、この場合非漢族が東晋を認めたのは、東晋が西晋を継ぐ正統王朝と認識する反面、漢族の場合と異なり、自らが占領する華北の支配地域に多数存在する漢族の意向を汲むことが、その支配の強化につながるという、より現実的な観点から当面は東晋を支持したほうが得策であるとする認識があったことも忘れてはならないであろう。

そのことは、鮮卑慕容部が、慕容廆《ぼようかい》の時代には、東晋元帝に晋の正統を継承して帝位に即くことを勧め、その孫の慕容儁《ぼようしゅん》の時代には、慕容儁自身が群臣から帝位に即くよう勧められても「私はもともと幽漠射猟《ゆうばくしゃりょう》（北の砂漠地帯で狩猟を生業とする）の郷、被髪左衽《ひはつさじん》（髪も結うことなくザンバラで服は左前に着る）の野蛮な風俗の民である。皇帝の位に即くなど、その分ではない」として辞退していたにもかかわらず、その直後に自ら即位し、東晋の使者に対して「汝、還りて汝が天子にもうせ。我、人材の乏しきを承け、中国の推すところと為り、すでに帝となれり、と」と述べたとする事例が残っている点によく現れている。

しかし、こうした東晋を認める認識が、彼らの現実的実利的判断のもとのみにおいて抱かれていたのかといえば、そればかりということはできない。それは当時の胡族のなかには自己、あるいは自己の種族を漢族と比べて劣るという意識を抱くものが存在し、それだけに自らの王朝を正統性に欠けるものと認識し、逆に江南の東晋にはそれがあると意識するものがいたからである。チベット系の氐族が建国した前秦の皇族の一人苻融《ふゆう》が、中華の正統性は東晋にあるとしたことなどは、その一例である。

ところで、こうした意識とは明確に異なる意識もまた当時、育っていた。それは胡族の中に自らが正統であり、江南の漢族王朝こそが夷狄であって、我々が中華であるとする考え方が出現することであるが、この考えが主流を占めるようになるためには、まだ多くの曲折を経なければならなかった。

第三章　胡漢の壁を越えて

苻堅の時代

冉魏の興亡

私たちは、前章で後漢末から三国時代に至る混乱を終息させ中国の再統一に成功した西晋が、短期間の平和の後に崩壊したこと、そして、それ以前の時期における混乱よりもいっそう激しく広範囲に及んだ五胡十六国時代の混乱の有り様を見てきた。こうした混乱が生じた大きな要因の一つに、この時代の諸民族相互における憎悪の連鎖があったこともつぶさに見てきた。

そうした憎悪が表出された一つのピークを、冉閔《ぜんびん》の乱前後に生じた諸民族間の大虐殺に見ることができる。冉閔は漢族武人の家柄で、その父が羯族の建国した五胡十六国の一つである後趙の皇帝であった石虎《せっこ》の養子となったので、羯族の姓を名乗り、石閔《せきびん》と称した。冉閔は勇猛で策略に長じ石虎に愛され、後趙の諸将の中で重きをなしていたが、石虎が死ぬと、石《せき》遵《じゅん》を助けて帝位につけた。しかし、石遵が彼を太子にするという約束を果たさなかったので、石遵を殺し石鑒《せきかん》をたてる。ところが今度は、その石鑒が冉閔を殺そうとしたので、羯族は頼りとするにたらないとして、後趙の王族数十人を殺し自ら皇帝の位に即いたのである。国を大魏と号し（三五〇年）、後趙と同じく都を鄴《ぎょう》においた、五胡十六国時代には珍しい漢族政権の誕生である。彼は漢族の胡族に対する反感を利用し、胡族の大虐殺を敢行、二〇万にものぼる胡族の屍を城外に遺棄し、狼の食らうにまかせたといわれる。この胡族の大虐殺の際、高い鼻でひげを蓄え胡族のような風貌を持つ者は胡漢の別なく殺害され、その影響は四方に波及し、数百万の胡族が各地に交錯、互いに殺略するという事態が生じた。そのために中原では農耕に従事することもできず、盗賊は横行し、大飢饉に見舞われたのである。

そして、冉閔の軍もほどなく羌《きょう》族姚襄《ようじょう》の軍に大敗し、死者一〇万を出すことになる。そうした内部の混乱は次いで鮮卑《せんぴ》の一部族慕容《ぼよう》部が建国していた前燕の南進を招くこととなり、三五二年、前燕軍に敗れ冉閔はとらえられて殺されることとなった。

民族間の憎悪に発したまことに悲惨な状況であるが、しかし、五胡十六国時代全体を通観するとき、このときを境として時代は、混乱・崩壊から徐々に収束・統一の方向へと転回していくようになる。以後、諸族間の憎悪は徐々に緩和され、時代は胡漢の融合へと動き出していくのである。

その当初の立て役者は右に見えた鮮卑慕容部が建国する前燕であり、チベット系の氐《てい》族が建国する前秦であった。そしてそれはやがて鮮卑拓跋《たくばつ》部によって建国される北魏へと受け継がれ、永嘉《えいか》の乱以来ほぼ一世紀半にわたって混乱を続けた華北が北魏三代皇帝太武帝《たいぶてい》の時代（四三九年）に再統一されることになるのである。

本章では、このように混乱がいわば底を打った時代から、華北の再統一へと収束する時代の動向について見てみようと思う。

苻堅の登場

五胡の一つである氐は現在の中国の陝西省や甘粛省に存在した民族で、この時代、長安の西の武都《ぶと》や略陽《りゃくよう》を中心に、楊氏、苻氏、呂氏などの豪族を中心として台頭し、前秦や後涼などの国を建国した。そのうちの前秦は氐族の族長苻健《ふけん》が、後趙の石遵《せきじゅん》のときその麾下《きか》より離脱、独立した、その父・苻洪《ふこう》の衆を引き継ぎ、三五一年建国した国である。

前秦は都を長安におき、後趙崩壊後の華北を鮮卑慕容部の建国した前燕と東西に二分する勢力へと成長していく。苻堅《ふけん》は苻健の弟である苻雄《ふゆう》の子として三三八年に生まれたが、苻健のあと帝位に即いたその子・苻生《ふせい》に残虐な行為が多かったので、彼を排除し天王《てんおう》の位についた。

苻堅は即位すると法制をたて商工業者を抑えて農耕を奨励し、首都長安から地方に通ずる道路を整備し、学問を保護奨励するなど内政に意を用い、国力の充実、文化の発展をはかった。幼いころ、師について学問をしたいとその祖父である苻洪に願い出たところ、「我々は漢族から見ると夷狄《いてき》であり、また代々酒好きなのに、学問をしたいというのか」と驚き喜び、師について学ぶことを許した、というエピソードが伝わっている。

この場合の学問とは当然、漢族の学問であり、このエピソードそのものに何かしら漢族の側からの差別意識などが反映されていると思われるが、彼の時代には漢族士大夫を取り立てたり、学問を保護するなど、胡漢の対立の厳しかったこれまでの華北とは様変わりした融和策が採られていくのである。

また、これと同時に外に向かっては三七〇年に華北の一方の雄、鮮卑慕容部の建てた前燕を討滅し、三七六年には前涼を滅ぼし、さらに北方において徐々に拡大しつつあった鮮卑拓跋部を下し、一時的ではあったが華北を統一することにも成功するのである。

苻堅の施策

苻堅は漢学の素養があり、位に即いてから漢族伝統の治政方針を採用して政治を行っているが、それには彼の政治を助けた王猛《おうもう》という漢族士大夫の果たした役割が大きかった。こうした胡族君主と漢族ブレインの結びつきという点では、先に羯《けつ》族の石勒《せきろく》と漢族の張賓《ちょうひん》の事例、後に北魏時代における太武帝と崔浩《さいこう》の事例などがあるが、苻堅と王猛の親密さの度合い

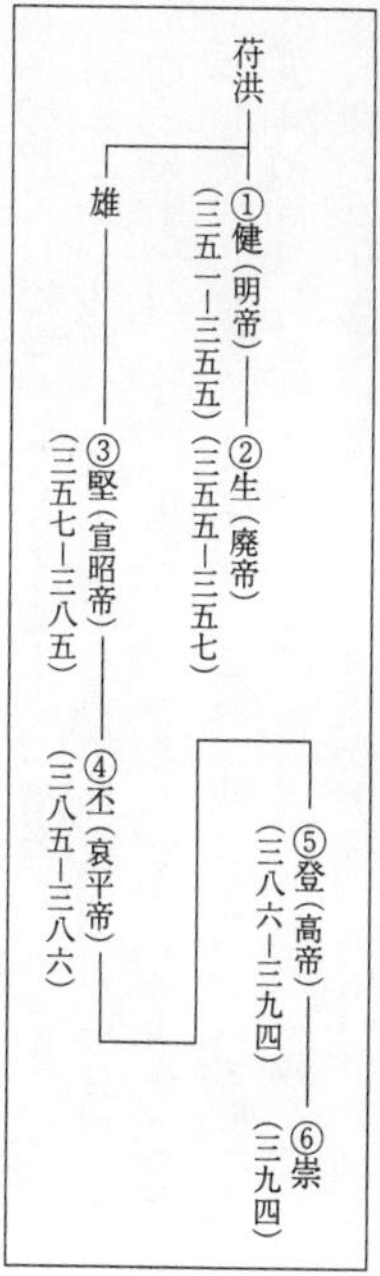

前秦（苻氏）系図

はその比ではなかったということができる。

あるとき、功臣である氏族出身の樊世《はんせい》が、皆のいる前で王猛を「我々は先帝様と一緒にこの前秦の国を興したが、国権に与かるということはなかった。君はなんらの戦功もないのにどうして大任を専管するのか。これは我々に農作業させ、君はそれを食らおうということなのか」と詰《なじ》ったという。これは漢土に支配者として臨んでいた胡族が、漢族を自分たちの耕作奴隷とみなしていたこと、その漢族出身の王猛が自分たちに対して指図することへの不満を述べたものであるが、王猛はこのとき「君を料理人にしようと思っているんだ。ただ耕作をさせるだけではないよ」と答えている。当時の胡漢の勢力関係を考えるときこれはなかなかの発言であるが、案の定、樊世は激昂して「おまえの頭を長安の城門に懸けてやる」といったので、王猛はこのことを苻堅に言上したという。

君主から特別の目をかけられた寵臣と、王朝の功臣との間にこうした衝突が起こることはいつの時代にも生じることであるが、興味深いことは、苻堅がこのことを聞いて「必ずこの老いぼれ氏（老氐）を殺し、そのあとで百官を整理しよう」と述べ、樊世を斬り、ために氐族が騒いだという事件が生じていることである。胡族が支配者として臨んだ五胡十六国の時代にあっては、この逆の事柄、すなわち漢族が胡族によって粛清されるということが、通例は生じたからである。このことは「漢族は胡族のために耕作する」という考えの存在からも容易にうかがうことのできることであるが、この樊世の場合そうならなかったということは、苻堅の王猛に対する信頼がいかに強いものであったかをうかがうことができるであろう。

ただ、このことも君主と寵臣との結びつきが強いものであれば、たとえこの時代の胡漢の関係があったとしても、君主によるこうした寵臣擁護の振る舞いが生じたとしても別段おかしいことではないであろう。しかし、苻堅の場合、それにとどまらない対応が随所に見られるのである。

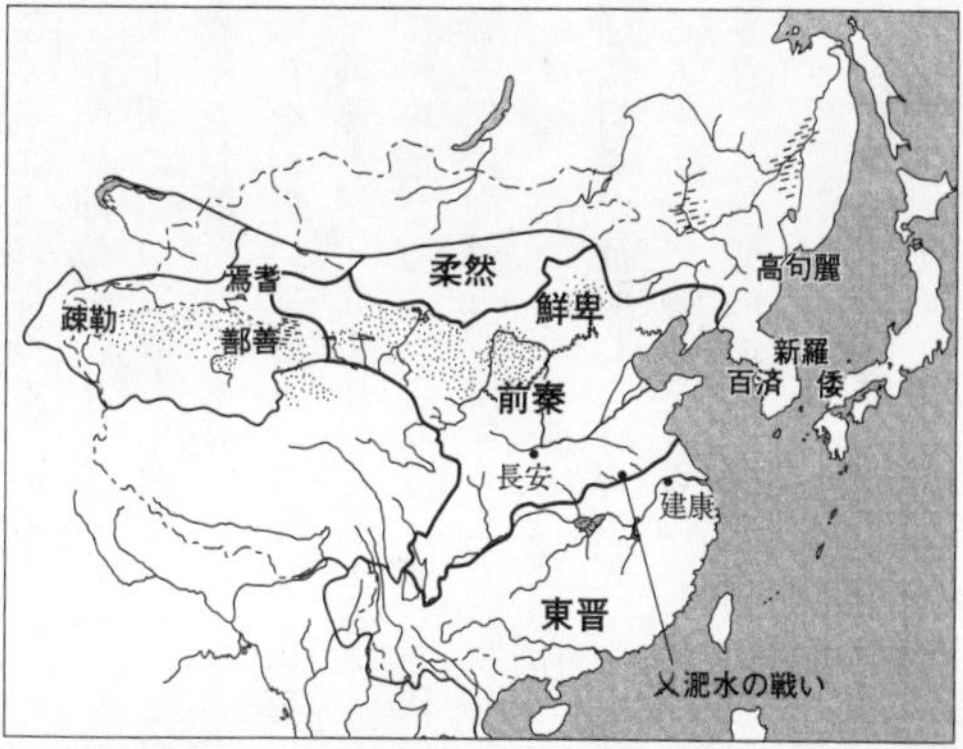

前秦全盛期図

その一端は、宿敵鮮卑族が建国した前燕と中原制覇のため雌雄を決する戦いを演じていたときにも現れている。このとき前燕の王族でのちに後燕を建国することになる慕《ぼ》容垂《ようすい》が前秦へと亡命してきたが、王猛は「慕容垂は傑物であり、蛟龍や猛獣は飼い馴らすことはできない。これは除くべきである」と進言をした。しかしそれにもかかわらず、苻堅は「私は正義をもって英雄を招き、世にまれな大業を成し遂げようと思っている」といって、慕容垂を受け入れたのである。そしてこうした彼の民族間の壁を越えようとする姿勢は、前燕攻略後になるとさらに徹底された形で打ち出されてくるようになるのである。

苻堅は即位以来、中国古代においてまつりごとを遂行した場とされる明堂《めいどう》を建てたり、漢族王朝において最も重要な祭祀とされる都の南で行う祭天の儀礼を断行し、皇帝が行う農耕儀礼である籍田《せきでん》の親耕《しんこう》を行い、その后に養蚕の礼を行わせるなど、中国における伝統的国家儀礼を相継いで導入、実施している。

前燕を平定し中原の覇者となると、その儒教的理念を用いた国家建設、風俗の整斉はさらに熱を帯びるようになり、魏晋時代における士族階層の人々の戸籍を復活し、彼らの心を前秦王朝に向けて収攬することに努めている。

また、自らの族である氐族を中央から新たに前秦の支配領域となった地域へと移住させ、逆に自らが征服した鮮卑や羌、羯などの五胡諸族は都の周辺に移住せしめて寵任するということを行っている。さらに、諸臣から「毀形《きけい》の賤士」と評され、側近より排除するよう進言された仏教僧の道安《どうあん》を信任し、仏教を厚く尊崇するなどしている。

民族融合策の功罪

こうした施策の徹底は、おのずから苻堅の政権を根底において支えている氐族の集団としての紐帯《ちゅうたい》を弱化させ、王朝の解体へとつながる危険性を生むということができるであろう。であればこそ、氐族重臣は幾度にもわたり、苻堅に対しそうした施策のもつ危険性を進言している。

苻堅の末の弟苻融《ふゆう》は、「陛下は鮮卑や羌、羯などを可愛がり、彼らをお膝元の畿内に住まわせ、同族である氐を遠方に派兵しておられる。鮮卑や羌、羯は皆な国の賊であり、我らの仇でございます」と泣いて諫言《かんげん》したが、苻堅の容《い》れるところとはならなかった、という。鮮卑や羌などは国の仇であり、国家の災いとなるのでこれを除くべきであるということは、苻堅のブレインであった漢族出身の王猛でさえ苻堅に対して進言していたことであった。

淝水の戦いのジオラマ（王謝古居博物館壁画）
王謝古居博物館は南京南郊の孔子廟の近くにあり、六朝期の文物やレプリカが数多く展示されている

　こうした群臣と苻堅の考えの相違がもっとも先鋭的に現れたのが、その南伐に際しての議論である。苻堅は華北統一の実績を背景として、江南に拠る東晋討伐を企て、これは結局東晋との間に淝水《ひすい》の戦いを生じることになるが、この南伐に対して群臣はこぞって反対した。

　その際彼らがあげた反対の理由は、東晋は国がよく治まっており、謝安《しゃあん》などの人才がそろっている、東晋は長江の険に守られているので攻撃はたやすくない、中原平定のあと間がなく将兵が疲れている、鮮卑や羌などの異族を可愛がり、氐族をないがしろにしている現在の状況は国家にとって危うい、というものなどであった。彼の信任した王猛でさえ、東晋は江南に逼塞してはいるが、よく治まっており、中国王朝としての正統性をもっているので、攻撃してはいけないと述べている。

これに対し苻堅は、東晋をこのまま残しておくことは社稷《しゃしょく》（国家）のためにならない、天下を統一して民衆を救おうと思うなどと述べ、群臣の意見を封殺して統一間もない諸族の混成部隊よりなる一〇〇万に及ばんとする南伐の大軍をおこすことになる。

結果は、前秦の大敗に終わり、このことが契機となって諸族の反乱が起こり、諸族諸勢力よりなる「モザイク国家」としての前秦は、またたくまに瓦解していき、苻堅自身もその混乱の中で、羌族の姚萇《ようちょう》によって殺害されることとなるのである。

では、苻堅は王朝の滅亡を早めるこうした施策をなぜ採ったのであろうか。彼が採った施策のうち、特に注意を引くのは、自己の本族たる氐族ではなく、それ以外の漢族や鮮卑を重任し、そのうえ寵愛さえしたということである。華北統一を成し遂げ、長い諸民族対立の時代を終息させようとすれば、当然こうした施策の採用が生じるであろう。

ただ、そうした施策の採用が当時の状況下で、どれほどの現実性を持ち得たのか、ということである。現に、彼のこうした施策の採用は、前秦の中核たる氐族の紐帯を緩め、淝水の戦いを契機として華北は再び諸族割拠の混乱の時代へと逆戻りしたのである。

では、彼のこうした施策の採用は、単なる理想主義の産物とみなすことができるのであろうか。

五胡十六国から南北朝時代の戦乱につぐ戦乱の歴史展開を見るとき、彼の施策を単なる理想主義の産物であったと考えることはできない。平和と統一を求める人々の願いはきわめて強烈なものがあったであろう。また、こうした彼の施策には王権の確立を目指す彼の冷静な現実的判断も働いていた。それは王猛重用の際に苻堅が氏族功臣に対して発した言葉「老氐」という表現に象徴的に現れている。

端的にいって五胡諸国家の王権は、一君万民的な構造によって成立していたわけではなく、王族や部族長によって率いられた諸集団の連合の上に成り立っていた。前秦はそうした構造を持つ氐族集団を核として、その外延に同様の構造を持つ匈奴や鮮卑の集団、さらに諸豪族に率いられる漢族の集団を含む連合国家として存在していたわけであり、王権がその権力を強化しようとしてもその十全な成長を阻害する要因が数多く存在していた。

にもかかわらず、そうした状況下で当該時代におけるデスマッチのような他国との避けがたい抗争を勝ち抜いていかざるを得ないとすれば、王権にとって専制君主的王権の強化は是非ともなされなければならないことであったのである。

その際、新たな征服地よりもたらされる人材、あるいは税収などの資源の獲得は、王権の強化の上できわめて大きな役割を果たした。それは王や王族、あるいは諸部族長などの力関係に決定的な影響を及ぼすからである。

すなわち、苻堅は他の胡族国家を征服することによってもたらされる胡族の軍事力、漢族の支配によってもたらされる人材と厖大な資源の獲得、活用による王権の強化、確立を目指していたのである。

北魏の登場と時代状況

北魏の建国

前秦の崩壊は統一への気運を一時的に後退させたが、それはその後を受けた後秦、後燕、北魏へと受け継がれて、華北は混乱の時代を徐々に脱却していく。それを最終的に担ったのが鮮卑拓跋部によって建国された北魏である。

北魏を建国した拓跋部の始源の地は、中国東北部の大興安嶺《だいこうあんれい》北部にあったようであるが、三世紀になって拓跋力微《たくばつりよくび》というリーダーのとき、諸部を合わせて盛楽《せいがく》（現在の内モンゴル和林格爾《ホリンゴル》）を中心に勢力を結集するようになってから、明確な形で史上にその姿を現し、その勢力を拡大していった。四世紀の半ば拓跋什翼犍《たくばつじゆうよくけん》のときになると、山西省北部の大同を中心として北方の覇者となるが、華北を統一した前秦苻堅の攻撃を受け、その部族連合国家は一時的に解体する。

しかし、前秦の崩壊とともに、什翼犍の孫である拓跋珪《たくばつけい》によってその勢力の再結集がなされ、以後急速にその国勢を拡大していく。

四世紀末、拓跋珪は、初めて帝号を称し（道武帝《どうぶてい》）、登国《とうこく》と建元して国号を魏と定めた（三八六年）。三九六年になると初めて天子の旌旗《せいき》を建て、自ら四十余万の国軍を率い中原制覇へと乗り出してゆく。ヨーロッパ史上のフランク帝国にも比すべき、のちの北朝諸朝、および隋唐帝国の母胎となる非漢族国家・北魏の台頭である。

北魏はこののち周辺諸国を併合し、四三九年、その第三代の太武帝のとき一〇〇年以上にわたって混乱を極めた華北の統一を達成し、江南の漢族王朝である宋と対峙することとなるのである。

嘎仙洞　大興安嶺のオロチョン族自治州にある洞窟。1980年、洞内の石壁上に北魏太平真君４年と記された紀年を持つ祝文が発見された。ほぼ同じ文章が『魏書』礼志にも著録されており、この発見によって鮮卑拓跋部の原住地が大興安嶺の北部にあったことが確認された。左は外観、右は洞内から見た景観。東潮氏2004年撮影

拓跋珪の部族解散

鮮卑拓跋部は諸部族の連合よりなる部族連合国家であった。拓跋珪は、前秦の苻堅によって解体せしめられたその部族連合国家の再建を目指すが、その際、その連合の一翼を担った賀蘭部《がらんぶ》のリーダーである賀訥《がとつ》のもとに身を寄せたことがあった。

そのとき賀訥は「殿が国家を復興された暁には老臣のことを思っていただきたい」と述べ、拓跋珪に対する帰順の意を示したという。そこで諸部族の長が拓跋珪を部族連合のリーダーとして推戴しよ

大同南郊の景観　拓跋珪が部族解散を行い、解散後の諸部族部民を定住させた場所の一つと比定されるところ

うとすると、賀訥の弟の賀染干《がせんかん》は「わが賀蘭の国中においてそうしたことができようか」といったので、賀訥は「帝はわが賀蘭もその傘下に入った大国を作られた什翼《じゅうよく》犍《けん》様の嫡孫にあたられる。什翼犍様の遺業を復興させることは、わが賀蘭の国にとっても福である。おまえが異議を唱えることは臣下としての節といえようか」といって、拓跋珪に勧めて王位に即かしめたという。このエピソードには当時の部族連合体としての鮮卑拓跋部の構造がよく示されている。

　こうして諸部族の再結集に成功した拓跋珪、すなわち北魏の初代皇帝である道武帝は、建国後、それまでの五胡政権には見られなかった施策を打ち出す。いわゆる部族解散である。

　それは、拓跋部の傘下諸部族をその都である平城（現在の山西省大同）を中心とする畿内・外の地域に集住させ、同時に、これまで諸部族長がもっていた配下の部民に対する統率権を国家に回収するというものであった。

　史書は、「この改革の結果、諸部族は解散され、部民

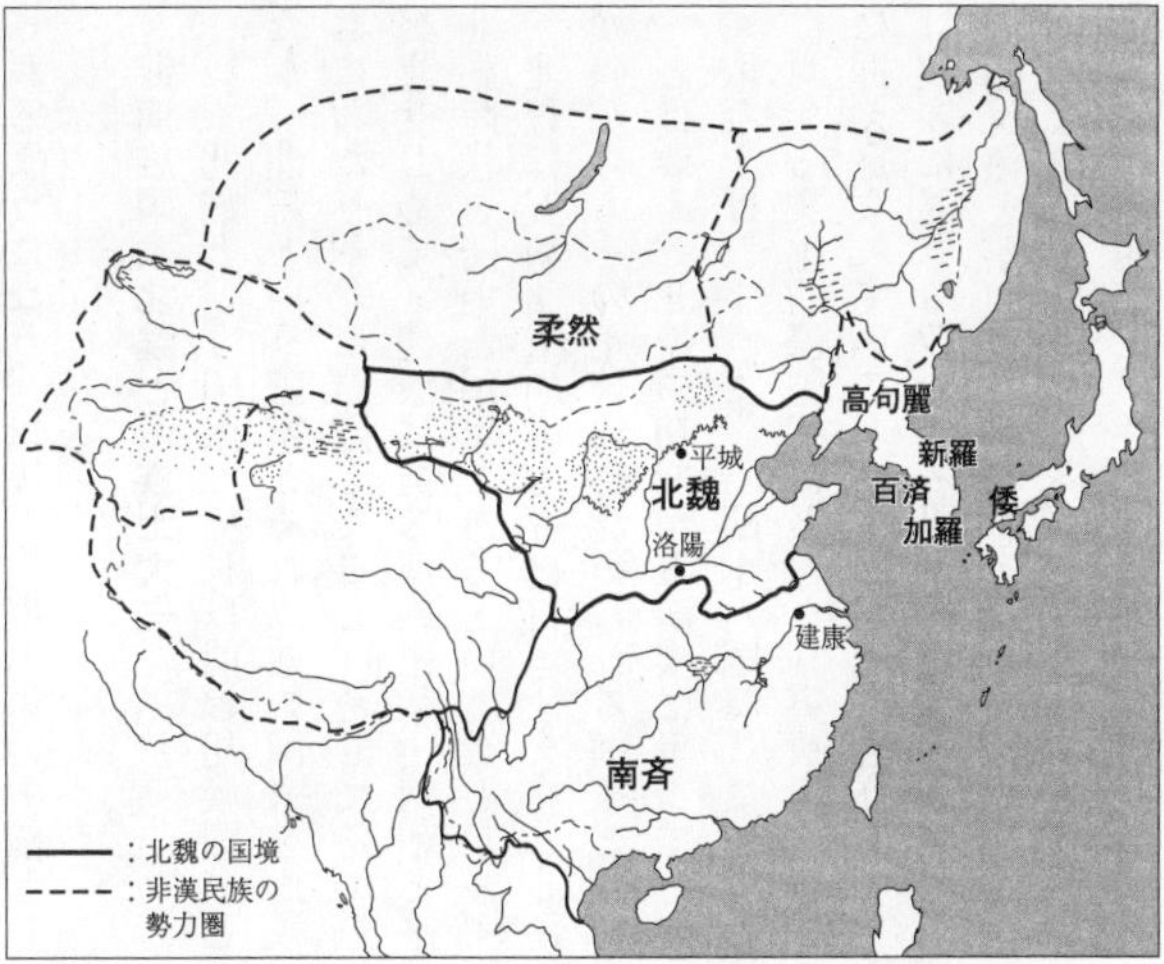

北魏による華北統一

は一定の区画内に定住せしめられ、従来のような遊牧に発する移動生活は大きく制約され、諸部族の君長や族長はみな一般の国家の民と同じく国家の民となった。賀訥は皇帝の姻戚であったので尊重されはしたが、以前のような賀蘭部を統轄するような統帥権はなくなった」と述べる。一方、彼ら諸部族長に属した胡族諸部民は北魏皇帝に直属する戦士となったのである。

このことは北魏という国家が、従来の五胡政権に比して、その帝権を格段に強化することを可能とする国家構造を生み出すことに成功したことを意味するが、こうして集住せしめられた鮮卑諸族の大部分は、東西南北部といった方位の原理に基づいて八つの「部」に再編され、八部、あるいは八国と称されるようになり、以後、北魏国軍の中核として華北統一の原動力となっていくのである。

非漢族国家北魏と漢族士大夫

いま北魏という国家とそれ以前の胡族国家との相違の一端を部族解散の事例を通して述べたが、北魏という国家とそれ以前の国家を比較するとき、何よりもその王朝が一世紀半の長きにわたり華北に君臨したこと、そしてその過程で華北統一を成し遂げ、五胡十六国時代を終息せしめて、建康に拠る漢族王朝・南朝と平城に拠る非漢族国家・北朝の対立よりなる南北朝時代を開いた国家であるということがまず指摘されなければならないであろう。

北魏は五胡諸王朝のように目まぐるしく興亡を繰り返した短命王朝ではなく、「北朝」と漢族からもその正統性を認められる国家として成長していくのである。

とはいえ、北魏の初期から漢族によってその正統性が認められていたわけではない。前章で取り上げたように、五胡十六国時代における漢族の内面には、大勢として胡族やその文化に対する文化的優越感にともなう夷狄視、ところが一方ではそうした胡族に政治的・軍事的に抑え込まれているという屈辱感、恐怖といった感情が抱かれていた。他方、胡族の内面には漢族に対する政治的・軍事的優越感と共に、漢族・漢文化に対するコンプレックス、あるいは反撥とが屈折、動揺しながら混在していた。そのため、「胡族は所詮中国を統治する帝王になることはできない」、そのような夷狄の王朝には仕えない、仕えたくないとした漢族士大夫が遭遇した事件と同様の事件が北魏にあっても生じている。

北魏の道武帝が、前燕滅亡後、慕容垂が華北に建国した強国・後燕を攻めたとき、軍糧が欠乏したので食糧調達の方法を群臣に尋ねたことがあった。そのとき、当時の華北における第一の名族出身の漢族士大夫・清河《せいが》の崔逞《さいてい》は「桑の実を取って食糧になさい。昔、飛鴞《ふくろう》は桑の実（椹）を食べて声がよくなったと聞きます。儒教の経典である『詩経《しきょう》』にそのことが載っています」といったという。そのとき道武帝は、自分たちを侮蔑する発言だとして怒り、のち崔逞に死を賜ったという。

これでは何のことが問題になっているのかよくわからないが、その『詩経』の本文には、「翩《ひるがえ》る彼の飛鴞、泮林《はんりん》に集《つど》い、わが桑黮《そうじん》を食し、我に好音《こういん》を懐《おく》る。憬《とお》い地の彼の淮夷《わいい》、来りてその琛《たから》を献ず」とある。つまり、崔逞はその昔、「フクロウが桑の実を食べ、声がよくなり、淮水の地に住む夷狄が貢ぎ物を献上した」とする『詩経』の話を念頭において桑の実を食糧にしなさいといったのである。これは明らかに鮮卑と飛鴞・淮夷とを同列視した侮蔑の言である。であればこそ鮮卑である道武帝は怒り、最終的には崔逞に死を賜ったわけであるが、このことは道武帝に五胡君主と同様の非漢族意識があったことを示している。

つまり、この記事からは先に指摘した軍事的優劣・文化的優劣によってもたらされる胡漢両者の意識におけるコンプレックス構造が、北魏初期にも存在したことがうかがわれるのである。

この崔逞と同郡出身の崔宏《さいこう》は、道武帝とその子・明元帝との二代にわたり北魏の宰相として活躍するが、はじめ異民族に仕えることを嫌い、江南に亡命しようとした。しかし、亡命の途次、捕縛されたため希望を果たすことができず北魏に仕えることになった。それでその悲運を嘆き詩文を作って自らを慰めたが、処罰されることを恐れ終生それを公表しなかったという。

このように当時の華北士大夫は北魏に対し、自らの王朝としての親近感をまったく抱いていなかったのである。そのために北魏はその支配の正統性を主張するため、鮮卑は天の命を受けこの中国を支配していると主張するようになるが、北魏が正統性の主張のためそうした論理を持ち出してくる背景には、漢族士大夫の異民族王朝に対する広範な反撥の存在があったのである。

漢族の変化と崔浩

士大夫に生じた変化

前節で述べたような華北士大夫の鮮卑、あるいはその鮮卑が建てた北魏朝への対応は、後の時代になると大きく変化している。たとえば、北魏時代の中頃のこと、漢族名門出身の崔《さい》鑒《かん》は、鮮卑の名族出身の陸叡《りくえい》を才覚・度量ともになかなかの人物だと評して、その娘を娶《めと》らせたという。また、北魏末期の大乱時に、漢族名族の高翼《こうよく》は死に臨んでその子供たちに「ご主人様の憂《うれ》いは臣下たるものの辱《はずかし》めであり、ご主人様の辱めは臣が死すべきときである。今、わが王朝（北魏）は滅亡の瀬戸際にあり、人も神も憤怨している。家を破り国に報いるは（破家報国）、まさにこのときである」といったという。また、同じく北魏末の大乱時のときのこととして漢族名族の封隆之《ほうりゅうし》という人物は、「国の恥は家の怨みであり、痛みは骨髄にまで達している。いまこそ勤王の挙をおこすべきである」と述べている。

魏晋南北朝時代にあって婚姻は、家格の高下の判定においてきわめて重要な意味をもっており、漢族名族が胡族・陸叡と婚姻関係を結ぶということは、陸叡が一流の貴族として漢族士大夫に認められたことを意味する。また「破家報国」の表現等からわかるように、北魏末の漢族士大夫は北魏を自分の家門を破っても報いるべき王朝と認識していること、つまり北魏を自らの王朝として意識するまでになっていることがわかる。

とすれば、北魏時代のいずれかの時期において漢族士大夫層の胡族、胡族国家に対する心情、対応は大きく変化したと考えられる。ではそれはいつ、どのような理由で生じたのであろうか。このような疑問をもって北魏の政治史を眺めると、北魏の華北統一に大きな功績を挙げた漢族宰相・崔浩《さいこう》の誅殺事件の前後がその分かれ目として注目される。

崔浩事件というのは、四五〇年に起こった事件で、先に見た漢族名族である崔宏の子で当時宰相の位にあった崔浩が、国史編纂との関連で北魏の歴史を石に刻み、都大路に建てたところ、そこに書かれていたことが「尽《ことごと》く国事を述べ、つぶさにして典ならず（魏朝の事柄を包み隠さずに記銘し、詳細であり典礼に則っていない）」であったため、それを見たものが皆騒ぎ、清河の崔氏は遠属も近属も区別なく、崔浩の姻戚であった范陽の盧氏・太原の郭氏・河東の柳氏なども族をあげて誅滅された事件である。

この事件の底流には胡漢の暗闘があった。それは大まかにいうと漢族士大夫の胡族に対する夷狄視・江南政権の正統視と胡族のそれに対する反撥・敵視とのぶつかり合いということができる。その限りではそこにそれまでの胡族観、漢族観との差違はなんらないことになる。

しかし、やや細かくこの事件の前後の状況を見ていくとき、そこにはおおきな変化の兆しを見てとることができるのである。それは端的にいうと、崔浩自身に胡族王朝北魏を容認し、それを足がかりとして次の時代の中国を模索していこうとする姿勢が強く見出されること、崔浩を除いた他の漢族士大夫にも、胡族王朝北魏を容認するという姿勢が見られるようになっていること、時の皇帝太武帝が華北統一を背景として従来の胡漢対立の立場を乗り越え「中華」皇帝を強く志向し始めていることなどである。

崔浩の意識

崔浩が北魏を容認し、そこから次代の中国を模索していることは、彼の軍事、行政、宗教等、多方面にわたる国政への積極参加に現れているが、そのなかで、彼が天下の貴族の家柄(姓族)の序列を明確化しようと目論んでいたことは注目される。この考えを聞いた彼の親しい姻戚であった范陽《はんよう》の盧玄《ろげん》は、「好んでこうしたことをする人がどれほどいるであろうか」と忠告したという。北魏時代の歴史を伝えた『魏書』は、崔浩がそうした忠告に従わなかったことが浩の敗亡につながったとしているが、このことはこの崔浩の姓族分定が、胡族をも対象としたものであったことを示唆している。

とすれば、たとえそれが漢族本位のものであったとしても、その大枠は胡漢を通じ家格という共通の原理の下にその上下関係を設定していこうとするものであるから、そこには広い意味での胡漢融合のひとつの契機が見出されることになる。

こうした政治プランを備えた胡漢融合の試みは、従前見られなかったものであるが、このような姓族分定が実行されれば、家格が同一のものは胡漢の間であっても婚姻が可能となる。ただその実現の機は、この時点ではいまだ熟してはおらず、崔浩死後四十余年にして、日本の班田収授制《はんでんしゅうじゅせい》に影響を与えた均田制《きんでんせい》を創始したことで有名な孝文帝が、天下の姓族の分定を行う時を待たねばならなかった。

一般の漢族士大夫の意識

北魏は他の五胡諸国と同様に、その前身たる代国の時代から北魏初めにかけて、漢族士大夫を召し抱える際、その招致を暴力的に行っていた。拓跋什翼犍の時代に、燕鳳《えんほう》という人物の高名を聞いて自己のブレインとして招致しようとした拓跋什翼犍は、諸軍に命じて燕鳳のいる代県の県城を囲み、城中の人々に、燕鳳を出さなければ、「汝らを屠《ほふ》らん」といったので、代県の人々は懼れて鳳を差し出したという。崔浩《さいこう》の父である崔宏《さいこう》は、道武帝が後燕を征討しようとしたとき、東方へ逃亡したが、道武帝はその高名を聞いて、騎兵を派遣してその後を追い、軍門に招致したという。

ところが、道武帝の孫である太武帝のころになると、漢族士大夫の招致にそうした強制色が薄らいでくる。太武帝による華北統一（四三九年）の直前の四三一年に、大規模な士大夫の招致が行われたが、このとき中央は州郡に対して「以礼発遣（礼を以て発遣せよ）」と命じ、数百人がその招きに応じ北魏に仕官したという。このことは、個々の現実がどのようなものであったかは不明であるが、大勢として見るとき、少なくとも北魏初めまでの有無をいわさぬ招致と異なる「以礼発遣」が、このとき実行されたことを示している。

では、こうした王朝側の「軟化」に漢族士大夫はどのように対応したのであろうか。彼らが従来通りの胡族観なり胡族国家観なりをそのまま保持していたのであれば、こうした北魏側の「軟化」は彼らの就官拒否を招いたはずである。しかし、実際には数百人に及ぶ大量な士大夫が命に応じたのである。これは彼らが胡族王朝たる北魏を容認する方向へと大きく動いてきていたことを示しているといえよう。

北魏の招きに応じた高允《こういん》という士大夫は、後にこのときのことを回顧して「昔、皆とこの招致に与かり、あるときは廊廟《おもてごてん》に従容《くつろぎ》し、あるときは私門に游集（歓談）した。上は公務を談じ、下は忻娯《よろこびたのしみ》をつくし、以て千載の一時となすこと此より始まる」と述懐している。やや誇張されていると思われるが、胡族王朝を容認し、朝政に参画していった当時の漢族士大夫の心情がうかがえるのである。

では、こうした胡族王朝容認の姿勢がなぜこの頃からとられるようになったのであろうか。そこにはいろいろな理由が考えられるが、北魏による華北再統一の進展・完成、及びこれと密接に連関する、先に見たような北魏の自信のあらわれともいうべき「軟化」が、まず注目すべき大きな要因としてあげられよう。なぜなら、それまでの短期間に興亡した不安定な五胡諸国家とは異なり、華北の広大な領域を支配する安定した国家としての北魏の存在は、当時、漢族士大夫への巨大な圧力となりつつあったことが想定されるからである。

また、儒教精神に基づく「経世済民《けいせいさいみん》（世を経営し民を救済する）」を人生の大きな目標とする、また民衆からもそうあることを求められていた当時の郷村社会のリーダーとしての漢族士大夫は、西晋末から優に一〇〇年以上に亘《わた》って継続する戦乱状態の存在を絶えず憂慮していたはずであり、そこに生じた王朝の「軟化」が、彼らのもつ「経世済民」の理想実現への志を強く刺戟していたという点も忘れてはならないだろう。

太武帝と皇太子

太武帝と時代状況

崔浩事件のもう一方の当事者、胡族、とりわけそのリーダーはどのような状況にあったのであろうか。次にこの点について見てみよう。

先に苻堅の施策に関連して述べたように、五胡の君主は自己の権力を強化しようとすると き、それぞれの勢力基盤であった匈奴や鮮卑などの旧勢力との軋轢を生んでいた。鮮卑拓跋部の時代から北魏史の流れを通観すると、同様のことが鮮卑の場合にも生じていたことが窺

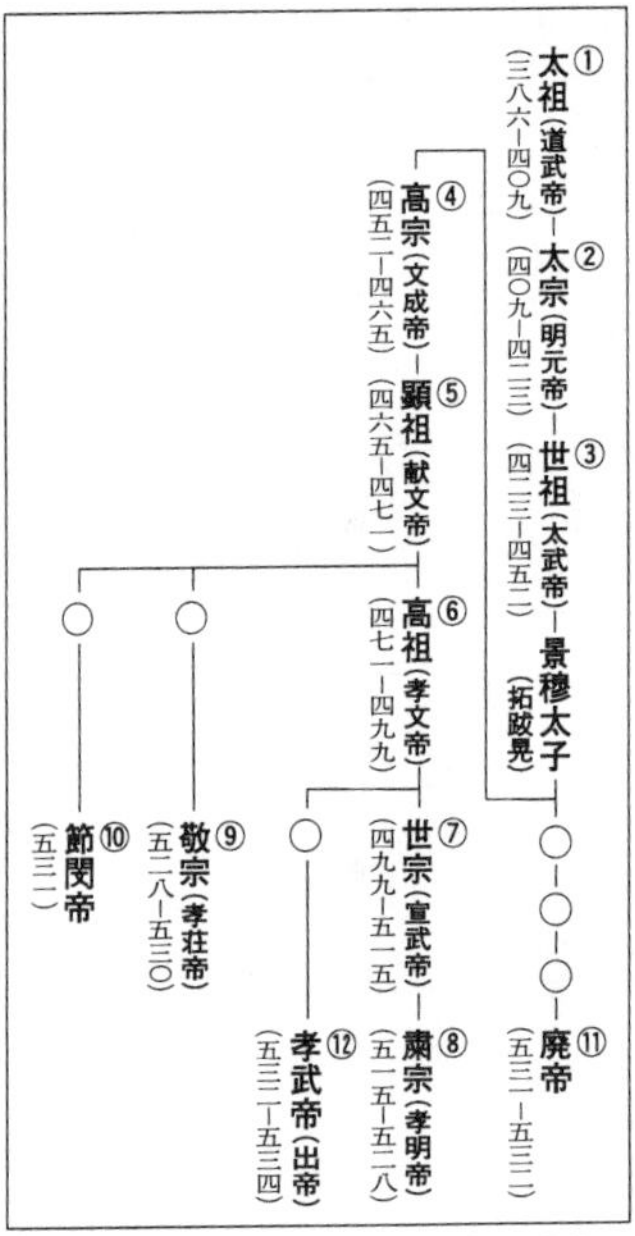

北魏（拓跋氏）系図　孝文帝が改姓して以降は元氏

える。その際の帝権強化の動きは常に漢文明の摂取、漢化政策と連動していた。新来の文化を導入することが王権の強化に直結したからである。しかし、新来の文化の導入は、必然的に旧来のやり方や資源の分配に変化を生むものである。それだけに、こうした動きには拓跋部配下の諸部族長を中心とする保守勢力の反対が常にともなっていた。

道武帝は、その子清河王紹《せいがおうしょう》の手にかかり非業の最期を遂げるが、それも広い意味でこうした帝権強化をめざす諸改革（たとえば先に見た部族解散）に反撥する保守勢力の動きと無関係ではなかったと思われる。道武帝の後を継いだ明元帝は、道武帝の路線とは逆行する譲歩の姿勢を採るが、そこにも帝権と保守勢力との抗争の影響を見ることができる。

太武帝はその明元帝の子として帝位に即いたのであるが、父の時代に回復され強固となった権力基盤を背景に、再び祖法に則り矢継ぎ早に官制、法令の整備等の諸改革を断行し、数々の征服戦を遂行している。これらはかつてないほどの北魏帝権の強化をもたらした。しかし、それと同時に北魏が八王の乱・永嘉の乱以来混乱を極めた華北を再統一し、南朝をも凌駕する力をもつまでに強大となってきた、という事態も出現した。

こうした事態の出現は、苻堅がかつて目論んだ中国全土の再統一という目標が現実の政治日程として上ってくることを意味する。それだけにそうした事態の出現は、当然のこととして太武帝にも大きな影響を及ぼし、なんらかの対処を迫るようになった。

では、太武帝はそれにどのように対処しようとしたのであろうか。彼は、後漢末の中国で生まれた道教を改革せよとの啓示を太上老君《たいじょうろうくん》という天神から受けたとして「新」道教を説く寇謙之《こうけんし》（漢族）の教えを受け入れ、その道教を国教化し、道教における救世主を意味する太《たい》平真君《へいしんくん》たらんとしている。また、彼は十六国の一つである北涼を滅ぼし、華北統一を実現した翌年には、年号を太延《たいえん》から太平真君へと改めてもいる。

太武帝の意識構造

こうした点に注目すると、彼の華北統一という事態への対処がどのようなものであったかが見えてくる。彼は新たな事態に対処するため、従来の胡族君主の立場を超えて、中華世界の皇帝という存在を志向し始めていたと考えられるのである。この際、彼が採用した道教が従来の五斗米道《ごとべいどう》等ではなく、それまでの道教を止揚した新道教であったことは、彼が構想した中華世界が実は従来の漢族的中華世界そのままではないことを想定させる点で注意しておく必要がある。

ところで、太武帝は、廃仏毀釈《はいぶつきしゃく》を断行した皇帝としても史上著名である。五胡十六国時代の皇帝のひとりである後趙の石虎は、後趙に仕えた漢族出身の王度《おうど》という人物が「仏は外国の神であるので、皇帝様や中華の民が信奉すべきではない」と廃仏の建議をなしたとき、「自分は辺境に生まれたものである。いま中国に君臨しているが、宗教は我々胡族の本俗を行うべきである。仏は外国の教えというが、であればまさに信奉すべき教えである」といって王度の議をしりぞけたという。

このように五胡の君主はそれが外国の教えであるため、仏教を自らに連なるものとして親近感を抱き保護を加えるのが一般的なのであるが、太武帝の場合はそうではなかったのである。

太武帝は南朝の宋を攻めたとき、南朝の皇帝に手紙を送りその中で「鮮卑」と自ら称して、その強盛を誇ったことがある。また、彼はその治世中、北魏のずっと北方にあった烏洛《うらく》侯国《こうこく》という国が使節を派遣してきて、拓跋部が昔、烏洛侯国の地に居住していたとき、その先祖を祀っていた廟があって、祈りを捧げると霊験がいまもあるといってきたので、李敞《りしょう》という使節を名代としてその廟所に派遣し、先祖を祀らせている。この廟所は一九八〇年に中国東北地方の巨大な洞窟の中にあったことが調査によって明らかになっているが（一〇三頁図嘎仙洞《かっせんどう》、及び左図）、こうした事実は彼が皇帝の位にあったときも自身が鮮卑であるということをはっきりと認識していたことを示している。

一方、太武帝によって実行された廃仏を告げる詔は、「胡の妖鬼、胡の神をすべて廃し、偽りの教えを排除せよ」と厳命している。このとき詔を執筆したのは、当時、詔の作成に与かっていた崔浩であったと考えられる。崔浩は終始一貫して仏教を嫌っていた人物であるが、そうした人物が作成した廃仏の詔を公布させたのは太武帝である。

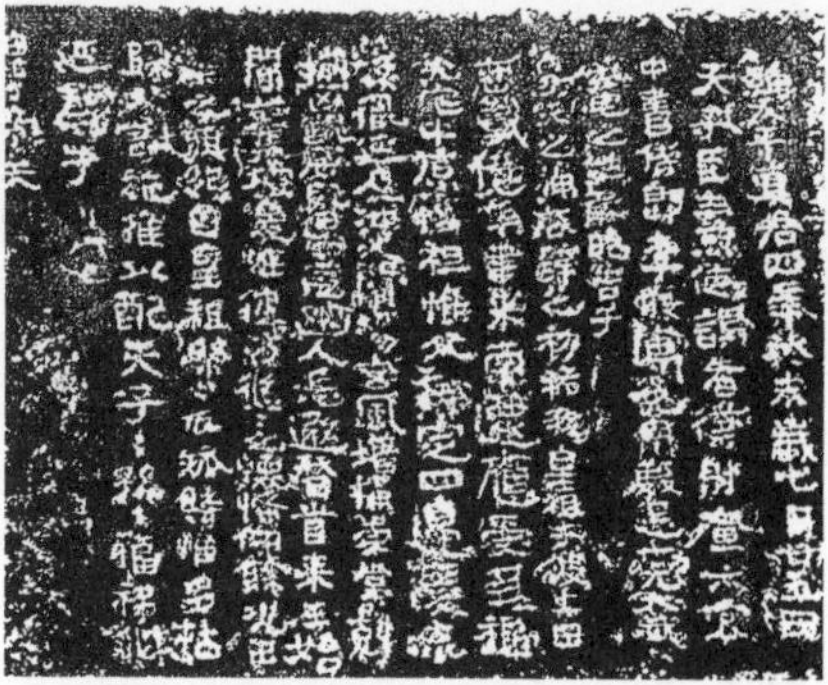
嘎仙洞祝文　嘎仙洞で発見された祝文には「可寒」などの文字が見え、後の北方民族の首長号である「可汗」、「汗」号の始源を考える上で貴重な史料となっている

とすれば「胡の妖鬼、胡の神」と書された詔を彼自身が裁可したことを意味しているが、五胡の中には明らかに鮮卑も含まれている。五胡の胡はエビスの意味であり明らかに侮蔑の意味が込められている。そうした意味をもつ詔を太武帝が裁可したのはどのような理由によるのであろうか。このように考えてくると、太武帝自身は自らを「胡」とは考えていなかったのではないかとの想定が生まれてくる。

そもそも五胡という用語は漢族が作り出し

た用語である。また、太武帝が南朝支配下の盱眙《くい》城を攻めたとき、南朝に送られた手紙の内容が今日伝えられているが、そこで彼は「私がいま派遣している兵隊はすべてわが国人ではない。城の東北を固めているのは丁零《ていれい》（中国内地にいたトルコ系民族）と胡であり、南は氐と羌である。おまえが丁零を殺せば、こちらは河南の賊を減らすことができる。胡が死ねば山西の賊を減らすことができる。氐と羌が死ねば関中の賊を減らすことができる。おまえが丁零や胡などを殺してくれるなら、それはこちらにとって利益とならないものはない」と述べている。

ここに見える山西の「胡」は、後漢時代になって万里の長城を越えて中国の山西の地に移住した匈奴を指している。そもそも「胡」とは秦漢時代には、匈奴をもっぱら呼んだ用語で、のちに五胡などの用語が用いられるようになって意味の拡大が生じ、唐の時代などにはシルクロードの商人であるソグド人などを指すようにもなる。

つまり、太武帝は自身をあくまでも鮮卑と考え、胡を匈奴とし、鮮卑や漢族などの諸族が混住する中国を支配する皇帝として位置づけていたことがわかるのである。

国人たる鮮卑と、それ以外の諸族とを峻別し、それら諸族と漢族とを互いに争わせることが、勝敗がいずれであっても自らの利益となるとうそぶくその姿勢は、苻堅の場合とはズレがあるといえよう。また、当時の漢族士大夫が夷狄の王朝であるにもかかわらず、その屈辱感をおして経世済民のため北魏の招致に応じ、国政に参画していく選択をしつつあったこととともズレがある。ただ、中国自生の宗教たる道教を国教として中華世界の皇帝たらんとする立場を採り始めていることは、胡漢の対立の時代が徐々に胡漢の融合の時代へと移り変わる動きと連動したものであったということはできるであろう。

皇太子の置かれた位置

太武帝がそうした路線のもとに天下統一を模索し始めたころ、それとは異なる方針のもとに北魏の未来を構想する人物がいた。皇太子の拓跋晃《たくばつこう》である。その皇太子は、崔浩や新道教を創始した寇謙之と良好な関係にはなかった。当時の史書には、次のように見える。

皇太子は崔浩・寇謙之と睦まじくなかった。それで崔浩と寇謙之は太武帝に皇太子を讒言《ざんげん》した。玄高《げんこう》という仏教の僧侶に秘術があったので、皇太子は七日七夜の間、祈禱をさせた。すると太武帝は、その祖父と父とが怒って、手には刃をもって太武帝の方に向かい、おまえはどうして讒言を信じて皇太子を害そうとするのか、という夢を見た。太武帝は詔を発して、王者の大業は後継のことが重要である。皇太子が位を継ぐのは古今を通じて変わらぬ慣例である。今後の政治向きのことは、大きなことも細かなことも必ず皇太子を経由して朕に知らせよ、と命じた。（『南斉書《なんせいしょ》』魏虜《ぎりょ》伝）

出来すぎた話であるが、皇太子が太武帝の後見のもと実際の実務を総攬する「監国《かんこく》」という職に就いたことは確かである。また、皇太子と崔浩らとが不仲であったことを示す事例はほかにもある。

その中でもっとも大きなものは、皇太子が篤く仏教を信仰していたということであり、その目の前で廃仏はおこった。皇帝側近のものと次期皇帝としての皇太子との間のこうした食い違いはゆゆしい事態といえよう。廃仏は先に述べたように中華皇帝たらんとする太武帝の政策の一環として、中国再統一をめざす過程で出現したものである。一方、北魏の歴史を述べた『魏書』は、皇太子が監国の位にあったとき、次のような布令を発したことを伝える。

皇太子が監国であったとき、かつて令を出していった。周書という書物に、農民に耕事をまかせて九穀を貢納させ、……工人に余材をまかせて器物を貢納させ、商人に市場をまかせて貨幣を貢納させる。……畿内の民に割り当てて、牛を所有している家とそうでない家は人と牛の力を相互に交換し耕作せよ。……

つまり、皇太子は、中国古代の周の時代の政治思想を踏襲しながら農業振興策をうちだしたのである。

この施策によって、墾田は大いに拡大したと史書は伝えるが、このとき同時に酒を飲んだり、サーカスを行ったり、農業を棄てて商業に従事しようとすることを禁じるなど、生産に支障をもたらす行為を禁止してもいる。中国の伝統的な農本主義的政策の採用であるが、酒を飲むことを禁止するということには、皇太子の篤い仏教信仰が関連することもうかがえる。

　また、北魏においては後の孝文帝の時代に均田制、三長制《さんちょうせい》（第七章で言及）などの制度が施行されているが、これらの制度は中国の古典時代である周の時代の制度である周礼《しゅらい》に範をとったものである。周礼をこのような形で国策決定の基準とする姿勢が打ち出されてくるのはこの頃からであるが、とすると、皇太子は次期皇帝として、単に仏教を信仰していたというだけにとどまらず、仏教や中国のこれまでの諸制度などを踏まえた相当明確な政治プランを描いていたと考えられるのである。

　先に皇太子と崔浩らとの間が好ましいものではなかったと述べたが、上で述べたことを踏まえると、そのことはそのまま太武帝と皇太子の関係に置き換えられるものであったことがうかがえる。つまり、当時、太武帝と皇太子との間には単に廃仏云々にとどまらない、華北統一を果たした北魏朝を今後どのように経営していくのかをめぐっての深刻な路線の対立が伏在していたと想定されてくるのである。

帝権の拡大と抵抗勢力

　翻って考えるとき、こうした皇帝と皇太子あるいはナンバー2の実力者との対立という構図は、北魏の歴史の節目節目に現れている。それだけに北魏の歴史を貫く構造的な問題であったともいいうるが、ではそこにはいったいどのような問題が存在したのであろうか。

　北魏の歴史において最初に皇帝と皇太子の間に抗争が生じたのは、拓跋部がその姿を歴史上に明確に現し始めた三国時代の拓跋力微《たくばつりよくび》の時に早くもその例を見ることができる。彼はその子である沙漠汗《さばくかん》を中国に人質として遊学させていた。その拓跋部への帰国によって国を継承することになる沙漠汗が、拓跋部の国俗を中国風に改変することを恐れた諸部族長たちは、力微に対して沙漠汗を讒言し、それを容れた拓跋力微が沙漠汗を殺害させたという事例がナンバー1とナンバー2との抗争の初見の例である。北魏の建国者道武帝時代にも、このような皇帝と皇太子あるいはナンバー2の実力者との抗争ということが生じているが（建国の功臣である衛王儀《えいおうぎ》の謀反事件、清河王紹《せいがおうしよう》による道武帝弑逆事件など）、こうした事件は部族解散に象徴される道武帝による急激な諸改革、及びそれに対する反抗から生じてきたものである。皇太子拓跋晃《たくばつこう》の事例はこれらの事件に次いで生じた皇帝と皇太子との抗争の事例なのである。

これらの諸事件を通観すると、そこに先にも述べた帝権の確立、および拡大を目指す皇帝の動きを明確に読み取ることができるのである。そうしたなかにあって皇太子あるいはナンバー2の実力者の位置は微妙なものがあった。なぜなら彼は皇帝と対峙する際にはその反対勢力に取り込まれる可能性が大となるのであり、にもかかわらず自らが皇帝の位に即くと先帝の目指した道を歩むことにもなったからである。

皇帝がその権力の確立、拡大を目指すことは中国史上のどのような時代においても見られる現象である。しかし北魏の場合はとりわけその確立、拡大が求められていた。なぜなら、北魏では胡漢の対立が厳しく、皇帝がそのいずれかに強く与《くみ》することは、絶えずその権力、政権を分裂させる危険性を持っていたからである。

北魏帝権は前秦の苻堅の場合と同様、いまだ北方にあった代国の時代から新たに併合した領域・国家に居住している人々（当時の史書はこれらの人々を「新人」と呼んでいる）を登用し、その強化、拡大をはかってきた。しかし、この「新人」のあまりに過剰な登用、及びそれへの依存は、逆に苻堅の場合に生じたように、それまでの権力基盤を構成した人々（史書は「旧人」と呼ぶ。主に鮮卑）の反撥を招き、一国の瓦解さえも生む危険があった。逆に「旧人」のみの重用は、急速な拡大を遂げ、「新人」（主に漢族）を飛躍的にその傘下に収めつつあった北魏朝の現実との乖離を、時代が降れば降るほど大きなものとした。それゆえ、当時の帝権は時に「旧人」に、時に「新人」にその軸足をシフトしながらも基本的には胡漢の対立を超えたところにその権威を位置づけるべく運命づけられていたといえるのである。

太武帝は鮮卑と一体感を抱きつつ、崔浩を重用するなど漢化へ向けた施策をも採用するという矛盾した面を合わせもつ皇帝であるが、彼のこの矛盾した内実は、胡漢対立を超えた至高な存在としての皇帝という点で統合されていたのである。

華北統一を果たした太武帝は、その事態に対処するため従来の胡族君主としての立場を超えた中華皇帝たることを強く志向し、それを漢族出身の崔浩や寇謙之の推す新道教を採用することを通じて実現しようとしていたと考えられるが、それはおのずから仏教を尊崇する景《けい》穆《ぼく》太子や北族勢力などの、それぞれ思惑を異にする勢力の反撥を生むものであったのである。

皇太子拓跋晃の死

その皇太子が正平元年（四五一）六月戊辰に突如急逝する。この急逝に太武帝は慟哭したという。しかし、その四日後には早くも皇太子を北魏歴代の皇帝が眠る陵に葬ったという。また、別の史料には皇太子が寵任していた官僚が罪を犯したので太武帝が激しく怒りその人物を処刑したところ、皇太子は憂慮して逝去したとするものもある。つまり、皇太子の死は尋常ではない死であったことがうかがわれるのである。

皇太子が死去した正平元年は華北を統一した太武帝が、その全勢力を傾けて断行した南朝征討が行われた年でもあった。すなわち太武帝はその前年の太平真君一一年（四五〇）九月に南伐の軍をおこし、一一月には早くも徐州彭城を囲み、一二月、淮水を渡る。ついで淮西、淮南を攻略し、同月末にはついに南朝宋の都、建康の対岸瓜歩山《かほさん》（長江に臨む山）に行宮《あんぐう》を営み、翌年正月の元日、すなわち皇太子が崩御した年の正月元日に長江のほとりに諸軍を集結させ、そこで論功行賞を行っている。そして次の日、すなわち正月二日には帰還の途につき、二月、魯口（現在の河北饒陽の南）の行宮で皇太子の迎えを受け、三月、京師平城に帰着している。

建康の対岸の瓜歩に至ったとき、北魏軍は、葦を切って筏を作り長江を渡河しようとした。そのため建康では厳重な警戒が施され、緊張の極におちいった。ところが、にわかに太武帝は瓜歩を撤退して北に帰ったのである。南朝はこのときの戦いで疲弊し、史上、南朝宋の全盛期といわれる元嘉の治はために衰えたといわれるが、それにしてもこれほどの勢威を見せつけた北魏軍が「突如」帰還したことは不可解である。

このとき宋と結びついていた北方のモンゴル高原にあった柔然《じゅうぜん》が動いたということをうかがわせる史料もない。太武帝が病に臥した等の作戦遂行に甚大な影響を及ぼすような北魏軍内部の突発的乱れを伝えた史料も見あたらない。当時の史書によれば、このときの急な帰還は南朝の人々にとっても意外なことであったようだ。

いまその理由を推測すると、長期にわたる外征にともなう軍の疲弊、軍糧不足等が想定される。しかし、かりにそうであったとしても、長江渡河の姿勢を示していたものが、南伐最中の元日に論功行賞を行い、その翌日に早くも帰還の途につくというのはやはり異常であるといわざるを得ないであろう。

いまは亡んで伝わらない『宋略《そうりゃく》』という本の逸文が残されていて、それによると、このとき、太武帝の南伐の途次、皇太子の拓跋晃《たくばつこう》が謀反した。このことを知った太武帝は、皇太子が留守を守る都の平城に自分が南伐中になくなったとする偽の知らせを送り、皇太子が太武帝の葬列を迎えにやってきたところで捕縛した、としている。『資治通鑑《しじつがん》』の撰者司馬光《しばこう》はこれを江南伝聞の情報であるとして事実を伝えたものではないとしているが、いままで見てきたような太武帝と皇太子との路線闘争などの事柄を念頭におくとき、事柄の細部を今日再現することは不可能であるが、この南伐軍の突然の帰還の背景には都の平城で何かが生じた、あるいは太武帝がそうした情報を得たとするのがもっとも確かなことと思われる。

やや当時の状況の細部に分け入ってしまったが、要するに太武帝はその精神の深部に、鮮卑であるとの種族主義的発想を保持しながら、そうした意識の上層においてはより高次の中華世界の創出を目論んでいたと考えられるのである。その際、彼にとってその線に外れた仏教は、無益有害なものと映ったのであろう。とすればこうした彼の中華世界創出への志向は、崔浩の場合と同様、一方が胡族の立場から、他方が漢族の立場からという相違はあるが、究極的には胡漢融合の世界へと収斂する性格のものであったということができるのである。

一般の胡族の意識

太武帝のようなリーダーではない一般の胡族（拓跋鮮卑）はどのような状況にあったのであろうか。太武帝に寵任される崔浩に対して、当時における拓跋鮮卑中の指導的人物の一人である長孫嵩《ちょうそんすう》は強い反感を抱いていた。こうした反感は当時における他の多くの拓跋鮮卑に共通したものであったが、そうした感情の存在は、崔浩事件が生ずる最も主要な要因であった。このことは当時における大部分の拓跋鮮卑の意識が自らと他者とを峻別し、漢族を他者として排斥するという段階に依然として止まっていたことを示している。

このことから、当時における大部分の拓跋鮮卑の漢族観は、五胡十六国時代における他の胡族の漢族観と基本的には同じであったといえる。ただし、拓跋鮮卑は華北統一のころから漢文化の影響により漢語を習得するようになってもいる。こうした状況の進行は、彼らが漢族を受け入れるようになる契機として働くと考えられる。

つまり、太武帝時代の拓跋鮮卑にも漢族とは異なった形での変化の兆しが見られるのであるが、そのためには北魏の当時の国家体制がどのようになっていたのか、そしてそれがどのように変容しつつあったのか、ということを明らかにする必要がある。この点については後の北朝史の展開と関連して、第七章において再び取り上げることとして、次章では華北と並び魏晋南北朝時代の歴史の展開のもう一つの主要な舞台である江南に目を転じてみることにしたい。

第四章　江南貴族制社会

東晋の貴族制社会

張昌・石冰の乱

中央で八王の乱が勃発する直前、甘粛から陝西にかけての地域に流入していた羌《きょう》族や氐《てい》族などチベット系の非漢民族が問題を起こしていたが、そのうちの一人、氐族の族長斉万年《せいばんねん》が二九六年反乱を起こした。

乱自体は二九九年鎮定されたが、この地はこうした混乱に加えて連年の飢饉にも襲われていたため大量の流民が発生した。その流民の護送にあたっていた蛮族出身の李特《りとく》（廩君蛮《りんくんばん》）というものがあったが、彼はその流民群を率いて四川の地に入って成都《せいと》を陥れ、自立することとなった。その後、彼の子の李雄《りゆう》は三〇四年成都王の位に即き、三〇六年には帝号を称し、五胡十六国のうちの一国である大成国《たいせいこく》を建てることになる（のち国号を漢《かん》と改めるので成漢《せいかん》ともいう）。

こうした事態に対処するため、西晋は湖北の地から兵を徴発して四川に向かわせようとするが、民衆はこれを嫌って反抗した。また、当時、八王の乱によって難民化した人々のなかには、その年豊作であったこの徴発の対象とされた湖北の地を目指して南下するものが多かった。

このとき蛮族出身の張昌《ちょうしょう》（義陽蛮《ぎようばん》）というものが、この不穏な状況下にあった湖北の地において聖人が救世主として出現すると吹聴し、民衆を扇動して反乱を起こすことになる。この乱によって陝西、甘粛、四川に次いで長江中流の湖北の地も大混乱に陥っていくことになったが、張昌はさらに矛先を南の湖南の地へと広げていき、乱の様相は長江全域に波及する勢いを示し始めた。

その張昌の部下に石冰《せきひょう》というものがあったが、彼は別働隊としてついに長江下流の安徽から江蘇の地へと侵入していった。その結果、孫呉滅亡後、平穏であった江南の地にも動乱の波が波及することとなり、その地の支配者層である在地豪族たちはそうした動きに対して大きな脅威を抱くようになった。

江南の豪族たちはこうした流れを食い止めるために、顧秘《こひ》や周玘《しゅうき》を中心として結束し、当時江北にあった西晋の下級官吏出身の武将陳敏《ちんびん》の軍と連合して石冰を討ち、当面の安定を得ることには成功する。しかし、八王の乱、五胡の侵入にともない華北の混乱はいっそう激しさを加えており、当時それを避けて移動する難民が陸続として江南を目指して来るようになってきていた。つまり、社会全体の流動化はすでに石冰の鎮定をもって終息するといった段階をはるかに越えつつあったのである。

そもそも石冰を討伐する大功をたてた陳敏自身が、こうした中央の混乱やそれにともなう状況を見て、江南に割拠する姿勢を示し、江南の豪族にその支持を求めたのである。しかし、江南の豪族は陳敏の非力さを看取して結局これを見捨て、当時、寿春にあった周馥麾下《しゅうふくきか》の晋軍と呼応して、三〇七年陳敏の軍をも壊滅させるに至る。

晋の王族の一人、琅邪王《ろうやおうし》司馬睿《ばえい》が、当時西晋の政務を握っていた東海王《とうかいおうし》司馬越《ばえつ》から江南の方面軍司令官としての意味を持つ安東将軍・都督揚州諸軍事に任ぜられ、華北第一の貴族琅邪出身の王導《おうどう》とともにわずかな供回りを引き連れ建鄴《けんぎょう》（旧・建業、後に改称して建康）の地に乗り込んできたのは、まさしくこの直後のことであった。

司馬睿政権の成立

江南の豪族たちは、流動化しつつある江南社会の安定を欲していた。しかし、王朝権力の力をかりることなく独自にそうした流れを食い止め得るのかという点で、一抹の不安を感じてもいた。このような時期に都督揚州諸軍事という江南一円の軍事権を王朝から付与された肩書を持ち、かつ帝族たる司馬氏の出身という正統性を兼ね備えた、司馬睿《しばえい》が赴任したのである。一方、司馬睿もまた王導のすすめを受け、江南の支配にあたって彼らの力を必要としていた。

若干の曲折はあったが、こうして両者の連合はなり、江南の豪族たちは草創の司馬睿政権をもり立てて、江南豪族のリーダー顧栄《こえい》を筆頭としてその権威を高めるために献身していくことになった。しかし、北方の状況はますます緊迫の度を増し、乱を避けて江南に赴くものもますます増大していった。

こうして、やって来た人々を司馬睿政権下に取り込む上で、司馬睿の参謀であった王導《おうどう》は類い希な力量を発揮し、望郷の悲嘆にくれる北来の人々に中原克服の大義を示して彼らを鼓舞したと伝えられるが、司馬睿政権はこうして北来の人々の収攬にも成功して、その支持をも勝ち得ていくことになったのである。

司馬睿政権の確立において、このように王導の果たした役割にはきわめて大きなものがあったが、その際、王導は司馬睿を取り巻く将軍府の要職を北来の人々によって固めるという方針をとっていった。しかし、こうした施策は江南の豪族たちの司馬睿政権に対する期待を裏切るものであったといえる。ただし、そもそも江南の豪族たちの結合は一枚岩のものではなかった。この点は当時の江南の状況を理解する上で重要な点である。

王導（集古像賛）

江南豪族のなかには、知識人を輩出する呉《ご》や会稽《かいけい》出身の名族や江南の他の地域にあった新興豪族などの区別がすでに厳然として存在していたのである。また、日々その数を増す北来の人士の中には西晋の時代においてすでに江南の豪族層の上位に位置した貴族たちが数多く含まれていた。王導は江南豪族社会に存在するそうした「未熟さ」を巧みについて彼らを分断することに成功し、政権運営にあたっての主導権を確実に掌握したのである。

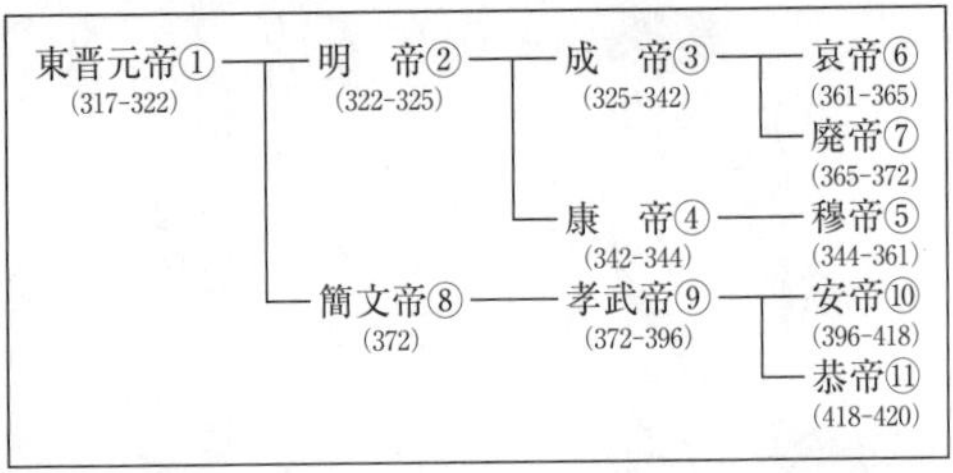

東晋（司馬氏）系図

石冰、陳敏を鎮定し司馬睿政権確立のために働いた陽羨《ようせん》の豪族周玘《しゅうき》は、亡命してきただけの中原の人士が風上に立ち、自分たちを卑下する状況に憤り、病死する直前、「俺を殺したのは中原から来た奴らだ」といって息を引き取り、その子の周勰《しゅうきょう》はそれを受けて反乱を起こしている。

　このとき江南豪族の大団結が達成されていたのであれば、それはのちの江南政権のあり方そのものにも大きな影響を与えたであろうが、実態は江南随一の大豪族といわれた周氏一族さえも強固な結束を示すことはできなかったのであり、そのためこの反乱も王導の政治力の前にあっさりと鎮定されてしまうのである。

　こうした状況が作り上げられていくにあたって、北来の貴族がもたらした先進文化は田舎人士である江南の豪族たちに対しきわめて大きな威力を発揮した。王導は、呉や会稽などすでに名族を輩出していた家柄のものたちを厚遇し、彼らを九品中正制度のもとにおける郡中正に任じ、彼らを通じて中原の価値観を貫徹させ、そうした価値観にもとづく秩序を中原を中心とした秩序の下位に位置づけようとした。そしてそれは江南豪族の分断と北来人士の収攬を達成し、東晋貴族制国家の建設に多大な貢献をなしたのである。

こうした江南政権の成長は徐々に司馬睿への輿望を高め、洛陽の崩壊、懐帝《かいてい》・愍帝《びんてい》の死をへて、彼は三一七年、北方にあって胡族と対抗している晋の諸将や鮮卑の段部《だんぶ》、慕容部《ぼようぶ》などの推戴をも受け皇帝の位に即くこととなった（東晋元帝《げんてい》）。

不安定な政権

先に述べたように当時、四川の地は李特《りとく》らが割拠することとなり、それを逃れた人々には湖南、湖北に流入するものが多かった。彼らのなかにはしばしば湖南、湖北の人々の酷遇に抗して反乱するものがあった。そうした反乱の鎮定にあたっていたもののなかに杜《と》弢《とう》という人物があったが、彼はその苦衷に呼応し、ついに湖南零陵《れいりょう》の地から武昌《ぶしょう》を席巻するに至った。

当時、司馬睿のもとにあって軍権をゆだねられていた王導の従兄の王敦《おうとん》は配下の江南出身の将軍である陶侃《とうかん》、周訪《しゅうほう》の力を得てこれを鎮定することに成功する。

しかし、これを境として王敦の勢力は朝廷さえも無視し得ない隠然たる勢力へと変化し、「王馬（王と司馬の両氏）天下

南京大学北園　東晋帝陵出土文物　1972年、南京鼓楼崗の南麓の北大楼で発見された東晋帝陵の遺物。東ローマ製のガラス杯、青磁などが出土したが、写真は同時に出た金冠の飾り。この陵墓は323-342年の間のものと推定されている

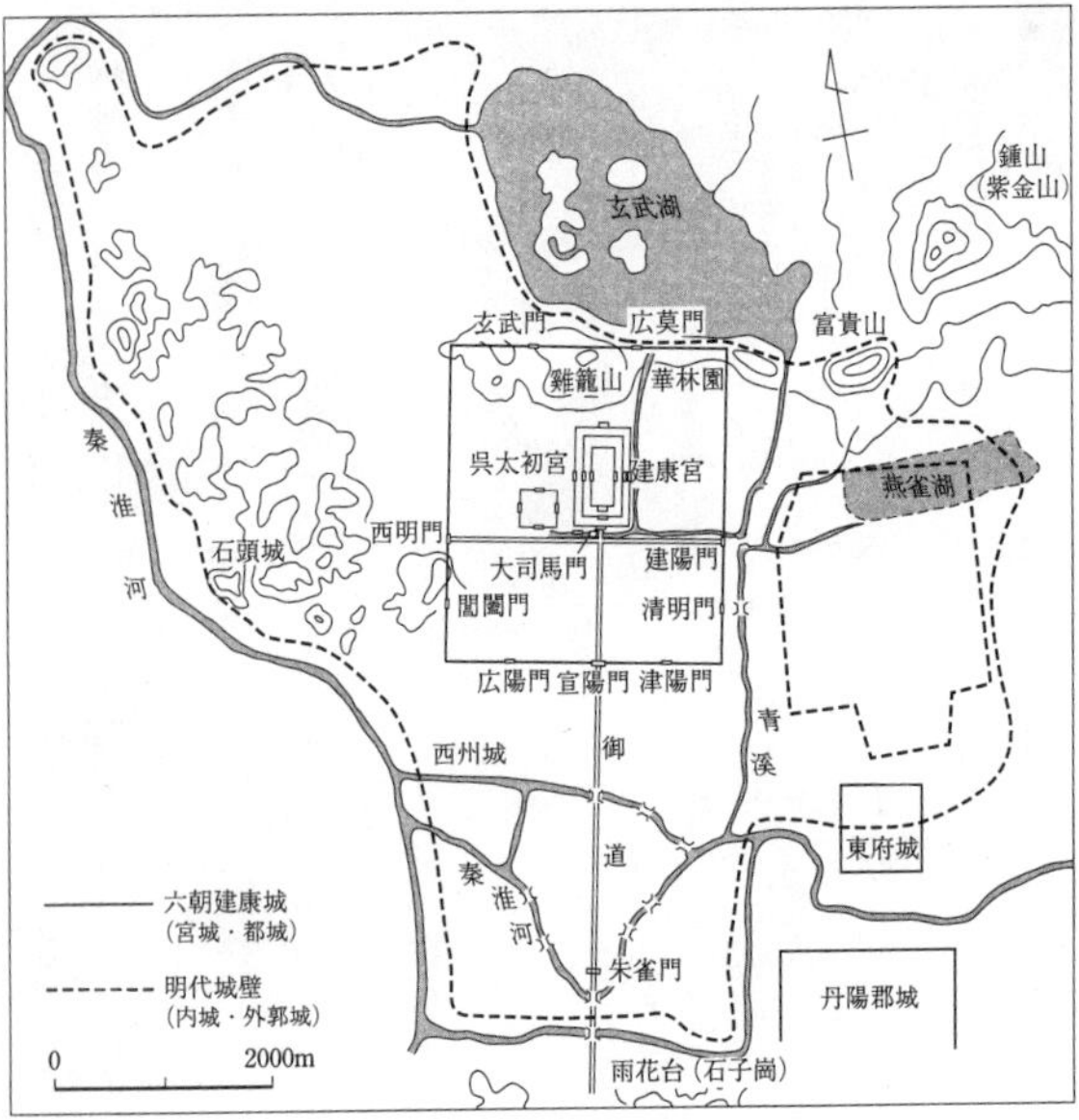

建康城図

を共治す」という言葉が囁かれるような事態を招来することとなった。

　このとき元帝は、劉隗《りゅうかい》、刁《ちょう》協《きょう》という人物を重用し、彼らを通じて皇帝権力の強化を企て、王氏の勢力を押さえ込む方針をとって、建国の功臣である王導さえ遠ざけるという姿勢を示した。

　当時、王敦は武昌に鎮していたが、こうした事態の推移に激怒し、劉隗、刁協を除くことを標榜して長江を下り、建康防御の要衝である石頭城を衝《つ》いた。官軍は大敗し、ために元帝は王敦に遣使し「直ちに兵をやめよ。朕は琅邪の地に帰さん」と告げなければならない事態にまで追いつめられる。劉隗はそのさなか逃亡し、刁協はとらえられることとなり、王敦に敗れた元帝もまもなく崩御することとなるのである（三二二年）。

元帝の後、その長子司馬紹《しばしよう》が即位する（明帝《めいてい》）。明帝は勇決の世評があり、ために王敦一派は彼を嫌っていたが、その彼の即位によって朝廷と王敦との間は再び緊迫することとなる。

このとき王敦配下の諸将の粗暴な振る舞いに対する反撥はきわめて強いものがあり、明帝を助けて輔政に任じていた王導さえ、そうした王敦一派の不評によって王氏一門に禍いが及ぶことを危懼するまでになっていた。また、朝廷は先の敗戦に懲り、五胡の侵入を食い止めるため朝廷の北方にあって淮水《わいすい》流域を固めていた祖約《そやく》や蘇峻《そしゆん》などに建康の防御を命じ、王敦との戦いに臨んだ。そのうえ幸運なことにこの戦いの最中に王敦が病死したため、朝廷はかろうじて難局を乗り切り、王敦の一味をことごとく誅殺することに成功する（三二四年）。

蘇峻の乱

しかし、翌年（三二五年）には明帝《めいてい》が崩御し、そのとき王導、庾亮《ゆりよう》、温嶠《おんきよう》らが幼主司馬衍《しばえん》（成帝《せいてい》）を輔政せよとの遺詔を受ける。庾亮は明帝の東宮時代にその侍講《じこう》に任じ、その妹が皇后となったため明帝の寵任を受けた人物であり、そうした関係から彼は幼主成帝《せいてい》の即位後、外戚として朝政を専制するようになった。しかし、その施政は法を厳格に運用して行うというもので、王導の寛和な施政と相反するものであったので、人心を失う面が多々あった。

そのようななか王敦の乱鎮定に功績を挙げた蘇峻《そしゅん》や祖約《そやく》らも庾亮の施政に対し不満を懐《いだ》くようになっていった。このような折、庾亮が朝廷を侮るようになった蘇峻の軍権を解いて朝臣の列に加え、替わりに自らの弟をそれに任じようとしたため、蘇峻はついに祖約をも巻き込んで反旗を翻すこととなった。三二七年の蘇峻の乱である。

当時、歴陽《れきよう》(現在の安徽《あんき》和県)にあった蘇峻は長江を渡って一気に建康に迫り、火を放って大略奪を敢行した。このとき蘇峻の軍は建康東方の蔣山《しょうざん》(鍾山《しょうざん》)に陣を置いていたが、そこへ百官に荷物の運搬を命じ、また士女の衣服を剝奪したので、人々は破れた筵《むしろ》や茅《かや》などでわずかに身を覆う程度で、それさえないものは地べたに坐って土で身を覆うといった有り様となり、悲しみの声が内外に充ち満ちたと史書は伝えている。

庾亮はこのとき建康攻防の戦線を突破し、不測の事態に備えて江州の地に赴任せしめていた温嶠《おんきょう》のもとに帰投し、ともに杜弢《とうとう》の乱鎮定などに大きな功績を挙げ、当時荊州《けいしゅう》にあった陶《とう》侃《かん》と連合して蘇峻を討つことになった。また、徐州刺史として下邳《かひ》の地にあった流民集団のリーダー郗鑒《ちかん》もその戦列に加わったので、戦局は一気に陶侃側に有利に傾き、建康西郊の要衝・石頭《せきとう》での攻防戦に勝って蘇峻を陣において斬り、大乱を鎮定することに成功する(三二九年)。

乱後、荒廃に帰した建康を棄て、遷都しようとする議が起こった。このとき論者は江西の予章《よしょう》(現在の南昌《なんしょう》)への遷都を主張するものと、浙江《せっこう》の会稽《かいけい》(現在の紹興《しょうこう》)への遷都を主張

洛神賦図（故宮博物院蔵）　東晋の画家で、中国絵画史上で最初の偉大な画家といわれる顧愷之の傑作の宋代の模写。曹操の子の曹植が残した中国古典文学の最高傑作の一つといわれる「洛神賦」の世界を描いたもの。曹操は、政治家として有能であっただけでなく文学にも造詣が深かった。その息子曹丕（そうひ）、曹植も、その影響を受け文学に有り余る才能を示した。後に魏の文帝となる曹丕は、「文章は経国の大業にして不朽の盛事なり」と述べて、文学が国を治めることにも匹敵すると宣言した。「洛神賦」は、魏の都洛陽を流れる洛水を舞台に、曹植が洛水の女神とかなわぬ恋をする悲恋の詩であるが、恋する女性を兄の曹丕に奪われた曹植の悲恋が生んだ詩であるともいわれた

するものとの二派に分かれたが、王導はこのとき建康が帝王の都であり、この地を棄てても蛮族の住地であったような予章や会稽などに遷都すべきではないと述べ、遷都の議を退けた。

このとき、いずれかの地への遷都が決していれば、江南の地は二分され、強大な北方の勢力の侵攻を食い止めることはできなかったであろう。さらにいえばのちの南北朝時代も出現しなかった可能性もあるといえよう。

建康を中心として東西の勢力の均衡の上に江南政権の存立を模索した王導の炯眼《けいがん》は、この政権の構造、その安泰のために何が必要であるか的確に見定めていたのである。

北府・西府の抗争と南朝政権成立への道のり

北府・西府の形成

皇帝の位に即いた元帝司馬睿《しばえい》が劉隗《りゅうかい》、刁協《ちょうきょう》を重用して、より強力な皇帝権力の樹立を志向したことは、皇帝権力というものの性格上、ある意味では当然のことであった。しかし、草創期のきわめて脆弱な、かつバラバラな諸勢力の微妙なバランスの上に成り立っていた政権においてそれを目指すことは、きわめて危険なことであったといえるであろう。現に先に見たように、そうした施策は王敦の乱をはじめとして様々な反撥を生み、王朝存亡の瀬戸際にまで追い込まれる事態を何度も招いたのである。

しかし、こうした三二〇年代における混乱は、諸集団のバラバラな混成的政権であった東晋政権を、結果として建康東方の京口《けいこう》とその対岸にある広陵を基盤とする集団（北府）と長江中流の荊州《けいしゅう》を基盤とする集団（西府）の二大軍事勢力の微妙な均衡によって支えられる、より安定した構造の政権へと変容させていったのであり、東晋後期から南朝にかけての江南の歴史はこの二つの核を焦点として展開するようになる。

先に東晋政権草創期において、華北の戦乱を避けた数多くの流民が江南を目指して南下しており、それが江南地域社会の大きな不安定要因となっていたことを述べた。また、その後を追うように華北の羯《けつ》族出身の石勒《せきろく》をはじめとした非漢民族勢力の南攻の動きも日々強まる状勢にあった。そうしたなか、それら流民は結束し、隠然たる軍事力として江南の政局に大きな影響を及ぼすようになっていった。王敦の乱のとき、その鎮定に大きな役割を果たした祖約《そやく》や蘇峻《そしゅん》もそうした勢力を支持基盤としていたのである。

北府が北府と呼ばれるのはこの軍府の長官が、鎮北将軍、征北将軍などに任ぜられて東晋の北の守りに任じる北方正面軍の長官としての役割を果たしていたからであるが、その軍団の母胎となったのは蘇峻《そしゅん》の乱の鎮定に活躍した郗鑒《ちかん》の軍団であった。

一方の西府は、蘇峻の乱の鎮定における最大の功労者というべき陶侃《とうかん》の軍団を母胎とする。三三四年、陶侃が死去すると、王朝は西府のもつ重要性に鑑み、庾亮《ゆりょう》を陶侃の後任として送り込んだ。庾亮の死後、その弟の庾翼《ゆよく》が赴任するのもそうした配慮が働いており、安西将軍、征西将軍などに任ぜられたものが、荊州にあって湖南、湖北等の広大な領域を支配することの軍政民政機関としての西府は、東晋後期において北府を背景とした建康中央に対抗しうるほどの力を保持して、南朝時代にまで至るのである。

桓温の台頭

庾翼の死後、この西府のリーダーとなったのが桓温《かんおん》である。父の桓彝《かんい》は王敦の乱のとき軍功があり、蘇峻の乱で城を守って戦死しているが、その子の桓温が三四五年、庾翼に代わって荊州刺史《けいしゅうしし》（西府のリーダー）となるのである。

彼の事績でまず注目すべきは、蜀の地を回復したことが挙げられる。蜀の地に建国された五胡十六国の一つである成《せい》（成漢《せいかん》）を滅ぼし、彼の地を回復したことが挙げられる。当時、蜀は成漢末期の混乱の中にあり、山岳地帯に居住していた非漢族である獠族《ろうぞく》が大挙平野部に侵入するという状況にあったが、桓温はそこを衝いて一挙に成漢を滅ぼすという大功を挙げることに成功したのである（三四七年）。

ここに荊州と蜀の勢力を合わせもつ一大勢力が長江の上流に出現したのである。朝廷では当然そうした桓温に対する警戒の念が生じ、それを制する任務を帯びて朝政を担ったのが桓温の少年時代からの友、殷浩《いんこう》であった。

この頃、華北は、羯族《けつぞく》石勒《せきろく》の跡を継いで中原を支配していた後趙《こうちょう》の皇帝である石虎《せっこ》死去後の混乱の中にあり、後趙に属していた胡漢の勢力の中には東晋への帰属を願うものが多かった。桓温はそうした情勢を受けて朝廷へ北伐《ほくばつ》敢行を請い、同時に自らその配下の武将を出陣させた。

朝廷もそれを受けて北伐を敢行するが、当時、北府のリーダーであった蔡謨《さいぼ》はすでにその無謀さを指摘していた。こうした動きはそもそも桓温の動きを見据えつつ敢行されたものであるが、結局、北伐は大失敗に終わり、殷浩《いんこう》はその責を負うこととなる。

桓温はここに至り、殷浩を弾劾して彼の実権を奪って流罪とし、殷浩がもっていた力をも兼ね長江流域全体の軍権を掌握することに成功する。次いで彼は、こうした勢威を背景にして、宿願である北伐を自らの手で敢行し、湖北から長安に攻め上った。そして、さらに東進して洛陽に転戦して中原の中心である洛陽にある帝陵を修復し、三五六年、凱旋するのである。

赫々たる武勲の次に来るものがいかなるものであるかは誰の目にも明らかになりつつあった。

桓温と東晋を救った名宰相謝安

ところが、武勲を背景にして東晋の実権を握り、北来の人々を江南の戸籍につける土断《どだん》の実施など内政の改革に努めるさなか、三六五年、鮮卑族が建国した前燕《ぜんえん》に洛陽を奪われるという事態が生じた。そのため桓温は再び北伐を敢行するが、今度は一敗地にまみれ、かろうじて徐州《じょしゅう》に帰還したものの、かえって鮮卑族の前燕、氐《てい》族が建国した前秦の南侵を生み、その勢威を大きく傷つけられることとなってしまった。

ここに至り桓温は王朝簒奪《さんだつ》を急ぐが、このとき東晋を救ったのが東晋後半期の名宰相であ

謝安（歴代古人像賛）

る謝安《しゃあん》であった。謝安は河南の陳郡陽《ちんぐんよう》夏《か》出身の名族であり、若くして王導に知られたほどの人物であったが仕官せず、会稽にあった別荘で書聖として著名な王羲之や老荘思想に基づく清談仏教の実践者として知られる仏僧支遁《しとん》などと交わり、四〇歳を超えて桓温の軍府の副官（司馬）となった人物である。

桓温も深く彼の才能を愛し推挽に努めたが、謝安自身は桓温の禅代に対して反対であり、禅代を目指し桓温に傀儡皇帝として擁立されていた簡文帝《かんぶんてい》が崩御する際に、東晋を守るため遺詔をもってその位を桓温にではなく、簡文帝の子である孝武帝《こうぶてい》に伝えしめるという奇策にでる。

この直後、桓温は重病に罹《かか》る。そこで、謝安は、桓温の死が近いことをも予想しつつ、禅代の期日の引き延ばしをはかった。一族誅滅をも招きかねない判断であるが、三七三年、桓温はその野望を遂げることなく死去することとなったのである。

王導の再来ともいうべき謝安の施政

こうして桓温没後の朝政は、東晋をその滅亡の瀬戸際から救った謝安によって統べられる

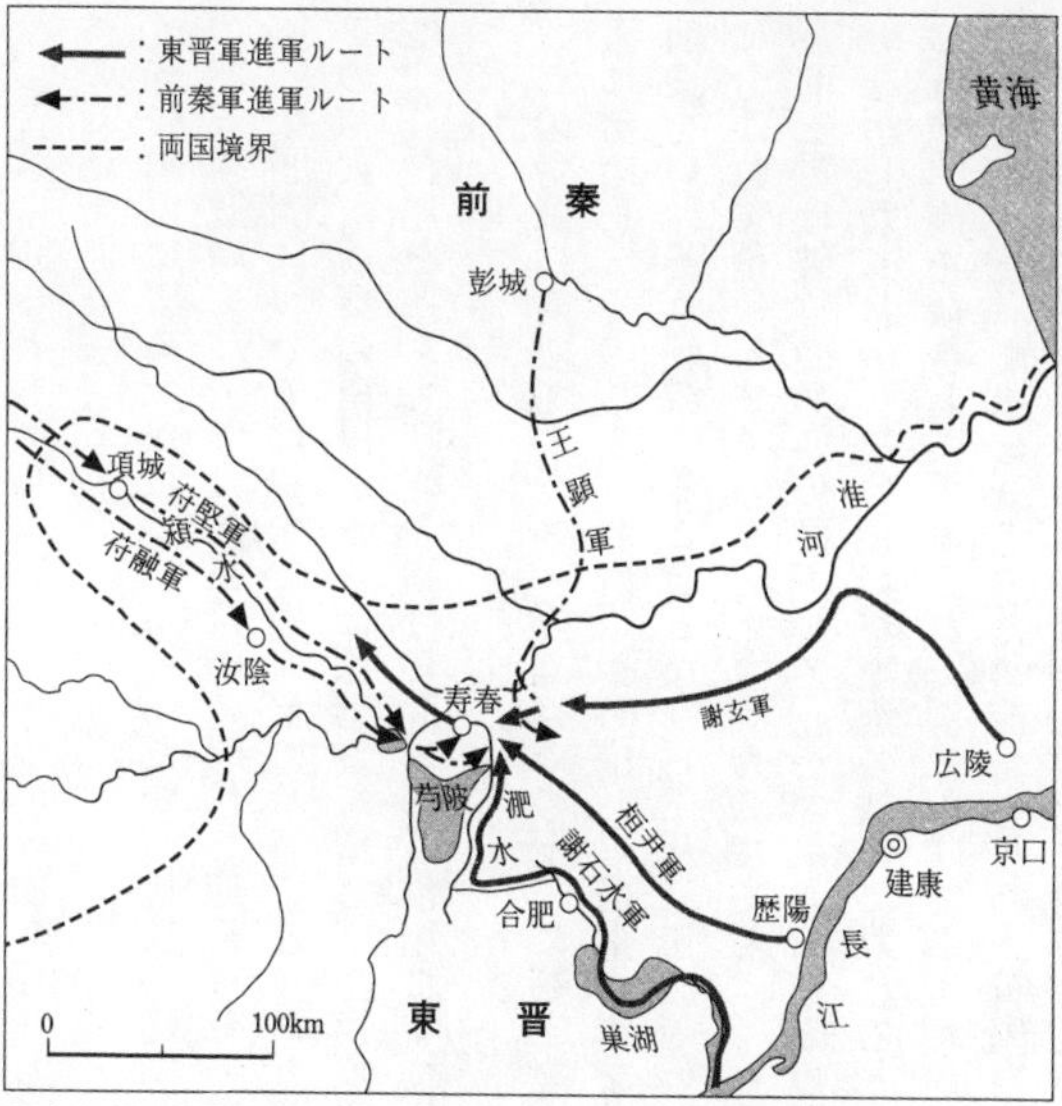

淝水の戦い図

こととなった。彼の施政は王導の再来ともいうべき面をもっており、その方針は諸勢力の均衡をとり、寛治に努めるというものであった。そのため、桓温亡き後の荊州《けいしゅう》の軍権は桓温の一族の桓轄《かんかつ》や桓沖《かんちゅう》に委ね、朝廷と西府との争いが内乱に発展し、いたずらに東晋の弱体化を招くことを慎重に避けるという老練な対応を示した。

一方、北府のリーダーには桓温からも高く評価されていたその一族の逸材である謝玄《しゃげん》を抜擢し、朝廷の守りとする布石を打つことにも怠りなかった。そしてこの謝玄の登用には、対西府のバランスというのみではなく、これに勝るとも劣らないもう一つの理由が存在していた。それは緊迫化する江北の情勢への対応である。

先に桓温による北伐について述べた際、氐族が建国した前秦の拡大について触れたが、この謝安執政時に、前秦は英主苻堅《ふけん》の時代を迎え、その勢力の絶頂期にあった。それに至る具体的な展開については、すでに前章において述べたところであるが、謝玄の登用はまさしくこの強大な前秦の南侵がさらに深刻さを増し、江南攻略を容易にする戦略拠点として四川の地や、長江を挟んで江南と指呼の間にある淮南《わいなん》にまで深く及ぶようになっていた時期にあたっていたのである。

この脅威に対処するため、謝玄はその配下に劉牢之《りゅうろうし》、何謙《かけん》などの勇将を招致し、北府の充実に努めた。その結果、北府軍がしばしば前秦の軍を破る戦果をあげたが、このことが逆に前秦をいっそう刺激することとなり、三八三年、ついに一〇〇万と号する苻堅《ふけん》の大軍が二道に分かれて南侵してくることとなったのである。

前秦軍は破竹の勢いで南下して、その主力は安徽《あんき》の寿陽《じゆよう》を陥れ、東晋を一気に討滅する勢いを示した。しかしその先鋒が淝水《ひすい》の戦いに敗れるという予期せぬ事態が生じたため、華北の五胡諸族を統合して編制された混成部隊であった前秦軍の統制は、たちまちにして乱れることとなった。淝水は死者のため流れを止め、苻堅自身も流れ矢にあたり命からがら単騎遁走するという、予想外の東晋軍の大勝利に帰着したのである。

この東晋軍勝利の知らせを受けたとき、謝安は来客と棋《ご》をうっていたが、普段と変わることのない落ち着き払った態度を示したという。そして、何食わぬ顔で対局を終えた後、客を送り出したとき、珍事が起こった。このとき彼のはいていた下駄の歯が折れたが、彼はそのことに気づかなかったと伝えられるのである。

このエピソードは、この勝利が謝安にとっても思いがけないほどの大勝利であったことを示しており、同時にまた、謝安という人物の慎み深い人となりや感情を表に出さず、あくまでも悠々として典雅であることをよしとする、当時の貴族社会の価値観をも垣間見せてくれるものである。

さて、謝安はこうした功労者であるにもかかわらず、淝水の戦い後、台頭する皇族出身の司馬道子《しばどうし》に疎外されるようになる。そして戦いの二年後、謝安が没すると、東晋は滅亡への坂道を転げ落ちるように司馬道子専権の時代へと向かっていくのである。

孫恩の乱　司馬道子《しばどうし》の専権は、謝安が桓温の禅代を阻止すべく擁立した孝武帝《こうぶてい》が政治に関心を示さず、朝政を一族である彼に一任するようになったために生じた。そしてその道子もまた孝武帝とおなじく逸楽の生活に溺れ、権力を私物化したので、朝政に対する不満は社会不安に発展し、急速に世情は不穏な雰囲気に包まれるようになっていった。

このような状況下に孫恩《そんおん》による宗教反乱が勃発し、東晋王朝の心臓部である長江下流域はそれによって深刻な被害を受けることになる。

乱の首謀者である孫恩は、五斗米道《ごとべいどう》の指導者であった孫泰《そんたい》という人物の甥であった。

五斗米道（天師道《てんしどう》ともいう）は後漢の後期に張陵《ちょうりょう》という人物が始めた宗教で、中国自生の宗教である道教の源流の一つである。黄巾の乱を起こした張角《ちょうかく》の太平道からの影響も受け、人間が病に罹《かか》るのはその人間の罪過によるとし、その罪を贖《あがな》うためには他者のための奉仕が必要であることを説いた。張陵の子の張衡《ちょうこう》、孫の張魯《ちょうろ》へと継承され、漢中や蜀の地にその教えを広めていたが、張魯が曹操に降って後は東方の地域にもその教線を拡大し、貴族の間にもその信者が急速に拡大しつつあった。

孫泰はその五斗米道を銭唐《せんとう》の杜子恭《としきょう》に学び、幻術を以て民衆を扇動し、その教えを信ずるものに対してすべての財産、子女を教団に提供することを求めた。折からの社会不安に乗じ、彼の教えを奉ずるものは夥しい数にのぼったが、そのことは執政である司馬道子の子の司馬元顕《しばげんけん》といった国家中枢の内部にまでその信者が広がっていたということからも窺うことができる。

やがて孫泰は東晋の命脈が尽きつつあることに乗じ反乱を企てるが、それを察知した司馬道子は孫泰を誅殺する。しかし、事態はそれで終息せず、その孫泰の跡を継いだ孫恩《そんおん》が復讐に立ち上がるのである。

孫恩は病死した信者がいれば、仙人になれてよかったと祝うような、死をも畏れぬ狂信的集団を作り上げ、三九九年、その信徒ら数十万と共に蜂起する。三呉の地に侵攻したその反乱の異常性は、その乱に加わった婦女信者たちが嬰児が足手まといになるとして袋や籠に入れ、それを水中に投じ、「汝の先に仙堂（仙人のすみか）に登るを賀《いわ》う。我ついで後に汝に就《つ》かん」と述べて進軍したところにも現れている。

三呉の地を席巻した孫恩の軍は、こうしてついにその矛先を都である建康にも向けることとなった。

桓玄の覇権

都はそのために非常事態に陥るが、このときの攻撃は、からくも北府のリーダー劉牢之《りゅうろうし》の配下であった劉裕《りゅうゆう》らの活躍によって撃退された。

しかし、事態はさらなる展開を見せ、今度はこの孫恩の乱が、当時父である桓温の野望を受け継ぎ荊州《けいしゅう》にあった桓玄《かんげん》に絶好の挙兵の機会を与えることになり、桓玄の軍が建康を目指して長江を駆け下ってくることとなったのである。

桓玄の長江東下は、表向きは孫恩の脅威から建康を守るというところにあった。しかし、実際には建康を目指した孫恩軍は、すでに北府の劉裕らによって打ち破られていたのである。桓玄にとって長江東下の最大の目的は簒奪にあったので、孫恩軍の敗退は少しも、彼にとって東下をとりやめる理由とはならなかった。そして司馬道子たちにはその攻撃を撃退する力はなかったので、劉裕などを配下に持つ北府の劉牢之を最後の頼みとするしか、もはや手だては残されてはいなかったのである。

しかし、劉牢之は配下の劉裕らの諫めを聞かず、かえって桓玄に与《くみ》するという道を選んだ。そのために桓玄によってあっけなく司馬道子・元顕父子の一派は一掃されることとなり、こうして桓玄は自ら皇帝の位に即き、国号を楚《そ》と号して、桓温《かんおん》以来親子二代にわたる宿望を実現することとなったのである。

また、一方で桓玄は劉牢之や劉裕をはじめとした北府軍団を圧迫し、劉牢之を孤立させることに成功する。その結果、劉牢之は憤死することになるが、こうした処遇は北府軍団の怒りを呼ぶのに十分であった。

劉裕の決起

劉牢之の配下としての劉裕は、江蘇の彭城《ほうじょう》から京口《けいこう》（現在の鎮口）に移住した寒門の家柄の出身であり、幼くして母を失い、貧しい幼少年期を過ごしている。

宋の四代皇帝の孝武帝のとき、武帝劉裕が平生起居していた部屋を壊そうとした。そのとき、その部屋の居間にある寝台の頭の方に土の壁があり、その壁に葛で作った燈籠と麻製の蝿払いがかかっていた、と伝える史書の記述は、皇帝となっても貧しい時代を忘れなかった劉裕の人となりをよく伝えている。

劉裕がその名を高めるチャンスは孫恩の乱の勃発によってもたらされた。当時、彼は北府の劉牢之配下の軍将（参軍《さんぐん》）であったが、この反乱鎮圧の戦いにおいて華々しい勝利を収め、北府の次代のリーダーとしての地歩を固めるようになった。このとき、北府のリーダー劉牢之が既述したように桓玄によって死に追いやられるが、劉裕はそのことに憤激した北府の勢力を結集することに成功し、桓玄を急襲することになる。

六朝時代における一代の英傑である劉裕は、こうして政局の中心人物としてその姿を現すに至ったのである。劉裕は一挙に桓玄を破り、さらに本拠である荆州に帰り再起を期さんとする桓玄を再び破り、さらに桓玄が荆州から蜀へ逃れんとするのを追撃してこれを殲滅することに成功する（四〇四年）。

凱旋した劉裕は、桓玄によって廃された東晋の皇帝である安帝《あんてい》を帝位に復さしめ、晋室をいったんは「再興」させる。しかし、再興とは名ばかりの事柄であって、桓温、桓玄と続いてきた禅代への動きがいっそう決定的なものとして浮上しつつあることは誰の目にも明らかになりつつあった。

劉裕の北伐

その後の劉裕の行動は桓温のとった道ときわめて類似している。まず自己の勢威を内外に示し禅代の地固めとするために、北伐を敢行したことである。

当時、華北では鮮卑《せんぴ》拓跋《たくばつ》部の建国した北魏の勢力が拡大しつつあり、鮮卑慕容《ぼよう》部《ぶ》の建国した後燕《こうえん》は北魏によって討滅され、その一族の慕容徳《ぼようとく》が建国した南燕《なんえん》が山東半島の一角に強大な南北勢力の狭間においてかろうじて存続していた。その南燕は北の脅威に抗しながら、東晋末の江南の混乱に乗じその領域を南に向かって広げんとして、東晋の領域であった淮南《わいなん》に侵攻したが、劉裕はこの機をとらえて軍を北に向けたのである。

こうして南燕を滅ぼした劉裕はそのまま西進して洛陽、長安を回復せんとした。劉裕の北伐の狙いがどこにあったかはこのことからも明らかであろう。ただこのときは東晋軍が北上し建康が空虚となったのに乗じて、孫恩亡き後、孫恩の妹婿であった盧循《ろじゅん》という人物をリーダーとして雌伏していた五斗米道軍が、再び水路建康に迫ったので、急遽江南に帰らなければならなかった。

建康を守っていた北府の何無忌《かむき》や劉毅《りゅうき》の軍は盧循の攻撃を受けて敗退するが、迅速に帰還した劉裕は態勢を立て直し、この孫恩の残党を建康の石頭に迎え撃って大破することに成功する。さらに盧循軍を完全に壊滅させるために、逃亡先の広東にまで派兵し、四一一年ついにこれを殲滅する。

こうして後顧の憂いをなくした劉裕は再び北伐の軍を起こし、苻堅《ふけん》の前秦《ぜんしん》を滅ぼして関中にあった羌《きょう》族の国家である後秦攻略に乗り出す。ただ当時の後秦にはすでにその草創期の国威はなく、北方の匈奴の赫連勃勃《かくれんぼっぼつ》の攻撃を受け、英主姚興《ようこう》も没し、衰退しつつあったので、もはや新興の劉裕の軍団の敵とはなり得なかった。

鳩摩羅什（クマーラジーヴァ）らによる法華経などの仏典翻訳や仏教の盛行で、五胡十六国史上に光彩を放つ後秦は、こうして滅亡したのである（四一七年）。

劉裕が洛陽、長安を回復して長安にあったとき、劉裕にとっては漢の高祖劉邦における張《ちょう》良《りょう》ともいうべき参謀であった劉穆之《りゅうぼくし》が急逝する。東晋からの禅代を進めつつあった劉裕は信頼するに足る腹心の死によって本拠である江南に不測の事態の生じることを恐れ、急遽南帰

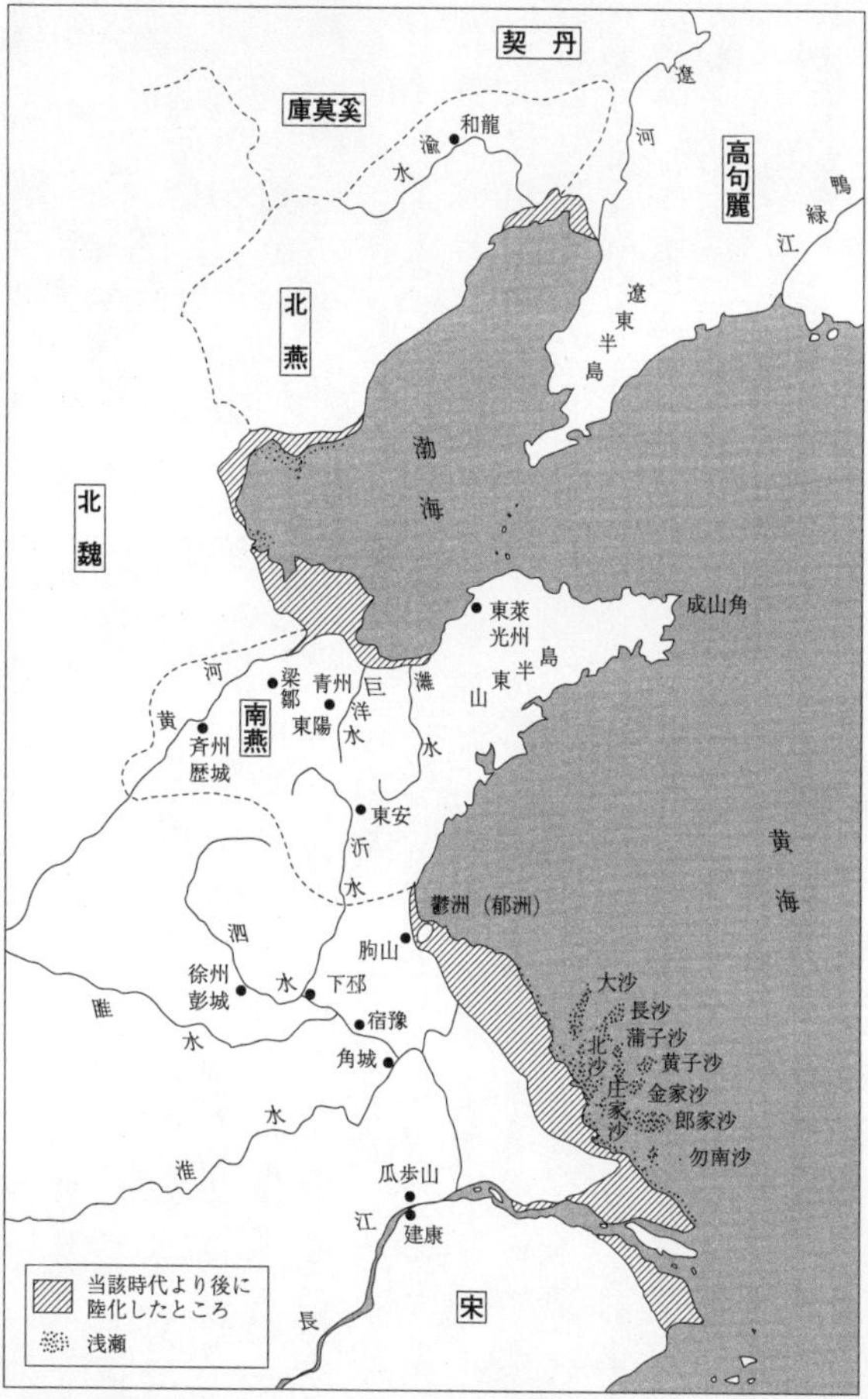
契丹
庫莫奚
和龍
渝水
遼河
高句麗
鴨緑江
北燕
遼東半島
渤海
北魏
東萊
光州
成山角
東山半島
河
黄
梁鄒
青州
東陽
巨洋水
濰水
南燕
斉州
歴城
東安
沂水
黄海
鬱洲（郁洲）
朐山
泗水
徐州
彭城
下邳
睢水
宿豫
角城
大沙
長沙
蒲子沙
北沙
黄子沙
庄家沙
金家沙
郎家沙
勿南沙
淮水
瓜歩山
江
建康
長
宋
当該時代より後に陸化したところ
浅瀬

劉裕台頭期の東アジア

統万城　夏を建国した赫連勃勃は、天下を統一し万国に君臨するとして、統万という名の都城を10万人を徴発して築いた

することを決意する。

　当時の華北には、陝西北部に匈奴の正統たる赫連勃勃《かくれんぼつぼつ》があり、山西から河北の地には強大な鮮卑拓跋部の北魏がひかえ、また、甘粛北部には匈奴沮渠蒙遜《しょきょもうそん》があり、虎視眈々として長安、洛陽の地を狙っていた。後秦を滅ぼした当事者である劉裕の南帰によって生じる空白が、何を生むのかはおのずから予想されたといえる。これ以後江南政権は華北における拠点を次々と喪失し、北方の勢力に対して徐々に劣勢な時代へと展開していくことになるのである。

　華北の状況から見たとき、劉裕によるこの南燕、後秦の討滅、そしてその南帰は、淝水《ひすい》の戦いのあとの混乱から生じた後秦と後燕という両大国の均衡状況が、北魏による後燕の討滅によって崩れ始めたときにあたっており、華北における諸勢力の動向を一気に流動化せしめ、最終的には北魏による華北の統一（四三九年）へと行き着く契機となったといえるのである。

土断の実施

さて、劉裕と桓温の施策の類似はその内政にも現れている。その代表的なものが土断《どだん》の実施である。土断とは先に少し触れたように、華北から江南へ移住してきた人々を、彼らが現に居住している土地の戸籍に登記させ、その地の官庁によって税役の対象者として把握することを意味していた。

　西晋の崩壊にともなう華北の戦乱を避けて江南へ移動した人々は、豪族の囲い込みの対象とされたり、無籍の流民となるものが多かった。これを防ぐために、東晋は難民それぞれの華北における故郷と同名の州・郡・県を江南の地に設置して、本来の戸籍（黄籍《こうせき》）とは別に白籍《はくせき》を新設して、その把握に努めた。

大夏石馬　現在西安に残存する、赫連勃勃が建国した夏時代の石馬

　しかし、この体制（僑州《きょうしゅう》・僑郡《きょうぐん》・僑県《きょうけん》体制）は、その末端の僑県にしても、難民のまとまりをかりに県とみなした行政上の措置にすぎず、それが現実の境域をもつものではなかったため、所期の目的を十分に達成することはほとんど不可能であった。そのうえ、もともとの住民と移住してきた人々とは、実際には同じ場所に居住しているのに、黄籍・白籍といった形で戸籍の種類を異にし、その違いは税役負担や支配系統の格差・差異にまで及んでいたので、そこから様々な差別と混乱、不法行為が生じていたのである。

　土断はこのような弊害を是正して国力の強化をはか

るところにその主要な狙いがあり、桓温によって実施された庚戌土断《こうじゅつどだん》（三六四年）は一定の成果をあげたと思われる。この庚戌土断の詳細はよくわからないが、劉裕による義熙《ぎき》土断（四一三年）においてもそのことが前例として意識されていたことが当時の史料からうかがえる。

劉裕による土断は大きな成果をあげた。この土断によって移住民の戸籍も白籍から黄籍へ変えられた。その際、僑郡・僑県を廃止して江南の現住地の戸籍に編入されることもあったが、それまで境域をもたなかった僑郡・僑県に境域を与えて、その境域化した僑郡・僑県の戸籍に付籍させることが多く行われて、華北の郡県が多数江南に実在することとなったのである。

この際、次の点に注意しておかなければならない。東晋の末に范甯《はんねい》という人物が、時政を論じて、「人々は中原の地が喪乱し、江南へ流れてきたが、いつかまた故郷に帰ろうと願っていた。それで彼らにはもともとの場所の戸籍をもつことを許している。しかし、移住してからすでに久しい年月が過ぎ、このごろはもう人々は江南での生活に慣れ、何世代かの墳墓もすでに江南に営まれる状況になっている」と述べているように、中原の混乱以来、一〇〇年以上の長いときが流れ、すでに北来の人々でさえ世代交代が進み、江南の地を生まれ故郷とし安住する人々が多数を占めるようになってきていたということである。

華北において、八王《はちおう》の乱《らん》・永嘉《えいか》の乱《らん》以来の混乱が拓跋鮮卑《たくばつせんぴ》が建国した北魏による華北の統一へと収束されていき、時代が新しい段階へと移りつつあったのと同様に、北来の人々を支配階層として、諸勢力の微妙な均衡の上に中原の回復を国是としつつ、いわば一個の征服王朝として江南を支配した江南王朝のありかたも、長い時の経過とともに変容を余儀なくされつつあったといえるのである。

貴族制の変容と宋・斉軍事政権

武人政権・宋朝の成立

四二〇年、劉裕は東晋の最後の皇帝である恭帝《きょうてい》の禅《ゆず》りを受けて宋《そう》朝を開き（宋武帝）、以後、宋《そう》、斉《せい》、梁《りょう》、陳《ちん》と続く南朝諸朝の先駆けとなった。宋朝の大きな特徴はその政権が貴族によってではなく武人によって建てられた王朝であるということである。

劉裕、宋武帝（晩笑堂画伝）

武帝の在位期間は短く、即位後わずか二年にして病死するが、彼はその死に際して、北府の長官には皇族もしくは近親のものを充てること、西府の長官には皇子を充てることを命じて世を去った。そしてこの命は宋朝一代を通じて厳重に守られたのである。

魏晋の時代はもちろんのこと、祖逖《そてき》や王敦《おうとん》など東晋の時代になっても武人として活躍した貴族は多い。また、北府や西府の長官も、たとえば謝玄《しゃげん》や庾亮《ゆりょう》など貴族が任ぜられるのを常とした。しかし、宋朝はそうした路線を転換し、貴族から軍事権を奪ったのである。それは東晋が西府や北府との角逐の過程で滅亡し、その勝者であった劉裕が貧しい寒門出身の武人であったことが大きく関係しており、これは宋朝以降の王朝のあり方の大きな特徴といえる。

文帝の政治

ただし、劉裕による晋から宋への禅代をつぶさに見るとき、その禅代が決してスムースには進行せず、その政権の正統性に疑念を懐き、それに根強く抵抗した貴族層の存在が浮かび上がる。

少帝ののち皇帝となった劉義隆《りゅうぎりゅう》（文帝《ぶんてい》、在位四二四—四五三）は、あるとき、庶民出身のお気に入りの徐爰《じょえん》という書記官（中書舎人）を士の身分（貴族）に取り立ててやろうとして、「貴族の王球《おうきゅう》のところへ行き朕の命令だといって席に着け。坐らせてもらえたなら士となることができる」といったことがある。件の人物は王球のもとに出かけてその通りにしようとしたが、そのとき王球は扇子を振ってそれを拒否した。報告を聞いた文帝は「では朕もいかんともしがたい」と述べたといわれる。そこに当時のあるときには皇帝権力の介入さえ拒む貴族のもつ力量の一端をうかがうことができよう。

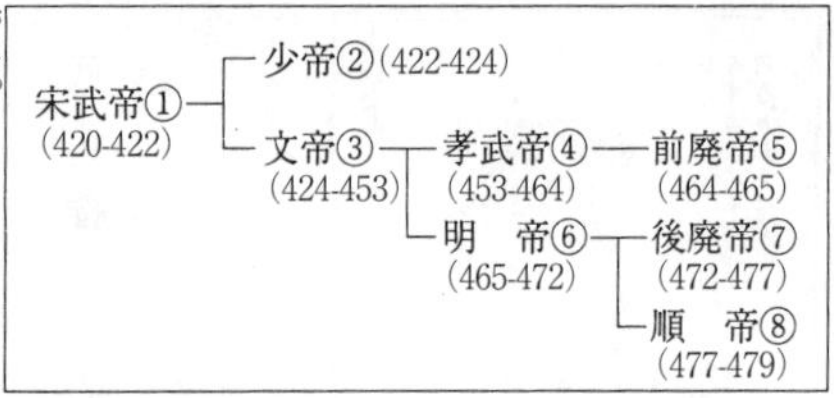

宋（劉氏）系図

それゆえ、文帝の治世は名門の王弘《おうこう》、王華《おうか》、王曇首《おうどんしゅ》、殷景仁《いんけいじん》などを重用して運営される。そこには武人出身の子として生まれた文帝の「文」に対する憧れ、尊重の念が働いていると考えられるが、一方でそうした皇帝権力と貴族との対立、そうした対立を秘めながら、両者が相互補完的に存在した宋朝の構造を見いだすことができるのである。

ただし、東晋時代まで軍事権を把握した貴族が、その権限を喪失したことの意味はやはり大きいといわざるを得ない。王弘などを重用し、貴族との合議により国内がよく治まった文帝三〇年の治世（年号から元嘉《げんか》の治といわれる）においてさえ、文帝は決して北府や西府などの軍府の実権を貴族に渡そうとはしなかったのである。

宋文帝長寧陵石獣　南京の北に位置する。この陵はもと陳の文帝永寧陵に比定されていたが、1972年の調査で従来の永寧陵が宋文帝陵とされた

元嘉の治の終焉

貴族の退潮は寒門や庶民の台頭という形でも顕在化しつつあった。先に宋を建国した劉裕が貧しい寒門出身の武人であったことを述べたが、こうした貴族以外の下級階層の台頭は、まず彼らのこうした武人への進出という形であらわれた。

文帝の元嘉の治を終焉させたのは北魏の南進である。文帝はその治世晩年の四五〇年、国内の安定を背景に貴族たちの賛成を受けて北魏討伐を敢行する。しかし、当時の北魏は敵対する諸国を併合し、四三九年には華北を統一に導いた太武帝の時代であり、その国力がきわめて盛んな時期にあたっていた。

そのため永い平和に馴れた宋の軍団は、実戦に明け暮れていた北魏の軍団の前には非力で、逆にその領域であった淮南の地まで北魏軍の侵攻を受けることとなり、太武帝自らが帥《ひき》いる大軍が長江を隔てた建康の対岸にまで迫る事態を招来したのである。幸い江南は事なきを得たが、戦乱と掠奪にさらされた淮南の地の荒廃は、目を覆うものがあり、対北魏戦において大量の物的人的資源が消耗され、そのために宋朝の国力は以後、急速に傾いていくこととなった。

こうした沈鬱な状況下に文帝は皇太子に殺害されることとなる。そして、その皇太子も当時江州（江西）にあった弟の劉駿《りゅうしゅん》（即位して孝武帝、在位四五三—四六四）に破られ、その子四人らとともにさらし首にされた後、長江に遺棄されるという悲惨な最期を遂げたのである。

疑心暗鬼の連鎖

孝武帝はこうして帝位に即いたが、子が父を殺し、弟が兄やその係累を皆殺しにするという事態は異常というほかない。しかし、こうした事態が一旦生じると事態を収束した本人である孝武帝自身も疑心暗鬼に駆られ、自身の兄弟や一族を次々と殺害するという悪循環が蔓延し、そうした風潮は、宋朝自体はもちろんのこと、その後を受けた南斉《なんせい》や梁《りょう》にまで及び、王朝の興亡を引き起こすところにまで展開していくのである。

たとえば、孝武帝の次の前廃帝を殺して位に即いた明帝《めいてい》は、孝武帝の子を一六人殺害し、その他の残された孝武帝の子一二人も、明帝の次の後廃帝のときにすべて殺害されてしまう。このような同族あい食《は》む悲惨な展開の結末において宋朝は滅亡するが、その宋朝の皇子が「二度と王家に生まれたくない」と述べた嘆きは、その疑心暗鬼の桎梏から抜け出さんともがきながらも、ついに克服できなかった南朝諸朝の精神状況を鮮やかに照らし出しているといえる。

宋朝を滅ぼし南斉を建国した蕭道成《しょうどうせい》は、宋朝がこの同族間の争いの結果、滅んだことを目のあたりにした。それゆえ、わが子にその二の舞を演じぬよう厳に戒めた。しかし、その南斉が同様にして滅んでいったことを見れば、ことの本質はそれほど単純ではなかったことがうかがわれるのである。

貴族を軍事から遠ざけ実権を握った皇族同士がこのように猜疑し合うとすれば、自己の信ずることのできるもののみを信頼するということになるであろう。そのようなものを現実に探すとすれば、当時の状況下ではそれはおのずと、自分とは異姓の家柄や下賤のものということになるであろう。宋朝が異姓の武人出身の蕭道成に簒奪されるのも、このことと無関係ではないのである。

劉裕のような社会の底辺から発し、自己の敵対者を自己の力に頼って克服、殺害する環境に育ったものの家庭教育は、自ずからその影響を受けるであろう。そのうえ、その子孫がそのまま権勢と軍事力をも持つ皇子となり、そこに親族間の疑心暗鬼が生ずるということになれば、同族相《あい》食む事態が生じたとしてもおかしくはない。宋の皇族間に生じた悲劇は、宋室における家庭教育の欠如に原因があるとも史書は指摘する（『二十二史劄記《にじゅうにしさつき》』）。

確かにこうした要因が強く作用していることも否定できない。しかし、より巨視的に当時の状況を見ると、宋以降の南朝の歴史において、ここで述べたような事態が数多く生じた理由として、これとは別の要因の存在も見落とせない。

社会のあらゆる場面に生まれた下剋上の動き

その要因とは、南朝では身分制が強固に存在していたが、にもかかわらず卑しい身分からはい上がろうとする下剋上の動きが社会のあらゆる場面で生じていたということである。中央はもちろんのこと、地方の軍府においても、自己の仕える主君を押し上げ、自分たちの地位の向上をはかる下層の人々が澎湃《ほうはい》として生じていたのである。

上に立つものはその下にあるものから発するそうした圧力を陰に陽に受けていた。藩鎮に赴任した皇子たちは、その配下の人々の上昇欲求を受け、究極的には帝位さえも狙うことを求められていたといえるのである。

主君と繋がることによって下層からはい上がろうとしていたのは、武人のみではなかった。武力以外の方法で主君に取り入り、地位の上昇をめざす人々も数多くいた。当時の史書は、皇帝に取り入って権勢をふるう、そうした人々を特に恩倖《おんこう》と称している。

そもそも皇帝には、彼が国政の頂点に立つものであるだけに、ひとりではとても処理することのできない量の案件が日々山積した。しかし、そうした案件の最終処理を行いうる権限を、心底においては武人皇帝の家柄の卑しさを嗤《わら》い、いつ皇帝の敵対者へ変化するかもしれない貴族にゆだねることはできない。

一方、文帝の後の皇帝である孝武帝は自己に権力を集中し、中央集権を進めた皇帝として知られているが、そのような権力集中を行うとすれば、当然その手足となって働いてくれる人々が必要となる。こうした為政者の欲求と庶民層の台頭とが一致したところに、文帝のときにもその萌芽が見られなかったわけではないが、孝武帝以降の南朝において顕著に見られる恩倖政治が出現するのである。

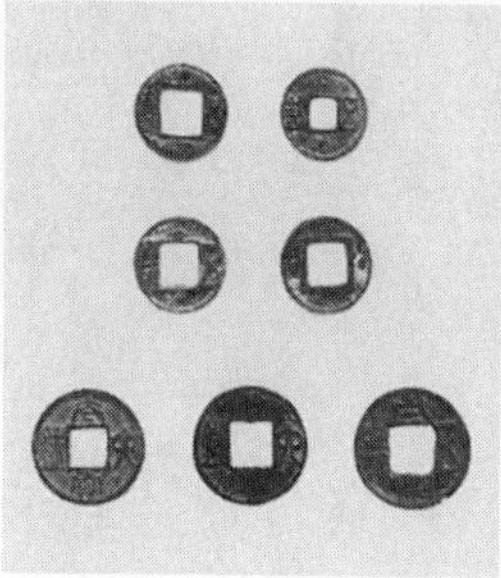
南朝の貨幣

貨幣経済の発展

この恩倖には商人出身であるものや商人と結んだものがかなりいたことがわかる。このような人々の政界進出は、南朝における貨幣経済の発展が大きく関係している。

この時代に著された『顔氏《がんし》家訓《かくん》』という史上著名な家訓書によれば、南朝では「二万斛《こく》船」が存在していたという。経済開発の進展とともに、南朝では長江をはじめとした大小河川やクリークを通じて物資の流通が、五、六世紀の段階としては、世界で唯一、しかもきわめて早熟な形で行われていたのである。

そのことは、当時における早熟の段階を通り越した、異常ともいえる貨幣流通の活況からもうかがえる。都や三呉の地域はもちろんのこと、長江流域を中心として、それと結ばれた漢水などの大小河川の流域において貨幣の流通がきわめて盛んであった。この点は華北が西晋末の動乱、五胡十六国時代の戦乱のために基本的に現物交換経済下にあったのとは大きく異なっていた。

南朝時代の貨幣流通はその使用地域の広さのみに特徴があるのではない。むしろそれが五、六世紀の段階で、すでに商業流通、国政、庶民生活のあらゆる面に浸透していたということこそが注目すべきことがらである。種々の職業に従事する人々の報酬は貨幣をもって支払われ、人々はその獲得に執心し、高利貸はその貸し付けによって暴利をむさぼり、官吏の汚職も多く貨幣の獲得のために行われ、商人たちは大消費地である建康を目指して物資を運搬し、貴族や大土地所有者たちの庄園は、西洋の中世における庄園と異なり、商品を生産し消費地に供給するという、商品流通の世界に組み込まれていたのである。そしてその交換の手段として貨幣が用いられていたのである。

国家はそうした情勢に対応し、銅銭による収税を行い、官僚への俸給も貨幣を支給したのである。とりわけ宋斉の次の梁の時代には、百官の俸給を貨幣によって行うという段階にまでそれは進んだ。

活況を極めた貨幣経済の限界

しかし、こうした異常ともいうべき貨幣経済の活況は一つの大きな壁に突き当たっていた。それは当時の基軸貨幣である銅銭の材料である銅の絶対的不足である。中国における手形、紙幣等の出現は、六朝時代より後の唐宋時代を待たなければならない。そのため銅の不足は、経済の発展にとって大きな阻害要因となっていたのである。

そこで、いままでの一銭を今後一〇銭の価値あるものとするといった実質的貨幣価値の切り上げを行い、民間での貨幣鋳造を許すといったことまで実施している。しかし、前者にはおのずと限界があり、また、後者は様々な貨幣様式、意図的に不純物を多く溶かし込み利益を上げようとする不法の介入を当然の結果として招くことになった。

とりわけ、後者に見られる貨幣の不統一は経済の発展に大きな障害となり、国家は南朝時代が終わるまで、こうした事態に対して真の解決となる有効な手だてを講ずることができなかった。梁の時代に貨幣量の不足を解消するために行われた、銅銭から鉄銭への基軸貨幣の変換は、そうした貨幣様式の混乱を極点まで高めることになるのである。

こうした発展段階における貨幣経済の進展は、国家による収税の対象とされた人々、とりわけ庶民の生活に甚大な被害を与えることになった。庶民が納税する場合、国家は銅銭での納入を求め、かつ不純物が混入していない銅銭を求めたからである。これは過酷な増税であり、南朝の後期にかけて、人々が戸籍の書き換えによって徴税を逃れようとしたり、生活の窮乏のために反政府的行動をとる姿勢をいっそう強めていく背景には、こうした当時の経済的政治的状況が存在していたのである。

それはともかくも南朝時代におけるこうした貨幣供給量を上回る経済の進展、それにともなう障害を克服しようとして、鉄銭導入さえもあえてなさざるを得なかった経済の進展は、この時代について考える上で特記すべき事柄といえる。しかし、それがなぜ生じたのか、後の唐宋時代における江南の発達とそれがどのように関連するものであるのかといった点の詳細は、いまだ十分には明らかになっていない。

しかし、先に述べた庶民の台頭、あるいは南朝政界における商人出身の恩倖の存在は、マクロな観点から見たとき、そうした時代状況から生じたものであり、またこれは次章で述べることになるが、南朝政権はそこから生じる諸問題を克服することができず、その結果生じる庶民の疲弊・不満によって大きく揺さぶられていたといえるのである。

南斉の興亡

四五〇年の北魏による侵攻以降、宋の国力は衰退の一途をたどり、明帝の時代になると淮水以北から山東半島にいたる領土を完全に北魏に奪われることとなる。のちに宋王朝を滅ぼすこととなる南斉の建国者蕭道成《しょうどうせい》（斉《せい》の高帝《こうてい》）は、この北部戦線で実力を築いた軍閥であった。

彼は本来の出身地とは異なる晋陵武進《しんりようぶしん》（現在の江蘇省常州市）の地に土断により設置された南蘭陵《みなみらんりよう》（蘭陵はもと山東省嶧《えき》県の地）の人である。対北魏防衛の拠点である淮陰《わいいん》（江蘇省）の軍閥として実力を蓄え、やがて中央に召されて軍政を担当することとなった。そして宋の末、皇族の江州刺史桂陽王劉休範《けいようおうりゆうきゆうはん》や、荊州刺史沈攸之《けいしゆうししんゆうし》などの挙兵を平定したのち、衰弱した宋を滅ぼして斉を建国したのである。

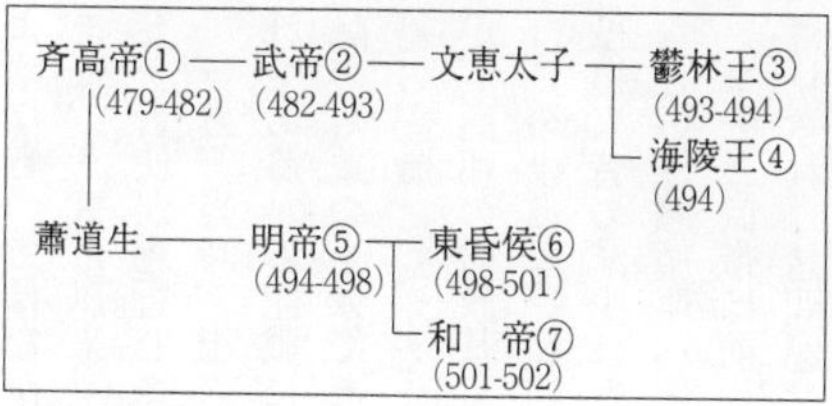

南斉（蕭氏）系図

南斉初期の高帝とその子武帝の施政は、宋の孝武帝以来のあり方を改めて、南朝社会が安定していた、北魏の侵攻を受ける以前の元嘉の時代に復帰することをめざした改革を行い、一定の小康を得ることに成功する。その象徴的な施策は台使《だいし》の廃止である。

宋の孝武帝は北魏との交戦で疲弊した中央の財政を安定させるため、中央から使者である台使を地方に派遣して地方官を督促して、徴税を確実にさせようとした。しかしこの台使には、中央の威光を笠に着て不当な取り立てや不法行為を行うものが多く、民衆はその横暴に苦しめられることとなる。そのため、武帝の子の竟陵王蕭子良《きようりようおうしようしりよう》はその弊害を訴えて、このやり方を取りやめさせた。また、地方官の地位を安定させるため、その任期を長くし、それを通じて民政を改善させるという施策も採用している。

しかし、当時の状況は、こうした施策のみによって克服できるようなものではなかった。宋文帝末年の北魏との交戦のために民衆を徴兵する必要が生じ、また、孝武帝以来、増税と過重な力役の徴発とが相継ぐようになっていたのであり、その徴発を台使が遂行していたのである。

一方、当時、士人は税役を免除されていた。その判別は各人の戸籍に注記された士庶いずれであるかの記載によっていたが、財力のある庶民は、賄賂などを通じてその注記を税役免除の対象の士人であると改竄《かいざん》してもらうといった行動に出ていた。四八六年にはそうした戸籍の記載に対する検査や課税強化に対する反撥に発する、唐寓之《とうぐうし》の乱のような庶民の反乱が、南朝の財政基盤である浙江一帯に起こるまでになっていた。

このような戸籍書きかえは士庶の区別に混乱を生みだしていたが、それによって生じる税役担当者の減少はさらなる財政の逼迫を招来し、残されたものがさらなる税役の過重に苦しむという悪循環へとつながっていっていたのである。

また、武帝は前代同様恩倖を重用するという方針を変えることはなかった。つまり、宋代に見られた諸問題はなんら根本的解決を見ないままだったのである。

そのうえ、この頃即位した明帝は、王朝の基盤の強化を目指すどころか、逆に諸王をつぎつぎに殺害する恐怖政治をしいて、王室の結束をいっそう弱めていったため、南斉時代はわずか二三年でその幕を閉じることになった。

第五章　南朝後期の政治と社会

梁武帝の時代

梁の建国

南斉《なんせい》の明帝は、自らの位を守るために高帝や武帝の子二十余人を殺害して暴虐を極め、その施政は「悪童天子」として世に聞こえた東昏侯《とうこんこう》に受け継がれ、雍州《ようしゅう》襄陽《じょうよう》（現在の湖北省襄樊市《じょうはん》）で挙兵した蕭衍《しょうえん》（梁の武帝―南朝梁の初代皇帝、在位五〇二―五四九）に滅ぼされることになる。

蕭衍は南蘭陵《みなみらんりょう》（現在の江蘇省常州市）の人で、南斉蕭氏の一族であり、父の蕭順之《しょうじゅんし》は南斉の建国者である蕭道成《しょうどうせい》の族弟で、南斉創業の功臣でもあった。蕭衍はこうした環境に育ち、早くから文武両道にわたる教養と才幹で将来を嘱望され、南斉の王族の知識人として史上著名な竟陵王《きょうりょうおう》蕭子良《しょうしりょう》の「八友」の一人として数えられる、儒学・老荘の思想・仏教学に対して深い学識を持った教養人であった。

この点、南朝諸朝の創業者が貴族ではない武人の出であったのと大きく相違しているといえる。

南斉の末の四九八年、彼は湖北の要衝である雍州《ようしゅう》の鎮将となって、北魏の侵攻を防ぐため出陣する。そのころ、東昏侯の暴政ははなはだしく、蕭衍の兄の蕭懿《しょうい》もその犠牲となるまでに至っていた。五〇一年、ついに彼は藩鎮の属官および襄陽地方の豪族や土豪を結集し、東昏侯の非を責め挙兵、進撃して建康を陥れ、翌年（天監元）、南斉の禅《ゆず》りを受けて梁王朝を開いた。

武帝（蕭衍）は真冬でも早朝二時に起きて政務をとるなど、経世済民の意欲と責任感にあふれ、寛政をしいて疲弊した民生の回復に努めた。官吏登用策でも、士庶貴賤の弁別を明確にする一方、円滑な国政運営を期するために、個人の才能と教養を重視する方針を打ち出して貴族層に自己革新をもとめ、あわせて官制改革を行って貴族制の再編を図った。このために梁の武帝の時代の治世は南朝史上まれに見る安定と平和を享受し、武帝が五〇年近い間、政治を行い得たために、後世、「南朝四百八十寺《しひゃくはっしんじ》、多少の楼台煙雨《えんう》の中」とうたわれるような文化の隆盛がもたらされることになったのである。

梁武帝の改革

武帝は即位すると竟陵王蕭子良の「八友」のとき以来の盟友である范雲《はんうん》、沈約《しんやく》を召して、宋の孝武帝以降進行し、政界に大きな弊害をもたらしていた恩倖《おんこう》政治を克服しようと努めた。しかし、すでに宋代、南斉代を通じて王朝を担うべき貴族の資質の低下は急速に進行しており、彼らはかつての進取の気風を失っていた。そのため、状況は寒人や商人などを側近として使役するということを取りやめれば問題が克服できるというほど容易なものではなかった。

蕭衍の家柄は先に見たように南斉の蕭氏につながる家柄であり、南斉朝における貴族の家柄であった。ただし、その南斉の蕭氏自体は、蕭道成が武人として南斉を興したために貴族の仲間入りができた一族であり、その意味で南蘭陵の蕭氏とは、貴族は貴族でも「成り上がり」貴族という性格の違いを持っていた。

しかしまた他の面から見れば、こうした「成り上がり」貴族の中には、かつての貴族がもっていた進取の気風を身につけた人々もいたのである。蕭衍はその改革に当たって、生命力を失いつつあった旧来の貴族を信任するのではなく、こうした自らと相似た下級貴族の家柄出身の知識人を信任していったのである。

彼はこうして選抜したブレインたちを用いて礼制や法制の整備につとめ、貴族社会の再建を目指した。その改革は官制改革の面において最もよく現れている。彼はこれまでの官制に大きな改革を加え、九品のうちのおよそ六品以上を一八のランクに区分し（十八班制）、官品の数が減少するに従ってより高位であることを示す九品官制のあり方、すなわち、一品が二品より、二品が三品より高位であるとするあり方を改め、官班のより多い者が高位であるとする官制（十八班が十七班より高位であり、十七班が十六班よりも高位であるというあり方）を採用した。

貴族制のもとにあっては貴族の家柄に生まれた者は生まれながらにして貴族であり、朝廷における高位が約束され、庶民の家に生まれた者が貴族に伍して栄達することは不可能であった。貴族は激務をともなう要官や争いごとに関わる法官などに就官することを嫌い、秘書官のような激務をともなわない官職を好んだ。そのために、いつしか官僚制の内部に貴族が就官する清官と、貴族が就官することを嫌う濁官といった官の区別が、生じるようになっていった。

官僚制はそもそも皇帝の手足となって動くべきものである。しかしそこに生じた清濁の別は皇帝権力の正常な働きを阻害するものである。武帝はそうした官僚制の硬直化したあり方にメスを入れ、旧来のランクをさらに細かく区分し、その数え方を逆転させることによって、従来の基準に変更を加え、官僚制に対する皇帝の支配を強めようとしたのである。それは、貴族が就官することを嫌った、しかし法を犯した官僚を弾劾することを職務とする御史《ぎょし》中丞《ちゅうじょう》などの、皇帝権力の行使において重要な役割を果たす諸官の官班を、それまでよりも実質的に引き上げ、皇帝権力による官僚制への支配をより強化しようとしている点などによく示されている。

また、武帝はこの十八班制と同時に下層の士族が就官していた六品から九品までのランクにも改革を加え、これを七班から一班に至るランクに区別し、これらを流外《りゅうがい》、すなわち非貴族が最初に就く官として再配置している。

当時、貴族は郷品二品を得て起家していたが（門地二品）、武帝の改革はこうした旧来の貴族に、その下位の郷品三品～五品を得て起家する士族を加えて、貴族制の再編を図ったものであったことがわかるのである。

学術文化の興隆

また、武帝は即位後、貴族の子弟が入る国子《こくし》学《がく》以外に、五館《ごかん》という学校を置いている。五館では、儒教の経典である五経に通じた博士の官が学生の教育に当たったが、この学校は単なる学問講義の場所ではなく、試験を行って官吏を登用する官吏養成所という性格をも持っていた。

その際、その対象者は寒門の子弟を主な対象としたが、きわめて身分の低いものであっても採用するということが行われたという。つまり、この施策は身分の上下にかかわらず、才能のいかんによる官吏登用という性格を持っており、その点で後の隋の時代に始まる科挙の源流の一つということができる。

文選巻第一
梁昭明太子撰
文林郎守太子右内率府録事参軍事崇賢館直学士臣李善注上
賦甲
京都上
班孟堅両都賦二首
両都賦序
班孟堅
或曰賦者古詩之流也
昔成康没而頌聲寝王澤竭而詩不作

『文選』

こうした学術の奨励によって梁朝の学問はきわめて盛んとなった。武帝は儒学のみならず老荘の思想・仏教学に深い学識を持った当代一流の学者でもあったが、そのような人物が政治の頂点にあって学問を奨励するという風潮は、古来の優れた詩文を集めた詞華集としての『文《もん》選《ぜん》』や、魏晋以来の文学理論を集大成した『文《ぶん》心雕龍《しんちょうりょう》』等の書物、あるいは技巧を凝らした「宮体《きゅうたい》」と呼ばれる艶麗な文体の詩文の創作に見られるような文化の隆盛を招来した。

とりわけ、武帝の長子、昭明太子蕭統《しょうめいたいししょうとう》によって編まれた『文選』は周から梁に至るほぼ一〇〇〇年間における詩文の中から、深い内容と華麗な表現を備えた作品を精選したもので、唐以後の文学に多大な影響を及ぼした。また、『文選』は聖徳太子の十七条憲法にもその影響が見られるとされ、奈良・平安両朝においては、知識人にとって必読の書となり、『万葉集』など日本の文学にも多大な影響を与えたのである。

武帝と熱烈な仏教信仰

武帝について述べる際、彼の熱烈な仏教信仰について述べなければならない。武帝はもともと仏教に対する理解を持っていたが、その在位半ばごろから、その信仰はいっそう熱を帯びるようになり篤い仏教信者となっていった。そして彼の信仰は仏教を政治の世界にまで導入し、それを通じて理想社会の実現を求めるといったレベルにまで高まっていったのである。

彼は多くの寺院を建立して大法会を催し、中国では本来牛などの生き物をささげるべきものとされた祖先に対する祭祀の供物を（これを血食《けつしょく》という）、仏教における不殺生戒に反するとして果物などに替えるということを実行している。

仏教は、世俗の世界が苦の世界であり、その苦の根本は人間が絶えず移ろいゆく物質や現象に執着するところに生じ、その執着を絶ったところに悟りが生まれると説く宗教である。こうした思想は、現世を実体のない仮の世界と見なすことにつながるが、中国人は古来、祖先崇拝、及びそれと密接に連なる家族の結合をとりわけ重んじる民族であり、中国の民族宗教ともいうべき儒教はそうした思想を体系化したものである。それゆえ儒教的国家体制下においては皇帝自らが祭祀において血食を取りやめることは、本来ありうべからざる行為である。

中国の世界においては人間が持つべき徳目として「孝」が最も重んじられ、皇帝は社会の師表《しひょう》としてその重視と実践を求められる存在であったが、武帝はそうした方針に大きな改変を加えたのである。

建康台城址　明代南京城の北側の城壁から、現在の鶏鳴寺を望む。鶏鳴寺は、明代に南朝梁の同泰寺址に建てられた。写真に見える鶏鳴寺の山麓と明代の城壁の交わったところは南朝台城の遺址とされる

武帝が実行した四度の「捨身」

彼の仏教信仰の篤さを示すものとして、彼による「捨身《しゃしん》」の実行を挙げることもできる。

「捨身」とは字義通りには身を捨てて仏などを供養する烈行《れつぎょう》をいうが、一般には身命を捨てる代わりに財物を布施する行為のことを指

している。武帝はその在位中、五二七年、五二九年、五四六年、五四七年の四度にわたって捨身を行っている。

その次第は、同泰寺《どうたいじ》への御幸、道俗を集めた大法会の開催、皇帝の御服を捨て法衣をまとい、身を捨てて自ら一個の人間として仏寺の雑役に服し、比丘《びく》、比丘尼《びくに》のために仏典の講義を行うというように展開した。その後、群臣は銭一億万を以て捨身した武帝を贖い、諸侯は皇宮への帰還を懇請し、三度にしてそれが受け入れられて還俗がなり、再び道俗を集めての大法会が開催され、皇宮への帰還がなったのち、大赦と改元が行われるといったものであった。

このような奉仏ぶりは梁の亡国を招いたとして後世の史家が指弾するところとなるが、一見、常識を逸脱した尊崇ぶりのようにも見えるこうした武帝の行動も、その次第の最後において大赦と改元とがともなっていることは注目されてよい。中国における国家儀礼は、儒教の礼に則って行われるのを常とする。しかし、武帝はそれをすべてではないが仏教に則って行おうとしていたわけである。

そもそも改元とは、この世界の支配者としての皇帝が、その実施によって新たに生まれ変わり世の中が更新されたことを象徴する政治的営為である。大赦はその実施によって新たに更新された世界を万民とともに享受し、皇帝と万民との間の紐帯《ちゆうたい》の再結合を図る狙いのもとに行われるものである。それを武帝は仏教に基づいて行ったのである。

仏教は中国に伝播し、本巻が取り扱っている魏晋南北朝時代において爆発的にその教線を拡大した。それは現在にまで残る多くの仏教遺跡から如実にうかがうことのできることであるが、仏教がそのように中国の大地に根を下ろし得た背景には、四〇〇年にもわたる安定した漢帝国の崩壊を受けて始まった、この魏晋南北朝という動乱の時代の民衆が、それまでの儒教的価値観ではなし得ない自己の救済を、異国の宗教である仏教に求めたからにほかならない。

また、この時代に中国へ移住してきた非漢民族にとっても仏教は、同じ異国に起源をもつ宗教であるだけに、受け入れやすい教えであった。仏教がこの時代の中国に広く深く浸透していった背景にはこうした時代の状況があったが、であればこそこの時代の為政者は仏教を取り入れることによって人心の収攬を図ろうとした。その具体的事例については本書第二章においても取り上げたところであるが、ここに取り上げた武帝の捨身という行為はそうした歴史の動向を踏まえるとき、このような歴史状況の一つの帰結と見ることができる。

蕭宏墓石獣　南京北東の江寧県張庫村に位置する。ほかに石柱、石碑などが残る

ともかくも武帝がこうした捨身という行為を実行した理由は、単なる彼の篤い仏教信仰のみでは語れない面が存在し、仏教を用いた国家儀礼、この世界の更新儀礼と

してこの儀式を位置づけ、国家の結集を図っていこうとする武帝の意図があったと考えられるのである。

その際、同じく仏教を用いて鎮護国家を実現せんとしていた北朝の動向も、また彼の視野には当然入っていたのであり、彼の篤い仏教への傾倒は、天下再統一を志向する南北両朝のイデオロギー戦という一面をもっていたことを忘れてはならないであろう。

しかし、武帝のこのような「大慈悲皇帝」を目指す仏教への傾倒は、梁朝治下において仏教の隆盛をもたらした反面、時代を降るにしたがって皇族の放恣《ほうし》、側近による専権や貴族層の実務忌避の風潮を再び生むようになっていった。

武帝の失政

武帝の弟に臨川王蕭宏《りんせんおうしょうこう》というものがあった。この人物は、北魏との戦いの総大将に任じられたにもかかわらず、軍を捨てて帰任したため、梁軍が大敗するという失態を演じたことがある。しかし、武帝はその罪を問うことなくその後も彼を重任する寛容さを示している。あるときその彼が兵器を隠匿して謀反を企てているという噂が立った。そこで武帝はただ一人の伴を連れ王の館を訪れ、酒宴の後、王の館の検分を行い、そこに三億余の銭や絹、錦などが充満していることを見いだす。元来この王は貪婪飽くことのない人物として著名であったが、史書には、武帝はこの検分によって武器がまったく発見されなかったことをもって、こうした不正蓄財を責めるどころか、「おまえの生計は大いによい」と語り、その後また愉快に痛飲したと伝える。

こうした弛緩した「仁政」に随伴して生じた皇族、側近などの放恣や専権に対する看過はほかにも数多く見られ、後に皇太子である昭明太子（五〇一―五三一）の死後にその弟蕭綱《しょうこう》（簡文帝）を立てたために皇族の不満を呼び起こし、諸王間の不和が生じたことなどともあいまって、王朝の基盤を徐々に切り崩し、その滅亡の一因となっていったのである。この点は西晋のそれと軌跡を同じくする、この時代の一つの限界を示しているともいえるであろう。

武帝の政治が放縦に流れ、また、仏教への傾倒がもたらしていた危機は、しかし、武帝の深く認識するところとはならなかった。武帝自身はよき政治を実現している、行っていると固く信じて疑わなかったのである。

あるとき賀琛《がちん》というものが、このごろ人民の流亡が甚だしく、これは朝廷からの使者が税租を苛斂誅求《かれんちゅうきゅう》することによっている、風俗は次第に奢侈に流れ、官吏は充分な収入を得ているにもかかわらず宴会や女妓を蓄えることに執心し、そのために不正の収奪をなすに至っている、官にあるものは権勢家や家柄の悪しきものによって占められ、彼らは民衆から収奪を行っている、財政が拡大して無駄に税が消尽されている、ために民力が疲弊しているので、無駄を省き民力を休養させるべきである、と建言した。

しかし、武帝はこの建言に立腹し、自分は常日頃、質素な生活を心がけ、土木事業がある場合は必ずその費用を給し、民衆をただで使役することはない。婦人と接することもなく、酒や音曲も好まない。それゆえなぜ奢侈といわれるのかわからない。官吏が悪いというが、とすればいったいそれは誰なのか。どのような財政上の費目を削減せよというのか、といって全面的な反駁を加えている。

しかし、当時、官吏に対する統制が弛緩し、中央地方を問わず官吏が民衆から収奪し、賄賂をとり、冤罪によって罰せられるものが増大し、王侯の子弟やそれに連なるものが白昼、都城の中で殺人、強盗に及ぶといった事件さえ生じ、それを捕縛すべき官司はそれを見逃すという事態が現実に発生していたのである。

武帝の通貨政策

経済の面に目を転じてみると、そこにも大きな問題が生じていた。先に述べたように南朝においては貨幣経済の進展に著しいものがあった。しかし、銅銭を製造するために必要な銅の不足、私鋳による悪質貨幣の蔓延は、正常な貨幣経済の発展を妨げていた。

武帝は即位後このような問題を克服するために、良質の貨幣の発行によって、通貨不安を取り除くことに努めた。ために梁代の江南において活発な商品取引が見られ、長江には二万斛《こく》を載せる船さえ往来していたという。

しかし、五二三年（普通四）武帝は銅の不足から生じる問題を解決するために、鉄銭を鋳造し、通貨を鉄銭に切り替えるという今日からすれば考えがたい施策を打ち出し、同時に官吏に対する俸給もこの鉄銭で支払うということを実行した。この施策の誤りは明らかであるが、他の面から見れば、この鉄銭による俸給の支給は南朝において貨幣経済がいかに深く浸透していたか、その抱えていた問題がいかに深刻であったかを物語っているとされよう。

この鉄銭の使用は当初はある程度貨幣不足を補ったと言えるかもしれない。しかし、銅銭にかわって、鉄銭を全面的に投入すれば、鉄が銅より廉価であるので、そこにいっそう激しい盗鋳が生じることが当然予想されたはずである。つまり、鉄銭の使用は貨幣に対する信用を急速に失わせたと考えられる。五三〇年代における鉄銭の価値の急速な下落はそのことをよく示しており、ここに武帝の通貨政策は完全な失敗に終わったのである。

侯景の乱

このような経済の混乱は、農民層の分解と流亡をうながして社会不安をいっそう深刻化させていった。

ちょうどそのころ、北朝の東魏から梁に侯景《こうけい》という将軍が帰順を申し入れてきた。彼は北朝末の大乱の中でのし上がり、東魏の指導者である高歓《こうかん》の片腕として活躍していた北族出身者である。しかし、高歓が死んで息子の高澄《こうちょう》があとを継ぐと、彼は中央から警戒される人物となった。そのことを知って侯景は河南一三州の地をもって梁に投降してきたのである。

梁は戦わずして河南の地を手に入れることができるということで、侯景の帰順を受け入れるが、東魏は直ちに侯景を討ち、梁から送られた侯景救援軍ともどもこれを打ち破り、河南の地を再び東魏の領域として確保することに成功する。このとき、東魏は同時に梁に対して事態をこれ以上紛糾させる意図のないことを伝え、梁との和議を求めるという挙に出た。梁は議論の末その議に乗り、和平の使節を東魏に派遣したが、このことは東魏との戦いに敗れ、わずかな敗残の兵とともに寿春の地に逃げのびてきていた侯景を窮地に立たしめることになった。

そこで侯景は梁の武帝に不満を懐いていた臨賀王蕭正徳《りんがおうしょうせいとく》という人物に渡りをつけることに成功し、五四八年一〇月二二日、わずか一〇〇〇名ばかりの軍兵を率いて長江を渡り、建康を急襲した。まったくの虚をつかれた攻撃であったために都は上下を挙げての大騒ぎとなった。建康が戦乱に巻き込まれたのは武帝が南斉を攻略した時から五〇年ぶりのことであったので、その混乱はひとしおであった。

そのうえ同時代を生きた顔之推《がんしすい》の伝えるところによれば当時の人々は軟弱で、「馬に乗ったこともなく馬が嘶《いなな》き飛び跳ねるのを見ると、震え上がってこれは虎だという」ようなていたらくの状況にあり、建国の功臣たちはほとんど鬼籍に入り、後進の武将たちは各地の方鎮に出向いていたので、建康の守備に任じていた人々はほとんど戦闘においてずぶの素人といっても言い過ぎではない状況にあった。

侯景は西方の石頭城、北方の白下城を攻めるかたわら、自身は建康の南にある朱雀航《しゅじゃくこう》を突破して秦淮河を渡り、市街地に突入した。この間わずかな兵数にすぎなかった侯景軍は梁の国政に不満を持つ民衆を吸収してみるみる膨れあがり、二五日には建康都城の四方は侯景軍の黒い旗幟によって埋め尽くされるという状況にまで陥った。

籠城する梁軍と攻める侯景軍との間で激しい戦いが演じられる中、各地の援軍が徐々に建康に到着し始め、武帝の第六子、邵陵王《しょうりょうおう》蕭綸《しょうりん》が兵三万を率いて一月まずその第一陣として到着した。軍糧が乏しくなっていた侯景軍は、この援軍が都の東北の地に姿を現したとき狼狽の極に陥ったが、降雪と初戦の勝利が幸いして、一挙にその軍を壊滅させることに成功した。しかし、その後も陸続として援軍は建康を目指して集結してきた。

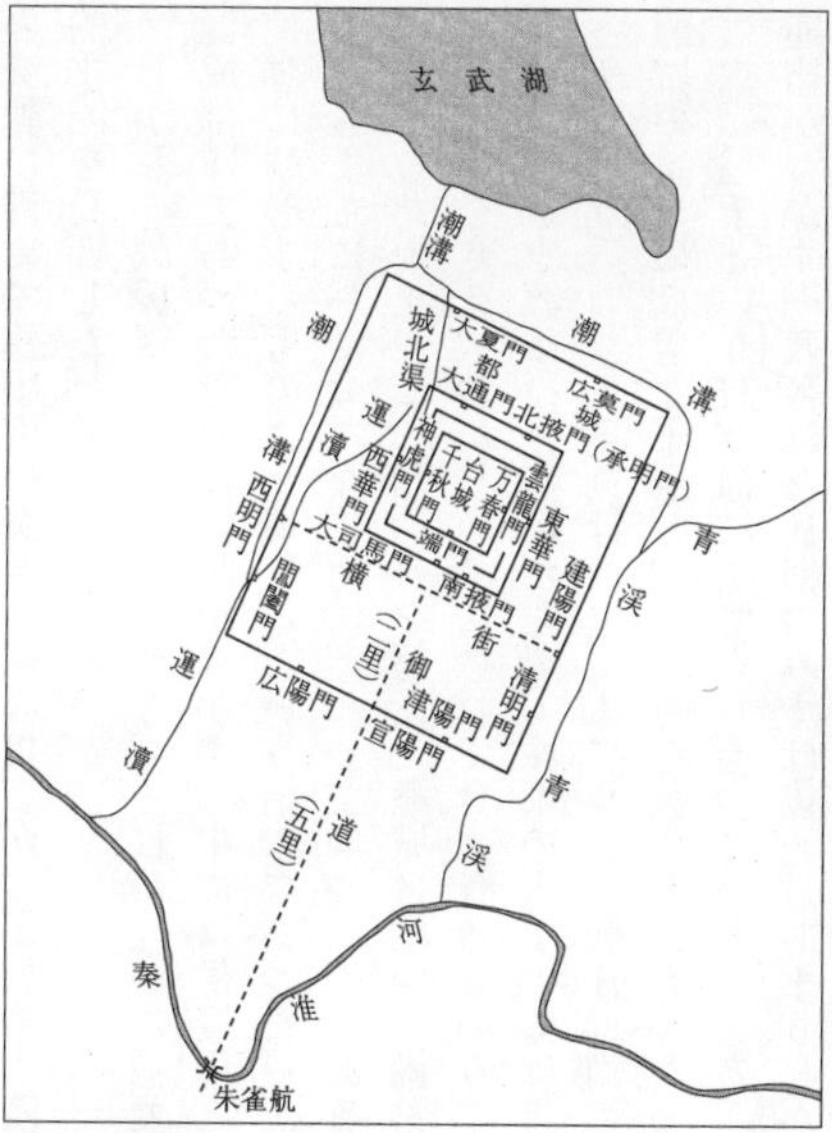

梁建康城図

建康の陥落

一方、籠城する建康城内においては異変が生じていた。籠城軍の総指揮に任じ孤軍奮闘していた勇将羊侃《ようかん》が急逝したのである。ために城内は動《ど》揺し、侯景はそれをついて登城車《じょうしゃ》、火車《かしゃ》、蝦蟇車《がましゃ》などと名付けられた兵器を次々と投入し、あるいは都の北方の玄武湖から水を台城に注ぎ込む水攻めを敢行し、さらに援軍との交戦に備えて建康南の秦淮河南岸に広がる民居や寺院を焼き払うといった百戦錬磨の軍事的才能を発揮した。

　しかし、救援軍のほうはというと、それが互いに猜疑する宗室諸王などをリーダーとする混成部隊であったために統制がきかず、中には侯景軍と通じるもの、あるいは侯景軍同様、掠奪に執心するものさえ現れるという始末であった。ために援軍の到着を歓呼した民衆の心もたちまちにして大きな失望に変わっていったのである。

　こうした中すでに一〇〇日を超えた籠城は城中の備蓄を費消し、兵たちは鼠や小鳥の捕獲に目の色を変え、鎧が釜ゆでにされて食されるという事態にまでなっていた。あまつさえ侯景軍が毒を水源に投げ込んだため、城中の人々の体は青くむくみ、膨れあがった屍が城内の各所に折り重なり「臭気は数里にまで及び、爛汁は溝の中を満たした」という惨状を呈し、籠城の始めには男女十余万、兵三万を数えたにもかかわらず、武器を取りうるものはわずかに二、三千という有り様にまで立ち至っていた。一方、侯景側も兵糧の蓄えられた東城との連絡がつかず、残された兵糧のみでは後一月あまりしか持ちこたえられないという状況に追い込まれていた。

　そこで侯景は一つの奇策に出る。すなわち、偽りの和議をむすぶという策である。もちろん和議は表向きであって、その間に兵糧を確保し、兵器の補修や兵士の休養を行うなどといった隠された狙いがそこにはあった。

　この提案は皇太子の容《い》れるところとなる。老齢の武帝はそこに侯景の詐術を嗅ぎ取り、和議よりも死を選ぼうとする。しかし、「いま侯景による包囲は久しく、わが援軍は互いに牽制して戦おうとしません。しばらくその和議を受けて後のことを図りましょう」という皇太子の言におされ、逡巡しつつ最後には「汝の好きなようにせよ。ただ千載に笑いを受けるようなことだけはするな」といって皇太子の懇請を受け入れたのである。

五四九年二月、台城を囲む軍の撤退と引き替えに、江西四州の割譲などの約がなったが、そののちも侯景は囲みを解こうとはせず、幾度にもわたる督促にもかかわらず建康に居座り続けた。ところが、救援軍のほうは和議がなると侯景がもっとも恐れていた荊州の湘東《しょうとう》王《おう》蕭繹《しょうえき》（のちの元帝）が建康への入援を取り止めるなど、いっそうの混乱を示すようになった。事態の推移を見守っていた侯景は三月、約を破り台城への昼夜を分かたぬ猛攻を再開した。台城にはもはや持ちこたえる余力はなく、一二日、さしもの堅固な建康城もついに侯景軍の手に落ちた。武帝は幽閉され、口中に苦しさを覚え末期に求めた蜜も与えられず、台城陥落の二ヵ月後、その長い八六歳の生涯を閉じたのである。皇太子が即位して皇帝となるが（簡文帝《かんぶんてい》）、もはや侯景の厳重な監視下におかれた傀儡にすぎなかった。

秦淮河と浮航　南京南郊にある現在の文徳橋から見た孔子廟。文徳橋は梁代の浮き橋として著名な浮航のあったところに築かれている。手前は秦淮河

元帝と江陵の陥落

侯景を打ち砕き蕭繹は元帝となる

武帝の死後、侯景は簡文帝を擁して威令を発せんとしたが、それに従う藩鎮はなかった。そこでまず彼は物資の豊富な三呉の地域の制圧に乗り出した。ために東晋が南渡して以来、最も富裕な地であり、南朝政権の経済的基盤であったこの地も建康と同様に侯景の侵略によって甚大な被害を被ることとなった。都や三呉といった南朝の最も枢要な地はこうして侯景の乱によって壊滅的状態に立ち至ったのである。

一方、武帝の第七子として荊州江陵にあった蕭繹は、勢力を温存しつつ建康から逃れてくる朝臣や避難民などを吸収しその勢力を拡大していった。そこに三呉を席巻し、西にその勢力を伸ばそうとする侯景の軍が進攻し、両軍は巴陵《はりよう》で激突することになる。

このとき蕭繹は名将王僧弁《おうそうべん》に侯景討伐軍の指揮を任じ、巧みに水軍を操り侯景軍の鋭鋒を打ち砕くことに成功する。さらに侯景が建康に敗退するのを追って長江を下り湓口《ほんこう》（江西九江）に至ったとき、広東の地から侯景討伐のために北上してきた陳覇先《ちんはせん》と出会う。両者は力を合わせて侯景討滅を誓い、相共に建康に迫った。建康に逃げ帰った侯景は簡文帝を殺害し、自ら帝位に即き、王僧弁・陳覇先軍を迎え撃ったが、秦淮河北岸に上陸したその鋭鋒に抗しきれず、東方に逃走した。しかし、その配下が銭唐《せんとう》に反したため足手まといになる二子を水中に遺棄して、数十人の手勢と共にさらに海上山東の地を目指し、ついにはその手勢からも裏切られ、五五二年四月、侯景は洋上に果て、数奇な運命を閉じた。

こうして王僧弁らの活躍によって乱が鎮定されると、その盟主であった蕭繹が王僧弁らに奉戴され皇帝の位に即くこととなった（元帝、在位五五二―五五四）。ただし、その即位は、建康や三呉の地が荒れ果て、もはや朝廷を営むことのできない惨状であることに鑑み、これまでの南朝の帝都であった建康においてではなく江陵の地において行われたのである。しかし、宗室内部の争いはここに至っても終息してはおらず、元帝は成都から侯景討伐を旗印として東下した武陵王紀《ぶりょうおうき》とその位を争わねばならなかった。この戦いは元帝の勝利に帰すが、この間に四川の地は漁夫の利を得ようと虎視眈々とその地を狙っていた西魏の領有するところとなってしまった。そうした状況下、漢水中流の重鎮である襄陽にあり、元帝とこれも険悪な関係にあった岳陽王詧《がくようおうさつ》が西魏に降り、その力を借りて江陵に迫るという事態が生じる。

江陵陥落の悲劇

この西魏による江陵攻撃の際、梁の本隊たる王僧弁らの軍は、いまだ侯景平定後の長江下流域の鎮撫や北斉の侵攻に対する防衛にあたっていた。そのため、援軍の急行もまにあわず江陵は五五四年一一月、西魏軍五万の前に陥落した。学芸の天分に恵まれ、老荘を好み、多くの著述を残した皇帝として著名な元帝も一四万巻の蔵書を落城の際にすべて焼却し、「文武の道、今夜尽きたり」と嘆じ非業の最期を遂げたのである。

しかし、悲劇はこれにとどまらなかった。この時代の正史である『梁書』によれば、この江陵陥落によって捕虜とされた人々は西魏の軍将に奴隷として分け与えられ、厳冬の中を徒歩で、西魏の都長安まで拉致されたのである。その過酷さに耐えられないと考えられた幼子や弱者はすべて殺害されたと史書は伝える。史書はこのとき拉致された人々の数を数万、十余万、五〇万、一四〇万とも伝える。西魏軍の総数五万などから考えると十余万とするのが事実に近いであろうか。

殷不害《いんふがい》という人物はこの江陵の陥落のとき、母と生き別れになったので母の所在を求めてさまよった。ときに寒さは厳しく氷雪はこもごも降り、老人や弱者の凍死した屍はそこかしこに充ち満ちていた。殷不害は道々に号哭し母の名を呼び、水中に落ちた屍を見れば寒さの中みずから水中に入り母ではないかと探し回った。体は凍え、号哭して尋ね求めること七日、ついに母の遺体を見いだした……という。

また、姓は劉といい名の不明な士大夫は、江陵の陥落によって西魏の将である梁元暉《りようげんき》にとらえられた。劉君は侯景の乱のとき家族を喪い、ただ一人数歳になる男の子のみが残されていた。彼は江陵陥落後の拉致行の際、その子を背負い、足かせをつけられたまま江陵から長安への道を駆り立てられていたが、雪道のためとうとう進むことができなくなった。梁元暉はその子を遺棄するように命じたが、劉君は愛惜してやまず自らの命に代えて助命を請うた。しかし、ついにこれを強奪して雪の中に擲ち、杖や手でたたいて先に行かせようとした。劉君は一歩歩むごとに振り返り号泣して叫び続け、疲労と悲しみのため数日にして息絶えた。……これらはいずれもこのとき起こった悲劇として史書に書き伝えられたことがらである。

顔之推の「観我生賦」

顔之推《がんしすい》（五三一―六〇二頃）というこの南北朝後期の時代を必死に生き抜いた人物がいる。彼は、中国に数多く存在する家族のために訓戒を垂れた家訓書の中でも第一にその名が挙げられる『顔氏家訓《がんしかくん》』の著者として、南北朝時代に繁栄を極めた建康、江陵、鄴《ぎょう》（北斉の都）という三つの王都の陥落、滅亡に遭遇した希有の人物として、生涯、梁、北周、北斉、隋という四つの王朝に仕え波瀾万丈の生涯を送った人物として、はたまた、軍政厳しき北周治下から、命をかけて妻子とともに大出水中の黄河に小舟で乗り出し、陝《せん》（霊宝）より河陰《かいん》（孟津）にいたる七〇〇里を一夜にして下り、北斉へと亡命した果敢の人として中国史上にその名をとどめている人物である。

この顔之推はまさにこの江陵陥落に遭遇し、長安への道をたどり生き延びた希有の人物でもあった。

その彼が自らの一生を振り返ってうたった賦が、「観我生賦《かんがせいふ》」と題して今日に伝えられている。その一節に、

民百万、囚虜となる
憐れむべし、おさなごのなんぞ辜《つみ》あるかな
矜《あわ》れむべし、老疾の無状《むじょう》なる（あわれなさま）を
諸々の懐《いだ》くを奪いて草原に棄て
塗《みち》に踣《たお》るれば掠《かす》めを受く

民百万而囚虜
憐嬰孺之何辜
矜老疾之無状
奪諸懐而棄草
踣於塗而受掠

とある。この江陵陥落について述べられた一節には、先に見た殷不害や劉某のような想像を絶する悲惨な個々の事例への痛恨の心情が込められているというべきであろう。

顔之推は老年になって自らの一生を振り返り、わが子たちに今日に伝わる『顔氏家訓』を残した。その中で「昔から聖人様のご著書が我々にいろいろと立派なことをすでに伝えてくださっている。また、魏晋以来の書物にもいま自分が述べようとしていることはいろいろと記されてもいる。だからいまこうしたことを記すのは屋上屋を架すようなものだ。それでも書かないでおれないのは、いまから記すことがみずから肌に銘《きざ》んで骨に鏤《きざ》みこんできた事柄であり、ただ古い書物に書いてある戒めだからというものではなく、私が自ら体験してきたことだからなのだ」といっている。侯景の乱や江陵の陥落において自らが体験し学んだ事柄を、是非とも子孫に伝えておきたいというやむにやまれぬ心情を、我々はその記述から汲み取ることができる。

建康と江陵は南朝国家の核であった。王朝の政治、経済はすべてこの二つの地を中心に展

開したと言っても過言ではない。しかし、侯景の乱によって建康の繁栄は喪われてしまい、その荒廃は三呉にまで波及し、もう一方の中心であった江陵の繁栄も多くの人命とともに、まったく消滅してしまった。江陵から拉致されかろうじて生き残り長安に至った人々も、ごく少数の人々の場合を除いて生涯奴隷の身としてその一生を終えたと考えられる。

俘虜のその後

西魏を受けた北周の時代に江陵から拉致された人々を奴隷身分から解放せんとする解放令が出されている。まず五六五年六月に、江陵から拉致され奴隷とされたもののうち、六五歳以上のものは放免するという詔が出された。江陵陥落後一一年にしての解放令である。しかし、当時の人間の寿命を考えるとき、この江陵から関中に至り生きながらえた六五歳以上の奴隷は、もはやこの段階ではむしろものの役に立たなくなったために、放免という恩典の美名のもとに放逐されたと考えるべきではあるまいか。

五七二年一〇月、江陵から拉致された人々で奴隷とされたものを放免するとの詔が再び発せられる。このときには年齢の制限が付されていない。江陵陥落から一八年後のことである。ただし、このときは別の条件が付けられていた。もしその奴隷の主人が彼らを従来通り自らの側に置きたいとするならばそのままとどめて部曲《ぶきょく》、客女《きゃくじょ》とすることを許すというものである。部曲、客女とはこの時代、奴隷と平民との間に設定されていた身分であり、あくまでも奴隷とともに賤民として位置づけられていた人々であり、一般の平民のような良民身分の人々ではなかった。主人が江陵から拉致された奴隷を留め置きたいと望むなら、そうした賤民として彼らは留め置かれたのである。いまだ十分奴隷としての役割を果たしうる人間であれば、それを完全に解放するというよりも、そのまま留めて部曲などの賤民として使役するということのほうが自然であろう。

よって江陵陥落の際、落命することなく、また厳冬の拉致行の中でも幸か不幸か、悲運の最期を遂げることを免れ、関中に拉致された後、奴隷としての過酷な境遇に耐えてきた人々でさえ、その晩年自由の身となり得た人々はほぼ皆無であったと見るべきであろう。

このように見てくると顔之推は、悲運の境涯を生き抜きながらも、天寿を全うしたという点でいかに希有の人であったかがうかがえる。彼がその子に訓戒を垂れる中で、「侯景の乱以来、俘囚の憂き目にあった人は数々あった。その中には代々身分もない階層に属してきた身でありながら、わずかに『論語《ろんご》』や『孝経《こうきょう》』ぐらいの書物が読めるというだけで、結構、先生などと呼ばれる人物も事実いたのである。しかし、反面、何十代となく高い身分を維持し続けてきた家柄に生まれながら書籍を読みこなせない連中は、例外なしに地を耕すか馬の世話方にでもなるほかなかったのである。こうした実例を見れば誰しも勉強しなければという気持ちに駆られるであろう。本が読めるという能力を身につければ自存自活の資本とすることができる。父や兄はいつまでも頼りになるとは限らない。故郷の一族だって国家の制度だって常に保証になってくれるとはいえたものではない。いったんさすらいの身となれば、誰しも援護してくれる人が必ずあるというわけでもなかろう。おのずから自分で自分の生活を守るほかはないことになるのだ。誠に読書の功徳は大きなものだと思う」と述べていることは、彼がすでに述べたような実体験を踏まえた上で、自らの子孫に示した戒めであるだけに、単なる空言ではない。

多くの悲惨をくぐり抜ける中で、貴族が貴族として生き続けるためには、自己の持つ読書人としての技量を錬磨することが必須であるとする彼の自覚は、後の人材主義に基づく科挙制に結実するものであり、血統に基づく門閥のみを重視する貴族のあり方の脆弱さと、ついにそうした脆弱さを克服できなかった南朝貴族制の終焉を目の当たりにするという、強烈な体験から生み出された自覚であったのである。

また、顔之推は宦官の田鵬鸞《でんほうらん》という人物を、その書の中で高く評価し顕彰している。それは彼が学問を好み、主君を守るため身命を賭したからであるが、その田鵬鸞はもと蛮であった。四、五歳にして宦官にされたというので、戦争奴隷あるいは人身売買によって宦官とされたものであろう。蛮はこの時代、北方の胡よりもいっそう「愚昧」の種族として漢人の強い賤視の対象とされたものである。そうした人物を評価するということは通例では考えがたい。しかし、彼の著作を読むとき、そこには学問ある読書人であることの大切さを説くと同時に、身分や性別、民族の差によって人間を差別することに対する強い嫌悪を読み取ることができる。

これは北方に生じた胡族と漢族との間の憎悪・抗争を克服して、両者の和解・融合を目指す動きと相似する動きであり、顔之推はこうした点においても、門閥主義や民族間抗争の絶えなかった魏晋南北朝という時代を克服しようとする先進性をもった人物であったといえるのである。

陳朝の興亡

陳霸先と陳朝

江陵の陥落を聞いた梁の王僧弁ら諸将は、相《あい》はかって元帝の第九子の蕭方智《しょうほうち》を立てた。しかし、使節として北斉との折衝に当たっていたこの時代の文人として著名な徐陵《じょりょう》は、蜀や襄陽、江陵を領有し強大化した西魏に備えるためには北斉と結ぶことが是非とも必要であることを、王僧弁に説いた。王僧弁は結局その考えを容《い》れて、当時北斉にあってその北斉が梁主として送り込もうとしていた武帝蕭衍の兄である蕭懿《しょうい》の第五子・蕭淵明《しょうえんめい》を迎え入れて帝位に即かしめ、蕭方智を皇太子とした。

これを聞いた陳霸先《ちんはせん》はその非正統性、北斉の介入に激怒して、五五五年九月、在鎮していた北府、京口の地を発して建康を討ち、王僧弁を殺害して再び蕭方智を推戴した（敬帝《けいてい》）。そしてその二年後の一〇月に、梁の禅譲を受けて陳朝を開く（陳武帝《ぶてい》、在位五五七―五五九）。

彼は、呉興《ごこう》（現在の浙江省湖州）の微賤の家に生まれた。ここに陳朝の大きな特徴がある。すなわちこれまでの南朝の王朝はすべて北方から江南へ移住した人々によって建国されたのであるが、陳朝は江南出身の武人をその創始者としているのである。

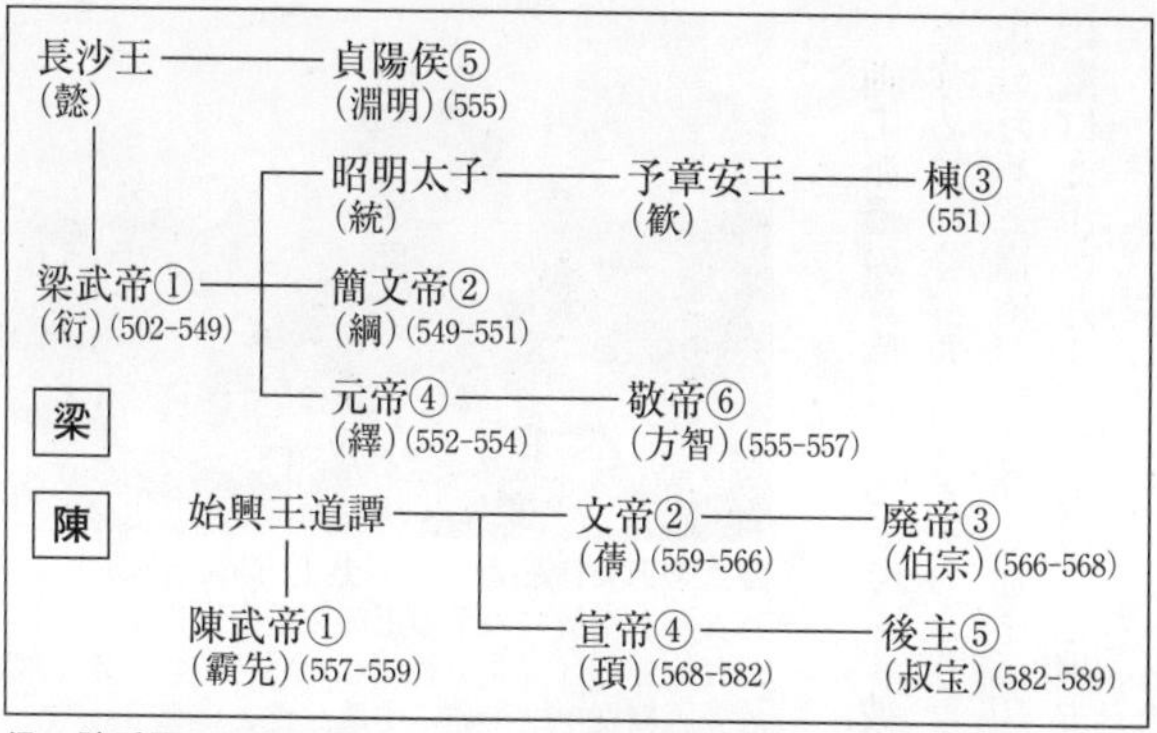

梁・陳系図

こうしたことが生じたのは梁末の混乱によって、それまでの建康や江陵を基盤として成立していた南朝貴族制国家が崩壊したことと決して無関係ではない。先に述べたように梁末の混乱によって貴族は往時の勢力を失うが、それと表裏をなす形で江南社会には土豪・将帥層の叢生が見られた。長江中流に拠った王琳《おうりん》、江西の周迪《しゅうてき》、浙江の留異《りゅうい》、福建の陳宝応《ちんほうおう》などがそれであるが、陳霸先の政権もそうした勢力と相似た性格を持つ政権であった。

もう一つ注目すべき陳朝の特徴は、この王朝が史上初めてこの時代嶺南《れいなん》と呼ばれていた、いまだ未開の荒野を広くもった広東以南の地から発して、江南の中心である建康に建国した王朝であるということである。陳朝は四川や湖北、湖南を喪い、淮南の地をも喪失した、これまでの南朝諸国家中最も狭小な領域を支配し得た王朝にすぎないが、嶺南をも含めた南中国を一つの世界として建

陳武帝万安陵石獣　江寧県上方郷に位置する。万安陵が王僧弁の子の王頒ら千余人によって暴かれたことは『北史』に詳しい。このとき、陳霸先の鬚は生前の如くであったという

国した国家であるという点で、大きな歴史的意義をもつ王朝であるということができる。

より巨視的に見たとき、そこには漢民族の江南から福建、広東といった南方世界への拡大、在地諸民族との融合という中国史の大きな流れがあるのであるが、この点については次章において述べることにする。

さて、梁代の末、現在のベトナムの地にあたる交州の地で李賁《りふん》という人物が梁朝の支配に抗して反乱を起こした。陳霸先はその討伐に大きな功績を挙げたのである。このとき梁の武帝は陳霸先の功績を称《たた》え、画工を遣わして彼の容貌を描かせたと伝えられる。

画工派遣の真偽はともかくも、彼はこの頃から自らの子飼いの軍団、在地の勢力との結合を強めていく。ちょうどそのような折、侯景の乱が起こったのである。そのため彼は都の救援のため、嶺南の地を発し途中周辺の豪傑とむすびながら江西の地を北上、先に述べたように湓口《ほんこう》（江西九江）で王僧弁と相《あい》まみえるのである。

梁末陳初の反乱

梁末陳初の時代は、南朝国家の基盤であった建康、江陵を中心とした地域が荒廃し、そこに居住した北来の貴族層によって構成された上部構造が壊滅的な打撃を受けたため、それまでその下に隠されていた南朝地域社会の構造が露呈された時代である。

そのことを当時の史書は「梁の末の災異の際には、群れをなす凶賊が競い合って蜂起し、郡邑《ぐんゆう》の巌穴《がんけつ》の長《ちょう》（郡邑巌穴之長）や村々にあった豪傑たちが、掠奪行為を働いて強大化した。そのような豪傑たちと陳霸先は婚姻関係や親類関係を結び、それらを懐柔するに努めた」と記している。

その具体的人物が、先に名前を挙げた長江中流の王琳《おうりん》、江西の周迪《しゅうてき》、浙江の留異《りゅうい》、福建の陳宝応《ちんほうおう》などであるが、たとえばこのうちの陳宝応について史書は、彼が福建晋安の人で、父の陳羽のときからすでに私兵を擁し、晋安郡の郡政に関与していたと述べる。そうした状況を踏まえ、元帝は彼を晋安郡の長官に任じた。そして、その子の宝応の代には、一郡の軍権を一手に握り福建に割拠するまでになる。

陳朝はその隠然たる力を制御するために、王室と同じ陳という姓であるということで、陳宝応を宗室と認定し、その子女たちに大小となく封爵を与えるという恩典までも与えているのである。

ところが、その陳氏の一族は福建の蛮族と交わり、彼らの風習を受け入れて髪型や立ち居振る舞いも蛮族に倣い、そのうえで彼らの支持を受けてその族長にまでなっており、血縁関

呉の時代に山越が分布した地域　下線を付した郡は毒虫を飼養する巫術の存在したところ。※印を付した郡は蛮の住地である「洞」の存在したところ

係さえある、と史書は述べている。

これはいかなる歴史的意味を持つことがらなのであろうか。私は前章および本章において江南や荊州などの貨幣経済、六朝貴族文化の隆盛を取り上げ、そこに江南社会の先進性を見てきた。しかし、その反面でこうしたことがらとは相反する状況も実は六朝期の中国中南部の地域社会には存在したと考えられるのである。その一端を伝えたものが、先に梁末陳初には郡邑《ぐんゆう》の巌穴《がんけつ》の長《ちょう》（郡邑巌穴之長）などの割拠勢力が見られたと史書が伝えていることである。

ではこの巌穴《がんけつ》とは何であろうか。当時の記載によればそれは「洞《どう》」とも呼ばれたと考えられる。「洞」はこの時代からのちの時代においては非漢民族の集落を一般に指している。その分布を示したものが右頁の地図である。

この図には孫呉の時代に孫呉の江南支配を苦しめた山越の分布、及びその分布と重なる形で見いだされる畜蠱《ちくこ》（毒虫の飼養）という奇習の分布をも合わせ示しているが、実は、この洞、山越、畜蠱という三つの事象はいずれも非漢民族の存在とかかわるものなのである。ではそれはいかなる意味を持つことがらなのであろうか。

すでに述べたように、端的にいってそれは南朝貴族制国家の中核である建康や江陵が崩壊したとき、その上面の構造が取り払われたために、南朝国家の地域社会の基層に存在してきた構造が露呈された結果ということができるであろう。こうした南朝地域社会の構造、それを中国における歴史展開においてどのような発展段階にあるものとしてとらえることができるのか、といった点については次章で述べてみたいと思う。

陳朝の滅亡と隋による中国再統一

梁末の各地に生じた土豪将帥層による割拠勢力に対する鎮定は、武帝の次の文帝《ぶんてい》の時代にまで持ち越されていく。文帝は、そうした割拠勢力である江西の周迪《しゅうてき》、浙江の留異《りゅうい》、福建の陳宝応《ちんほうおう》等を平らげ、さらに王僧弁の勢力を再結集し、長江中流にあった王琳《おうりん》の一派を平定することに成功し、江南一円の支配を再び確立する。また、宣帝《せんてい》期には北斉から淮南の地を回復することにも成功し、着実にその国勢を回復していった。

しかし、この北斉からの淮南の回復は、むしろ北斉がその最後の皇帝後主《こうしゅ》の時代にあり、その国勢が衰微していたときにあたっており、そのために達成し得た成果という一面がある。時代の大きな潮流は、西魏を受けた北周を中心として回り始めていたのである。

その北周（五五六年建国）は、五七六年になると、その総力を挙げて北斉討伐を敢行し、翌年、華北の統一を成功させる。北周は自らの領域とともに、かつての北斉の中心地である豊かな経済力を持つ山東の領域や、梁の武帝の時代まで南朝の領域であった四川の地、漢水の中流域に展開する襄陽を中心とする雍州《ようしゅう》の地（現在の湖北省）、劉備と孫権が熾烈な獲得戦を展開した江陵を中心とした荆州《けいしゅう》の地をも領有する強大な国家に成長していたのである。

建康を都として江南に展開した南朝諸国家にとって長江は天然の要害であった。淮水を渡り、建康を長江北岸の地から直接攻撃・攻略することは容易なことではなかった。しかし、そうした天然の要害に守られた江南に拠る政権にも大きな弱点があった。それは長江の上流からの攻撃にさらされたとき、きわめて脆弱な面をもっていたということである。

であればこそ曹操は、漢水の地から南下して荆州を押さえ、さらに南下して孫呉を押さえようとしたのである。また、梁の武帝が漢水から下って建康を押さえ、荆州に拠った桓温、桓玄などの藩鎮勢力が、建康中央に対して大きな影響を及ぼし得たのもそうした江南のおかれた軍事的地勢が大きくあずかっているのである。

隋による統一直前の陳はすでに四川の地も、また襄陽や、江陵の地をも喪失していたのである。そのうえ隋は英主と呼ぶべき文帝楊堅《ぶんていようけん》のもと国力充実し、天下統一への気運が高まっていた。一方、それを迎え撃つ陳が戴いていた後主・陳叔宝《ちんしゅくほう》は、貴妃張麗華《ちょうれいか》とともに宮中にあって享楽に耽るデカダンスな生活に溺れており、政治を顧みることはなかった。

一方の隋は、北方より収穫期の早い江南の弱点をつき、その収穫期のたびに攻勢を示し、陳朝を奔走・疲弊させるという、真綿で首を絞めるがごとき万全の策を講じていたのである。

隋が大軍五〇万を派して陳を討ったとき、陳にはもはやそれを押し返す力はまったく残されていなかった。こうして五八九年、陳はついに滅亡し、後主以下、陳の王族、官僚は捕らえられ、おびただしい捕獲品とともに北へ送られた。建康の建造物もことごとく破壊され、永く南朝文化の中心であった建康の栄華もまったくの荒廃に帰し、東晋南渡から数えて二七〇年に及ぶ南北対立の時代は終焉のときを迎えたのである。

第六章　江南の開発と民族間抗争

孫呉と山越

六朝におけるゾウの存在

『南史』という南朝時代の歴史を伝えた史書がある。その一節に、南朝の梁の末のこととして（五五二年一二月）、

淮南《わいなん》に野象数百があって人の室廬《しつろ》（家）を壊した。

という記述が見える。淮南とは中国中部を流れる淮河と長江に挟まれた地域、すなわち現在の中国の行政区画でいうと長江以北の江蘇省《こうそしょう》、安徽省《あんきしょう》などの地域を指すが、この記事はそこに数百の野生のゾウが生息していたことを伝えている。

ゾウは現在の中国には雲南省、それも南部にわずかな個体数しか生息していない。ところが、この記事からは六世紀中頃のこの地域には少なくとも数百に上る野生のゾウが存在していたことがうかがえるのである。この時代の史書には野生のゾウの存在を伝える記載がこの

ほかにも見受けられるので、その分布はもっと広い範囲に及ぶものであったと考えられる。もっとも「象」という漢字の字形そのものがゾウをかたどって作られた文字であることを思えば、中国のずっと古い時代にはさらに広いその分布が見られたであろう。

私が本章の冒頭でなぜこのようなことを述べるのかというと、これが第四章や第五章で述べた南朝における貨幣経済の発達などの事象と一見すると矛盾することがらであるからであり、当時の淮南には野生のゾウが、それも少なくとも数百の単位で生息しうる自然環境が存在していたと考えられることを示したかったからである。

このことは、ある意味では当然のことではあるが、この時代における中国中部の淮南、ひいてはその南に展開する江南における開発、発展の問題を、決して現在の発達目覚ましい江南の上海などを連想しながらとらえてはならないことを示しているのである。

いわゆる魏晋南北朝時代は、江南を中心に貴族文化が華開いた時代であるが、一方では中国南方が、このような開発途上地域としての性格を同時に、かつ濃厚に合わせ持っていたことも忘れてはならないのである。野生のゾウの存在はそうした事柄を今日の私たちに象徴的に示しているといえよう。

山越と短人

孫権の黄武五年（二二六）、大秦《たいしん》（ローマ帝国のこと）の賈人《こじん》（商人）で字は秦論《しんろん》なるものがやってきて、呉の支配下にあった交趾《こうし》（現在のハノイ）に到った。当時、交趾の長官であった呉邈《ごばく》は随行するものをつけて秦論らを孫権のところへ送りとどけた。孫権が会見の際、大秦の地の風俗を尋ねたので、秦論はそれに詳しく答えた。その時ちょうど諸葛恪《しょかつかく》が、丹陽の黟歙《いきゅう》地方（現在の安徽省の南部）の山越《さんえつ》を討伐して得た「短人」を献上してきたので、秦論はこれを見て「大秦の国でもまれにこのような人を見ます」といった。それで孫権は秦論への土産としてこの捕虜のうちから男女各々一〇人を選び、会稽《かいけい》（現在の浙江省紹《しょう》興《こう》）出身の下役人である劉咸《りゅうかん》をつかわして秦論を送らせたという（『梁書《りょうしょ》』諸夷伝、中天竺の条）。

この「短人」を献上した諸葛恪《しょかつかく》は、『三国志』の愛読者にはよく知られているように諸葛亮（孔明）の甥であり、孫呉の重臣として著名な人物である。その彼が行った事績の中で重要なものとして、右の記事にもその一端が示されている、いわゆる山越《さんえつ》の討伐があげられる。

山越というのは「山に住んでいる越人」のことである。「越」は、呉越同舟の成語や臥薪嘗胆の故事で有名な越王勾践の名に見える「越」に連なる語である。また、現在の中国がベトナムを越南と表記することとも関わりのある語であるが、三国時代には、本書第五章一九六頁に掲げた「山越分布図」に見えるように江南の山岳地帯にあって、北方の魏と対抗する呉をその後方から牽制していたのである。

彼らの勢力は当時とても強かったので、孫権は、魏の国に辞を低くして手紙をだして謝罪し、「もし罪が赦されないのなら、自分は今の地位を去って、江南の土地と人民を返し、南の辺境の地・交州《こうしゅう》（現在のベトナム）へ引きこもって、残りの人生を終わりたいと思います」と魏に告げたほどであった。

このように、呉の対魏戦略に大きな影響を及ぼすほどであった山越の討伐に大きな功績をあげたのが諸葛恪である。先の記事に見える「短人」の表現は、諸葛恪による討伐によって捕虜とされた山越の身長が通常の漢民族と異なり、一見して明らかなほど低かったことを示している。これは何を意味しているのだろうか。

江南の「小人奴隷」

のちのことであるが、唐時代の江南道に道州というところがあった。その地の人々には背の低い者が多かったので、朝廷では珍しいということで、毎年、その地に命令を下して、男を朝廷に貢ぎ物として献上させ、それを矮奴《わいど》（「小人奴隷」）と呼んだ。その頃、この地の長官として赴任した陽城《ようじょう》という人物は、この国家の良民を奴隷とするやり方を知って内心穏やかでないものがあった。そのうえ肉親が理不尽にも毎年離ればなれにされる苦しみを味わっていることを憐れんで、朝廷に訴えてこうしたことを止めさせようとした。そのため以後こうした貢ぎ物は取りやめとなり、民衆は陽城に感謝し、彼を慕わないものはなかった、という。

道州は長江中流にある大きな湖である洞庭湖より南の地に広がる湖南省の南部に位置した州であるが、ではそもそも天下の一般の良民として国家に把握されている道州の民が、罪もないのになぜ貢ぎ物として中央に送られて奴隷とならねばならなかったのだろうか。また、この記事は道州の民に短身のものが多いとも述べているが、これはなぜだろうか。

唐時代に先立つ魏晋南北朝時代における道州を含む湖南南部の地域には非漢民族が多数存在していた。その際、後でも述べるように、かれらは討伐などによって奴隷とされることが多かった。また、現代中国における中国南部の住民の平均身長は北方のそれに比べ低いが、これは古代の中国人から越《えつ》や蛮《ばん》などと呼ばれた原住種族との混血の結果であろうといわれている。つまり、これらのことを総合すると道州の人々には非漢民族の血が濃厚に流れていたと考えられるのである。

言葉を換えていうと、彼らはいまだ非漢民族的な面をもってはいたが、唐の時代にはすでに唐王朝の支配体制の中に組み込まれ、戸籍につけられて税を納めさせられる良民としての身分をもつ新たな「漢民族」となった人々なのである。

こうしたことを先に見た「短人」たる山越の場合と考え合わせると、この時代には漢民族の南方への拡大にともなって、非漢民族の漢民族化が広い範囲で進みつつあったことが想定されてくるのである。

中国南方の非漢民族

長江中流域の非漢民族

前節で指摘した魏晋南北朝時代の江南における非漢民族の実態はどのようなものだったのであろうか。この考察からは、いわゆる漢民族について私たちが今日描いている一般的イメージ、すなわち黄河中流域に興った中華文明の担い手としての漢民族が周辺の非漢民族を押しのけて拡大し、今日に至ったとするようなイメージとはかなりずれる当時の実態が浮かび上がってくることになる。いまそれを、長江中流域、江南の南の福建の地、四川の地などの若干の例を取り上げ、具体的に見てみよう。

魏晋南北朝時代における長江中流域に存在した非漢民族は、この時代の中頃の五世紀の半ばに大反乱を起こしているが、それに対する漢族王朝による苛烈な掃討戦の有り様を伝えた記事が今日に伝えられている。

南朝のはじめの王朝である宋の元嘉年間の半ばのころに、蛮族の害はいよいよ広がり、ついに数州に盤踞《ばんきょ》し町や村を脅かすほどであった。そこで国家は将兵に命じて兵を出し、ほしいままに討伐を行わせた。洞庭湖の北の湖北省南部の地や長江下流の安徽省中部の地では山を探し谷を洗うほどまで徹底的に、武器の限りを尽くし蛮族を掃討した。この討伐で首をつながれた蛮族の捕虜は数百万をもって数えるほどであった。子供から老人までのこっているものは尋問し、将兵はあたかも殺人を楽しんでいるかのように怒りを爆発させ、武器の使用は凄惨を極めた。報復のためとはいえあまりにむごいものであった。（『宋書』夷蛮伝）

州別	県の数	戸数	口数	戸数の諸州総数比率	口数の諸州総数比率
諸州（22州）総計	1,265	901,769	5,174,074	100パーセント	100パーセント
揚州（建康所在地）	80	247,108	1,605,694	27.40	31.03
南徐州（北府所在地）	70	71,768	418,078	7.96	8.08
荊州（西府所在地）	48	56,502	264,321	6.27	5.11
雍州	68	37,139	157,999	4.12	3.05

南朝宋代戸口数表

ここには「首をつながれた蛮族の捕虜は数百万をもって数えるほどであった」とあるが、かなりの誇張があるであろう。しかし、このときの反乱については当時の史書にそのすべてではないが、各戦いにおける具体的捕虜数などの記述が残されていて、それらを合計すると十八万三千余人となる。

当時、南朝の宋が戸籍上把握していた人口総数は、この反乱時よりやや後の時点で、五一七万四〇七四人であったとする記録がある。また、このときの反乱の主舞台となったいま取り上げている長江中流域から漢水流域にかけての要衝である雍州《ようしゅう》の地における戸籍上の人口総数は、一五万七九九九人と記録されている。一方、これらの蛮が討伐され捕虜とされた後にも、この地には依然として多くの蛮が残存しているが、現存する史料によれば、その総数は一〇〇万を下らないと考えられる。

いま述べた宋時代の総人口数五一七万四〇七四人は、当時国家が税役などを取り立てるために戸籍上把握していた人口の合計である。当時は王朝の支配を逃れ、戸籍から脱漏したものがとても多かったので、当時の人口の総数ははるかにこれを上回るものだったろう。しかし、非漢族一〇〇万という数は、湖北の雍州一帯のみに居住した非漢族の総数であり、他の地域の非漢族などはその中には含まれていない。

後に見るように、この時代には江南の南である福建の地や長江の上流である劉備や諸葛孔明が活躍した四川の地、すなわち蜀の地にもきわめて多数の非漢民族が存在していた。当時はまだ漢民族の支配がわずかにしか及んでいなかった華南の広東や広西の地域をも含めれば、この時代における中国中南部地域に居住する非漢民族の総数は漢民族のそれと拮抗する、あるいはそれを凌駕するほどのものであったことも想定されるのである。とすれば、そのことのもつ意味は魏晋南北朝時代における中国中南部の状況を考える上できわめて重いものがあるといえるであろう。

山がちの地、福建の状況

次に福建の地について見てみよう。福建は現在の台湾の対岸に展開する山がちの地であり、先に掲げた「山越分布図」に見える臨海郡、建安郡などと呼ばれた地域がそれにあたっている。しかし、残念ながら現存する魏晋南北朝時代の史書は、当時の福建の状況をあまり詳細には伝えていない。そのためやや後の時代の史料を用いて、この時代の状況をうかがってみよう。一一世紀の北宋の時代に司馬光によって編纂された史上著名な歴史書である『資治通鑑《しじつがん》』に、九世紀の唐の時代、福建東部の地域にあった黄連洞《こうれんどう》の蛮が、その地域における漢族勢力の中心地であった汀州《ていしゅう》という城を襲ったことが伝えられている。

黄連洞の蛮二万が汀州を囲んだ。福建の長官であった王潮《おうちょう》はその配下の将軍であった李承《りしょう》勲《くん》という人物に一万人の兵を率いてこれを撃たせたので蛮は囲みを解いて去った。(『資治通鑑』昭宗紀、乾寧元年の条)

また、これも南宋時代の地理書として著名な『輿地紀勝《よちきしょう》』という書物の一節には、福建南部の漳州《しょうしゅう》という州にある石碑の碑文が載せられている。

唐の永隆三年(六八二)に盗賊が福建南部の潮州を攻めたので、陳元光《ちんげんこう》という人物がその賊を撃ってこれを降した。その後、陳元光は泉州と潮州の間に地方行政区画として新たな州を置くように中央に願った。そこで垂拱《すいきょう》二年(六八六)詔が降り漳州が設置され、陳元光にその地の鎮撫がゆだねられた。しかし、この後、蛮賊がまた集まって騒いだので、これを討ったところ、陳元光はその戦いで戦没した。(『輿地紀勝』福建路漳州、官吏、陳元光の条)

ここからは魏晋南北朝時代より後の唐時代の福建東部と南部に非漢民族が存在し、唐中央の支配に反対して抵抗していたことがうかがえる。つまり、福建の地は唐代になっても「蛮夷の領域」という様相がきわめて濃い地域だったのである。

魏晋南北朝時代から隋唐の時代を通してみたとき、福建の地に漢民族による開発の波がまず及んだのは、次の二つの地域であった。その一は、長江デルタ以南の浙江南部の地域と隣接した福建東部の地域である。そこには海路から漢民族による開発の波が及んでいった。その二は、福建省の西北部の地域である。そこには隣接する江西東部から陸路を通じて開発の波が押し寄せていた。今日の福建省の名称が、福建東部の中心地である福州の「福」と、西北部の中心地である建州の「建」とから成っていることは決して偶然の結果ではなく、この名称は福建の地における漢民族拡大の歴史過程を的確に保存してい

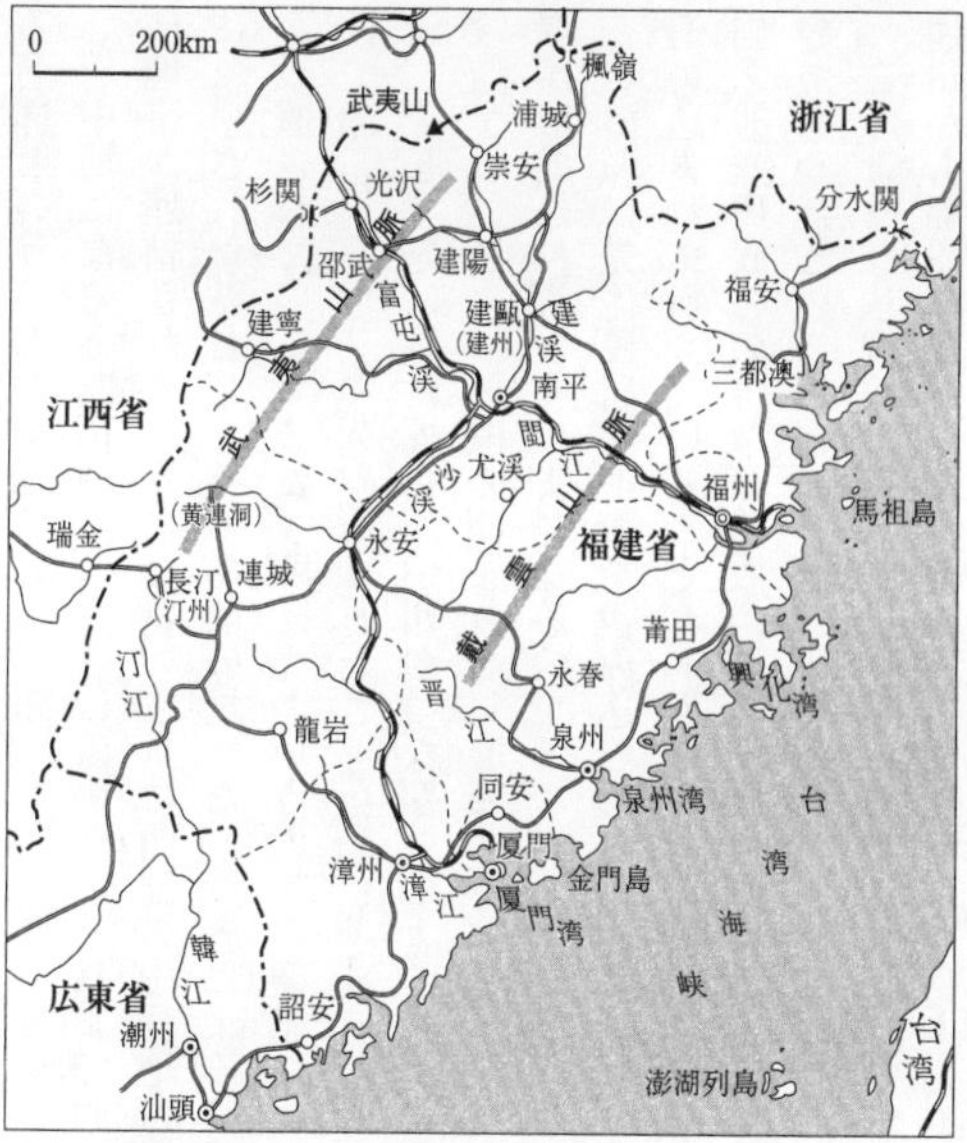

現在の福建省図　(　) 内は唐代の地名

る名称ということができるのである。

唐中期になると開拓の波はさらに広がり、それまで西北部と東部に分断されていた漢族居住地帯が連結されるようになる。さらに西部の山岳地帯には、先に取り上げた史料に、蛮族に攻撃された城としてその名前の見えた、漢族による福建進出のもう一つの拠点である汀州《ていしゅう》が設置されている。また、陳元光《ちんげんこう》という人物の要請によって福建南部の地に、蛮族討伐を受けて漳州《しょうしゅう》という州が設置されたことについて触れておいたが、この漳州といま述べた汀州、そして先に見た福州、建州のつながりによって、福建の開発は先の福州、建州の開発の段階から、さらに一段の深まりを見せるようになり、これらの拠点によって漢族居住地帯の環が形成されるようにまでなるのである。

この環は先住民居住地帯を包み込む形を示していて、先住民は一段とその前の時期に比べ追い込まれていっていることがわかる。この時代における汀州や漳州をめぐる攻防は、漢民族と非漢民族との抗争の勝敗が、漢民族の側に大きく傾いた時期において繰り広げられた戦いであったということがわかるのである。

このような状況が進行した唐中期から唐末にかけての時期の漢民族の入植は、これまでの建州から福州に向かうルートの周辺とともに、日本の九州の半分ほどにも及ぶ当時黄連洞《こうれんどう》と呼ばれていた広大な非漢民族居住地帯へも広がっていっている。そしてこの地の北半分も唐の末にはほぼ中国化し、その後の先住民との対峙の最前線はさらに南下して黄連洞南部の潭《たん》飛《ぴ》礤《さつ》と呼ばれる地へと移っていくことになるのである。

期 西暦年	総数	福建	福州	福寧	興化	泉	漳	建	延平	邵武	汀	福建／全国
Ⅰ期 960-975	173	2 100%						1 50%	1 50%			1.2%
Ⅱ期 977-1024	3219	275 100%	41 14.9%	3 1.1%	24 8.7%	75 27.3%	5 1.8%	95 34.5%	19 6.9%	6 2.2%	7 2.5%	8.5%
Ⅲ期 1027-67	4805	669 100%	117 18.1%	1 0.2%	136 19.7%	127 18.9%	13 2.2%	203 29.9%	40 6.2%	30 4.5%	2 0.3%	13.9%
Ⅳ期 1070-1124	10569	1587 100%	347 21.9%	26 1.6%	281 17.7%	142 8.9%	59 3.7%	501 31.6%	151 9.5%	68 4.3%	12 0.8%	15.0%
Ⅴ期 1128-60	3697	777 100%	264 34.0%	38 4.9%	120 15.4%	88 11.3%	23 3.0%	137 17.6%	69 8.9%	27 3.5%	11 1.4%	21.0%
Ⅵ期 1163-1238	12476	2747 100%	1141 41.5%	196 7.1%	367 13.4%	388 14.1%	140 5.1%	305 11.1%	149 5.4%	42 1.5%	19 0.7%	22.0%
Ⅶ期 1241-74	／	622 100%	326 52.4%	51 8.2%	47 7.6%	96 15.4%	15 2.4%	60 9.6%	5 0.8%	16 2.6%	6 1.0%	／

科挙合格者数の変遷（佐竹靖彦「唐宋期福建の家族と社会」より）

　いま述べたことは、本巻が考察の対象としている魏晋南北朝時代より後の唐時代における、民族問題を中心に見た福建の状況のあらましである。福建は、その後、南宋の時代に都が杭州臨安府《こうしゅうりんあんぷ》に移されたことなども影響して急速に発展し、朱子学《しゅしがく》の創始者朱熹《しゅき》を生むなどの先進性を示すようになるが、それ以前の時代、とりわけ本巻が対象としている魏晋南北朝時代の問題を考えるとき、そうした先進性とは対照的な状況がこの地域には存在していたのである。

　このことは、華やかな貴族制の陰に隠れて従来ほとんど注目されてこなかったが、先に述べた単なる漢族と非漢族の人口の多少といった問題にとどまらない、きわめて重要な意味をもっていることを示しているのである。

なぜなら、これだけ広範に存在した非漢民族はその後消滅したわけではなく、本章の冒頭において見たことなどを念頭におくと、北方の胡族が漢民族と融合していったのと同様に、混血や中国文化の受容を通して新たな漢民族となっていったと考えられるからである。すなわち、この問題は中国の南方への拡大、開発の進展、漢民族の形成過程を知る上で重大な意味を持つ問題なのである。

日本全土より広い四川地域の状況

次に、四川地域について見てみよう。現在の四川省の地は総人口一億二〇〇〇万弱、総面積は五六万平方キロメートルに及ぶ日本全土を包み込んでなおあまりある広大な領域であるが（この数字は四川省全体と直轄市とされて行政的には四川省本体から分離されている四川東部の大都市である重慶市の市域を合算したもの）、その南部に聳える蛾眉山《がびさん》以南の山岳地帯には今日においても多くの非漢族を見ることができる。ただし、それより以北の四川大平原ともいうべき、いわゆる四川盆地には、非漢族の存在は皆無といってよいほどである。

しかし、北宋の時代にできた著名な地理書である『太平寰宇記《たいへいかんうき》』という書物は、南朝の梁の時代に李膺《りよう》によって著された『益州記《えきしゅうき》』の逸文を収録し、四川省の省都である成都の東南八〇キロメートルほどの四川盆地のまっただ中に位置する地にさえ、漢族と言語が通じず婚姻や葬儀に独特の形式を保持する獽《じょう》、夷、獠《ろう》などと呼ばれる非漢族がいると述べている。

獠族分布図　東晋時代から唐時代までの各時代に獠の討伐、招撫にかかわって置かれた州郡県戍など名を重ね記したもの。下線付きの各時代名を付した州郡県戍は、その各時代にその名で呼ばれたことを示す。◎は唐の時代に獠の分布が確認できる州。★は唐の後の宋の時代にも獠が分布した州。太線、細線はそれぞれ行政区画である道・州の境界を示す

にもかかわらず、福建の場合と同様に、これらの四川の非漢族について現在私たちが目にすることのできる魏晋南北朝時代の史書は、散発的にその存在を伝えるのみで、関連する史料の総量はいたって少ない。そのため、そうしたことがらは魏晋南北朝時代の四川の地がごくわずかの例外を除いてほとんど漢民族の領域であったかのような錯覚を今日の私たちに与える。しかし、実態はそうではない。

魏晋南北朝時代より後の唐時代の地理書として著名な『元和郡県図志《げんなぐんけんずし》』という書物や『太平寰宇記《たいへいかんうき》』などを用いて、先にあげた獽、夷、獠《ろう》などと呼ばれる非漢族のうち、獠と呼ばれた非漢族の分布を示したものが前掲の「獠族分布図」である。この図を一見すれば、獠の分布が南北朝時代はもちろんのこと、その後の唐の時代においてすら四川の中央、周辺を問わず、その全域に及ぶものであったことがわかる。

この獠の分布図中に示した各州県の設置状況を精査すると、新たな州の設置とともに、きわめて多くの新たな県の設置が獠の討伐後に行われていることがわかる。こうした新たな行政機構の設置は、先に述べた福建の場合にも同様に生じているが、このことは、非漢民族居住地の中国「内地」化、すなわち中央支配下に組み込まれることを意味する州県の設置が、非漢民族の強固な反抗にもかかわらず、四川の地においても滔々と進行していたことを示している。

この時代の四川は、劉備や関羽が活躍した舞台として、あるいは仏教が盛行し、唐時代には詩人の杜甫などが活躍した地としてよく知られているが、同時に上で述べたような状況が存在したということに対しては、従来ほとんど注意が払われてこなかった。しかし、四川の開発、漢民族の拡大といった視野から眺めるとき、決しておろそかにはできない現象が福建の場合と同様に、当時の四川でも生じていたことを忘れてはならないであろう。

非漢民族中国化の契機

国家権力による討伐という名の大掃討作戦

前節で取り上げた、山越が活動した地域や長江中流域、福建、四川盆地などの地域には今日、非漢民族の姿を見ることはほとんどない（二一六頁の図参照）。とすれば、魏晋南北朝時代においてこれほど広範に存在した非漢民族はその後どのようになったのかという問題がおのずと生じてくるであろう。

それに関わることがらの一端についてはすでに上で述べておいた。すなわち、国家による討伐という非漢民族集団の解体、南朝国家体制への取り込みである。孫呉による山越の討伐、長江流域で展開された大掃討作戦、福建の地における蛮の討伐や新しい州県の設置、四川の地における獠の討伐後に見られる州県の新設などがそれであるが、このようにして討伐された非漢民族を待ち受けていたものは、戦いによって殺害されたものを除けば、中央支配下の郡県制への編入、兵士や奴隷としての使役という事態であった。先に「矮奴」として献上される道州の民やローマの使節に下賜された山越などについて述べたが、それもそうした

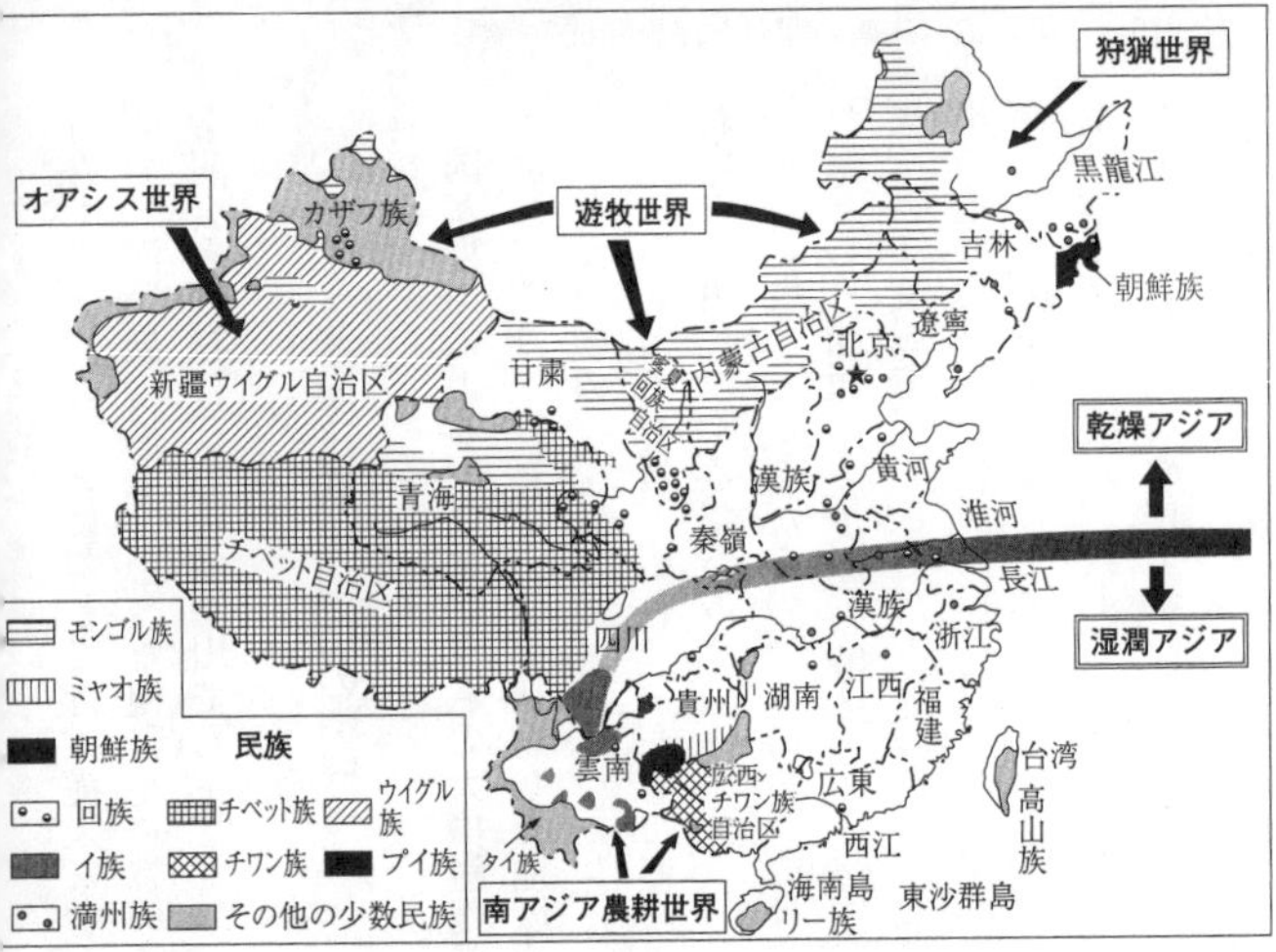

現代中国における民族分布図

事例の一つである。

こうして国家の戸籍に編入されたり編民化されたり、兵士や奴隷として自己の故郷や共同体から孤立化させられた非漢族は、徐々に自己の主体性を失い、中国化を促されたであろう。

では、そもそもこうした討伐はなぜ生じたのだろうか。漢民族側の史料によると、そうした討伐は、蛮族が漢民族の平和を乱すために行われたとしている。しかし、漢民族による開発の進展、漢民族の拡大という当時の状況に目をむけ、蛮族の側からこの問題を眺めると、この討伐は漢民族による蛮族の領域への侵入を意味したことになるのである。その際、王朝側は、鉄、銅、銀、塩などの物的資源の収奪を行っている。また、捕虜となり、兵士や奴隷とされた蛮族は、王朝によって人的資源として獲得されたという面をもっていた。

四川の獠について述べた史書に、漢民族と混じり合って居住しているものはよく賦役に従った。けれども、そもそもの資質が粗暴なので、すぐに暴動を起こす。それで毎年、近辺の州鎮に命令を下して兵を出させ、これを討たせた。その討伐によって獠族を獲得すると、それを奴隷とし、これを「圧獠《あつろう》」（制圧した獠族）と呼んだ。のちに商人としてやってくるものも獠族を捕獲し、商品とした。そのため公卿から一般庶民の家まで獠族の奴隷を保有するものが多かった、と伝えているものがある。つまり、当時の国家による討伐は蛮のもつこうした人的、物的資源の獲得という側面を濃厚に持っていたのである。

このような討伐を契機として、非漢民族の中国化は生じたと考えられるが、しかし、こうした面からする中国化のみがこの時代における非漢民族の中国化の主要な要因ではなかった。さらに広範な一般の漢族との接触にともなう非漢族の中国化という現象がこの時代には進行していた。

蛮と一般漢族との交流

いま獠族を捕獲してそれを売買する商人の存在について指摘したが、当時多くの商人は人間そのものをはじめとして、その地に産する翡翠や象牙などの産物を商うため蛮域に出かけていた。また、蛮族も自ら蛮漢交易の場としての市に出てくるということも見られ、父が蛮に殺されたのでその仇をとろうとした人物が、その父を殺した蛮が市場に出かけてきたので刺殺したところ、その地の長官が、親の仇を討ったのは感心だとほめた、というようなエピソードも伝えられている。

また、農耕生産の現場での蛮漢の交流も見られた。四川北方の山岳地帯に居住する蛮族の暮らしについて当時の史書は次のように伝えている。

その住んでいる土地はやせていて穀物の生産に適していない。それで蛮族は冬は寒さを避け蜀（四川盆地）の地に入り、雇われ労働をして生活している。夏は暑さを避け彼らの住む山岳部にある部落に帰る。年々歳々これを常としている。それで蜀の人は彼らを作五百石子（五〇〇石の穀物を作る人）と呼んでいる。（『華陽国志《かようこくし》』巴志《はし》、汶山郡《びんざんぐん》の条）

ここには季節労働者的な蛮族の存在が伝えられている。こうした蛮族と漢族との間の生産の現場における交流は、蛮族の中国化に大きな影響を及ぼしたであろう。

また、次に述べるものは唐代の事例であるが、この時代の蛮漢の間の交流について考える上で参考になる。

唐代の嶺南《れいなん》（広東以南の地）には山魈《さんしょう》（山のすだま）というものが、そこここにいた。山魈は一本足でかかとが反り、手足が三つに分かれた奇獣である。ところがこの「奇獣」の雌は好んで紅と白粉をつけていた。山魈は大きな樹の上に「巣」を作って住み、そこには木で作った屏風や帳《とばり》があり、食物が備えられていたともいわれる。それで漢人の山を行く者はたくさん白粉や銭などを持っていくのを常としたが、その際、山公《やまおやじ》と呼ばれた山魈の雄は、必ず金銭を求めた。雌は山姑《やまんば》と呼ばれており、必ず紅と白粉を欲しがった。また彼らは毎年、漢人と一緒に田を耕しもし、そのとき漢人は田土と種などを提供し、山魈は耕作に従事し、穀物が熟すると漢人と一緒にその収穫物を分配した。山魈の性質は素直で、分配するとき多く取る者は天の疫病に遭うといって、決して多くを取ろうとはしない、という。

これは唐代に著された『広異記《こういき》』という書物に見えることがらであるが、ここに見える山魈は明らかに擬獣化された人間というべきであり、生産の現場における交流を通しての蛮族の中国化に対して一つの具体的なイメージを与えてくれる。

また、商品流通や生産の現場での交流とは異質の、さらに進行した交流もすでに生じていた。その交流とは、漢民族の宗教に対する蛮族の入信のことである。

後漢の末に、道教の教祖である張魯《ちょうろ》は漢中の地で、鬼道を用いて百姓を教化していた。賨《そう》人《じん》はシャーマンを尊敬するので、多く出かけていってその教えを奉じた。(『晋書』李特伝)

ここには蛮の一種である賨人が、中国の民間信仰である道教の信者となったことが伝えられているが、蛮が信者となったということは、彼らが単に物質的な面のみでなく、精神的な面においても漢民族の影響を強く受けたという点で重要な意味をもっている。

上で見てきたことは、漢族や蛮族がいわば自己の自発的意志に基づいて行った商行為や開拓にともなって生じた蛮漢の交流であるが、そうした自発的行為ではなく国家の厳しい徴発から逃れるため、漢族が多数、蛮域に逃げこむということも当時頻発していた。それは、国家に把握されていない蛮域では当然のこととして徴発がなかったからであり、ある程度国家のコントロールを受けるようになった蛮域の場合でも、その徴発は基本的に漢族の場合より軽かったからである。

当時はこのような様々な局面において蛮漢の交流が、漢族によって推し進められていた中国中南部地域における「開発」の前線において生じていたのである。

いま、蛮と一般漢人との間の経済的、政治的、宗教的場面における接触について述べたが、これらは蛮の中国化を促す要因となった。なぜなら蛮と漢人とを比較した場合、そこに「未開」と「文明」という格差が存在し、そうした状況の下で二つの文化が接触すれば、「文明」が「未開」に影響されることもあるが、大勢は「文明」の「未開」に対する優越としてあらわれたからである。

蛮漢の結合と土豪

このような中国化の大勢のもと、在地社会での蛮族と漢族との「連合」や入植漢人の豪族化も見られるようになっている。孫呉の時代に、江南に位置する浙江省出身の賀斉《がせい》という人物がその地の剡《えん》という県の長官になったとき、県の役人の斯従《しじゅう》というヤクザが罪を犯したという。賀斉はこれを取り締まろうとしたが、県の次官は諫めて、斯従は県の豪族の出身で、山越が付き従っている、今日これを罰すると、明日には奴らが攻めてくるだろうといったので、賀斉これを聞いて大変怒り、その場で斯従を斬ったところ、斯従の徒党は互いに糾合して、千余人で兵を挙げ県城を攻めてきた。そこで賀斉は県の役人や民衆を率いて、城門を開いて突撃し、大いにこれを破ったので、その名は山越に轟いたという。

これは、浙江の豪族であった斯従という人物が、孫呉の時代に孫権を苦しめた山越と強い結びつきをもっていたことを示しているが、このように蛮地に入って豪族化した漢人には、その豪族化の過程で蛮（特にその有力者）と婚姻関係を結び、そうすることを通じてその地域社会における地位を強固なものにするものが多かったのである。

西晋時代、中国西南部の貴州ではこうした蛮族と姻戚となったものをこの地の蛮族の言葉で遑耶《こうや》（親類の意味か？）と呼んでいたという。彼ら遑耶は絶えず在地の混乱要因となり、都合が悪くなると、いつも蛮族のもとに逃げ込み、蛮族の保護を受け、国が法をもってとらえるようなことがあれば、蛮族が報復することが生じていたという。とりわけ、蛮族と深い関係を取り結んだものは百世遑耶（永遠の親類）と呼ばれ、その親しさは骨肉の関係と等しいほどであり、結果、罪を犯した亡命者の無法地帯が生じる事態になっていたとも伝えられている（『華陽国志《かようこくし》』南中志《なんちゅうし》）。こうした蛮漢間の婚姻の存在は、当時、蛮族と漢族（豪族以外の漢族をも含む）との間の混血が相当進行していたことをもうかがわせるものである。

蛮族の官界進出

魏晋南北朝時代は貴族制の時代である。しかし、前章で述べたようにその社会の下層にあっては庶民層の活発な活動が見られた。また、本章で見てきたように、江南などを中心とした中国南方の地域社会においては非漢民族の著しい分布や活発な活動も見られたのである。江南を基盤とした六朝諸国家はこのような重層的構造を持っていたわけであるが、そうした体制下において本章で述べてきたような蛮族の存在があるのであれば、当然のこととして、この時代には蛮族の官界への進出ということも生じているはずである。

そしてそれは現実に生じているのであって、たとえば、そのなかには北魏における樊子《はんし》鵠《こく》、北斉における陸法和《りくほうわ》、北周における泉企《せんき》などのように宰相、あるいはそれに準ずる高位の官にまで昇任するものもあった。しかし、いま若干の例を挙げた中に江南諸朝の事例がないように、そうした蛮族の官界進出に対する制限は、江南貴族制国家にあってはとりわけ強いものがあった。非漢民族が支配した華北にあってはそうした点が比較的緩やかであったが、しかし、華北にあってもそうした抵抗はやはり強く存在してはいたのである。

北魏の時代に征南将軍という中央官についていた蛮族の族長出身の田益宗《でんえきそう》という人物が、漢族士大夫出身の裴植《はいしょく》という人物によって非難されたことがあったが、このとき、裴植は皇帝に上表文を奉って、征南将軍となっていた田益宗を、「華と夷（中華の民と野蛮人の意味）とはそもそも類を異にしているのであるから、百世代にわたって続く我らのような名門である士大夫の上の位につくべきではない」とそしったという（『魏書』田益宗伝）。このエピソードはこの時代の華北における蛮の官界進出に対する漢族士大夫の苛立ちにも似た感情をよく示しているといえるであろう。

とすればこうした風潮の下で蛮が官界に進出するということは相当困難であったと考えられる。しかし、それにもかかわらず、先にみたように華北の王朝において、王朝の高官となり、漢人の撰した史書にその事績が記されている蛮がある程度いたということは注意しなければならない。そこからはおのずと先にあげたような高位の官に就官した蛮の他に、官位の低い官に就官したかなり多数の蛮出身者がいたことが想定されてくるのである。そしてその傾向は長江以南の世界においても北朝ほどではないにしても程度の差こそあれ存在したと考えられるのである。

五胡十六国の一つである成漢を建国した巴蛮《はばん》・李特《りとく》の弟である李庠《りしょう》は、郡の役人を歴任して郡の次官になる。西晋の元康四年（二九四）には、親孝行な人格者だとして推挙され、都である洛陽に招かれた。後、騎馬や弓が上手だということで都の将軍職に招かれた（いずれも辞退）。さらに、州政府は、庠の才能が文武を兼ね、特別にすばらしい人物であるとして中央に推挙しようとしたが、これも病といって辞退しようとした。しかし、今度は州郡もゆるさず、その名をついに中央にあげた。そのため、中央はしきりに庠を召したのでやむを得ず、これに応じ、中軍騎督という中央の武官を拝命したという（『晋書』李庠伝）。

この事例で注目すべきことは、蛮族が戦功等のいわば偶発的契機により任官するのではなく、州や郡からの推薦という通常の任官ルートから官僚となっていることである。現代世界においても国籍や民族などの様々な条件に基づいて、一定の集団や民族が参政権や就業の機会を奪われるということがあるが、この時代の蛮族が、中央、地方を問わず通常の任官ルートからも完全に排除されていたわけではないことは注意しておく必要があろう。

蛮とは何か

漢族の蛮化について

いままで、この時代における非漢族の中国化の実態について述べてきたが、この時代の民族問題を考える上で、もう一つ、しかもきわめて重要な注意しておくべき点がある。それは、本章ではこれまで、主に非漢民族の中国化、漢化といったことのみを指摘してきたが、この時代にはその逆の事柄、すなわち漢民族の非漢民族化、蛮化といった面も存在したということである。梁末陳初の福建において、福建の名族出身の陳宝応という人物が反乱を起こしているが、それを鎮圧しようとして南朝最後の王朝である陳朝は次のような布令を発している。

福建の盗賊である陳宝応の親子は、蛮族が草で作る服を身にまとい、蛮族と血縁関係にあるような奴らである。陳宝応の父である陳羽は、梁の末期の争乱のときに、豪俠として蛮族を扇動して、蛮族の結う椎の実のような形の髷《まげ》を結い、(正座を正式の座り方とする我々漢族が野蛮人の座り方とさげすむ）胡座《あぐら》を組んで座り、蛮族の族長となっている。
（『陳書』陳宝応伝）

これは漢民族名族の蛮化をうかがわせる事例の一つである。当時、漢族が蛮地に入り、蛮族と婚姻などを結ぶことを通じて、その勢力を拡大するようなことがあったことを先に述べたが、その際彼らは、蛮族のもつ風俗習慣に影響されるということがあったのである。

前章終わりで掲げた「山越分布図」（一九六頁）を見ていただきたい。そこに①、②、③等の数字で示した地域がある。これらの地域はいずれも南北朝時代の史書に「洞」というものが存在したことが確認されるところである。「洞」とは当時の用語法で、非漢民族の集落を指している。先に福建西南部に存在した黄連洞《こうれんどう》と呼ばれる広大な領域の存在について述べたが、その「洞」もそうした事例の一つである。

山越分布図には、この外、当時の行政区画である郡の名の下に下線を附しておいたものがある。これは分布図に注記しているように当時「畜蠱《ちくこ》」と呼ばれた巫術の存在した地域を示したものである。この風習は隋の時代の歴史を記した『隋書』という史書によると、新安（現在の安徽省黟《い》県。以下同じ）、永嘉（浙江省麗水）、建安（福建省福州）、遂安（浙江省淳安）、鄱陽《はよう》（江西省波陽）、九江（江西省九江）、臨川（江西省撫州）、廬陵《ろりよう》（江西省吉安）、南康（江西省于都）、宜春（江西省宜春）などの地域に広く存在した虫を飼養する奇習である。宜春ではとくにそれが甚だしかったというが、これは単なる虫の飼育の風習ではない。

一種の巫術としての奇習である。

『隋書』の説明によるとそのやりかたは、まず五月五日に一〇〇の種類に及ぶ沢山の「虫」を集める。大きいものは蛇、小さいものは蝨《しらみ》にいたるまで、一緒に器の中に入れて、それらを互いにかみ合わせて、一種類だけ生き残ったものを飼育するというものである。蛇の場合はそれを蛇蠱《だこ》と呼び、蝨の場合は蝨蠱《しつこ》と呼び、生き残った虫を放って呪詛の相手を殺させたという。この「虫」は食物を通じて人間の腹の内に入り、その内臓を食べてしまい、相手が死ぬと、殺された人の財産は、移って蠱主の家に入るとされていたという（『隋書』地理志）。

漢民族にはこのような形で毒虫を飼い、それを用いて殺人、盗財を行わせるというような風習はない。一方、後の時代の書物や民族調査報告には、こうした奇習が実際に存在していることが報告されているのである。ただしその場合の「畜蠱」は非漢民族の風習として記述されている。しかし、『隋書』はこの「畜蠱」の風習を蛮族の風習としているわけではなく、この地域の土俗として記述しているのである。

そのうえで、山越の分布図を見ていただくと、この「畜蠱」の分布地域と蛮族の居住地である「洞」の分布地とが重なっていることがわかる。さらにまた、これは山越の分布地とも重なっているが、このことに注目すると、これらの地域ではこの時代、広範な蛮漢の風習の混淆が生じていたと想定されるのである。

桃源郷の時代背景

ユートピアを意味する「桃源郷《とうげんきょう》」の出典である陶潜《とうせん》（淵明《えんめい》）の有名な「桃花源記《とうかげんき》」には次のように述べられている。「東晋の太元中（四世紀後半）に、湖南省の武陵《ぶりょう》というところの人で魚取りを生業とするものが、船で渓谷に沿って進んでいるうちに、道に迷ってしまい、忽然として桃の花が咲き乱れる林に行き当たった。……そこには小さな穴（「小口」）があり、光が射しているようだったので船を下りて入ってみた。その穴は初め一人をやっと通すほどだったが、さらに数十歩ほど行くと、豁然《かつぜん》としてあたりが開け、広い土地が広がっていた。……」

「桃花源記《とうかげんき》」の版本の中には、ここに見える武陵の漁師を武陵の「蛮人」とするものがある。この漁師が入っていった「小口」のなかに隠れ里のような「桃源郷」があったのであるが、こうした世界を当時の現実から探れば、それは「洞」ということになるであろう。

南朝の梁の時代にできた地理書である『輿地志《よちし》』という書物に、実際にあったこととして、かつての山越集居地であり、現在、風光明媚な黄山《こうざん》観光などでよく知られる安徽省徽州の地にあたる黟歙《いきゅう》の地にあった譙貴谷《しょうきこく》というところについて、興味深い記述がある。

それによると、昔、土地の人が譙貴谷にある山に入って、七日間行くと、一つの斜めに開いた穴に至った。穴に入ると豁然としてあたりが開けて、周囲は三〇里ほど、土地はとても平坦で肥沃だった。その中に千余ばかりの家があって、聞いてみると自分たちは秦の時代に乱を避けてここにやってきたという。またその村の地図を見てみると、このほかに隠れ里があって、そこの人に聞いてみると、また、避難してここにやってきて石洞に入ったといっている。その入り口はまったく松や蘿《つた》の隠すところとなっている、としている。

この譙貴谷のエピソードは陶淵明の「桃花源記」と瓜二つであるが、本章で述べてきたことを踏まえると、いわゆる「桃源郷」という考え方はこのような蛮漢交流の時代背景の中から生み出されたものであることが明らかになってくるのである。

蛮漢の別について

さてここに、この時代の黄河流域の人々の江南の人々に対する見方を伝えた次のような文章がある。「中原の知識人は江南の人々を呼んで、みんなムジナのようなものだといっている。そこには巴《は》、蜀《しよく》、獠《ろう》、谿《けい》、俚《り》、楚《そ》、越《えつ》などと呼ばれる蛮族がおり、鳥や禽獣のような声をだし、言葉も通じない。彼らは猿、蛇、魚、スッポンなどを食べ、その嗜好は我々中原とまったく異なっている。江南の山河はとても広く数千里に及ばんとするが、司馬睿《しばえい》（東晋の元帝）はこれらの民を充分には支配できなかった」（『魏書』司馬睿伝）

これによれば、当時の中原の知識人にとって、猿、蛇、魚、スッポンを食べることは野蛮なこととされたのであろう。現在の日本人からしても猿や蛇を食べることはやはり「野蛮」なことである。しかし、いわゆる漢民族が伝統的にこうした生き物を食材としてきたことはあまねく知られていることであるので（因みに日本人も猿や蛇を食べなかったわけではない）、この『魏書』の論断はいささか奇異である。

この文章が中原の側からする多分に侮蔑を含んだものであることを思えば、そうした疑問も氷解するが、この文章に見える「獠」や「越」などの非漢族が現実に当時の中国南方にいたことは事実である。しかし、たとえば、ここに見える「蜀」は非漢族といえるのであろうか。「蜀」は四川地域を呼ぶ名称であるが、ここでは明らかにそれを越えて「異族」に対する呼称として用いられている。よってこの表現は単なる蔑称ともとらえうるが、しかし、「蜀」は当時、実際に異族視されてもいたのである。

北魏の孝文帝がかつて朝臣と全国の家柄や人物について論じあったことがあった。その時、帝はたわむれて薛聡《せつそう》という人物に、世の中の人は、貴方の一族は「蜀人」だといっているが、本当にそうか、と尋ねたところ、薛聡は、臣の遠い先祖が漢に仕えたとき、人々は私たちを「漢」と呼びました。その後の先祖が劉備の蜀に仕えたので、時の人は今度は「蜀」と呼びました。そして臣はいま鮮卑出身の陛下に仕えています。では私は「鮮卑」なのでしょうか、と答えたという。それに対して孝文帝は笑って、貴方は幸い自分が「蜀」でないことを明らかにした。それなのにどうしてまた朕を（鮮卑だといって）苦しめるのか、といったが、薛聡は怒って出ていってしまった（『北史』薛聡伝）、という。

このエピソードは当時の「蜀」に対する見方をよく伝えているが、四川（蜀）の地の歴史を振り返ってみると、そのよって来たところを知ることができる。蜀は周の武王が殷を攻めたとき、それに従軍した異族の名として初めて史籍に現れる（『尚書』牧誓篇）。最近の考古学の発掘はその文化が中原と大きく異なっていたことを我々に示しており、とりわけ、中原にはその例を見ない大量な仮面の出土をともなった近年の四川における三星堆《さんせいたい》の発掘はそのことを如実に示している。

この独特の文化をもった蜀の地は春秋時代となっても中原の地とほとんど没交渉で、前四世紀末になって秦に降ってからようやく中国化が進行するようになるのである。劉備が建国する蜀漢の地はこのような歴史背景をもっているのである。

つまり、先に取り上げた蜀を非漢族とする魏書の立場や薛聡《せっそう》の伝に見える見方は単なる侮蔑のみに起因するとは言い難い面も含まれているのである。『隋書』によると、隋の時代の四川に居住した非漢民族である獠のうちの富めるものは、盛んに「華人（漢族）」と婚姻関係を結び、その衣服や住居、しゃべっている言葉はほとんど漢族と区別がなかったといわれる。さらに獽《じょう》、狿《えん》、蛮《ばん》、賨《そう》と呼ばれる蛮族もいて、その住居や風俗、衣服、飲食はとても獠と似ていて、また、「蜀人」とも類似している、とされている（『隋書』地理志）。

ここに見える「蜀人」はこの時点ではすでに「漢人」となっていたと考えられるが、右の『隋書』地理志の記載によれば、当時の四川地域の非漢族の中には、中国化の結果、漢族化の現象が生じていたことがわかる。しかし、都から遠く離れた四川在住の漢族に焦点を当て、これを都人の立場から見たとき、ことはそれほど単純ではないように思われる。当時の蛮と漢との融合の状況や、洋の東西を問わず存在する中央と地方との関係から考えたとき、四川に在住する漢族が都人から夷狄視されるということも充分考えられるのではないだろうか。日本の歴史において関東の地がかつて「アズマエビス（東夷）」の地であったことを想起すれば、こうした想定はそれほど誤ったものではないであろう。

いまそうした事例を一つあげてみよう。東晋の時代におこった蘇峻《そしゅん》の乱後、朝廷内部で長江中流の予章《よしょう》、あるいは江南浙江の会稽《かいけい》への遷都の議がおこった。このとき、それに対し宰相王導《おうどう》が反対したことについてすでに第四章で若干触れたが、いまこのときの議論の顚末をやや詳細に追ってみよう。

> 蘇峻の賊は平定されたが、天子のみたまやや宮室はみな灰燼《かいじん》に帰した。温嶠《おんきょう》は都を建康から予章に遷そうと述べた。江南の豪族は会稽に都を遷すように願った。二つの議論はもめにもめ、なかなか決着がつかなかった。そこで王導は、建康は古の金陵の地であり、もと帝の里である。……かつ現在、北の盗賊（五胡）はわが隙を狙ってもいる。いったん弱さを示し、蛮・越に逃れるのは、いまはなんとか理屈が付けられても、あとで良い案ではなかったと悔やむことを懼《おそ》れる。いまはただこの議論を鎮めさえすれば、みなの気持ちはおさまるだろうと言った。これによって温嶠たちの計画はみな行われなかった。（『晋書』王導伝）

三星堆出土遺物　古代蜀文明の遺跡として注目される三星堆遺跡から出土した巨大な仮面。高さ82.5cm　幅78.0cm

この王導の発言にみえる「蛮・越」の「蛮」は、当時の蛮族の一つである予章蛮などと結びついて使用される際の予章と、「越」は山越が多く分布した越族の地である会稽と対応している。つまり、王導の発言をそのままの意味にとれば、彼は江南においては建康（南京）こそが中心であり、予章郡や会稽郡は蛮や越の地であると考えていたことになる。

もちろん、王導の言葉は議論の過程で述べられたものであり、当時の予章郡や会稽郡がすでに漢族の地であったことは確かであるから、ここには誇張があるとみるべきである。しかし、予章郡はこの時代にあっても蛮族の住居である「洞」の存在するところであり（一九六頁の「山越分布図」）、また、先に見た畜蠱の風のおこなわれている鄱陽《はよう》、廬陵《ろりょう》、宜春《ぎしゅん》の各郡に周りを囲まれてもいた。会稽郡は孫呉のとき山越が多数存在した地であり、南北朝時代の最末期になっても山越の残存が認められるところである（『陳書』世祖紀）。また、王導の発言により遷都の議は取り止めとなったが、これは王導の発言が議論に加わった人々に対し一定の説得力を持ち得たことを示している。それだけに予章・会稽を蛮越の地とする考えがすべて虚構の辞であるということもできないのである。

つまり、東晋朝士大夫の第一人者であり、北来貴族のリーダーともいうべき王導にこのような考えが当時存在したということは、先に見た、この時代の黄河流域の人々の江南の人々に対する中原中心主義的見方が、黄河流域の人々からする一方的偏見でないことを物語っているといえるのである。

宋の明帝の即位直後に、孔覬《こうき》という人物が会稽の地で反したとき、阮佃夫《げんでんふ》という人物が四川から戦いに慣れた勇壮な兵士たちを引きつれてきてそれを討った。このとき阮佃夫の兵士たちは、犀の皮の鎧を身に着け、その出で立ちはとても異様であった。当時「狐獠《ころう》は人を食らう」といわれていたので、会稽の反徒はこれを見ると逃げ出した、という（『宋書』孔覬《こうき》伝）。

「獠」はすでに見たように蛮の中の一種族名である。つまり、孔覬《こうき》の反乱について述べたこの事例によると、王導から越の地すなわち蛮地と侮蔑されていた会稽郡の人々は、当時、蜀人を「人を食べる狐獠（狐のような獠の意か？）」とみなしていたのである。このことは会稽郡の人々が蜀の地を蛮地、あるいはそれに準ずる地とみて、そこに住む人々を自分とは異質のものと考えていたことを示しているが、こうした考えは先に見た蜀人に対する夷狄視に連なるものであり、蜀を蛮の一種とみなしていたのと同列の発想であるといえる。

このことから、この時代の黄河流域の人々が江南の人々に対してもっていた中原中心主義的見方と同質の発想が、何層にも層をなす形で江南の人々の間にもあったことがわかる。ただしこの場合は、建康中心主義とでもいうべきである。そしてその中心から外れるものは多かれ少なかれ蛮的要素をもつとする考えが存在していたと考えられるのである。

一方、先に陳時代の陳宝応の事例などをあげて指摘したように、都から外れた「辺境」にある漢族は婚姻などを通じて蛮の文化様式をかなり受容していた。また、逆から見ると、同様のことが蛮についても当てはまることを指摘した。

つまり、先の都から離れれば多かれ少なかれ蛮的要素が増すとする都人の観念の背景には、江南の開発という時代状況の下で進行していた本章で述べたような蛮族と漢族との間の交流に発した蛮と漢との融合という現実があったのであり、それだけに六朝期においては蛮漢をこれは蛮、これは漢という形で明確に分別することが容易ではない現実が存在したと考えられるのである。

先に孫呉の時代の豪族である斯従《しじゅう》という人物が山越を結集して、会稽の地で隠然たる勢力を持っていたことを指摘したが、その際、私は彼を「漢族の斯従」という立場から記述した。しかしそれは「蛮族の斯従」という立場から記述すべきであったのかもしれない。このようにこの時代の民族問題を考えるとき、現代の漢民族が出現するに至る前段階としての、広範な融合過程にある蛮漢の実態に注目することが必要なのである。

第七章　北魏孝文帝の改革

北魏前期の諸制度

北魏前期の国家制度

私は第三章において、五胡十六国時代後期から北魏前期にかけての歴史を取り上げ、中国が再統一されていく過程で生じた様々な出来事について述べた。その過程で、漢族、胡族各々のそれぞれに対する見方、認識の変化について取り上げた。そして北魏太武帝《たいぶてい》のころになると、拓跋鮮卑《たくばつせんぴ》の漢族あるいはその文化に対する認識が、太武帝や皇太子のような支配階層上部の人々においては大きく変化しつつあったこと、拓跋鮮卑全体も華北統一のころから漢文化の影響により漢語を習得するようになってきていることなどを指摘した。

ただし、拓跋鮮卑全体として見たとき、被支配者である漢族と違って、かれらは中国に支配者として臨んでいたため、その意識面での変容は、漢族に比べて若干遅れて始まっている。つまり、太武帝による四三九年の華北統一前後の時期、言い換えると南北朝時代が始まる前後の時期の段階における拓跋鮮卑の漢族に対する認識には、この時代より前の五胡十六国時代における他の胡族の場合とほとんど変わらない、軍事的優位に基づく優越感が依然として強固に存続していたのである。

そうした意識の持続を可能とした理由としては、いままで述べたような彼らが中国に支配者として臨んでいたという要因の存在もあったが、その外に彼らが中国を支配する過程でつくりあげていった「制度」の存在が、そうした意識を根底において支えていたという面もあった。そしてその「制度」の存在はまた同時に、拓跋鮮卑という支配集団の集団としての結びつきを強める機能も果たしていた。

いま北魏時代に存在した、そのような性格をもつ「制度」がいかなるものであったのかを、当時、内朝と呼ばれた制度、あるいは国家祭祀の制度の例などを取り上げ、具体的に見てみることにしよう。

拓跋皇帝に仕える侍臣集団としての内朝

内朝とはこの時代における北魏独特の制度で、拓跋皇帝の間近に仕える侍臣集団に対して当時与えられていた呼称である。そして、それは孝文帝の改革より前にあってはほとんどすべて鮮卑などの胡族系の人々によって占められており、その構成員のうち上位のものは、国家の大政への参与、皇帝から発する詔命の出入、皇帝からの下問に対する応対などに任じ、国政上の重要な職責を果たしていた。

これらの人々は大きく分けて、軍事面に従事する武官と、行政面に従事する文官とに分けられていた。そのうちの内朝武官は、皇帝の側にあって皇帝の食事、衣服の世話、禁中の警護などの諸事に携わり、皇帝の名のもと様々な部署に派遣され、軍を率いて各地に転戦した。一方、文官は、皇帝の命令の起草、伝達、記録などに携わりながら、やはり皇帝の名のもと様々な部署、地方に派遣され、監察を主とした任務に従事していたのである。

拓跋部が中原へ進出する以前、諸部族の連合による国家を構成していたとき、拓跋の王の近侍には、その部族連合に参画する諸部族長の子弟が任じられていた。当初それは拓跋の王から見たとき、諸部族の離反を防ぐための人質という性格をもっていたが、部族連合から北魏の建国、その中原への進出という北魏国家の展開の過程で徐々に整備拡充されて、いま述べたような国家の中枢を担う政治組織として拡大していったのである。

近年発見された和平２年（461）の銘をもつ北魏碑文の拓本　びっしりと北魏内朝官の職名、及び就官者の氏名が刻まれている

その内朝が当時どのような形で存在していたのかを具体的に見てみよう。先に崔浩《さいこう》の誅殺事件について取り上げたが、この事件のとき、崔浩に対する処罰を告げた詔書の作成を、当時、詔書の草案を作成する任を負っていた中書侍郎《ちゅうしょじろう》が命じられた。

そのときの中書侍郎は漢族出身の高允《こういん》という人物であったが、この命を受けた彼は、事件の連坐者の多さなど、事件そのものに疑いを懐き、量刑が不当なのではないかとして詔書の作成を躊躇した。しかし、太武帝からは早急に詔を作成するようしきりに下命がなされるので、高允は太武帝に一度目通りして疑義を質し、そのうえで詔書を作成したいと上奏したという。

このことは高允が崔浩の処断などを内容とする詔書の作成にあたって、何度かにわたる詔書の作成をうながす下命を直接太武帝から受けたわけではないことを示している。なぜならしきりに詔書作成の命が下り、そのたびに高允が太武帝に謁見することが可能であったなら、彼はその場で疑義を質し得たはずだからである。

このときのことを述べた当時の史書は、太武帝が崔浩処断の詔書を早く作成するように「しきりに詔し、うながすこと切なり」であったと記している。とすると、ここに見える詔は文書の形となった詔書ではなく、皇帝の言葉がそのまま伝えられた「詔」、すなわち「口詔」であったことになる。つまり、当時は文書としての詔書作成の過程で太武帝と高允（中書侍郎）との間にあって天子の命（口詔）を伝達する者がいたことになる。

ではそれはいかなる人々であったのであろうか。

この事件よりかなり後、高允は太武帝の後を継いだ文成帝《ぶんせいてい》に長年の忠勤を称《たた》えられるということがあった。そのとき文成帝は、近侍の者たちに向かって「高允は本当に忠臣である。朕《ちん》に悪いところや良いところがあると必ず朕に直言する。しかし、おまえたちは朕の左右にいるけれども、かつて一度として正言するということがない。ただただ朕の喜ぶ時をうかがって官職を求めるだけである。おまえたちは弓や刀をとって朕の左右に侍っているが、ただ立っているだけで、皆な公や王のような高位に登っている。この人は、筆をとってわが国家を救っているけれども、一介の郎官にすぎない。おまえたちはこのことを聞いて恥ずかしくはないのか」と言ったという。

ここで、弓や刀をとって皇帝の左右に侍る人々とは、内朝官として天子の左右にある人々のことを指している。当時それに該当するものは拓跋鮮卑を中心とした胡族しかいない。つまり、当時は漢人名族の家柄である渤海の高氏出身の高允であっても、労を積んでようやく一介の郎官であるにすぎなかったのに対し、胡族出身の内朝官の場合、「ただ立って」皇帝の側に近侍するだけで、公王に至るような状況があったのである。

当時、宮廷内では鮮卑語が公用語としての性格をもっていた。つまり、皇帝の周りに近侍する胡族は鮮卑語を話していたわけであり、皇帝も彼らと鮮卑語を用いて話していた。北魏の時代にはこうした鮮卑語と漢語の二重構造が存在しており、そのことは当時の中央地方の各部署に、通訳官が配置されていたことからも確かめられる。太武帝が激怒し、崔浩処断の詔書を早く作成するように「しきりに詔し、うながす」旨の指令を高允に伝えたのは、こうした鮮卑語・漢語の両者に通じた近侍官であったと考えられるのである。

北魏孝文帝が在位した太和年間のはじめに、北魏から南朝の南斉に遣わされた使者が、南斉に漢籍を求めるということがあった。南斉ではその求めを許すか否かが論議されたが、そのとき王融《おうゆう》という人物が、「北魏からの使節がわが南斉に派遣されてくるとき、必ず漢族の目付けとして鮮卑が派遣されてくる。またその国家の制度を見ると、その制度にも同様の原理が働いており、官僚体系そのものが胡族の監視下におかれている」と述べている。

北魏の国制を的確にとらえた発言であり、当時の北魏が、内朝を頂点とする監察体制のもと、中央、地方の行政組織を把握し、漢土を支配していたことがうかがえるのである。そしてその内朝の官に任ぜられた胡族は、王爵や公爵など高位の官爵を与えられ、そうした支配の一翼を担っていたのである。

とすればそうした特権分与の構造は、胡族の結束を強め、胡漢の区分、ひいては北魏という国家の異民族国家としての性格を強化する方向に働いていたであろう。

鮮卑集団結合のシンボル、天を祀る儀礼

鮮卑の集団としての結合を強化するシンボルは、この内朝の制度の他にもあった。そのうちの一つとして北魏時代に行われた天を祀《まつ》る儀礼をあげることができる。北魏では毎年、当時の都である平城の西郊において天を祀る儀式が行われていた。この祀天《してん》は、古くは匈奴の龍会《りゅうかい》、後の時代ではモンゴル族のクリルタイなどとも連なる北方遊牧民族の世界にあってきわめて重要な意味をもつ儀礼であり、その淵源において日本における大嘗祭《だいじょうさい》とも関連するともいわれる儀礼である。

この祀天に際しては、単に家畜の繁殖や農作物の豊穣の祈願など宗教的な儀式が執り行われるだけではなく、諸部族の会同、部族連合体全体のリーダーの選出、その即位儀式、国策の決定なども合わせて行われたのである。北魏はこうした祀天の儀礼を、皇帝が自ら行う祭

祀としてその中原進出後も毎年大々的に行っていたのであるが、こうした性格を持つ祭祀の定期的実行や継続は、当然の結果として拓跋鮮卑の集団としての紐帯を確認し、強める方向で作用したであろう。

このほかにも当時の北魏には、鮮卑の集団としての結合を強めるシンボルとして、言語、風俗、軍制、封爵の制度、宗廟の制度など様々のものがあった。それゆえ、これらが機能を発揮した北魏前期の時代にあっては、五胡十六国時代から続いた胡漢対立の意識、胡漢対立の構図の克服といった方向性が、胡族の側から押し出されてくるということは容易には生じなかったのである。

このことが崔浩事件を生む主因でもあったが、それだけにこうした構図に根本的な変化が生じるためには、支配者としての彼らを取りまく状況の変容が生じなければならなかったのである。そしてその状況の根本的変容が実際に生じ、孝文帝の時代にはそうした状況の変容が、彼に北魏国家の根本的改革を断行せしめることになるのである。

孝文帝の改革

魏晋南北朝時代の屈指の名君孝文帝

北魏の第三代皇帝である世祖太武帝の時代に、それまで混乱を極めた華北の統一がなり、胡漢の対立から胡漢の壁をこえた国家、社会の建設が志向され始めたことについては、第三章において考察したところである。しかし、太武帝の時代においても依然として民族間の抗争は様々な場面で噴出し、崔浩の事件や太武帝自身の暗殺といった事件が起こった。こうした局面克服のための一施策として仏教が大きく取り上げられてきたことも先に述べた。

そうした時代に、第五代皇帝献文帝《けんぶんてい》の長子として皇興元年（四六七）、北魏の都である平城（現在の山西大同）に生を受け、同五年（四七一）、幼年をもって北魏第六代の皇帝位に即いた人物が孝文帝拓跋宏《こうぶんていたくばつこう》である。

北魏の歴史を述べた『魏書』は彼を評して、「親政するようになるとその治世の十数年の間、一時も休むことなく天下万民のため政治に精励した。古の事柄に精通し、天界と人界との調和を旨とし、諸政万般を改革した。海内の人々は皆その恩寵を賜り、そのうえ雄才、大略があり有徳有能の人物を好み、己を役して万民のために尽くした。古今を通観して『孝文』という諡《おくりな》は名実ともに至当である」と述べ、最大級の賛辞を贈っているが、それは史実に照らしてもきわめて妥当な評言であるといえる、魏晋南北朝時代における屈指の名君であった。

孝文帝の諸改革は北魏王朝の中国化

ではその孝文帝はどのようなことを行ったのであろうか。彼はその在任中、様々な改革を行っている。その改革は「官僚制度の改革（内朝の廃止）」、「国家祭祀の改革」、「胡族、漢族の家柄の確定（姓族の分定）」、「風俗・習慣の改変」、「均田制の創始」、「封爵制度の改革」、「宗廟制度の改革」、「中原王朝北魏としての正統性の定立」など実に多方面にわたっている。そしてそれら諸改革は一言でいうと北魏王朝の「中国化」という一点に収束する改革であったといえる。

いまそれらが具体的にどのような改革であったのかを順に取り上げ、その改革がどのような歴史上の意味をもつ改革であったのかについて見てみよう。

まず、「官僚制度の改革」についてであるが、この改革は簡略に述べれば、北魏がそれまで保持していた鮮卑的官僚制を廃止し、全面的な中国的官僚制を採用した改革ということができる。北魏には先に述べたようにその建国当初から「内朝」とよばれる組織が存在していた。この組織と類似した組織は、中国史上の他の北方民族の場合にあっても見出すことができ、なかでもモンゴル・元の時代に存在したケシクと呼ばれる組織は、この北魏の内朝とそれを構成する諸官の呼称をも含めてきわめて類似している。

すなわち、内朝は鮮卑の伝統に根ざす非漢族的政治組織であり、北魏の政治はこの内朝と、その外側に存在する中国的律令制の原理に基づいて諸施策を実行する行政組織たる外朝の存在とによって運営されていたのである。

北魏はこうした二重構造を建国後ほぼ一〇〇年をへた孝文帝の時代まで保持しているが、その理由は、北魏が非漢族によって建国された国家であったということや、北魏自体が急速に拡大していき、支配領域に対する対応がその場その場を処置する形で行われたため、抜本的な国制の改革とならなかったことに求められる。

満州ホジェン族の木主（神像）
北魏で祀天が行われた西郊の木主もこのようなものと関連があると考えられる（江上波夫『ユウラシア古代北方文化』所載）

内朝廃止の理由

孝文帝はそうした性格をもつ内朝を廃止したのである。孝文帝がこうした改革を断行したころの北魏の内朝は、国初以来の変遷をへて大きな変容に見舞われていた。当時、内朝を構成する諸官、なかでもその文官に漢人が数多く就官するようになってきていたため、鮮卑など非漢族によって占められる内朝というその組織のもつ実質が、文書処理能力などに長《た》けた漢人官僚の大量な進出によって喪われてきていたのである。

また、北魏の支配領域の急速な拡大は、王朝に複雑化・広域化する事態への対応を迫ったため、それに応じて内朝の肥大化が生じた。そしてそのために、皇帝の近侍官という元来スタッフとしての性格の強い諸官によって構成される内朝に、それぞれの具体的職務を帯びた数多くの官職が出現するようになり、それが行政ライン全般を査察する傾向を強めるようになった。

こうした動きは、行政の執行を職分とする外朝との間に多くの摩擦を生じ、結果、行政の遅滞現象が生じるようになっていたのである。

孝文帝にはその親政にあたり、こうした困難な状況を克服する方途としておおよそ二つの選択肢があった。そのうちの一つは、これまでの国制を抜本的に改編して、中国的諸制の採用や漢人の採用を極力控え、非漢族国家としての国制への復帰あるいはその強化をめざす道、もう一つは、鮮卑的国制を廃止し、中国的諸制の全面的採用によって、国制の一元化を図る道である。

天壇（南郊）　皇帝が、天を祀る儀礼を行う壇。北京に残る天壇は、明・清代に祀天が行われたところ。写真は新春に五穀豊穣を祈願する祈念殿

結局、孝文帝は後者の道を採択し、鮮卑による中国支配の牙城ともいうべき内朝を廃止したのである。

国家祭祀の改革

孝文帝は国初以来の国家祭祀にも大幅な改変を加えた。ここでいう「国家祭祀の改革」とは、先に述べた都の西郊で毎年四月四日に行われていた祀天《してん》を廃止し、都の南郊で行う祀天の儀式に一本化したことを指している。

北魏の歴史を記した『魏書』は孝文帝の父の献文帝時代におけるこの西郊の祀天について記し、「西郊での祀天では毎年木の人形（木主《ぼくしゅ》）を七体ずつ増やし、皇帝の代替わりごとに祭場をかえてきたが、

このことは神明に益のないことであるのでとりやめる」とあって、西郊での祀天の内容の変更が行われたことを伝えている。

この木の人形七体の七は、鮮卑拓跋部がその姿を歴史上に現した当初、拓跋部を構成した主要七部族の数からきており、本来大きな意味を持っていたが、この記述はこの時点ではそうした儀礼の本質への認識がすでに失われてきていたことをうかがわせる。また、この西郊での祀天の後も行った都の南郊での祀天は、中国歴代王朝が国家祭祀の中で最も重視した国家儀礼である。

すなわち、孝文帝が西郊での祀天の廃止を行った時点で、種々の要因が同時並行的に作用しながら、鮮卑にとってその結合のシンボルともいうべき祀天の儀礼に形骸化が進行しており、孝文帝はそれを受けて西郊での祀天を廃止し、中国的な儀礼である南郊での祀天への一本化を断行したと考えられるのである。

姓族の分定

第三章で崔浩《さいこう》の誅殺事件について取り上げた際、崔浩が天下の貴族の家柄（姓族）の序列を明確化しようと目論んでいたことを述べた。そして、この考えを聞いた彼の親しい姻戚であった范陽《はんよう》の盧玄《ろげん》が、「好んでこうしたことをする人がどれほどいるであろうか」と忠告したにもかかわらず、崔浩がそうした忠告に従わなかったことが彼の敗亡につながったことを指摘した。

こうした考えをもつことが敗亡につながったということは、この崔浩の姓族分定が胡族をも対象としたものであったことを示唆している。そして、このような姓族分定が実行されれば、家格が同一のものは胡漢の間であっても婚姻が可能となる。ただその実現の機は、この時点ではいまだ熟してはおらず、孝文帝の時代になって実現することになったのである。

『魏書』によると、孝文帝の改革によって、胡族の中でも穆《ぼく》、陸《りく》、賀《が》、劉《りゅう》、楼《ろう》、于《う》、嵇《けい》、尉《い》の八氏は、王室と婚姻を通じても恥ずかしくない名門とされた。それ以下の諸族については、まず国初拓跋部時代の部族長の家柄であるか否かという基準と、北魏建国以来、三世代にわたって一定の高位の官爵を受けているか否かという基準のもとにランクが定められ、第一階級が「姓」、第二階級が「族」と呼ばれるようになっている。

姓族＼条件	始祖	国初以来三世代にわたり保有した官爵名
(一)姓	部族長	(1)給事・州刺史・鎮大将以上 (2)王・公
	部族長でなかったもの	(3)尚書以上 (4)王・公(中間不降官緒)
(二)族	部族長	(1)中散監・太守・子都以上 (2)子・男
	部族長でなかったもの	(3)令・副将・子都・太守以上 (4)侯
(三)族	(一)(二)姓族の支族(五世以内)	
(四)族	緦《し》麻《ま》以内で一、二世代の就官例のあるもの	

姓族表　姓族は国初において部族長であった家柄であるか否か、北魏となって、どのような官爵に就いたかを基準として決定された

この際注目しなければならないことは、こうして設定された姓族が、中国における服喪の制度である五服

の制度に基づいて設定されていることである。五服とは五世代にわたる親族間の服喪についてて定めた中国の制度で、死去した者が近親であればあるほど服喪期間が長くなり、最短は心の中だけで服喪するものから、最長三年の父母死去後の服喪までが細かく定められていた。

つまり、先に述べた部族長の家柄であるか否かなどの基準を満たした人物を中心として見たとき、この五世代の範囲に入る人々は姓族となり、入り得なかった人々は姓族から除外されたのである。

姓族となり得た人々は、任官する特権や兵役を免除される免役権などを得たので、このことはこの孝文帝の改革が、中国に支配者として臨んでいた鮮卑を中心とした胡族を、大きく支配階層とそうでない階層とに分断することを意図した改革であったことを示している。

また、漢族の場合も胡族の場合と同様に、姓族分定によって胡族の最上ランクに位置づけられた穆《ぼく》氏、陸《りく》氏などの八氏に相当する膏粱《こうりよう》や華腴《かゆ》と呼ばれた諸族、その下に姓族に相当する甲、乙、丙、丁の四姓の階層が設定されたが、このことは改革によって、胡漢を通じ家格という共通の原理の下にその上下関係を設定するという、これまでの胡漢という民族区分とは相違する原理が導入されたことを意味しており、この改革が五胡・北朝史の歴史の中できわめて大きな意味をもつ改革であったことを示している。

風俗・習慣の改変

ここでいう「風俗・習慣の改変」とは、いわゆる胡服《こふく》・胡語《こご》（鮮卑の服装や鮮卑語など）

の使用禁止などとしてよく知られているが、そもそも支配民族が率先して自らの風俗や習慣を棄て、被支配民族である漢族が用いる漢服や漢語を採用するという道を選択するということは奇妙なことである。

この問題を考えるとき、孝文帝による改革のころ、支配民族たる鮮卑の中に自らの言語を忘却し、漢民族と婚姻するような風潮が生じていたことに注目しなければならない。

北魏は、きわめて図式的に述べれば、建国当初の遊牧経済的国家から、孝文帝のころになると広大な漢地をその支配下におさめたことによって、農耕経済に軸足を移した統一王朝を志向する国家へと質的に変貌していた。そのため孝文帝による改革時に北魏のおかれていた

山西大同　司馬金龍墓出土漆画屏風
司馬金龍は太和８年（484）に死去した、拓跋王家と司馬氏との間に生まれた人物である。妻は鮮卑出身の源賀のむすめであり、後妻に匈奴である沮渠牧犍のむすめを迎えているが、墓からの出土品には中国風の遺物が多く、当時の風潮をうかがわせる

政治的社会的状況は、一官僚制度、一宗教儀礼を改変するといった程度の対症療法的な施策をもってしてはいかんともなし得ない問題をはらんでいた。孝文帝はその改革のただ中において それまでの北魏の都であった平城を棄て、中国歴代の王都、中原の中心たる洛陽への遷都を断行している。この遷都が改革と連動して行われたというそのこと自体が、当時の北魏がかかえていた問題の深刻さを物語っており、孝文帝の改革が単なる制度の改変、一北魏王朝の改革にとどまらない魏晋南北朝時代における一つの分水嶺的な一大改革であったことを物語っているのである。

均田制の創始

孝文帝は隋唐時代の均田制《きんでんせい》や古代日本における班田収授制《はんでんしゅうじゅせい》などに影響を与えた均田制を創始した皇帝としてよく知られている。

北魏はその国初より国力の安定のため、永嘉の乱以降の争乱によって荒廃した農業生産の復興を目指してきた。それは中原平定後、都の平城周辺に移動させられた民に土地を支給した「計口授田《けいこうじゅでん》（移住させられた人々の数を計って田土を授ける）」などの形をとって現れた。

また、第三章で、太武帝の時代に皇太子が、中国古代における聖世である周の時代の制度とされる周礼の政治思想に基づいて、畿内の牛を保有する民と保有しない民との間で、人力と牛力とを相互に融通しあうようながす勧農政策をとったことを指摘したが、それもそうした国力の安定、華北の復興を目指した施策の一環であった。

	年齢	露田	桑田	麻田
北魏	男（15−69歳）	40畝（倍田）	20畝	10畝
	女（既婚者）	20畝（倍田）		5畝
	奴婢	良民と同じ	20畝	10畝
	耕牛（4頭を限度）	30畝（1頭）		
隋	丁男（18−59歳）	80畝	20畝（永業田）	
	丁女（同上）	40畝		
唐	丁男 (21−59歳)737年 (23−59歳)744年 (25−54歳)763年	80畝（口分田）	20畝（永業田）	

均田制（北魏・隋・唐）　露田は穀物を植える田で、還受される（のちの口分田）。桑田は桑を植え、絹を上納し、子孫に伝え得る（のちの永業田）。麻田は還受される。布を上納。隋は煬帝のとき、奴婢・耕牛への授田を廃止。唐の100畝は約5.5ha

均田制はいわばそうした路線の総仕上げともいうべき施策であり、太和九年（四八五）から実施されたものである。その内容は、一五歳になれば農民に露田《ろでん》（一定の年齢になると返還や貸与の対象となる唐の口分田《くぶんでん》にあたる田土）、桑田《そうでん》（還受の対象とならない唐の永業田にあたる田土）をそれぞれ与え、穀物や絹麻の生産に従事せしめ、その生産物に対してそれまで庄園領主や豪民に収奪されていた割合よりも低率の税を課し、死亡もしくは七〇歳になれば露田を返還せしめる、というものであった。

そうした田土の還受のためには人口の正確な把握が必要となる。それをめざして実施されたのが三長《さんちょう》制《せい》という制度である。この制度は五家を一グループとして長をおき、さらにその上位グループとして二五家、一二五家ごとに長をおき、これら三種の長を通じて戸口調査、徴税事務などを行わせようとしたものである。

この三長制は、永い戦乱の過程で豪族に取り込まれてその属下にあった百姓が、豪族から収奪を受けていた状況を改め、同時に国家財政を安定させることをめざして実施されたものである。

この制の実施を建言した漢族士大夫出身の李沖《りちゆう》は、五〇家、三〇家を一家と偽って課税を免れる不法が行われている現状を憂えて、古来の制度に則って三長制を実施すべきであると述べている。このとき、この施策の実施に消極的であった人々の意見を押しのけ、当時の北魏朝廷における実力者であった文明太后馮氏《ぶんめいたいこうふうし》（孝文帝の祖母）は、この施策が実行されれば国家の把握から逃れ豪族などに依附している脱漏戸は把握され、国家財政は安定し、不当な利益を得ているものもいなくなるであろうとして、その実施を決断したという。

周知のように、均田制や三長制は、中国古代の周の時代に行われたとされる制度の影響を受けて創始された制度である。

そこには天下の土地はすべて王のものであり、それだけに私有地ではない王土としての土地を民に貸与し、そこから生産される穀物などを民の生存と再生産のための資源となし、またその生産物の一部を税として徴収するという思想がある。先に太武帝の時代に皇太子が周礼の政治思想に基づいて、勧農政策を実施したことを指摘し、北魏においてはこの頃から周礼を国策決定の基準とする姿勢が打ち出されてくると述べたが、この均田制や三長制はその延長線上に出現した制度なのである。

孝文帝の改革か　文明太后の改革か

しかし、実はこの均田制や三長制が創始されたとき、孝文帝はいまだ親政を行ってはおらず、北魏朝の実権は彼の祖母である文明太后馮氏によって握られていた。この点は先に見た官僚制度や国家祭祀の改革などが彼の親政時に行われているのとは異なっている。

この点をとらえて、均田制などは文明太后の施策であり、孝文帝の施策はもっぱら北魏国家の漢化を目指した施策であったとする理解がある。しかし、そうしたとらえ方は誰が当時の政治の実権を握っていたのかという面のみにとらわれた見方であって、五胡・北朝史全体の展開から見たとき妥当な見方とはいいがたい。

なぜなら、たとえば孝文帝親政時にあっても、周礼に則って度量衡の制を定めたり、封爵制の改革を行ったり、後宮の制を改めたり、宗廟の制を改めたりしているからである。孝文帝の改革の総決算、あるいは象徴ともいうべき平城から洛陽への遷都にも、周の時代の都であった洛陽が明確に意識されていた。

文明太后・孝文帝によって行われた改革は、道武帝による部族解散、太武帝による華北統一と道教の国教化、景穆《けいぼく》太子による仏教尊崇、周礼重視の路線、その後継者である文成帝による仏教の国教化といった北魏史の展開の到達点として出現したものであり、二人の改革は一体のものと考えるべきなのである。

孝文帝のパーソナリティ

なぜ王朝の基盤を切り崩す改革を実行したか

孝文帝の改革は、北魏の政治的支配者層としての鮮卑を中心とした胡族集団の結束に大きな打撃を与えるものであった。その際、胡族出身の皇帝である彼がなぜ中国史上の遼金元清のような征服王朝が数々の施策を通じて自民族の結束強化に努めたのと異なり、異民族支配の基盤を切り崩し、結果的に自らの王朝の滅亡を早めたとされる施策をとったのか、という疑問が生じる。こうした疑問に対する解答として、そうした改革を必要とした当時の北魏がおかれていた王朝全般の中国化という政治的社会的状況の存在が指摘できる。

この点についてはすでに述べてきたところであるが、こうした解答はいわば巨視的な立場からなされた改革の必要条件とでもいうべきものである。さらに進んで考えると、たとえば孝文帝は文明太后《ぶんめいたいこう》の死後になって多くの中国化をめざした改革に矢継ぎ早に着手しているが、それはなぜかという疑問が生じる。

また、孝文帝はその中国文化に対する尊崇の念を自らが鮮卑であるということと具体的にどのように調和させていたのかという疑問も生じる。さらには、孝文帝は中国化政策を断行しながら禁兵の大部分を胡族兵のままにしているが、これはなぜかというような疑問も生じる。

つまり先の巨視的な立場ではなく、より微視的な立場に立って孝文帝という人間の改革断行への衝動がどのようなところから生じてきているのか、そしてそれがどのような形で改革と連関しているのか、といったことを問題とするとき、先に述べた王朝全般の中国化といった解答は、いまだ彼がなぜ異民族支配の根幹を突き崩すような施策を採ったのかとする疑問に対する十全な解答であるとは言い難い面をもっているのである。よっていまこうした視点から、孝文帝という個人の内面の世界と彼の改革とがどのような形で結びついていたのかという問題について見てみよう。

文明太后と孝文帝の母子説を追う

孝文帝の祖父・文成帝《ぶんせいてい》の皇后であるが、正史が彼とは血のつながりはないとする文明太后と孝文帝とを、実は本当の母と子の間柄ではないか、とする見方がある。孝文帝の母が誰であるかという一見それほど重要でないかに見える問題をここで取り上げるのは、幼少から成人に達するまで孝文帝の教育に漢族出身の太后はかなり大きな役割を演じており、その彼女が実は孝文帝の生母であったとすると、そのことは孝文帝のパーソナリティに大きな影響を与えたと考えられるからである。

また、孝文帝の中国化政策が漢族出身の太后の影響を受けて出現したとすれば、文明太后・孝文帝母子説の当否は、ここで解明しようとしている問題とも大きく関連するであろう。

さて、従来の見方によると、この太后・孝文帝母子説の根拠は、

①孝文帝が生まれたとき、父である献文帝《けんぶんてい》がわずかに満一三歳であり、とても子をなす歳とは想えないこと。

②太后の死後、孝文帝が義理の祖母にすぎない彼女のために、群臣の反対を押し切って、中国では本来なら自らの父母に対して服する喪である「三年の喪」に服そうとしていること。

③北魏の歴史を記した『魏書』に載せられた太后の伝に、「后（太后）の崩ずるまで孝文帝は自分を生む所を知らなかった」とする不可解な記載が見えること。

④『魏書』や『北史』などの当時の歴史を述べた史書が、孝文帝は太后の一族（馮氏《ふうし》）を厚遇し、孝文帝の生母として記述する思皇后李氏《しこうごうりし》の一族に対してはきわめて冷淡であったとしていること（本来ならば皇帝の母の一族として、思皇后李氏の一族は厚遇されてしかるべきである）。

⑤太后は彼女の列伝等によれば、きわめて権勢欲の強い人物であったが、その彼女が、彼女の伝によると、「孝文帝の生まるるに及び、太后みずから親しく撫養す。この後、（太后）臨朝聴政（朝廷に臨み政《まつりごと》を聴くこと）するを罷め、政事を聴かず」とあるように、孝文帝の誕生と同時に政務を離れているのは不可解であること。

⑥当時の史書が、太后と孝文帝の関係を「母子」の語をもって表現していること。

などにある。

　また、孝文帝は太和一二年（四八八）の段階で、自らの生母が太后によって殺害された思皇后李氏であると認識していたことが史料の上から確かめられるが、太后の伝に「太和一四年（四九〇）に后（太后）の崩ずるまで孝文帝は自分を生む所を知らなかった」とあるのは、明らかにこの史料と矛盾する。

　実は、孝文帝の出生の秘密に関しては当時すでにかなりの噂になっていた可能性がある。『魏書』に、「孝文帝は馮氏一門（太后の一族）を厚遇し、李氏一門（思皇后の一族）に対

文明太后永固陵　永固陵は文明太后の陵墓。山西省大同市の城北25kmの西寺児梁山（古称は方山）の南方にある

する待遇は薄きに過ぎた。皇帝の生母の家柄というのにまったく任用されるものもなかった。朝野の人士はひそかに議し、太常の位にあった高閭《こうりよ》が禁中でこのことを顕言したのもその理由による。孝文帝の子の宣武帝《せんぶてい》の代になって諸帝の外戚を寵遇し、そのためみな高位に登ったが、ただ孝文帝の生母の家柄だけは恩沢《おんたく》の対象とならなかった」（『魏書』李恵伝）とあるからである。

それでは孝文帝の父は誰であろうか。

正史が孝文帝の父と伝える献文帝は、わずか一八歳で太后に迫られ、幼い孝文帝に譲位している。このとき献文帝は帝位を叔父の京兆王《けいちょうおう》拓跋子《たくばつし》推《すい》にゆずろうとするが、鮮卑重臣を筆頭に群臣が「父が子に位を伝えるのは古来の定めである。北魏の歴史においてもしかり。皇太子（孝文帝）は正統にして、聖徳はつとにあきらかである」などと述べ、孝文帝への継承を訴えたので、孝文帝への伝位が決定する。

孝文帝の父が献文帝でないとした場合、群臣がこのような反対意見を述べるであろうか。たとえ太后の勢力が伸張し、その圧力があったとしても北魏の柱石である鮮卑重臣らが、そのことをもって皇位継承の正統性がない、あるいは疑わしい太子への譲位を認めるとは考え難いであろう。

平城から洛陽へ都が遷された後の太和二〇年（四九六）に、孝文帝の改革に不満をもつ鮮卑上層の人々による謀反事件が起こるが、そのとき謀反の指導者は孝文帝の長子の皇太子を旗印としようとした。孝文帝の路線に反対するという性格をもつ謀反を企てるのに、孝文帝が正統でないとした場合、その長子を盟主とするというのでは、謀反の性格が不可解なものになってしまうであろう。

つまり、孝文帝の父はやはり拓跋北魏のリーダーとしての正統性をもつ人物でなければならないことになる。とすればそれは誰か。太后の夫たる文成帝であろうか。しかし、文成帝が孝文帝の父である可能性はまったくない。なぜなら文成帝は和平六年（四六五）五月癸卯に崩御し、孝文帝はその二年後の皇興元年（四六七）八月戊申に誕生しているからである。このように見てくればそのような人物はもはや献文帝しかいないことになる。

胡族の婚姻にあるレヴィレートの風習

ではこうしたことは果たして可能であったであろうか。

孝文帝が生まれた皇興元年、献文帝は満一三歳（数えで一四歳）であった。太后はそのとき数え二六歳であったと考えられる。また、孝文帝が献文帝の一三歳のときの子であるのと同様に、北魏の諸帝は、献文帝が父である文成帝の一五歳のときの子、その文成帝が景穆太子の一三歳のときの子であるように、多く若年で子をなしている。また、胡族の間にいわゆる父の生前の夫人が、その後を継いだ子の妻となるという風習（生母は除かれる）、すなわちレヴィレートの風習が存在することはよく知られている。つまり孝文帝が献文帝と太后との間の子である可能性は十分あるのである。

私はこれこそが孝文帝出生の真相であろうと思う。献文帝を父と考えることによって、はじめて孝文帝を群臣が、最後には献文帝自身が、当時にあっても太后の子であることがかなり噂されていたと考えられる孝文帝を献文帝後の天子として認めたのはなぜか、当時の史書に献文帝が父であることを記しながら、その母のことを記した記事に含みのある言葉がきわめて多いのはなぜか等々の様々な疑問が、一挙に氷解するからである。

いままで述べてきた孝文帝の出生にまつわることがらの全体像を孝文帝が知ったのは、太后伝の「后の崩ずるまで孝文帝は自分を生む所を知らなかった」とある記事からうかがわれるように太后崩御の際、あるいはその直後のことであったと思われるが、これは孝養の念厚い孝文帝にとって非常な驚きだったであろう。この際、『魏書』に見える次の記載は当時の彼の心情を知る上できわめ

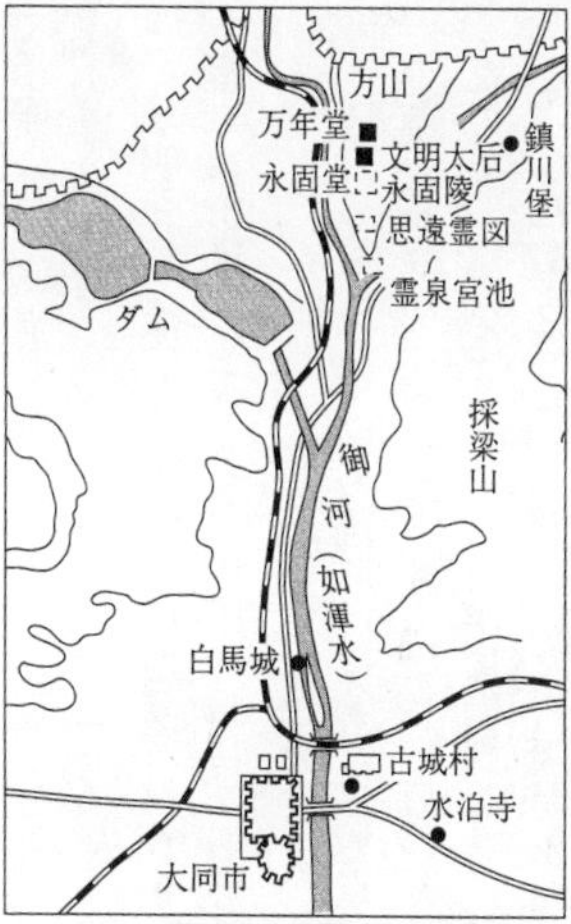

文明太后永固陵配置図　永固陵の北には孝文帝の寿陵である万年堂がある。南には金銀や浮彫で装飾された廟堂（永固堂）があった

て示唆に富んだものである。

承明元年（四七六）四月に至り、月食があった。五月己亥の日に、金星、火星は軒轅《けんえん》の座（獅子座）に入った。庚子の日に、あい迫って光を同じにした。これはみな后妃の謫《とが》である。

天文の書に、母后の過ちはほとんど極点に達したという。人君は祖先の業を忘れ、匹夫の孝を慕うが、宗祀をどうしようと思ったのか。このとき献文帝はこの意味を悟らなかったので、六月に至ってにわかに崩御した。じつに酖毒《ちんどく》の禍に罹《かか》った（毒殺された）のである。これから見ると、おおいなる天が予兆を示すということは久しいものがある。

その後、太后（文明太后）が崩御し、孝文帝は喪に服し、孺子《じゅし》（おさなご、小僧）の慕情をつくしたけれど、春秋の義を述宣し、供人の党を懲らすことができなかった。（天象志）

ここに見える「春秋の義を述宣」するとは大義名分を明らかにすること、すなわち太后が亡き父たる献文帝を毒殺したことを公表し処断すること、「供人の党を懲らす」とは太后に加担した人々を処罰すること、を意味している。つまり、この記事は孝文帝の政治の批判をしているのであるが、ここに見える太后による献文帝毒殺は、事実を伝えたものであることは別の史料からも確かめられる（『北史』魏澹《ぎたん》伝）。

では、孝文帝は太后が国政の実権を掌握していたときならいざ知らず、なぜその没後にあっても彼女を処罰しようとしなかったのであろうか。

おそらくそれは人一倍孝養の念厚く、中国の学問に精通し中国の文明に憧れた孝文帝にとって、太后の死によってはじめて知り得た、それだけに慕わしい母（太后）を父殺しの大罪人として処断することなど思いもよらないことであったからであろう。

こうしたことがらが孝文帝とその父母との間にはあったと考えられるが、とすればこうしたことが彼の政策に大きな影響を与えたことは容易に察せられる。

義理の間柄とはいえ、文成帝の皇后である太后は孝文帝の祖母にあたる（献文帝にとっては義理の母である）。そしてその太后が、実は彼の母であり、そのうえその太后が彼の父である献文帝を殺害したなどということは、胡族中第一の文化人ともいうべき彼にとって野蛮な近親相姦を想わせる悪夢であり、そうした暗黒と彼は血の絆で結びつけられているのである。そしてそれを生み出してきた根源に胡族のレヴィレートという風習があった。

彼の改革が太后の死後、それまで彼が生活してきた世界を根本から変革する、北風の吹き荒《すさ》ぶ武力一辺倒の地である平城から、気候や耕地に恵まれた中原の洛陽への遷都に代表されるような、いわゆる中国化政策という形をとった背景には、おそらく上で述べたような過去のしがらみから自らを解き放たんとする彼の強い意志があったと考えられるのである。

なお、北魏には外戚の勢力の台頭をおさえるため、世継ぎとなる皇太子の生母に死を賜るという奇習があった。文明太后が本章で述べてきたような挙にでた背景には、その旧例によって自身が死を賜ることを恐れたことに一因があったことが想定されるが、孝文帝はその旧例を廃止している（『北史』后妃伝下の論）。

そこにはただ単にこうした風習が野蛮であるから廃止するといった以上の考えが彼にはあったものと推察されるのである。

孝文帝のめざした世界

孝文帝の階級意識

孝文帝に数々の改革を断行させた私的背景には、このほかにもう一つの要因があった。それは彼が鮮卑としての意識を持ちつつも、それをはるかに上回る階級意識、中華皇帝としての意識を持つようになっていたということである。

孝文帝の改革はよくいわれるように、鮮卑としての誇りをなげうち、中国社会への全面的同化をめざしたものであった、という一面をもっている。一方、前節で述べたように、孝文帝は非漢民族国家北魏の正統である拓跋王家直系の血をひく皇帝でもある。その彼がこのような中国化政策を断行したとすれば、彼の内面ではなんらかの葛藤が生じたはずである。

ところが、そうした形跡はあまり見当たらない。とすればそこにはそれなりの理由が存在するはずである。文明太后・孝文帝母子説について述べたこともそうした理由の一つといえよう。しかし、こうした表現はあまり適切ではないが、いわばそれは彼の情的側面である。

彼の政治的立場の側面、より具体的に言えば、彼の鮮卑としての意識と、彼の中に見られる社会的に上位に属する階級を重視する意識とは、どのような関係にあったのであろうか。

興味深いことであるが、孝文帝には鮮卑としての意識が希薄であったということである。そのことは次のようなエピソードからもうかがえる。北魏が洛陽に遷都したころ、鮮卑が漢語を理解できないということで、孝文帝が鮮卑語を用いて儒教の経典の一つである『孝経《こうきょう》』を翻訳させ、鮮卑に教えさせたということがあった。この書物は当時、『国語孝経《こくごこうきょう》』と呼ばれたという。

この事実は、後の遼や元のような征服王朝においてはその民族の言語が国威発揚のために用いられたのに反し、北魏では漢文化の真髄である孝道を鮮卑に理解させるために用いられていること、そしてそれを孝文帝が命じていることを伝えているのである。

孝文帝がこのとき、鮮卑が漢人を支配するには漢人の思想を理解しておくことが必要であるからという立場から、翻訳と教授を命じたとは到底考えられない。このことは孝文帝に鮮卑としての意識が希薄であったことを示していると考えられるのである。

また、孝文帝は、読書を好み、儒教や老荘の書、歴史書など百家の書に通じ、詩賦にも秀で、親政期間中の詔冊はすべて彼の文になるといわれるほど、中国の学問に精通していたが、そうした彼の中国文化に対する理解は、彼の内面で「中国」と自己とを断絶したものではなく一体のものとして意識するところまで深まっていたと考えられる。そのことは孝文帝が文明太后のために三年の喪に服そうとしたとき、三年もの長きにわたり皇帝たるものが服喪することの非を説いて、反対する胡漢の重臣たちの議論を、その中国古典に対する該博な知識を駆使し論破しているところにも遺憾なく現れている。

また、あるとき孝文帝は朝臣と海内の門地や人物について論じたことがあったが、そのとき、朝臣の一人が陛下は鮮卑ではないかと揶揄したことがある。孝文帝はそれに対し、なんら立腹したそぶりを示さず、その人物が酔ったのだとして、その後も従前通り処遇したという。

第三章で述べたように華北第一の名族である清河の崔氏出身の崔逞《さいてい》は、北魏の建国者である道武帝が後燕《こうえん》を攻略したとき、鮮卑と飛鴞《ふくろう》・淮夷《わいい》とを同列視し、鮮卑を侮蔑したため、道武帝の逆鱗に触れ死を賜っているが、このことをこの孝文帝の場合と比較するとき、道武帝の鮮卑としての意識と孝文帝のそれとの間にきわめて大きな差のあることがうかがえるのである。

階級意識と孝文帝の民族意識

ではこうした孝文帝の民族意識の希薄さは何によって生じたのであろうか。

彼が成長した時期は、北魏国初からはじまった漢文化との接触にともない北魏の諸制全般が徐々に中国化していった結果、鮮卑が鮮卑としての主体性を失いつつあった時期にあたっていた。そうした胡族社会変容の影響は、彼が幼児期から青年期にかけて受けた教育や様々な出来事を通じて、その内面にまで及んだであろう。先に述べた彼の中国古典への理解の広さ、深さはこうした影響の一つの現れであろうが、この際注意しておくべきことは以下で取り上げるように、孝文帝がこのような社会変動の一つの現れである胡族社会内部での階層分化に敏感に反応し、強い階級意識を抱くようになっていたと考えられる点である。そして、この階級意識の存在が彼の民族意識の希薄さと連関する関係にあったと考えられるのである。

先に述べたように、孝文帝による胡族に対する姓族分定によって、姓族となれなかった胡族のかなりの部分はこれよりのち制度的に庶民の身分として固定化されたが、これは孝文帝によって胡族が支配階層と被支配階層の二つに分断されたことを示している。また、孝文帝の改革時まで鮮卑は、まがりなりにも遊牧時代の制度や風俗に淵源する数多くのシンボル（祀天の儀礼、鮮卑語など）を通して結合し、互いに連帯感をもって存在していた。

このことに注意するとき、孝文帝による姓族分定は、彼がこうした連帯感に基づく社会よりも身分制原理に基づく階層社会を選択したことを示している。つまり、孝文帝における民族意識の希薄さの背景には北魏社会変容の影響を受けて生じたと考えられる彼の階級意識の存在があったと考えられるのである。

ところで、洛陽遷都後の禁中守護に任じた兵士の多くもそれ以前の時代と同様に、大部分、胡族兵によって占められていた。孝文帝は改革を通じて、胡族の風俗をなげうち、国家の諸制全般を中国化させ、漢人を大量に登用していったが、この事実はそれにもかかわらず、やはり彼がその内面では鮮卑としての意識を堅持し、漢人を警戒していたことを示している。ただし、この胡族兵の禁軍への編入は、騎馬に巧みな胡族のほうが漢兵よりも軍事的に強力であるという当時における社会的現実の存在と、遷都によって洛陽に移住したばかりの胡族の生業確保が必要とされていた状況とを踏まえて行われたという面をもっている。それだけに、そこに征服王朝的発想の存在を見ることは難しい。

また、洛陽遷都以後の禁中守護に任じた諸将軍（領軍、左衛、右衛、武衛等と呼称された将軍）への就官者は大部分胡族によって占められている（ただし、この胡族はすべて胡族の上層階級に属する）。こうしたことが生じた原因としては当時の禁軍の大部分が胡族であったという現実の存在と、胡族全体から見ればその一部にすぎない上層の人々に対する重視とがあったと考えられる。このうちの胡族上層重視のなかに、階層意識によって歪められた彼の民族意識の存在がうかがわれる。

しかし、彼はその胡族上層と、北魏国家の封建化にともなってその政治的経済的利害が一致するようになった漢人貴族との間の婚姻を盛んに奨励しており、現にそれを受けてそうした婚姻が盛んに行われてもいる。このことに注意すると、禁軍将官就官者の大部分が胡族上層によって占められているとしても、このことから彼の民族意識の存在を過大に評価することはできないのである。

中華皇帝への志向

洛陽遷都直後の孝文帝は臣下を前にして「朕が自ら礼を行いてより九年、新たな官制を始めてより三年がたった。これはまさにすべての民を導き、礼教の世界を知らしめんがためであった。朕は天子である。どうして中原を仮の住《す》まいとすることがあろうか（以後もこの地にあって政治を行う）」と述べたことがあったというが、そこには、太后の死後はじめて獲得した名実を具えた北魏皇帝としての地位よりも、それを超越した中華全体の天子としての地位を目指す彼の気概を見ることができる。いま彼の中華皇帝、中華帝国北魏への志向が明確に現れている「五行《ごぎょう》の行次《ぎょうじ》」変更について取り上げ、本章のまとめとしたい。

五行というのは木、火、土、金、水の五つの要素のことである。中国古来の世界観である陰陽五行説《いんようごぎょうせつ》によれば、この五つの要素によってこの世界は構成されており、王朝も漢は火の徳を受け、曹操の魏は土の徳を受けたというように、それぞれこの五行のいずれかをになって木、火、土、金、水の順に興亡するとされる。

『魏書』によると、拓跋氏の先祖は中国神話の伝説上の皇帝である黄帝《こうてい》から始まったと仮託されている。その黄帝が土《ど》徳《とく》をもって王となったので、鮮卑語の土を意味する「拓」と帝を意味する「跋」とをもって拓跋と名乗ったとする話が見える。また北魏建国の当初に、瑞兆として黄色い星が天空に輝いたともいう。こうしたことをもって北魏の五行の順次、すなわち行次《ぎょうじ》は土の徳をもつものと定められた。

漢から一〇世紀の趙宋までの歴史を通観するとき、北魏は中原を制覇した王朝としては異例の性格をもつ国家であるといえる。それは、曹魏や晋などが前王朝の禅譲を受けて成立した王朝であるのと相違し、北魏が、のちのモンゴル族の元などがそうであったように、前王朝の禅譲を受けることなく建国された国家であるという点である。

この点は、北魏という国家の性格を考える際まず注意しておくべき点であるが、そうした北魏もすでに述べたように中国との接触を深めるにつれ、中国化を遂げていく。北魏国初における土徳の採用は、そうした動きの一つの現れということができるものであるが、その際、注目しておくべきことは、この際の土徳はそれに先行する火徳、すなわち循環する五行の木火土金水の火徳に相当する王朝が想定されていないことである。

こうした「不備」は、そののち改められることになって、北魏は先行した前秦の火徳をうけて土徳となったとする考えが主張されるようになる。すなわち金徳をもつ西晋が滅んで、水徳をもつ前趙が出現し、その趙が滅んで木徳をもつ前燕が出現し、その燕が火徳をもつ前秦に変わり、その前秦が滅んだころ、北魏は建国されたので土徳であるとする考えである。

ところが、孝文帝は親政をするようになって、北魏の行次を土徳から水徳に替えるということを行い、北魏は西晋の金徳を直接受け継ぐ王朝であると宣言している。この変化は一見どうでもよいような変化のように見えるが実はそうではなく、今日における我々の中国史についての見方をも左右する大きな変更だったのである。

五胡十六国という時代呼称の原理

中国の歴史は、秦漢・魏晋南北朝・隋唐というように王朝の朝代をもって呼ばれるのを常としている。しかし、春秋戦国や五代十国といった時代はそうした命名とは異なった形で断代が行われている。では五胡十六国時代という時代呼称はどのような原理によって区分されているのであろうか。

　この時代は西晋が滅び、北魏が華北を統一するときまでの、五胡による華北争乱の時代と認識されているが、そもそもそうした時代区分は誰がなしたことなのであろうか。五胡というならば、北魏も五胡の一たる鮮卑拓跋部が建国した王朝であり、それが華北を統一したからといって、それからのちを南北朝時代と呼ぶのはいささか強引ではなかろうか。

　北魏が前秦の火徳を受けて土徳となった、そしてそれは前趙《ぜんちょう》や前燕《ぜんえん》からの行次を受け継ぐものであるとする先に見た論理は、五胡の一つである匈奴が建国した趙国や、鮮卑が建国した燕国、氐羌《ていきょう》が建国した秦《しん》国が、西晋《せいしん》と同様に中原を支配した正統王朝であることを認める論理である。とすればこのような発想からは北魏の華北統一をもって、それ以前の時代とそ

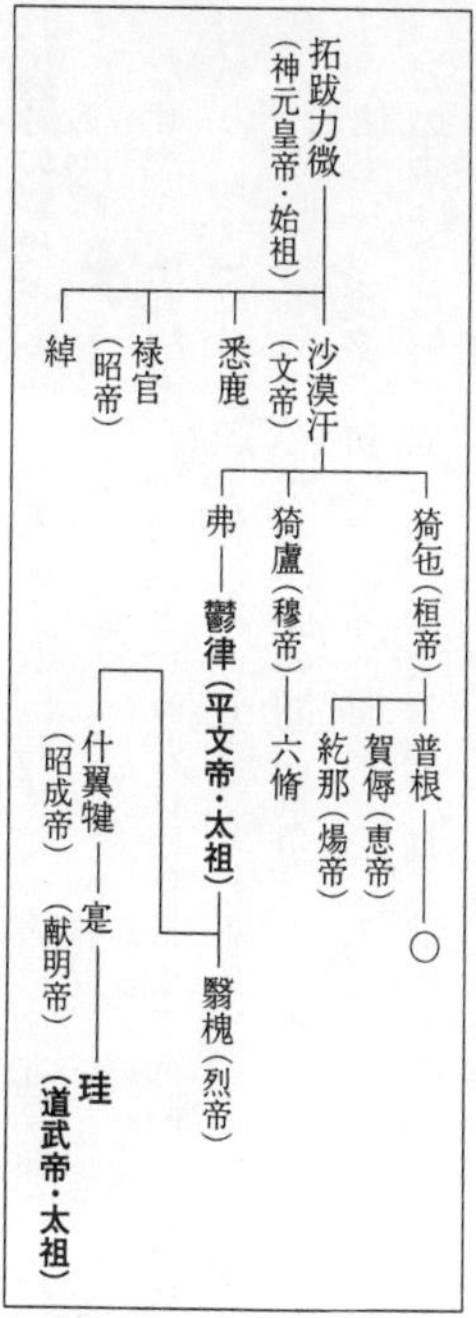

拓跋部世系表

れ以降の時代を、一方は五胡十六国時代、一方は南北朝時代と区分する思想は決して生まれてこないであろう。

なぜならば五胡十六国時代という時代呼称は、この時代は異民族が入り乱れた争乱の時代であり、そこには正統王朝は存在しなかったという観念が含意されており、一方、南北朝時代という時代呼称は、南北両朝の間に抗争はあるけれども、そのいずれもが一定程度、正統王朝としての資格を持つとする呼称だからである。

このような理解に立つと、孝文帝がそれ以前の五胡諸国を飛び越して、北魏を西晋の金徳を継ぐ水徳の王朝としたということは、大きな意味をもつ改変であったことが明らかとなってくる。彼が北魏のそれまでの土徳を水徳に変更すると決定したとき、そこでは趙、燕、秦などの国々は僭偽《せんぎ》（僭越な偽り）の国である、とする論理が展開されているのである。すなわち、これらの国は中原を支配するにたる正統王朝ではなかったのであり、それに値する王朝は中国全体を支配した先の西晋王朝と、華北を統一し、いままた中国の再統一をめざすわが北魏をおいてはないという考えが、そこには表明されているのである。つまりここでは拓跋鮮卑は五胡ではないという考えが主張されているといえる。

北魏の強盛は結局こうした論理を定着せしめ、北魏は漢人からも「北朝」という正統な王朝として呼称されるようになっていく。北魏の末に『十六国春秋《じゅうろっこくしゅんじゅう》』という歴史書が、崔鴻《さいこう》という人物によって著された。我々が今日、五胡十六国時代（三〇四―四三九）という中国史上の時代呼称を用いるのは、この書物に負うところが大きいが、そうした歴史の断代が可能となったのには、この孝文帝による行次の変更によってもたらされた断代観、時代認識が根底にあるのである。

この行次の変更には、孝文帝の並々ならぬ決意がうかがわれる。それはこのとき太祖《たいそ》の変更も行っているからである。中国の皇帝はその死後、先祖のみたまやである宗廟における呼び名である廟号《びょうごう》と、死後の諡《おくりな》である諡号《しごう》の二つをもって呼ばれる。北魏の建国者である拓《たく》跋珪《ばつけい》の廟号は太祖であり、諡号は道武帝であり、孝文帝拓跋宏《たくばつこう》の廟号は高祖であり、諡号は孝文帝である。そして太祖は、多くの場合その王朝の創始者に与えられる廟号である。このことは、道武帝がそう呼ばれた時点で、北魏という王朝の創始者と考えられていたことを示しているが、実はこの孝文帝による行次の変更が行われるまで北魏における太祖は道武帝ではなく、それまで彼は烈祖という廟号をもつにすぎなかったのである。それまで太祖とされていたのは、道武帝の曾祖父にあたる平文帝拓跋鬱律《へいぶんていたくばつうつりつ》であった。

拓跋鬱律とは西晋滅亡のときに、北方にあって一〇〇万の騎兵を擁し南下の志をいだいていたとされる拓跋部のリーダーであった人物である。孝文帝がこうした人物から道武帝へと太祖の変更を行ったことは、道武帝以前のリーダーと道武

孝文帝陵　洛陽遷都後、孝文帝は洛陽北方の邙山台地に自らの陵墓（長陵）を造営し、この地を皇族や鮮卑族の墓域とした

帝以降とを明確に区別することを意味している。そして孝文帝はこのことを通して、道武帝以降の拓跋宗家とそれ以前の王族とを峻別することを企図してもいたのである。

私は先に孝文帝が行った姓族の分定によって、鮮卑が姓族とそうでないものとに大きく二分されたことを述べた。また、洛陽への遷都の際、洛陽へ移住する人々とそれまでの都であった平城の地にそのまま残留する人々とが生じたが、太祖の変更をめぐる拓跋宗室の分断、同時に行われた行次の変更などは、こうした動きと密接に連関するものだったのである。

第八章　北朝後期の政治と社会

北魏後期の政治と社会

洛陽の繁栄

北魏孝文帝は洛陽遷都から五年後の四九九年、南朝討伐の軍中で病を得て没する。その後を継いだ宣武帝《せんぶてい》（在位四九九—五一五）は五〇一年、五万余の人力を徴発して首都洛陽城の大修築を行っている。その都城は東西二〇里、南北一五里に及ぶ壮麗なもので、三百余の条坊からなり、そのうちには一三六七の伽藍がひしめいていたという。

北魏洛陽城について記述した『洛陽伽藍記《らくようがらんき》』によれば、当時の北魏はパミール（葱嶺）から東ローマ帝国（大秦）にいたる百国千城のうち、一つとして付き従わぬもののないほど強大な国家であり、胡人の隊商や行商人たちは毎日のように国境をめざしてひしめき、北魏を慕って住み着くものも数えきれずといった状況であったという。

当時、北魏を慕い帰化した外国人だけでも一万戸以上を数え、首都洛陽の町並みは整然と区画され、家々の表門はびっしりと連なり、青い槐《えんじゅ》の樹は街路に影を落とし天下の得難い物資のすべては洛陽に集まったというが、このような繁栄を象徴したのが、宣武帝の皇后で

霊太后が建てた永寧寺仏塔の発掘状況

あった霊太后の創建した永寧寺《えいねいじ》であった。

西域からやってきた仏僧の菩提達磨《ぼだいだるま》はその永寧寺の仏塔の金盤が日に輝き、その光が雲を照らしているのを見、思わず讃文を唱え、そのすばらしさはこの世界にまたとないもの、たとえ仏国土をくまなく求めたとしても見あたらないものと言って、幾日も合掌を続けたとも伝えられている。

北魏と仏教

このように北魏はまさしく仏教国家ともいうべき様相を呈していたのであるが、北魏と仏教との接触は当初からこのように密なものであったのではなく、その建国者である道武帝が華北に進出するまでの段階においては、仏教との間に接触らしい接触はほとんど生じていなかった。

しかし、華北進出後は仏教との接触が徐々に増していき、五世紀の前半に太武帝による華北統一の過程で北魏が十六国の一つである北涼《ほくりょう》を滅ぼしたとき、そこにいた僧侶三〇〇〇人が当時の首都平城に移住させられてからは、北魏は仏教国家としての性格を急速に強めていったのである。

太武帝の時代には第三章で述べたように仏教に対する大弾圧も実行されるが、次の文成帝の時代になると再びその勢いを増して、北魏の国教と言うべき位置を確固たるものとするのである。このときから首都平城の西郊の地である雲岡《うんこう》に巨大な石窟が造営されていくことはよく知られていることである。

孝文帝、宣武帝、そしてその子の孝明帝《こうめいてい》（在位五一五―五二八）の時代にも仏教は厚い庇護を受けていっそう拡大し、上で述べたように洛陽城内に夥《おびただ》しい数の伽藍がひしめくほどの活況を呈するようになるのである。今日私たちはその時の盛時の様を目の当たりにすることはできないが、孝文帝の洛陽遷都とともに開始され、隋唐にかけて掘削されていった龍門石《りゅうもんせっ》窟《くつ》の偉容に、当時、仏教が皇帝や貴族を先頭にして、熱狂的に信仰されていた様子をうかがうことができるであろう。

雲岡石窟の外観　北魏前期の都である平城（大同）の西郊にある。北魏４代文成帝のときから開削が始まった

四月四日から始まる釈迦の降誕会には、黄金と宝玉で荘厳された仏像がしつらえられ、都をめぐった。七日には都中の一〇〇〇体余りの登録された仏像が宣武帝の建立した景明寺《けいめいじ》にあつまり、各仏像は八日には宮城に参内し、皇帝から黄金の花の散華を受ける習わしであった。散華される黄金の花は日に照り映え、宝玉をちり

ばめた天蓋は雲と浮かんだという。この間、旗さしものは林のように林立し、香煙はたちこめ、讃仏の楽の音は天地に響いた。そして祭礼の間には、刀を飲んだり火を吐いたり、地下水を噴き出させたり、ナツメや瓜の種をまいてたちまち実らせ食してみせるなどのありとあらゆる異国の奇術、軽業などが演じられた、と伝えられるのである。

しかし、こうした当時の状況が多くの面で、真摯な信仰の姿勢から逸脱し、豪華な造寺や

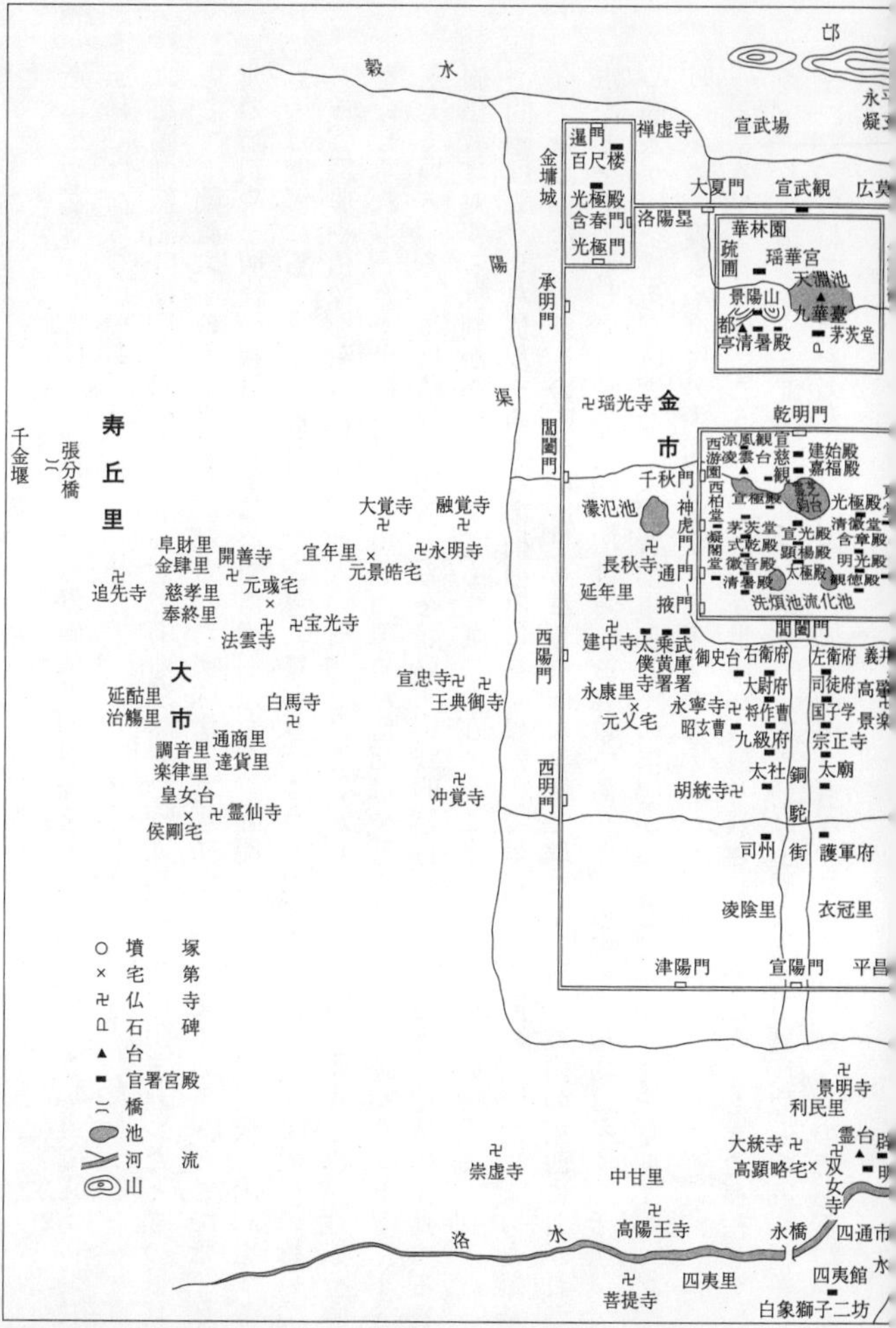

北魏洛陽城伽藍配置図（平凡社『中国古典文学大系』を参考に作図）

造仏をめざし、財と民とを消耗させる貴族仏教的退廃をともなっていたということも同時に忘れてはならないであろう。

『洛陽伽藍記』は、洛陽の崇真寺《すうしんじ》の僧である慧凝《えぎょう》という人物が、死後生き返ったときの言葉として、閻魔《えんま》大王のもとで繰り広げられた興味深い審判について伝えている。そこでは、仏典の講釈や一切経の編纂、造仏に努めた僧侶たちが、閻魔大王によって「経典の講釈をするものは傲慢にも、人より優れていると考えており、こうした行為は僧侶として最低の行いである、経典や仏像を造ったとて、他人の財物を得たいがためである」と叱責され、地獄行きを命ぜられ、一方、坐禅や経典の口誦に努めた僧侶は極楽へ昇った、と述べたエピソードを伝えている。そこには仏教の知識のみを競い、実践的修行を忘れ、造寺・造仏に狂奔する貴族仏教に対する批判が当時にあってもすでに存在したことを伝えているのである。

問題はこうした仏教をめぐる事柄のみに見られたのではない。洛陽の国際色に満ちた雑踏は、降誕会などの祭礼の際のみに見られる特殊な事柄ではなく、洛陽城内の東西におかれた市などを中心として日常的に繰り広げられる光景であった。市場の周辺には多くの手工業者や商人が居を構え、巨大な一大消費都市としての洛陽がこうして華やかさを増していくにつれ、多くの貴族や庶民の生活はますます華美なものとなっていった。

ところが一方では、こうした華やかな世界から取り残されていった人々もまた存在していた。それは洛陽中央と北辺を中心とした地方、あるいは上層貴族と下層民衆との間の格差となって、やがて北魏そのものを崩壊へと導く原因ともなっていくことになるのである。いまその崩壊が生み出されてきた原因の実態についてさらに追究してみよう。

太和の謀反事件

孝文帝の改革は、前章で述べたように北魏国家の貴族制の再編を通じての中国王朝化を実行したが、こうした路線に対して拓跋鮮卑を中心とした北族は強く反撥していた。そうした反撥の孝文帝時代における最大のものは太和二〇年（四九六）に発覚した謀反事件であった。

この事件は、太和二〇年一二月八日に行われた皇太子廃位の二日後に、北族名族の陸叡《りくえい》、穆泰《ぼくたい》らを首謀者として起こされたものである。彼らは当初その旗頭として皇太子を担ぎ出そうともしており、皇太子の廃位もこのことと関連していた。

この謀反には北族名族のほとんどが関与していたので、王朝にとって危機的な事態であったが、孝文帝側の機先を制した動きによって、動きらしい動きを示せぬまま鎮定されてしまい、謀反に関与した多くの北族が粛清された。第三章で取り上げた崔浩誅殺事件の際の対処と比べ、一方が漢族に対する粛清

龍門賓陽中洞　賓陽中洞は孝文帝の子の宣武帝が孝文帝と文昭太后のために営んだもの。建造に24年の歳月を要した

であり、他方が北族に対するそれである点で、時代が大きく変化してきていたことを象徴的に示す対照的な事件である。

ただし、ここで注意しておかなければならないことは、この謀反に荷担した人々の多くが、北魏の中国王朝化自体に反対していたわけではないということである。そのことは、この謀反を起こした北族上層の人々が、北魏の中国化の過程で、その先端を行く人々であったということにも示されている。

彼らの不満の多くは、孝文帝がその施政において漢族官僚を信任し、その改革を漢族の意見に基づいて行ったこと、そのため北族上層の間に一種の疎外感が広がっていたこと、孝文帝の改革によって新たに与えられた特権もあったが、これまで皇族以外のものでも賜与の対象とされていた王爵の賜与を以後はとりやめるなど、従来保有していた彼らの特権を奪われるといったことが生じていたこと、洛陽は平城に比べ暑く、北方生まれの北族には耐え難かったこと、などにあったことが当時の史書に述べられている。

つまり、彼らの謀反はそれまでの既得権益の喪失に対する不満によって引き起こされたのであり、より広範な北族中下層を結集して起こされたものではないのである。極論すれば、北族上層の人々にとって、中下層の人々は彼らより賤しい身分のものであり、孝文帝が彼らと中下層北族とを区別し、北族上層を漢族上層と対等に婚姻しうる家柄と措定し、門閥貴族制国家を志向したこと自体は、彼らにとってもむしろ好ましいことがらだったのである。

そうした状況から生み出された謀反であるだけに、この謀反は容易に鎮定されたのである。王朝の側も、「この反乱を起こしたものたちには大きな目標があるわけではない」と見抜いていたことが当時の史書に残されてもいる。ただし、この事件が北魏という国家の紐帯に一つの大きなくさびを打ち込む事件であったということは忘れてはならないであろう。

北魏末の動乱

北族中下層の不満

この後、北族中下層の人々の王朝に対する不満は容易ならざるものにまで増大していく。前章で述べたように、孝文帝は洛陽遷都にあたって洛陽に移住する人々と、そのまま北方にとどまる人々とを選別した。こうして洛陽に移住した人々（平城の地が「代」の古名を持つため代遷戸《だいせんこ》と呼ばれた）から羽林《うりん》・虎賁《こほん》と呼ばれる近衛軍が選抜されるが、王朝に対する不満に発する行動は、今度はこの近衛軍によって起こされることになる。

北魏国軍の中核を形成した拓跋鮮卑は国初以来、北魏王家の爪牙となって奮戦し、帝国の興隆に力を尽くしてきたが、当時、高位の官職は王室や胡漢の貴族によって独占されるようになっており、また中下の官職には漢人が進出し、至る所で拓跋鮮卑をはじめとした中下層北族は、排除される状況が生じていた。羽林・虎賁と呼ばれる近衛軍に代遷の士を広く採用したのには、そうした中下層北族の不満や、移住まもなく困窮した彼らの生活を確保するという狙いがあったのである。このとき同時に代遷の人々を文官へ採用するという措置も大々的にとられたが、しかしそれはまた、北族と文官に多数就官する漢人との間の暗闘を激化させることにもなっていったのである。

孝文帝没後二〇年ほどたった、孝明帝《こうめいてい》の始めに、漢人出身の官僚である張仲瑀《ちょうちゅうう》が上奏して、官僚の選別方法を改変し、武人を抑え、清流には与《あず》からせないようにしようとしたという。ここでいう武人は拓跋鮮卑を中心とした羽林・虎賁などの北族を指すが、この北族を排除せんとする張仲瑀の上奏は、羽林・虎賁の兵を激昂させるに充分であった。

神亀二年（五一九）二月、彼らは、口々にその非をならしながら街路に出、張仲瑀、および王朝の要人であったその父の張彝《ちょうい》らを襲うという行動に出る。その徒一〇〇〇人ほどはまず尚書省を襲い、その後、手に火を持ち、張

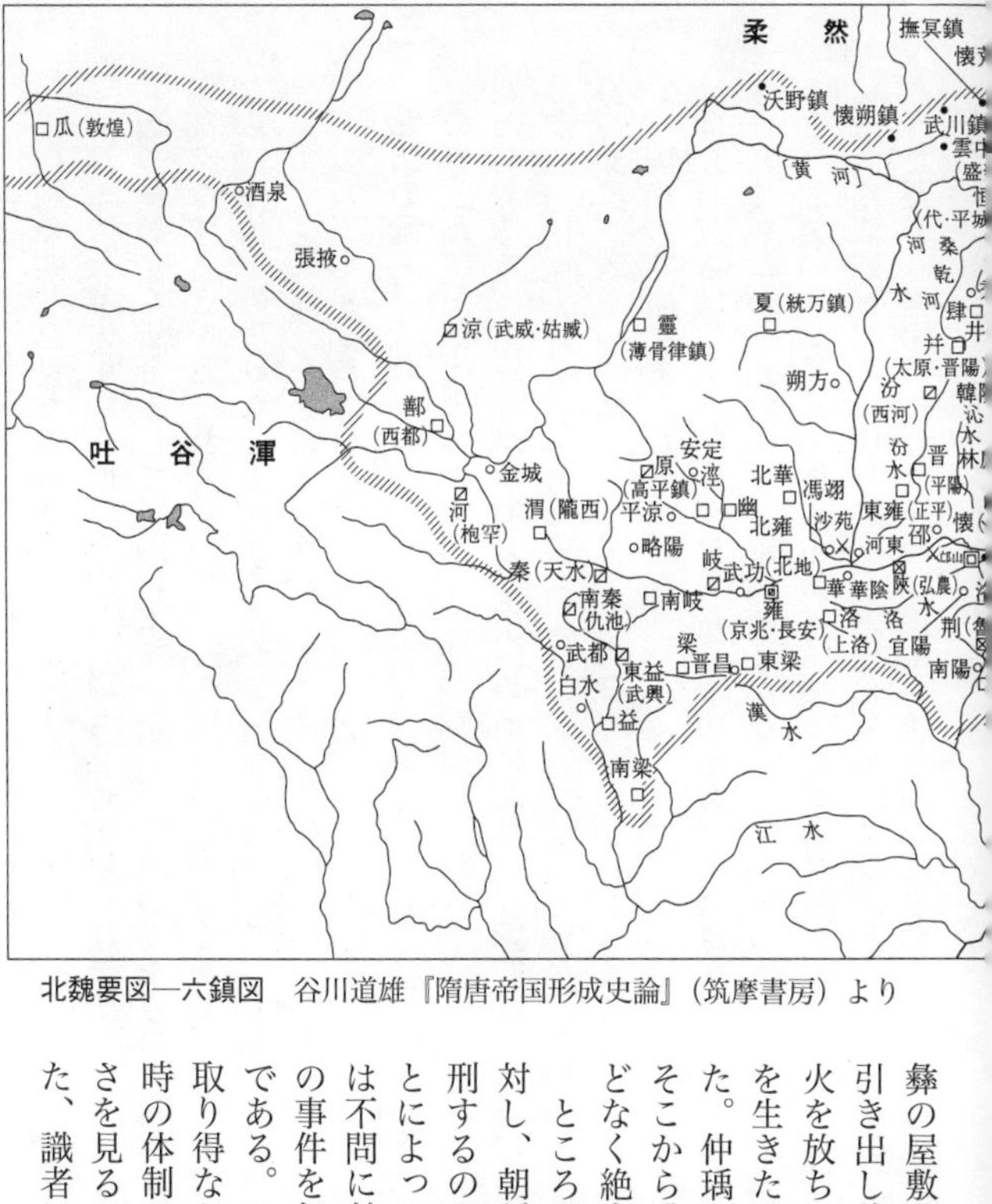

北魏要図―六鎮図　谷川道雄『隋唐帝国形成史論』(筑摩書房) より

彝の屋敷を襲い、彼を堂下に引き出し狼藉を加え、屋敷に火を放ち、そこに張仲瑀の兄を生きたまま放り込み殺害した。仲瑀と彝とは命からがらそこから逃げ出すが、彝はほどなく絶命する。

ところが、こうした事態に対し、朝廷は首謀者八人を処刑するのみで、大赦を行うことによってその外のものの罪は不問に付すという形で、この事件を処理してしまったのである。こうした弥縫策しか取り得なかったところに、当時の体制の弛緩と危機の深刻さを見ることができるが、また、識者はこうした朝廷の対処に亡国の兆しを見たという。

北魏末の反乱の中から頭角を現し、のち北斉《ほくせい》王朝を建国することになる高歓《こうかん》は、このとき北辺の軍鎮から伝令として洛陽に来ていたが、この騒動を目の当たりにし、かつ朝廷が彼らが乱をなすことをおそれ、その処罰を不問に付したことを見、まつりごとがこのようであるならば今後どのようなことが起こるかは明らかだとして、北鎮に帰り資産をなげうって同志を集め、乱に備えたと伝えられる。

北鎮の乱

こうした状況は代遷の人々だけではなかった。北方ではいっそう深刻な問題が生じつつあったのである。拓跋部が南進し、中国の地に北魏を建国してからは、モンゴル高原の地に柔《じゅう》然《ぜん》が急速に拡大していった。そのために北魏は北辺に六つの軍鎮（沃野《よくや》、懐朔《かいさく》、武川《ぶせん》、撫《ぶ》冥《めい》、柔玄《じゅうげん》、懐荒《かいこう》の六鎮）を立てここに鮮卑をはじめとした北族や中原の漢人豪族などを配置し、国境の防衛にあたらせていた。

はじめ彼らは免役の特権を与えられ軍功をあげて立身するものも多く、北魏の柱石として遇されていたが、北魏による華北統一がなり、柔然との戦いも北魏の勝利に帰するようになると、北鎮の北魏国家全体に占める重要度は徐々に減じていくようになる。とりわけ孝文帝による洛陽遷都以降は国家の重心が南に移り、北鎮は都から遠く隔たった位置にあることとなったため、洛陽に住む人々の北鎮に対する関心はますます薄いものとなっていった。

当時の状況を伝えた記事に「北魏の国初から国土の防衛というものに重きを置き、その任に当たるものたちには名門の家柄のものを充《あ》てた。そのため彼らは命を懸けてその任に励んだ。国家もまたそれに応え、官界での活躍の機会を与えただけではなく、税役の免除という特典も与えたのである。ところがこの頃は、一生かけて懸命に働いても小隊の隊長程度にしかなることができない状態が生まれている。一方、同族で洛陽に遷ったものは貴族として高位を極めるという状況が生じ、残留させられたものとの間に天地ほどの差が生じている」「北鎮にある人々は府戸《ふこ》（軍府の戸の意味。差別的意味をもった）と呼ばれるようになり、身分の賤しいものたちと同列に扱われ、官界への出仕や婚姻において誇りある一族としての待遇を与えられることもない。しかし、同族で洛陽にあるものは栄達を極めている。これは道理として憤怨すべきことがらである。どうかこの北鎮の地域で軍鎮制度をとりやめ、中国内地と同じように郡県制をしき、これらの府戸と呼ばれる人々を免じて民としていただきたい」といった記載が見える。

北魏前期にあって、鮮卑はその軍事力を背景として中国に支配者として臨んだ。そのため鮮卑軍士の戸籍は、地方行政区画である州郡県に戸籍が置かれた一般の漢人とは区別されて、北魏国内の各地の軍鎮に置かれた。北鎮にあった人々が府戸と呼ばれたのには、そうした背景があるのであるが、北魏後期の上述のような状況は、戦士として府戸であるということが、北魏王朝の中国化という時代の大きな流れを受けて、もはや「免ぜられる」対象となる事態にまで立ち至っていることを伝えているのである。北鎮を始めとした軍鎮に配された北族の憤懣がどの程度のものであったかをうかがうことができるのである。

ところで、北魏はその前期において外蒙古一帯に勢力を張り、しばしば北魏の辺塞を侵していた勅勒《ちょくろく》と呼ばれる種族を徹底的に討伐し、そうして得られた相当な数にのぼる勅勒降民を柔然防衛のための兵力として利用している。その総数は当時の史料によると一〇〇万に及ぶ数であったことがうかがわれるが、彼らもまた、北魏北辺の防衛のため北鎮に安置されている。北魏が中原に歩を進めたときの鮮卑国軍の総数はほぼ四〇万であったが、それとこの勅勒の数とを比較すると、その数がきわめて大きいものであったことがわかる。

また、第三章で北魏の太武帝《たいぶてい》が南朝支配下の盱眙《くい》城を攻めたとき、南朝に送られた手紙の中で、「私がいま派遣している兵隊はすべてわが国人ではない。城の東北を固めているのは丁零《ていれい》（トルコ系民族）と胡であり、南は氐《てい》と羌《きょう》である。おまえが丁零を殺せば、こちらは河南の賊を減らすことができる。胡が死ねば山西の賊を減らすことができる。氐と羌が死ねば関中の賊を減らすことができる。おまえが丁零や胡などを殺してくれるなら、それはこちらにとって利益とならないものはない」と述べた例を挙げたことがあるが、北魏の軍事編制はこのように、その中核たる鮮卑国軍と、いわばその楯となる他の種族軍によって構成されていた。北鎮下にあって勅勒もまたそのような役割をになわされていたが、北鎮の鮮卑が先に述べたような状況にあるとき、その数を上回る勅勒がどのような状況に置かれていたかはおよそ察せられるであろう。

こうして彼らの不満が爆発するときがついにやってきた。孝明帝の正光四年（五二三）、柔然討伐の北魏軍一〇万が功をあげえずして空しく帰還したのを見た北鎮の人々は、朝廷の無力を実感し、まず北鎮の一つである沃野《よくや》鎮《ちん》の鎮民で匈奴出身の破落汗抜陵《はらくかんばつりょう》が鎮将を殺して反すと、同じく北鎮の一つである柔玄鎮《じゅうげんちん》の杜洛周《とらくしゅう》、懐朔鎮《かいさくちん》の鮮于修礼《せんうしゅうれい》らが相継いで響応し、乱は北辺全体に瞬《また》く間に広がっていった。朝廷は鎮を改めて州とし鎮民を軍籍から解放することを約束するが、時すでに遅く乱は全国へと拡大する様相を示し始めるのである。

爾朱栄の登場

一方、これを迎え討つ北魏朝廷は当時、政争をくり返し機能不全の状態に陥っていた。宣武帝、孝明帝時代の政治は、皇帝や諸王の権力強化が行われる一方で、徐々に外戚や宦官の勢力が跋扈《ばっこ》するようになっており、羽林の変や北鎮の乱のときの北魏の実権は孝明帝の生母である霊太后《れいたいこう》によって握られていた。

前章で述べたように北魏の旧制では、皇太子となった人物の生母は死を賜る定めであった。しかし、この定めは孝文帝の改制によって行われなくなっており、宣武帝の庇護もあって世継ぎの生母であったにもかかわらず、彼女は死を賜らなかった。そして、孝明帝の即位によって彼女は皇太后となり、孝明帝が若年であったため朝政の実権を握ることとなったのである。

しかし、太后の政治は、宦官や側近官を寵愛する乱脈が後を絶たず、綱紀の弛緩は覆いがたいものがあった。宮廷の内部が乱れたのみならず、皇太后の寺塔の建立は国費を乱用して華美を極め、永寧寺《えいねいじ》や龍門石窟《りゅうもんせっくつ》、嵩山《すうざん》などへの遊幸もまた幾度にも及び、その度に人民はその徴発に窮するという有り様であった。

そうした状況にあったときに北鎮の乱が勃発したのであるが、太后は自己の不行跡が孝明帝に知られることを恐れ、孝明帝の側近を殺害するということさえ行っていた。孝明帝は長ずるに従って太后のこうした非行専権を憎み、太后一派との対立を深めるが、逆に武泰元年(五二八)、太后のために帝自身が毒殺されてしまい、事態は思わぬ方向へと展開することとなった。太后はこのときわずか三歳の孝文帝の曾孫・元釗《げんしょう》を立てようとしたが、こうした太后の行為は当然の結果として、朝野の憤激をかうこととなる。そのリーダーとなったのは、当時、山西の北秀容《ほくしゅうよう》の地(太原の北方)に勢力を張っていた武将爾朱栄《じしゅえい》であった。

爾朱栄は契胡《けいこ》と呼ばれる種族の族長の家柄で、その先祖は道武帝の中原制覇に従って勲功を立て、以降、部民を率い、北魏王室とも姻戚関係などを保持しながら山西省の北秀容の地にあって隠然たる勢力を保持していた。北鎮の乱の最中、孝明帝の崩御を知った彼は、これが太后一派のなせる業であることを糾弾し、献文帝の孫であった長楽王元子攸《げんしゆう》(のちの孝荘《こうそう》帝《てい》)を奉戴して洛陽に赴いた。そして、百官を行宮に出仕させ、天下の争乱と孝明帝崩御の責を追及し、太后、少主元釗《げんしょう》、皇族以下、一三〇〇人を兵の殺戮のままに任せたのである。

史上、河陰《かいん》の変と呼ばれる惨劇であるが、このとき爾朱栄にはすでに北魏王朝簒奪の意図があった。しかし、卜占《ぼくせん》(うらない)の結果が思わしくなく、また天下の人心がいまだ北魏王朝から完全には離れていないことを悟り、それを当面断念し、再び長楽王元子攸、すなわち孝荘帝を奉戴することとなる。

一方、北鎮の乱は、沃野鎮《よくやちん》における破落汗抜陵《はらくかんばつりょう》の乱が起こると、それに呼応してその南方の高平鎮《こうへいちん》の酋帥であった胡琛《こちん》が反し、さらに関中の秦州《しんしゅう》城民莫折太提《ばくせつたいてい》、莫折念生《ばくせつねんせい》の乱を誘発した。破落汗抜陵の乱は、瞬く間に北鎮全体に及ぶが、一旦、その反乱は広陽王元淵《こうようおうげんえん》らによって収拾される。

しかし、このとき降伏した二〇万に及ぶ生活に困窮した鎮民を定州、冀州《きしゅう》、瀛州《えいしゅう》という現在の河北省を中心とした地域に分散して就食させたことが、乱を北辺から北魏の心臓部へと拡大させることとなった。このとき広陽王元淵は「これらの民はまた乞活《こっかつ》（難民）となるであろう。禍乱はここから生じる」と述べたというが、ほどなく彼らのうちから鮮于修礼《せんうしゅうれい》、杜《と》洛周《らくしゅう》が立ち、それらは葛栄《かつえい》によって数十万を数える大軍へと結集されることになるのである。

爾朱栄が洛陽の実権を掌握した時期は、この葛栄による反乱軍の結集がなされたときにあたり、葛栄軍の矛先は一〇〇万と号して洛陽に向けられてきた。このとき、爾朱栄側はその数において圧倒的に劣っていたが、葛栄軍が爾朱栄の軍を与《くみ》し易しとして進軍してきたのを各地に伏兵を配置し様々な奇策を以てうち破ることに成功する。そして先の轍を踏むことなく、降伏したものたちにその遷留の判断を委ね、才能のあるものは召しかかえるという処置をとったため、乱徒は一朝にして四散した。

こうして破落汗抜陵の乱に始まる華北の争乱は一挙に終息するかに見えたが、事態はそれにとどまることなく新たな展開を示し、この争乱の中から爾朱栄、高歓、宇文泰《うぶんたい》という魏末の英雄が出現したことによって、北魏王朝の滅亡が多くの人々によって間近のものと認識されるようになっていくのである。

爾朱栄の勢威は、葛栄軍との戦いに勝利を収めたことによって、ますます揺るぎないものとなっていったが、それに応じてその専横の度合いもまたますます強まっていった。一方、魏末の反乱時に、漢族名族の高翼《こうよく》はその死に臨んでその子供たちに「ご主人様の憂いは臣下たるものの辱《はずかし》めであり、ご主人様の辱めは臣が死すべきときである。今、わが王朝（北魏）は滅亡の瀬戸際にあり、人も神も憤怨している。家を破り国に報いるは（破家報国）、まさにこのときである」と告げている。また、同じく北魏末の大乱時のこととして漢族名族の封隆之という人物も、「国の恥は家の怨みであり、痛みは骨髄にまで達している。いまこそ勤王の挙をおこすべきである」と述べている。

こうした現象は、五胡十六国から北魏前期の時代の漢族士大夫が胡族政権を拒否していたのと比較して、そこに大きな変化が生じて来ていることを示している。北魏末の漢族士大夫に北魏に対する勤王の志さえ生じていることは隔世の感がある変化ということができるであろう。そこには前章で見た北魏王朝自体の変化、とりわけ孝文帝の改革以降に急速に進展した変容があるのである。

しかし、その北魏朝の勢威は、朝廷の実権を握る権臣をまって初めて維持される時代となったのであり、爾朱栄の出現は、以降の北斉や北周の基を築く高歓や宇文泰の先蹤《せんしょう》となるのである。そして、これら実力者は北魏朝に対する勤王の旗印を巧妙に操りながら、その簒奪の野心を実現していくようになる。

このような時代状況のもと、爾朱栄は、自身はその根拠地である山西の晋陽にあってはるかに都の朝廷を掣肘し、皇帝の左右にはその親信を配置し、大小となく都の動静を把握していた。そして、彼の力量は孝荘帝は誰のお陰で帝位に即くことができたのかとするような不遜な言辞を公然と発するまでに肥大化していった。こうした爾朱栄の僭越な行動に業を煮やした孝荘帝は、ついに爾朱栄を誅殺するが、爾朱栄一族の反撥を招き、結局、爾朱兆《じしゅちょう》によって晋陽へ移送され非業の最期を遂げることになる。

しかし、このとき爾朱栄勢力の中で頭角を現してきた高歓は「臣下にして主君を伐つは逆をなすことこれ以上のものはない」と勤王を旗印としながら爾朱兆の行動を厳しく批判したと伝えられる。結局このことがきっかけとなって旧爾朱栄勢力に分裂が生じ、最終的に覇権は高歓の手に帰し、爾朱栄と孝荘帝の間に生じた軋轢は、今度は高歓と彼自らが擁立した皇帝である出帝《しゅつてい》・元脩《げんしゅう》との間の軋轢となって再燃することになる。

高歓の出自

高歓は河北・渤海《ぼっかい》郡の蓨《しゅう》の人と称する。つまり、第三章で取り上げた北魏の名臣、渤海の高允の一族と称するが、彼が開いた王朝である北斉の歴史を記した『北斉書』の本紀に、その字が賀《が》六渾《りくこん》という鮮卑風の呼び名であったとしていること、先祖の時代に北鎮の一つである懐朔鎮《かいさくちん》に移住し鮮卑と同じ風俗習慣を身につけるようになったとしていることから、実は鮮卑の出身であると想定される。また、北斉建国の功臣ではあるが、のちに高歓から見捨てられた、正真正銘の渤海蓨の人である高乾《こうけん》は、その本伝中で「潁川《えいせん》の元従（譜代の家臣）ではなく、豊沛《ほうはい》の故人（旧知）でもなかったので、高歓から腹心としての信頼は勝ち得ることができなかった」と記《しる》されている。つまり彼は、劉邦や劉秀の故事に借りて、高歓とは同族でないとされており、このことにより高歓が鮮卑であったということはいっそう明白なこととなるのである。

高歓の家は貧しく、資産家の女と婚を通じることによって初めて馬を所有することができたので、懐朔鎮《かいさくちん》の隊主となることができたという。そして彼が隊主から転じて函使となって洛陽に出向いたとき、洛陽の下級官吏の麻祥《ましょう》という人物に仕えることがあった。あるときその麻祥が肉を高歓に与えたので坐して食そうとすると、立ったまま食べよと譴責《けんせき》され笞うたれるという辱めを受ける。先に「府戸」と蔑《さげす》まれる北魏末における北鎮鎮民の窮状について述べたが、高歓が麻祥から受けた扱いは洛陽官人が「府戸」をどのように見ていたかを如実に伝える逸話といえる。

ただし、高歓の洛陽における生活はこうした屈辱のみに終始したわけではない。先に述べた壮麗華美な洛陽の光と陰の部分をも鋭敏な彼は充分に認識していたであろう。また、羽林の変をめぐる混乱は、彼に北魏衰亡の兆しを予見させ、北鎮に帰って家産を傾けて同志を募らせたのである。このとき、司馬子如《しばしじょ》から北斉建国に向けて股肱《ここう》となる人々との結合が生まれる。のち南朝建康の繁栄を奈落の世界へと導いた侯景もその中の一員として姿を見せるのである。そして、華北に移住させられた北鎮の難民が杜洛周《とらくしゅう》や葛栄《かつえい》らを中心として再度反すると、高歓は同志とともにいったんは杜洛周、ついで葛栄に帰し、最終的に爾朱栄の下に入る。その後徐々に頭角を現し、爾朱栄による河陰の変にも同行し、爾朱栄誅殺の後は爾朱兆《じしゅちょう》との後継争いに勝利することになるのである。

西魏・北周治下の新動向

北魏の東西への分裂

高歓は北魏の朝政を掌握した後、爾朱栄のように自己の傀儡としての皇帝を即位せしめた。孝文帝の孫・平陽王元脩《へいようおうげんしゅう》である（孝武帝《こうぶてい》）。高歓は爾朱栄と同じく勤王を標榜しながら、晋陽にあって朝政を把握し簒奪を目指したが、彼が帝位に即けた平陽王もまたかつての孝荘帝《こうそうてい》のように決して傀儡であることに甘んじる人物ではなく、高歓の専権を憎み様々に抵抗を試みた。

しかし、結局北魏の衰勢を挽回することはできず、起死回生の策として当時、関中にあって反高歓の拠点となりつつあった宇文泰《うぶんたい》のもとに出奔することとなる。そのため、高歓は急遽、清河王《せいがおう》の世子である元善見《げんぜんけん》を擁立し、即位せしめた。結果、東西に二人の皇帝が分立することとなり、ここに一世紀半にわたって華北に君臨した北魏は、東魏と西魏とに分裂することとなったのである（五三五年）。

新たに孝武帝（東魏は出帝《しゅってい》と称した）を迎え入れ、勤王の旗印を得た宇文泰は高歓とともに華北を二分する勢力へと拡大していく。宇文泰がその礎を築いた北周の歴史書『周書』によれば、宇文泰は北鎮の一つである武川鎮《ぶせんちん》の出身である。宇文とは胡語で「天の君」を表すともいう。宇文部は当初、北魏建国の主体となる拓跋部と相並ぶ有力部族であったが、北魏の建国者道武帝の中原攻略のころ、北魏に帰することとなり、そのリーダー宇文陵《うぶんりょう》のとき武川に遷ったとされる。

清の時代の著名な歴史家趙翼《ちょうよく》はその著『二十二史劄記《にじゅうにしさつき》』のなかでこの北周と後の隋・唐の建国者のすべてが武川鎮と関わりのあることを指摘する。すなわち、隋の建国者である楊堅《ようけん》は、武川鎮に移住したその五世祖である楊元寿《ようげんじゅ》の子孫であるとされ、その父の楊忠《ようちゅう》は宇文泰に従って活躍した人物である。唐の建国者である李淵《りえん》は武川鎮に移住したその四世祖李熙《りき》の子孫であるとされ、その父の李虎《りこ》もまた、宇文泰に従って活躍した人物である。

すなわち、北鎮の乱は、北魏の次の時代の到来を告げる戦乱であり、その諸鎮からは懐朔鎮出身の高歓をも含めて多くの英雄が出現するが、のちの中国統一を果たす隋唐の王家がいずれも宇文泰の勢力から生まれていることは注目されてよいであろう。

北鎮の乱のピークはその勢力が葛栄《かつえい》によって統合された時点に求めることができるであろう。そしてその勢力が、爾朱栄の奇襲によって瓦解、収拾せしめられたとき、のちの時代を担うことになる高歓と宇文泰のうち、高歓はすでに爾朱栄の傘下にあって頭角を現し、有力な諸将の中の一人となっていた。

一方、宇文泰は葛栄が爾朱栄にうち破られた後、葛栄軍の一将帥として爾朱栄に帰したいわば外様的人物であった。というよりも葛栄との戦いの後、爾朱栄の根拠地である晋陽に移住させられ、そのうえ、その兄の宇文洛生《うぶんらくせい》が無実と称する罪で誅殺され、宇文泰自身も罪に落とされそうになったことなどから見ると、その立場は高歓に比してはるかに不安定な位置にあったといえるのである。

そうした中で彼を推挽したのは同郷の、すなわち同じ武川鎮の出身で、爾朱栄の入洛以前から彼の傘下にあった賀抜岳《がばつがく》であった。賀抜岳の兄である賀抜勝《がばつしょう》もまた宇文泰の父である宇《う》文肱《ぶんこう》の盟友であり、勇将の名を以て聞こえ、当時、爾朱栄の傘下にあって活躍していた。宇文泰の転機は高平鎮出身の万俟醜奴《ぼくきしゅうど》の乱を鎮定するために、彼がその賀抜岳に従って関中に赴いたときから始まる。賀抜岳は乱を鎮定し、関中の鎮めとして高平に駐在するが、簒奪の意向を固めた高歓はその功名を憎み、ために賀抜岳は高歓と通じた侯莫陳悦《こうばくちんえつ》によって謀殺されることとなる。このとき宇文泰は賀抜岳の遺衆を糾合して侯莫陳悦をうち、関中の覇者となるが、ちょうどその時、北魏孝武帝が高歓の専権より逃れて長安に拠る彼のもとに帰するのである。

東魏・西魏の角逐

孝武帝が関中に出御した際ともなった鮮卑兵は一万に満たない数であった。洛陽にあった鮮卑兵の大部分は高歓の掌握するところとなったのである。そのうえ爾朱栄や葛栄の遺衆を併せた北魏末勢力の大半も高歓に帰するところとなった。つまり、当初東西の勢力を比較した際、高歓のそれは圧倒的な優位に立っており、宇文泰側の劣勢は覆いがたいものがあったのである。

そうした圧倒的優勢を背景として東西両魏分立の三年後の五三七年、高歓は一気に西魏を覆滅せしめんと自ら軍を率いて関中に入り、陝西渭水《いすい》の北の沙苑《さえん》の地に宇文泰を攻めた。ところが宇文泰側の決死の防衛のため高歓は手痛い敗戦を喫し、そのうえ、山西の要地である蒲坂《ほはん》の地を西魏側に奪取され、高歓の根拠地である晋陽からの西魏攻撃もままならない状況に陥ったのである。

ところがその翌年には宇文泰自らが洛陽に出陣したとき、のち侯景の乱を引き起こす高歓の猛将・侯景と洛陽北方の邙山《ぼうざん》の地で相まみえ、これに大敗した。その衝撃は、沙苑の戦いによって捕らわれていた東魏の降将たちの離反を促し、ために宇文泰が不在であったその根拠地である長安は、極度の緊張状態に陥ることとなった。高歓はこの機に乗じて蒲坂の地を迂回して孟津《もうしん》から黄河を渡り関中を攻めようとするが、邙山で大敗を喫した宇文泰が急遽長安に入り事態を収拾したため、辛くもその鋭鋒を避けることができたのである。

このような状況は基本的に両魏の後の北斉・北周の時代になっても、ほぼ、高歓の子の文《ぶん》宣帝《せんてい》・高洋《こうよう》のころまで続き、北周の人々は北斉の侵攻を恐れ、天然の要害たる黄河に防衛戦を引き、冬には凍結した氷を渡って東軍が攻め入ることを防ぐため、氷を砕くほどであったという。

周礼の採用

しかし、歴史は、徐々に西魏・北周の優位へと傾き、最終的には北周によって東魏を受けた北斉が滅ぼされ、その北周から隋が生まれることになるのである。これはどのような理由によるのであろうか。

その理由は、その弱体さが逆にその集団の結束力を強固なものにしたところにあったと考えられる。高歓と相対することになった宇文泰の勢力は賀抜岳から受け継いだ勢力と、新たに孝武帝にともなわれてきた数少ない軍士にすぎなかった。その賀抜岳の勢力も、関中で反乱を起こした万俟《ぼくき》醜奴《しゅうど》を討滅して吸収した勢力、及びその討伐に際して爾朱栄の軍団から分派されたものたちからなっており、寄せ集め集団的色彩を濃厚に持っていた。また、魏末の混乱を受けて関中各地には自警団的な兵力の結集が随所に見られた。そのなかには巴族のような漢族でも胡族でもないような種族さえ含まれていた。こうした混成的集団を強固にまとめ上げるために、集団の結束を促す施策の採用が強く求められた。その際、そうした国是の策定にあたって大きな役割を果たしたのが、関中武功《ぶこう》

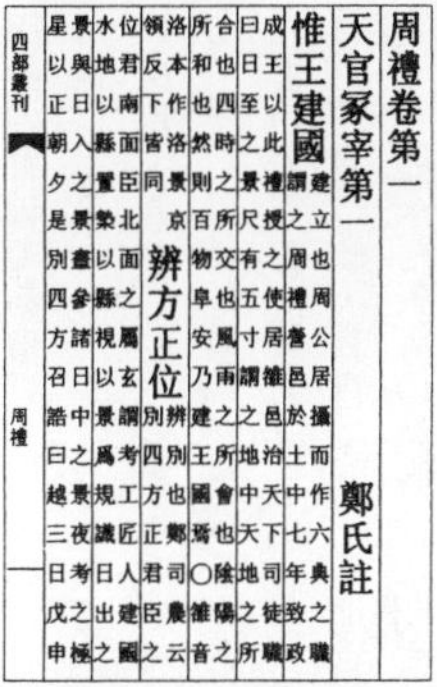
周禮卷第一
天官冢宰第一　鄭氏註
惟王建國 建立也周公居攝而作六典之職謂之周禮營邑於土中七年致政成王以此禮授之使居雒邑治天下司徒職曰日至之景尺有五寸謂之地中天地之所合也四時之所交也風雨之所會也陰陽之所和也然則百物阜安乃建王國焉○雒音洛本作洛景京領反下皆同
辨方正位 辨別也鄭司農云別四方正君臣之位君南面臣北面之屬玄謂考工匠人建國水地以縣置槷以縣視以景爲規識日出之景與日入之景晝參諸日中之景夜考之極星以正朝夕是別四方召誥曰越三日戊申
四部叢刊　周禮　一

『周礼』　『周礼』には周の時代の官制を主とした礼制が記されている

出身の蘇綽《そしゃく》である。

彼は宇文泰のブレインとして絶大な力を発揮するが、その治績のうち最大のものは、周官《しゅうかん》の採用と六条詔書《りくじょうしょうしょ》の策定であったといえる。周官とは中国古代の周の時代の官僚制を指し、その具体的官職、構成を記したものが儒教の聖典とされる『周礼《しゅらい》』である。周の時代に行われたと仮託されるこの官制は、周王の支配下における諸官職を、宮中諸官に関わる天官《てんかん》、地方行政・教育に関する地官《ちかん》、祭祀に関する春官《しゅんかん》、軍政に関する夏官《かかん》、司法に関する秋官《しゅうかん》、車服・弓矢等の諸製作に関する冬官《とうかん》の六系統の諸官（六官）より構成し、六官のそれぞれに長官以下二七〇余りの官職を配置、その職掌、官員数を指定、祭政一致の政治形態を実現しようとしたものである。

それをこの時代に施行しようとすることは、明治維新期の日本が武家政治の伝統を廃して、太政官制《だじょうかんせい》を施行することにも似て、きわめて復古的時代錯誤的な施策の採用とも見える。しかし、宇文泰の子の孝閔帝《こうびんてい》が西魏の恭帝《きょうてい》の禅りを受けて周王朝（北周）を開いたことにも現れているように、宇文泰は明確に周礼《しゅらい》を国是とし、国家を運営していこうと考えていた。それはまたそのブレインであった蘇綽の考えでもあったが、ではまた彼らはなぜ国是の制定にあたって、このように周礼に執着したのであろうか。

周の時代の制度はそもそも胡族にとっては無縁のものであった。そのため五胡の侵入直後の胡族政権は『周礼』を顧みることはほとんどなかった。しかし、第三章や第七章で見たように北魏の時代になって『周礼』は徐々に注目を集めるようになり、国策決定の上で重要な役割を果たすようになっていった。とりわけ孝文帝の時代になると均田制、三長制など周礼に範をとった諸施策が次々と採用されるようになる。

　このような時代の展開を見るとき、西魏・北周における周礼の採用、それへの執着は孝文帝の路線を継承したものであったということができる。しかし、その孝文帝の時代でさえ、官僚制度は魏晋以降の官制を援用し、周の時代の官制を全面的に実施するというようなことは行われなかった。宇文泰と蘇綽はそうした路線をさらに推し進めて、周の時代の官制を援用して西魏の時代にこの周官の制度を実施するのである。そこには北魏という国家を正統に継承し、発展させた王朝こそが西魏・北周であるという意思表示が見て取れるのである。宇文泰の政権はこのような形でその集団の結束を強め、東魏・北斉との戦いに臨んでいったのである。

北周（宇文氏）系図

　蘇綽が策定したものに六条《りくじょう》詔書《しょうしょ》というものがある。これは六ヵ条からなるもので、「まず自らの心を治めること」、「民に対する教化を敦くすること」、「農作業に励み地の利を尽くさしめること」、「優秀な人材を用いること」、「獄訟の処理をあやまたざること」、「賦役の徴発が不公平ならざること」などを唱え、諸官人、とりわけ地方官の心構えを説いたものである。宇文泰はこれを諸官人に暗唱させ、これに通じていないものは地方官の職に就けなかったと伝えられる。この施策は、富国強兵を目指す施策の一環として打ち出されたものであるが、それが六条からなる点は注目される。なぜならそこに『周礼』の六官制との関連が想定されるからである。

周礼の影響は、このように理念や官制など様々な面に見出されるが、さらに当時の最も重要な国制ともいうべき国軍の制度にまで及んでいる。先に述べたように西魏においては鮮卑族の軍士が少なく、それのみでは東魏の軍事力に対抗する軍事力たり得なかった。そのため、漢人からも徴兵をなし、国軍の強化に努めようとした。そこで宇文泰は、六人の柱国大将軍、六人の下に各々二人、計一二人の大将軍、一二人の大将軍の下に各々二人の開府儀同、計二四人の開府儀同から構成される二十四の軍を編制した。この六柱国十二大将軍に率いられる二十四軍は当初丞相府の直轄軍であったが、のちに皇帝の禁軍に転化し、隋に至って十二衛制が確立、これが展開して唐の府兵制となるのである。

そのため、この二十四軍制は府兵制の始源とされるが、この軍制は胡漢の勢力の結集に成功し、西魏・北周の興隆に絶大な力を発揮したのである。その際、その軍の構成が、六、一二、二四といういずれも六という数字の倍数になっていることが注目される。これは明らかに天子六軍の思想、すなわち周王は一万二五〇〇人を一軍とした六つの軍を率いたとする周礼の思想を念頭においたものである。

このように西魏・北周の制度には中国における政治思想の淵源ともいうべき『周礼』の影

響が色濃いのであるが、ではなぜこのように周礼の採用がかくも徹底して遂行されたのかということを考えると、その解答として、先に述べたような北魏の正統を継ぐことを内外に宣言する、国是の制定がその国家の求心力を高めるために是非とも必要であった等の理由による、とするのみでは充分でないことに気づく。

『周礼』には確かに中国における政治思想の淵源ともいうべき古礼が記されている。しかし、漢から魏晋南北朝という中国の歴史の流れの中にあっては、時代を降るに従って、現実との乖離が増大していった。

それだけに理念として尊重されつつもそれがほぼそのまま政策の場において、とりわけ北朝と同時代の南朝においては実行されるということはなかったのである。それは『周礼』の影響下にある均田制や三長制などが南朝においては実施されなかったことにも端的に表れている。

均田制が華北の地で実行され得た背景には長期にわたる相次ぐ戦乱によって分給可能な荒れ地が大量に存在していたことがあるとされる。それだけ、長期にわたる戦乱による黄河文明の中心地としての華北の疲弊が甚大なものであったことを物語っているが、であればこそ国家・社会の発展段階が後世に比していまだ未分化の状態にある祭政一致的な社会を念頭においた『周礼』の採用を可能にしたのであろう。

一方、この時代の支配者としての胡族一般にとっても『周礼』はその構成、内容がプリミティブであるだけに受け入れやすいものであった。このような胡漢両者の状況が『周礼』採用の土台にあったという点もまた、この問題について考えるとき、忘れてはならないのである。

胡漢融合の状況

西魏二十四軍制を見るとき、先に見たようなことがらの外に、興味深い現象が見られる。それは各軍府の府兵はその軍府の長官の姓を名乗ったと考えられることである。こうした習慣は胡族のもつ古い伝統に根ざすもので、自らが属する部族の長の名を自己の氏姓とするということが鮮卑や匈奴、烏丸などの北方民族の間では広く見られ、北魏の時代になっても受け継がれていた。

これは隋末のことであるが、隋末の英雄である李密《りみつ》が隋の煬帝《ようだい》を弑殺した宇文化及《うぶんかきゅう》を非難して「卿はもともと（身分賤しき）匈奴の奴隷・破野頭《はやとう》の出である。それなのに父兄子弟はみな隋室の厚き恩を受けたのだぞ。……」と述べたことがある（『隋書』李密伝）。この李密の非難は、宇文化及《うぶんかきゅう》の先祖の姓は破野頭といったが、その先祖が北魏の初めに宇文俟《うぶんし》豆帰《とうき》という人物（先に宇文泰の先祖として取り上げた宇文陵《うぶんりよう》の父）に従属したので、のちその主に従って宇文氏を名乗ったことを踏まえているが（『隋書』宇文述伝）、このことは北魏建国から二〇〇年以上たった七世紀初頭の時代にあっても、少なくともこうした主人の姓に従って自らの姓を名乗るという風習があったことを持ち出し、他者をからかうことが可能であったことを伝えている。

つまり、西魏二十四軍制には、『周礼』の伝統とともに胡族の伝統も流れ込んでいるのである。この際、そうした軍士が名乗った姓は、当時の史書に「鮮卑拓跋部の初めには、三六の国、九九の大姓をその支配下においていた。しかし後にこれらの多くは絶滅したので西魏の恭帝元年（五五四）になって、諸将の軍功の高い者を三六国の後とし、次いで高い者を九九姓の後とした。また、その統轄するところの軍人も姓を改めて主帥の姓に従うこととなった」（『周書』文帝紀）とあるように胡族の姓である。孝文帝の時代に拓跋鮮卑を中心とした胡族は王室の拓跋が元氏を、賀蘭《がらん》が賀氏を、丘穆陵《きゅうぼくりょう》が穆氏を名乗ったように、それまでの部族や氏族の名称に基づく呼称を改め、漢族風の一字の姓を名乗るようになった。しかし、魏末の混乱をへて西魏・北周の支配下では胡姓がまた再び採用されるようになったのである。

ではこうした現象の出現を、孝文帝の改革以前の時代への回帰ととらえることができるのであろうか。一面ではそのようにとらえることもできる。しかし、上で見たように西魏・北周が、漢族の政治思想の淵源ともいうべき周礼を国是として標榜する「周礼国家」とでもいうべき性格の国家でもあったことを考えると、やはりそこには時代の進展を読みとることができる。

宇文泰の子で、北周の宿敵である北斉を討ち滅ぼすことになる武帝宇文邕《うぶんよう》は、北魏の太武帝などとともに、史上三武《さんぶ》一宗《いっそう》の法難《ほうなん》として有名な廃仏を行った皇帝としても著名であるが、その廃仏を行う際、彼は「仏の教えは西域に生まれ、中国に伝わってきた。その教えの内容をたずねるに、中国の教えとは随分と異なっている。漢魏晋の時代に存在してはいたがあまり広まってはいなかった。ところが「五胡」（原文のママ）が中国に入ってからその教えを信じるものが増え、きわめて盛んとなった。朕は「五胡」ではない。それ故これ（仏教をさす）を敬う気持ちはない。既に正しい教えでもない。これを廃する理由である」（『広弘《こうぐ》明集《みょうしゅう》』弁惑篇《べんわくへん》）と述べ、自らを五胡ではないとしている。武帝は北鎮の乱を受けた当時の情勢を反映して、鮮卑語を自由に操ることができた。国軍に対して彼が発した軍令を彼自身が撰した『鮮卑《せんぴ》号令《ごうれい》』という書物も当時存在していた。宇文という胡族の姓を名乗り、鮮卑語を自由に操り、そのうえで自らを五胡ではないとするのは魏晋時代の観念からすれば明らかに矛盾している。このことは西魏・北周の国家が周礼主義を標榜しつつ、胡姓を再び採用していったことと符節を合わせたような現象であるが、これは当時の状況が魏晋時代までの胡漢の別とは異なり、そうした胡漢が融合、あるいは入り乱れて存在する状況があり、そうした状況を踏まえた中華の認識が存在したことを示している。

　これと相似たことは第三章で取り上げた北魏の太武帝の場合にあっても存在した。すなわち、強い鮮卑としての意識をもちつつ、同時に漢地自生の宗教である道教を国教と定め、自らを道教における聖人を意味する真人に擬して、太平真君《たいへいしんくん》と建号した。そして、五胡十六国時代以降の胡族の王が仏陀が非漢族出身であることから、仏教を自らに連なる宗教として厚く保護したにもかかわらず、北魏の太武帝と北周の武帝は仏教に対して中華皇帝として大弾圧を加えたのである。こうしたいわば新たな中華の出現については五胡における中華意識との関連で、次章以下においてもう一度取り上げることにする。

北周の武帝と華北の再統一

東魏・北斉の動向

北鎮の乱が生んだ一代の英雄高歓は五四七年、西魏討伐の軍中で死去し、代わってその子高澄《こうちょう》が後継者となる。すでに高歓の生前に、「もし高歓が死んだら、我は鮮卑の小僧っ子などに仕えたりはしない」とうそぶいていた懐朔鎮《かいさくちん》以来の勇将である侯景は、高歓の死去の当時、河南にあったが、その情報を得て東魏の諸将を誘い謀反の挙に出た。しかし、死の床にあってその行動をもすでに予知していた高歓の「侯景が反せば、名将慕容紹宗を呼び戻して任用せよ」との遺言を高澄が実行したことによって、侯景の野望は脆くも潰える。このことが、彼の南朝への投降、侯景の乱の勃発へとつながっていくことについては、すでに第五章で取り上げたところであるが、こうした侯景を筆頭とした北鎮の乱以来の百戦錬磨の武人を巧みに操りながら高歓の勢力は維持されていたといっても過言ではない。

そのような武人のうち、高位に登った人々を当時の史書は「勲貴」と呼んでいるが、一方で、彼らの存在は帝権の側から見たとき、その十全な伸張を阻害するものでもあった。帝権はそのために漢人官僚を用いてこうした勲貴の持つ力を抑えようとするが、そうした抑圧は当然勲貴層の反撥を生むものであった。侯景の離反もこうした対立から生まれたものであると言うことができるのである。

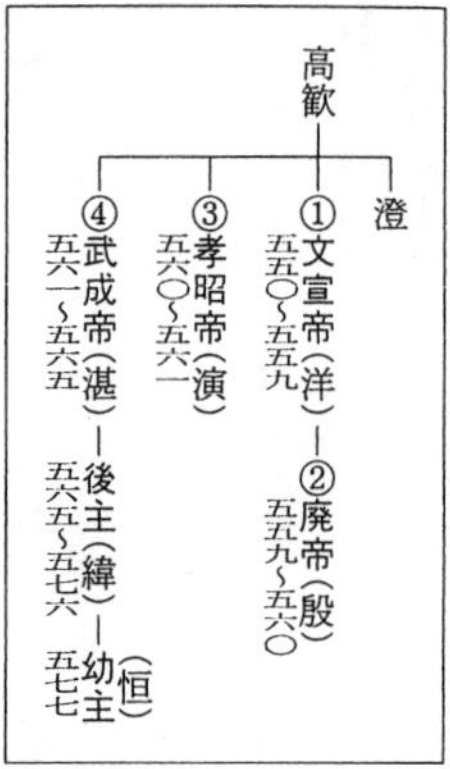

北斉（高氏）系図

禅譲間近の高澄が急死したため、その弟の高《こう》洋《よう》が東魏の禅りをうけ、五五〇年、皇帝の位に即いた（文宣帝《ぶんせんてい》）。文宣帝は東魏の時代に定められていた法律である麟趾格《りんしかく》を改定したり、新たに北方に勃興した突厥《とっけつ》を撃破するなどの実績を上げるが、先に述べた勲貴層の抑圧や彼自身の暴虐性とが相俟って、その治世の後半には、魏の宗室であった元氏の人々や官僚などを多数、時には自らの手によって殺害するようになる。

こうした動きに反撥した勲貴層は文宣帝の後を継いだ高殷《こういん》（廃帝）を廃し、常山王《じょうざんおう》（孝昭《こうしょう》帝《てい》）が位に即く。

孝昭帝は文宣帝までの路線を改め、勲貴層の尊重に努め、そうした路線はその次の武成帝《ぶせいてい》にも受け継がれる。しかし勲貴の専横は、国家の不安定要因であり、帝権の伸張と相容れるものではない。ために中国的な政治理念に基づき、帝権の伸張を目指す漢人門閥官僚との暗闘は、北斉後期にかけてきわめて複雑な様相を呈するようになっていく。加えて和士開《かしかい》など当時恩倖《おんこう》と呼ばれた身分の賤しい成り上がりものからなる皇帝の寵臣グループの伸張も生じ、これらの勢力間での抗争の度が強まるに従って、北斉の求心力が低下するという事態が深刻化していった。

青州龍興寺の仏教造像美術　写真は龍興寺遺址で出土した彩色菩薩立像（北斉、石灰石、高さ77cm）。龍興寺の遺址は山東省青州にあり、1996年10月、大量の仏像が発掘された。それら出土物は菩薩像、三尊像、供養人像、羅漢像など多様であり、造像の時期は北魏から東魏、北斉をへて、隋唐・北宋までの長期にわたる。とりわけ北魏から北斉に至る時期のものの数が多く、造像も大きい。大きなものは３ｍを超える。青州にはすでに西晋時代に寧福寺の建立があり、後趙の石虎も応化寺を建てている。398年、山東に南燕を建国した慕容徳も仏教を厚く尊崇していた。また、５世紀に入って法顕がインドから海路帰国し、この青州に至ったことはよく知られている。出土したこの北魏から北斉にかけての流麗典雅な石像群は、陸路・海路からなる壮大な交流の中から生み出されたものである

その過程で、南朝の梁の後を受けて弱体であった陳に、淮南の地を奪われるということさえ生じるようになるのである。

北斉最後の皇帝である後主《こうしゅ》の時に至り、和士開と結んで権力の伸張を計った漢人官僚祖珽《そてい》は勲貴に対する攻撃を強める。しかしこのとき、北斉の軍事力の象徴ともいうべき名将斛律《こくりつ》光《こう》が殺害されるという事態が生じ、北斉の求心力はいっそう低下する。

さらにその後、勲貴勢力の力をそぐことに成功した漢人門閥勢力と恩倖勢力との対立が生じ、当時の漢人勢力の拠点であった文林館《ぶんりんかん》の漢人官僚などが多数殺害されるという混乱にまで事態は展開した。北周の武帝が北斉を討伐するための軍を起こしたとき、北斉はこのような内紛の中にあったのである。

北周武帝による華北統一

武帝宇文邕《うぶんよう》（在位五六〇―五七八）は宇文泰の第四子で、宇文泰は彼について「わが志をなす者は必ずこの子なり」と言ったと伝えられる。兄の明帝が朝廷の実権を握る従兄の宇文《うぶん》護《ご》に弑されたのち、宇文護によって帝位に推戴される。彼はその後一〇年以上に及び宇文護の掣肘を受けるが、建徳元年（五七二）、ついに宇文護を誅して親政を実現することに成功する。

彼は先に述べたようにその治世中、いわゆる三武《さんぶ》一宗《いっそう》の法難《ほうなん》の一つに数えられる廃仏を行った皇帝として著名であるが、この廃仏を通じて彼は道教と仏教の二宗教の教団をなくし、一方で通道観《つうどうかん》と呼ばれる寺院を設けて儒・仏・道三教を国家権力のもとで統一しようとしている。これは本章冒頭で洛陽仏教の光と陰の部分について述べたときにも触れたように、当時の仏教が一面で持った堕落した側面を否定し、宗教の上に存在するものとしての皇帝権力の確立を目指すものであった。

また、彼は大規模な募兵によって府兵の軍隊を増強してもいる。その際、それまでの兵士に対する呼称を侍官《じかん》と改めるといった施策を実行している。侍官は皇帝の側近官を意味しているが、府兵をこのような名称で呼ぶことは、府兵を皇帝直属の名誉ある戦士とみなしたことを意味している。先に西魏二十四軍制の中に、漢民族的な編制原理と同時に、胡族起源のそれが混在していることを指摘したが、侍官という呼称にもそのような胡族の伝統を窺うことができる。この時代の侍官という呼称は、第七章で述べた北魏における内朝官に対する呼称として使用されることが多いからである。また、そもそも胡族の世界において兵士は、その共同体の戦士として名誉ある位置を占める存在であったからである。

一方、漢民族の立場から見た際、魏晋以降の中国における兵士は、兵戸の家に生まれたものは兵戸となるという世襲兵戸制の存在に端的に示されているように、一般の民戸から区別され、そのうえ賤視される存在であった。北鎮の乱の直前の鎮民が「府戸」と呼ばれ賤視された背景には、北魏王朝全体の中国化の過程で、そのような中国的思想が北魏の体制の中にも浸透していったことがその理由の一つとして考えられるのである。

しかし、武帝は魏末の混乱の中から生まれてきた兵士たちを「侍官」と呼び、北斉との雌雄を決する戦いにおいて、自ら甲冑を身に帯びこうした戦士たちの先頭に立って敵陣への突入を繰り返しているのである。これは中国における皇帝が身の万全を期し軍の前線に立たないことと大きく相違した行動であるが、胡族の世界にあってはリーダーはそうした形でのリーダーシップの発揮を求められており、五胡十六国・北朝の諸朝における皇帝は多くこうした行動をとっているのである。

こうして国内の文化、軍制等の整斉を背景にして、武帝はその最大の政治課題である北斉征服に乗り出したのである。先に述べたように、当時北斉の政治は混乱を極めており、北周はそれをつく形で五七六年末、ついに北斉の要鎮晋陽を攻略することに成功する。さらに、翌年その首都である鄴《ぎょう》を陥落せしめ、ここに北魏末以来混乱を極めた華北全土の統一に成功する。しかし、その直後、武帝は病に倒れ、三五歳の若さで崩御することになる。彼はその遺詔の中で「天下を統一して文軌を同じくしようと望んで止まなかったのに、いま大病に罹り……」と述べ、その在世中に天下の再統一が果たせなかった無念を述べるが、その宿望はその後ほぼ一〇年にして、北周の禅譲を受けた隋の文帝によって実現されることになるのである。

第九章　古代東アジアと日本の形成

倭国と邪馬台国

東アジアの歴史展開と古代日本

前章までの考察において、私は魏晋から南北朝に至る時代における諸事象について中国史の観点から述べてきた。しかし、この時代の問題は中国史の枠にとどまらない問題を数多く含んでいる。また、そうした中国史の枠にとどまらない問題の理解は、これから取り上げていくように、この時代がどのような時代であったのかを理解する上でもきわめて重要な意味をもっている。

よってここでやや視野を広げて、この時代における東アジア全域の歴史展開と中国の歴史展開との関連という観点から、秦漢・隋唐という統一国家の時代にはさまれたこの時代が、どのような時代であったのかという問題について考えてみることにしたい。

さて、いわゆる三国志の時代は日本史では邪馬台国の時代に重なる。また、南北朝時代の日本は応神天皇や仁徳天皇の時代であるとされる。では、そうした古代日本における邪馬台国から応神・仁徳などの時代に至る歴史展開と、大陸における歴史展開とはどのような関連があるのであろうか。上で述べたような問題関心に基づいて、まず、こうした問題について考えてみることにしよう。

よく知られているように、日本の古代国家形成のルーツを追究された江上波夫氏の説に、騎馬民族国家論という考え方がある。この考えは本巻が取り扱っている時代に、朝鮮半島を南下した騎馬の術に長けた民族が日本列島に至り、在地の勢力を征服して新王朝を開いたとするものである。この説の当否を論じるのは本章の目的ではないが、すでに前章までに述べてきたように、この時代における中国の華北の動乱に発した巨大な人口の流動が、その周辺の各地に大きな影響を及ぼしたことは確かなことである。

では、こうした東アジアの動乱の時代に日本はどのように対応し、その歴史を形成していったのであろうか。その解明はおのずと日本という国家がどのような過程をへて形成されてきたのかという、今日の日本のルーツを明らかにすることと関連することになるであろう。

倭国の出現

日本のことを英語でジャパンというが、この日本とジャパンという二つの呼称は魏晋南北朝時代にはいずれも存在していなかった。すなわち、日本というわが国の呼称が出現するのはこの時代よりまだ後のことなのである。この時代の日本は、後世の日本の領域とそのまま重なるわけではないが、倭国《わこく》と呼ばれていた（日本自身がなんと呼んでいたかは定かでないが、その有力な候補の一つはヤマトであろう）。

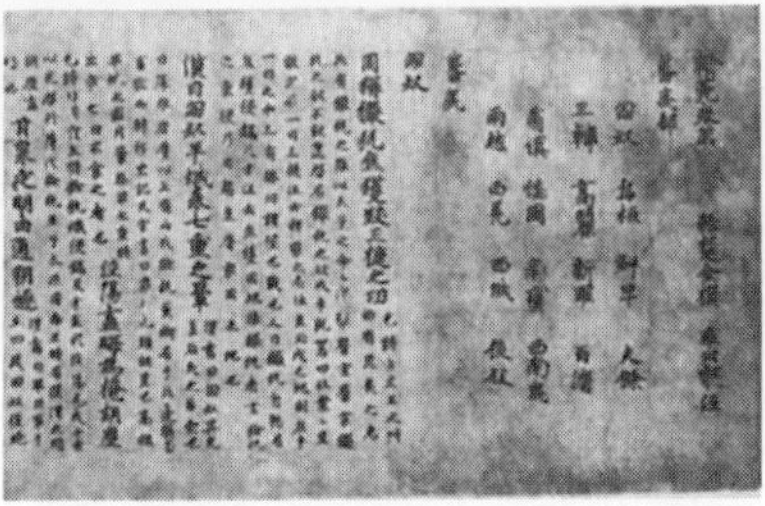
『翰苑』（太宰府天満宮蔵）　唐代初めの類書。太宰府天満宮のものは第三〇巻の写本。国宝

後漢時代のことを記した中国の歴史書である『後漢書《ごかんじょ》』という書物に、古代の日本のことを伝えた個所がある（『後漢書』倭伝）。そこに紀元後一〇七年、倭国王の帥升《すいしょう》という人物が、後漢に貢ぎ物をもって朝貢したことが記されている。

一方現在、九州福岡県の太宰府天満宮に所蔵されている巻物である国宝の『翰苑《かんえん》』にも、『後漢書』からの引用文として、これと同じ朝貢記事が伝えられており、そこには「倭面上《わめんじょう》国王師升《こくおうししょう》」と記されている。『翰苑』は、唐の時代の中国で著された本来三〇巻からなる書物であったが、現在は散佚して、太宰府天満宮に所蔵されているものはその第三〇巻の写本であり、平安初期に書写されたものと考えられている。また、これも同じ唐の時代の中国で作られた『通典《つてん》』という書物は、同じ個所を引用し「倭面土国王師升《わめんどこくおうししょう》」と記しているが、この点の食い違いはこれまで多くの研究者の関心を呼んできたところである。

この際、最大の問題は、二世紀初頭の段階で、なんらかの形で倭国の統一がなり、そこに全体をたばねる王が存在していたと見るのか、そうではなくて、この段階では統一された倭国はいまだ出現しておらず、従って倭国王も存在していなかった、存在していたのは志賀島の金印を下賜さ

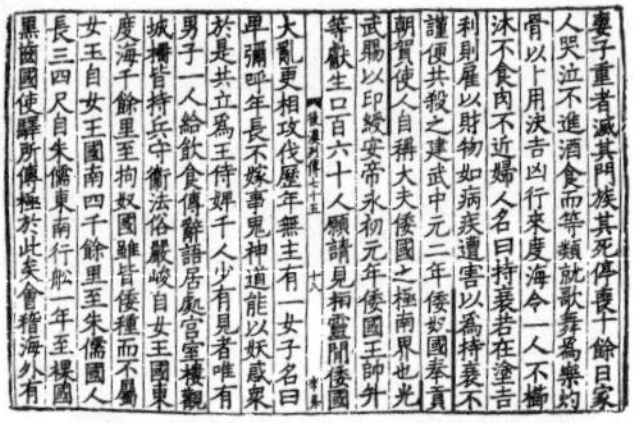
妻子重者滅其門族其死停喪十餘日家
人哭泣不進酒食而等類就歌舞爲樂灼
骨以卜用決吉凶行來度海令一人不櫛
沐不食肉不近婦人名曰持衰若在塗吉
利則雇以財物如病疾遭害以爲持衰不
謹便共殺之建武中元二年倭奴國奉貢
朝賀使人自稱大夫倭國之極南界也光
武賜以印綬安帝永初元年倭國王帥升
等獻生口百六十人願請見桓靈閒倭國
後漢列傳七十五　十八
大亂更相攻伐歷年無主有一女子名曰
卑彌呼年長不嫁事鬼神道能以妖惑衆
於是共立爲王侍婢千人少有見者唯有
男子一人給飲食傳辭語居處宮室樓觀
城柵皆持兵守衛法俗嚴峻自女王國東
度海千餘里至拘奴國雖皆倭種而不屬
女王自女王國南四千餘里至朱儒國人
長三四尺自朱儒東南行船一年至裸國
黑齒國使驛所傳極於此矣會稽海外有

『後漢書』倭伝

れた漢委奴国王《かんのわのなのこくおう》のように、倭の土地全体の中の一部である倭面土の国の王としての存在であったと見るのか、という問題である。ただ、『魏志』倭人伝によると、卑弥呼遣使のことを述べた一節に次のような記述が見える。

その国はもとは男子を王としていた。そうした事態が七、八十年続いて倭国は乱れ、お互いに攻めあうことが長く続いた。そこで一人の女子を立てて卑弥呼といった。……（魏の皇帝は卑弥呼を）親魏《しんぎ》倭《わ》王《おう》とし、金印と紫綬をあたえた。

すなわち、『後漢書』と『魏志』倭人伝による限り、倭王卑弥呼出現以前の日本には、すでに男性の倭国王が存在していたこと、言い換えると、一定の政治組織をもった倭国という国家が存在し、そうした国家のリーダーとしての王も卑弥呼出現以前にすでに存在していたことがうかがえるのである。

ただ、この王が中国の皇帝から中国皇帝の臣下として、倭国の王に任命（冊封《さくほう》）され、印綬を授けられたのかどうかについては『後漢書』は伝えていない。

著名な漢委奴国王《かんのわのなのこくおう》の印綬（志賀島の金印）の授与が、短い文章であるにもかかわらず、『後漢書』倭伝に、帥升遣使の記載の前の記事として、それに連続して特記されていることを踏まえると、確かなこととは言い難いが、このとき、帥升はいまだ中国皇帝の臣下としての倭国の王に封じられてはいなかった可能性が大きいといえよう。

親魏倭王卑弥呼の時代

卑弥呼は帥升の後を受けて、三国時代の魏の国に使節を派遣し、倭王に封ぜられるわけであるが、実はこのことは倭国が全体として明確に中国を中心とした政治秩序に組み込まれたことを意味していた。

秦の時代に中国史上初めて中国を統一した始皇帝は、統一された中国を支配するリーダーを呼ぶにふさわしい称号、すなわち「皇帝」という称号を新たに創造し、自らその初代の地位についた（始皇帝）。そのため、それまで一国の首長を呼ぶのに用いられていた王という称号は、皇帝の下位にある称号となり、王は以降、皇帝によって任命される存在となった。すなわち、「王」は始皇帝以後の中国においては、決して西洋においてナンバー1を意味する「キング」のような存在ではなく、皇帝の臣下という意味をもつ称号となったのである。

秦漢以降、中国皇帝は国内のみならず、自己に付き従ってくる国外の首長に対して王以下の爵号を与え、中国を中心とした世界秩序を形成していく。たとえば、志賀島の金印で有名な奴国《なこく》の王は後漢の光武帝《こうぶてい》のときに朝貢して、奴国の王に任命されているが、これは中国の側から見たとき、奴国の王が、中国皇帝の主宰する世界秩序内における臣下となったことを意味しているのである。また、卑弥呼が魏の国から親魏倭王に任ぜられ、卑弥呼がそれを受けたということは、奴国の王が任命されたことと同様の意味をもっているのである。ただし、卑弥呼が倭王に封じられたということはそうした関係が、奴国のような日本の一部地域に限定されたものではなく、卑弥呼の支配が及ぶ倭国全体を含む形で取り結ばれたことを意味している。

　卑弥呼遣使がなされた背景には、魏・呉・蜀をめぐる当時の東アジアの複雑な国際関係があった。その詳細に関しては、第四巻『三国志の世界』のなかで述べられているのでここでは取り上げない。ここではただ、本巻が対象とする魏晋南北朝時代の初頭において倭国という国家は、志賀島の金印時代の奴国などが、日本列島内の一分国として中国の世界秩序に参加していたのとは相違し、邪馬台国、奴国、伊都国などを束ねた国家として、中国を中心とした国際秩序の中に中国の朝貢国として参入するようになっているという点のみを確認して、それ以降の時期における東アジアと日本との関係の実態をさらに追究してみることにする。

謎の四世紀

邪馬台国のその後

　倭国は邪馬台国を中心とした国家連合であったが、よく知られているようにこの国家連合に対抗し、それを凌駕するほどの勢力を持った国家が、当時の日本列島内には存在した。狗《く》奴《な》国《こく》である。この際、邪馬台国の「邪悪な馬」、卑弥呼の「卑しい」と同様に、この「狗（いぬ）奴（どれい）」の表記に、当時の魏の国の倭人の世界に対する認識が表されていることを忘れてはならないであろう。

それはともかくもこの狗奴国の攻勢は激しく、倭国は魏の国の援助を求めざるを得ない状況に陥った。倭国は魏に対して狗奴国攻撃の状況を報告し、ために魏は宗主国としての立場から倭国と狗奴国の抗戦の現場へ皇帝の名代として張政《ちょうせい》という名の使節を派遣し、攻撃停止を命じた檄文を発している。

その後卑弥呼が死去し、倭国は一時混乱状態に陥るが、卑弥呼の一族の壱与《いよ》が即位し、卑弥呼と同様の関係を中国と結び、魏の後を受けた西晋の時代まで倭国からの使節が派遣されることになる。

しかし、その中国王朝への使節の派遣は二六六年以降断絶する。つまり、卑弥呼から壱与の時代にかけての倭国からの遣使は、二三九年に始まり二六六年までの二七年で終焉を迎えているのである。そして再び倭国から中国に向けて使節が派遣されるのは、これより一〇〇年以上後の四一三年をまたねばならなくなる。いわゆる謎の四世紀の時代である。

遣使途絶の原因

こうした現象はなぜ生じたのであろうか。第二次大戦後、長く対立関係にあった日本と中国（中華人民共和国）の国交が回復して早くも三〇年が過ぎた。この国交回復に、ベトナム戦争の終結など、当時の国際情勢が緊密に関連していたことはよく知られている。いわゆる遣唐使の廃止が菅原道真《すがわらのみちざね》による中国内部の混乱の指摘によって決定されたこともよく知られたところである。また、卑弥呼の三国魏への遣使が二三八年や二四〇年ではなく、二三九年であったことは単なる偶然ではなく、そこには当時の朝鮮半島の情勢が緊密に関連していたのであるが、とすれば、二六六年から四一三年というこれほどの長きにわたる日中国家間の政治交渉の途絶には、当然国際情勢に絡む重大な原因が存在したはずである。

こうした問題を考える際、二つの観点から考えてみる必要がある。一つは、そうした交渉開始なり途絶が生じた直接的原因である。卑弥呼の遣使の場合、それはやはり後漢末から長きにわたって遼東半島の地にあって割拠し、日本と中国との間の交渉を妨げていた公孫度《こうそんたく》に始まる公孫氏政権が二三八年に魏によって滅ぼされたことであろう。もう一つは、もう少し長いタイムスパンのもとに生じる要因である。後漢の遣使以来、長く途絶えていた日本からの政治使節の派遣が卑弥呼の時代に回復される要因には、後漢の混乱から崩壊、そしてその崩壊が魏晋の勢力によって再び収拾され、中国が再統一されていく動きに対処しようとする、当時の倭国上層部における国際認識がその背景にあったであろう。

このようなマクロな視座から考えたとき、二六六年以降の長きにわたる倭国からの遣使途絶の最大の原因は、遣使を受け入れる側の中国自体の混乱にあったといえる。後漢末に始まる混乱が西晋王朝によって統一された中国は、本巻における今までの章において述べたように、後漢末以降の混乱を上回る八王の乱、永嘉《えいか》の乱などに始まる止めどもない大混乱の中に突入していった。基本的にその終息は、ほぼ三〇〇年後の隋による統一を待たねばならなかったのである。つまり、このことが、日本の側からする遣使がなされなくなった最大の原因ということができるのである。

しかし、要因はほかにもあったと想定される。すでに第二章、第三章で述べたように八王の乱、永嘉の乱などに始まる中国の崩壊は、魏晋的世界秩序の崩壊でもあった。私たちは近い過去に社会主義国家・ソ連邦の崩壊を目の当たりにした。また、その崩壊の前後に東欧をはじめとした多くの社会主義国家の崩壊も生じた。さらに、日本国内における政治構造にも大きな変動が生じ、今日に至るまでその余波は止んでいないといえるであろう。先に倭国は魏晋を中心とした世界秩序に参入したと述べた。その魏晋を中心とした世界秩序の崩壊が華北や華南、西域などにどのように波及したかについてはすでに見てきたところである。

とすれば、そうした崩壊の影響は当然倭国にも及んだはずである。いわゆる謎の四世紀の時代における倭国において、巨大な前方後円墳が各地に造られ、馬具などを含めた鉄製武器の広範な使用が見られることは、そうした当時の世界秩序の変動と無関係のことがらとは考えられないのである。

では、なぜ遣使の途絶は二六六年という年次を以て始まっているのであろうか。二六六年は、蜀が滅ぼされ西晋が建国された次の年であり、呉が滅ぼされ中国が再統一されるのは二八〇年のことである。この時期は西晋の国力がきわめて充実していた時期にあたっており、それ故この間に倭国からの使節が途絶される理由は見あたらない。また、八王の乱が起こる

石上神宮伝存七支刀（石上神宮蔵。奈良県天理市）銘文が刻まれており、謎の4世紀の時代における倭国と大陸との政治交渉を伝えるものとされている。国宝

までの西晋は統一国家として貴族文化を華開かせていた。よって実のところ、途絶の理由はいまのところよく分からない。二六六年から八王の乱や永嘉の乱によって西晋王朝が混乱に陥っていく前の段階では、この間に倭国からの使節が中国に至った可能性は十分にある。とすれば、そこには史料の欠落の可能性があるとせざるを得ない。いまのところ、この三世紀後半の遣使の途絶は、史料の欠落が原因しているであろうとする考えに私は傾いている。ただ、永嘉の乱以降の遣使の途絶は、史料の欠落が原因と考えることはできないであろう。

謎の四世紀

倭国が再び中国に使節派遣を再開するのは先に述べたように四一三年のことである。じつに二六六年から一四七年ぶりの遣使再開である。この一四七年の間に、倭国の内部でいかなる事態が生じていたのか、邪馬台国はその後どうなったのか、この時期に造られる多くの巨

大古墳は何を意味するのか、四世紀に作られ百済からもたらされたとされる七支刀《しちしとう》（奈良県天理市石上神宮蔵）は今日の私たちに何を伝えているのか、五世紀初頭に建てられた好太王《こうたいおう》碑《ひ》は、四世紀後半の朝鮮半島における倭人の活動を伝えているが、それはどのような歴史的意味をもっているのか、といった様々な問題がこれまで論じられてきている。

しかし、七支刀自体が本当に四世紀にもたらされたものなのか、好太王の碑文自体が改竄されているのではないか等の問題を始めとして、容易には解決し得ない議論が現在も進行しており、確実な立脚点がなかなかに見いだせない状況がある。それゆえ、この時期は謎の四世紀といわれるのであろう。

また、伝仁徳天皇陵古墳など巨大古墳を造りあげた権力は、邪馬台国の発展した勢力なのか、それを受け継いだ勢力なのか、朝鮮との関係の深まりは、朝鮮半島における鉄資源の確保にのみ原因があるのか、好太王碑文《こうたいおうひぶん》に記されている倭は大和の勢力であるのか、等々の種々の問題の十分な解決も今後を待たねばならないであろう。

ただ私は、この時期の東アジアの変動は日本にも確実に影響し、従来にない大きな権力が日本に出現してきたこと、その権力はその力を背景として朝鮮との関係を深めていること、その権力が現在の日本の天皇家とつながる勢力であることは確実なこととといえるであろうと考えている。いわゆる倭の五王の時代の始まりである。

倭の五王の時代

遣使再開と東アジアの国際情勢

倭の五王とは、中国の南北朝時代の南朝・宋のことを伝えた歴史書である『宋書《そうしょ》』に、倭国の王としてその名の見える五人の王、讃《さん》、珍《ちん》、済《せい》、興《こう》、武《ぶ》のことを指している（『宋書』倭国伝）。この王の時代に日本から中国へ使節が再び派遣されているのであるが、その再開の理由は史書の上にはなんら記されていない。ただ、この再開の時期が魏晋南北朝時代のうちの、南北朝時代の開始の時期と重なっていることは示唆的である。華北を中心とした大混乱の時代が、北方の華北を統一した胡族の政権（北魏）と南方の漢族政権（東晋→宋）という二大勢力の対立へと向かう時期に、遣使が再開されているのである。

卑弥呼の遣使は、諸葛孔明と司馬仲達《しばちゆうたつ》（司馬懿《しばい》）の間で行われた二三四年の五丈原《ごじようげん》の戦い後、蜀が弱体化し、魏がその勢力をいっそう強大化してくるようになり、日本にも強く影響が及んでいた遼東をめぐる魏と呉という中国の南北の勢力の角逐が、ほぼ魏の勝利に帰した時期に行われている。こうしたことをも念頭におくと、そのようななんらかの国際情勢の変化が五世紀の初頭の遣使再開にも影響を及ぼしたのではないかとの想定を抱かせる。

五世紀初頭の東アジアの情勢を見るとき、そこに一人の英雄が出現していることに気づく。南朝の宋を建国した劉裕《りゆうゆう》である。その劉裕は、宋を建国する直前に東晋の将軍として、江南から異民族によって奪われた漢民族の故郷である中原の地を回復するための軍を起こす。その途次、彼は当時山東半島の地にあった鮮卑の慕容部《ぼようぶ》の拠る南燕《なんえん》を攻め陥落させている。ときに四一〇年である。そして、倭国が遣使を再開するのはその三年後のことである。

劉裕はその後、山東から西進して洛陽、長安まで達し、羌《きょう》族の建国した後秦《こうしん》を滅ぼして中原の地を一時的に回復し、その後、江南に帰り東晋の禅りを受けて、宋朝を起こすのである（四二〇年）。

古代における日中往還ルート

いま劉裕による山東の攻略がいかなる意味を持っていたのかということについて考えてみよう。

古代において日本から中国に渡るときとられたルートには、主として、①対馬海峡を渡り、朝鮮半島を陸路中国に到る道、②同じく対馬海峡を渡り、朝鮮半島沿岸を海路北上し、風を待って黄海を横断、中国山東半島をめざす道、および③九州から一気に東シナ海を横断して江南をめざす道とがあった。

このうち、①のルートをとることは、当時倭国と抗争関係にある高句麗《こうくり》がそれを妨害していたため困難であった（『宋書』倭国伝）。③のルートが倭の五王の時代にもとられた可能性はある。しかし、このいわゆる南路と呼ばれるルートは、倭の五王の時代から二〇〇～四〇〇年後に遣唐使が何度もその渡海に失敗したルートである。また、遣隋使や初期遣唐使はいわゆる北路と呼ばれる②のルートをとっていることなどを考えると、倭の五王時代の主なルートは②であったと考えられる。また、②のルートを使って山東半島方面をめざした倭の五王の使節は、中国到着後は、陸路や内陸水路をとって南朝の都である建康（現在の南京）に向かったと思われる。しかし、山東半島沿いに海路南下して江南に向かうことは、中国側の案内、保護を得られる安全なルートを捨てて、江蘇省沿岸から長江江口にかけての砂州の多い困難なルートを選ぶことを意味していた。

現在の黄海沿岸（江蘇省沿岸）には大沙《たいさ》、長沙、北沙等の多くの浅瀬が数えられる（一五一頁図参照）。倭の五王時代の江蘇省の海岸線は現在より五〇キロメートルほど内陸にあった。現在の海岸線は黄河や長江などがもたらす大量の土砂が堆積し陸地化した結果である。こうした海岸線の東進は、モンゴル族の建国する元以降急速に進展したものであるが、唐時代の中国に出かけた円仁《えんにん》の入唐の際、その船が座礁したのもこの海域であったこと（『入唐《にっとう》求《ぐ》法巡礼行記《ほうじゅんれいこうき》』）をも考え合わせると、五世紀の江蘇省沿岸から長江河口にかけての航行も容易ではなかったことが推定される。つまり、倭国の五王時代の使節は江南へいく場合、主に海路山東半島に到り、その後江蘇省沿岸の海域を避けて江南に向かっていたとして大きな誤りはないと考えられるのである。

高句麗の遣使再開

劉裕は北上してこのような意味を持つ山東に拠った南燕を滅ぼしたのである。倭国の遣使再開がみられる五世紀初めは、第三章で見た淝水《ひすい》の戦いを契機とした前秦《ぜんしん》の崩壊後に生じた華北、華中にかけての大きな政治的変動が徐々に北朝（北魏）と南朝（宋）という二大勢力の対立という構図へと収束する過渡期に当たっている。いま淝水の戦い後に起こった具体的な出来事を時代順に並べてみると、

①三八六年の北魏の建国

②北魏の拡大化にともなう三九七年の後燕《こうえん》の崩壊

③南燕、北燕の建国

④劉裕の北伐によってもたらされた南燕、後秦の滅亡

となるが、こうした事態の推移を日中往還ルートとの関連で眺めてみると、四一〇年の山東半島にあった南燕の滅亡は、朝鮮、日本を含む北東アジアの政治情勢にきわめて大きな影響を与えたことが想定されるのである。

このとき、さらに注意しなければならないことは、そもそもいまとりあげている倭国の遣使再開を伝える四一三年の記事に、次のように見えることである。

是の歳、高句麗、倭国、および西南夷《せいなんい》の銅頭大師《どうとうたいし》、並びに方物《ほうぶつ》を献ず。（『晋書《しんじょ》』安帝紀《あんていき》、義熙《ぎき》九年〈四一三〉の条）

つまり、この年には高句麗も倭国と同じく江南の東晋に遣使しているのである。しかも、

この遣使は高句麗にとっても七〇年ぶりの東晋遣使であった。また、先に述べたように倭国の遣使は現存の史料による限り、二六六年以来じつに一四七年ぶりの遣使再開であった。七〇年ぶりと一四七年ぶりの遣使が朝鮮と日本という近接する二国に同時に生じているのである。とすれば右の高句麗の遣使再開と倭国のそれとは同一の要因が契機となって引き起こされた事態である可能性がきわめて高いことになるであろう。このことを先述したルートの問題、南燕の滅亡と考え合わせると、それらが互いに関連する事柄であることがほぼ確実なこととして浮かび上がってくるのである。

南燕滅亡前の山東半島は、前燕《ぜんえん》（鮮卑）、前秦《ぜんしん》（氐）、後燕《こうえん》（鮮卑）などの非漢族国家によって相継いで支配されていた。この間、倭国と朝鮮南部の覇権をめぐって熾烈な抗争を演じていた高句麗は、その動きをその西方で国境を接するこれら諸朝によって強く規制されていた（なかでも前燕からは国都を攻め落とされるなどきわめて大きな打撃を被ったこともある）。

高句麗による遣使の再開が見られた四一三年は、高句麗をその西側から牽制していた鮮卑慕容部の建国した後燕が、新たな中原の覇者として後の隋唐帝国の母胎となっていく北魏との争いに敗れて、滅亡した時期にあたっている（四〇七年、後燕滅亡）。後燕の後を受けた北燕は、その建国にあずかった慕容雲《ぼよううん》が高句麗人の血をひいていたため高句麗と良好な関係にあった。一方、後燕の後を受けて華北の覇者となった北魏の力が、高句麗にまで及んでくるのは、北燕が北魏によって滅ぼされる四三六年前後からである。

つまり、高句麗の遣使再開はこうした国際状況にあった四一〇年に南燕を滅ぼし、渤海、黄海につきでた航路上の要衝である山東半島を劉裕支配下の東晋が手中に収めた直後に再開されているわけである。

高句麗にとってこれは新たな、しかも大きな脅威の出現であった。なぜなら、当時高句麗は中国の混乱に乗じて、遼東などもともと中国領であった地域を自国の領土に編入しており、劉裕の北伐軍は、異民族によって奪われた漢民族の領土を奪還することを旗印とし、現に南燕や後秦を滅ぼし、失地回復を行ったからである。つまり、高句麗による遣使の再開は、一衣帯水ともいうべき渤海の向こうに強大な軍事力が伸張してきた事態に対処しようとした政策のあらわれといえるのである。そしてまたそれは同時に、かつて使節を派遣した東アジアの文明の中心・晋の復活を告げるような動きへの対処という面も合わせもっていた。

こうした勢力伸張、晋の復活への対処という点では、倭国も大なり小なり同様の立場にあったといえるであろうが、倭国の立場からこの高句麗の遣使再開のもつ意味を考えると、倭国の遣使再開の原因には、上で述べたような事態への対処ということに付随して、別のことがらも想定されてくる。それは倭国はこの遣使再開によって山東半島にまで伸びた東晋南朝の力を利用して長年の宿敵である高句麗を牽制し、朝鮮半島の状況を有利に展開させようと考えていたのではないか、ということである。この点は倭の五王の外交戦略全般とも関わる問題であるので、日本国内から出土した鉄剣の銘文など具体的な文字史料をあげてもう少し掘り下げてみよう。

稲荷山の鉄剣

埼玉県行田市にある「さきたま風土記の丘」の稲荷山《いなりやま》古墳から出土した、一振りの鉄剣の表裏に金象嵌の一一五字（表に五七字、裏に五八字）の銘文があることが発見されている。その銘文の全文は次のようである。

辛亥年、七月中記。乎獲居臣、上祖名意冨比垝、其児多加利足尼、其児名弖已加利獲居、其児名多加披次獲居、其児名多沙鬼獲居、其児名半弖比（表）

其児名加差披余、其児名乎獲居臣。世々為杖刀人首、奉事来至今。獲加多支鹵大王寺在斯鬼宮時、吾左治天下、令作此百練利刀、記吾奉事根原也（裏）

この銘文には、まず「辛亥の年七月中記す（辛亥年、七月中記）」という年紀が刻まれ、続いてこの銘文の主人公であるヲワケ（乎獲居）の先祖であるオホヒコ（意冨比垝）からヲワケに至る八代の系譜が記されている（意冨比垝→多加利足尼《タカリスクネ》→弖已加利獲居《テヨカリワケ》→多加披次獲《タカハシワ》居《ケ》→多沙鬼獲居《タサキワケ》→半弖比《ハテヒ》→加差披余《カサハヨ》→乎獲居）。

さらに裏面においてヲワケの一族がその祖先のときから代々親衛隊（杖刀人《じょうとうじん》）の首《おびと》となってきたこと、ヲワケはその例に従ってワカタケル（獲加多支鹵）大王がシキ（斯鬼）の宮にいたときその統治を補佐し、その記念としてこの刀を作らせ、銘文を刻んだ、といった内容が記されている。

冒頭に見える辛亥の年は四七一年であり、獲加多支鹵大王が倭の五王の最後の王である倭王武、すなわち雄略《ゆうりやく》天皇であることが、その後の研究によって明らかにされているが、ここで問題としたいのは、ここに見える「治天下」という文字である。

その意味するところは「天下を治める」ということであるが、とすればこの銘文はワカタケル大王が天下を治めていたのをヲワケは補佐したと、述べていることになる。実はこの稲荷山の鉄剣銘文が解読されたことによって、それまで充分には解読できなかった熊本県玉名郡菊水町にある船山古《ふなやまこ》墳《ふん》から出土した鉄刀銘文も解読され、それが「天《あま》の下治《したしろ》しめす獲加多《ワカタ》支鹵《ケル》大王世《おおきみのよ》」と記されていることが指摘されるようになった。つまり、この二つの銘文はい

稲荷山鉄剣（埼玉県さきたま資料館蔵）1968年、稲荷山古墳（埼玉県行田市埼玉）より出土。金象嵌された115字の銘文が発見された。銘文中の「辛亥」の干支から、西暦471年製作とみられている。右は表面の拡大、左は裏面

ずれもワカタケル大王が天下を治める大王であったと述べているのである。

このことを倭王武が倭国のリーダーとしてその支配領域を統治していたことを示しているとし、またそこに見える「天下」とは、織田信長や豊臣秀吉が天下を治めたというのと同じ意味の「天下」のことであるというふうに、今日の日本人的発想に基づいて考えるならば別

410年	東晋、南燕を滅ぼす。東晋の山東半島領有。
413	高句麗の東晋遣使。**倭国の東晋遣使。**
420	東晋の滅亡、宋の建国。
421	**倭国の宋遣使。**
425	**倭国の宋遣使。**
430	**倭国の宋遣使。**
436	北燕滅亡、北魏の勢力渤海に及ぶ。東夷諸国、北魏遣使。
438	**倭国の宋遣使。**
443	**倭国の宋遣使。**
450	北魏、長江北岸・瓜歩山まで南侵。宋・元嘉の治、傾く。
451	**倭国の宋遣使。**
460	**倭国の宋遣使。**
462	**倭国の宋遣使。**
466	北魏、淮水の北の４州、及び淮水の西の地を宋より奪う。
469	正月、宋の山東半島の拠点・東陽陥落。北魏、山東半島を領有。２月、柔然、高句麗、契丹等の諸国、北魏遣使。
470	北魏、山東半島に光州を設置。
470年代初頭	淮水・泗水地域領有をめぐっての宋魏両国間の熾烈な戦い。
472	百済の対北魏遣使とその失敗。
475	北魏、光州に軍鎮を設置。
477	**倭国の宋遣使。**
478	**倭国の宋遣使。**倭王武、上表し、遣使の容易でないことを述べる。
479	宋の滅亡、南斉の建国、倭国の南斉遣使？
480年代	北魏のさらなる南侵。
490（488？）	北魏による百済攻撃。

倭国から宋への遣使年表

段異とするにたりないことがらである。しかし、「天下」という概念はもともと中国で生まれた概念であり、それは天の下に広がる広大な地上世界を指している。そしてその「天下」を支配しうるものは、天命を受けた皇帝ただ一人であるとするのが、中国における考え方である。

それゆえ、「三国志」の時代におけるように、魏・呉・蜀の三国それぞれに皇帝を名乗るものが出現することは異常事態である。それぞれの皇帝からすれば自分こそが真に天の命を受け天下に君臨する皇帝であり、天命を受けたと詐称し皇帝を僭称しているものは、天誅を加えらるべき存在であるということになるのである。

ワカタケル大王は倭の五王の最後の王である倭王武に比定されるが、とすれば治天下大王としての倭王武は、中国の皇帝とは別個に天下を支配しているという立場を稲荷山鉄剣の銘文が記された当時、すなわち五世紀の後半、とっていたことになるのである。

『宋書』倭国伝の記述

しかし、現在残されている中国側の文献、すなわち『宋書』倭国伝の記述と鉄剣銘文の記述は大きな違いを示している。『宋書』倭国伝には、倭王武が四七八年、中国南朝・宋の皇帝である順帝《じゅんてい》に送った上表文が載せられている。まずその全文を掲げ、その意味するところを解明していこう。

軍倭國王表求除正詔除安東將軍倭國王珍
又求除正倭隋等十三人平西征虜冠軍輔國
將軍號詔並聽二十年倭國王濟遣使奉獻復
以爲安東將軍倭國王二十八年加使持節都
督倭新羅任那加羅秦韓慕韓六國諸軍事安
東將軍如故幷除所上二十三人軍郡濟死世
子興遣使貢獻世祖大明六年詔曰倭王世子
興奕世載忠作藩外海稟化寧境恭修貢職新
嗣邊業宜授爵號可安東將軍倭國王興死弟
武立自稱使持節都督倭百濟新羅任那加羅
秦韓慕韓七國諸軍事安東大將軍倭國王順
帝昇明二年遣使上表曰封國偏遠作藩于外
自昔祖禰躬擐甲冑跋渉山川不遑寧處東征
毛人五十五國西服衆夷六十六國渡平海北
九十五國王道融泰廓土遐畿累葉朝宗不愆
于歳臣雖下愚忝胤先緒驅率所統歸崇天極
道逕百濟裝治船舫而句驪無道圖欲見呑掠
抄邊隷虔劉不已毎致稽滯以失良風雖曰進

『宋書』倭国伝　倭王上表

順帝昇明二年、遣使上表曰。封国偏遠、作藩于外。自昔祖禰、躬擐甲冑、跋渉山川、不遑寧処。東征毛人五十五国、西服衆夷六十六国、渡平海北九十五国。王道融泰、廓土遐畿。累葉朝宗、不愆于歳。臣雖下愚、忝胤先緒、駆率所統、帰崇天極。……

まず、右の傍線部分に注目していただきたい。倭王武、すなわち四七一年に刻まれた稲荷山鉄剣銘文に「天下を治める大王」として記述されるワカタケルは、四七八年の段階では建康（現在の南京）に都をおく宋朝の皇帝である順帝に対する上表文の中で、「あなたの臣下としての私は身分は低く愚かですが（臣雖下愚）」と述べているのである。そしてそうした記述はここのみに見出されるのではなく、この上表文全体を貫くスタイルでもあるのである。

この上表文の内容を翻訳するとこのようになる。「私が皇帝様から封ぜられている国（すなわち封国）は中国から見ますと偏って遠く（偏遠）はありますが、藩屏《はんぺい》（中国を守る垣根）を外に作っています。昔から私の先祖（祖禰《そでい》）は自ら甲冑を身につけ山川を跋渉《ばっしょう》し休む間もありませんでした。東は毛人《もうじん》の住む五五の国を征伐し、西は六六もの夷狄の国を服従させ、海を渡って北の九五もの国を平定しました。その結果、皇帝様の世の中はよく治まり

（王道融泰）、皇帝様の領土は遥《はる》か遠くまで広がったのでございます（廓土遐畿）。私に至るまで代々、歳々の朝貢を怠ることもございませんでした（累葉朝宗、不愆于歳）。臣下としての私は身分は低く愚かではありますが（臣雖下愚）、私の先祖からの教えをついで、自分の配下のものを引き連れて、皇帝様のおられる天の中心（天極、具体的には建康を指す）に馳せ参じたいと思っております（駆率所統、帰崇天極）。……」

稲荷山鉄剣銘文からうかがわれる治天下大王ワカタケルとこの『宋書』の記事に見える倭王武の姿とはこのように大きく相違しているのであるが、それはなぜであろうか。

倭国と天下

古代日本における中華意識の形成

ワカタケルが「治天下大王」と称し、一方で「臣」と称するような相違はどうして生じているのであろうか。倭の五王が遣使した南朝宋の時代より後の隋の時代、小野妹子は遣隋使として中国に赴いた際、中国の煬帝《ようだい》に次のような著名な内容の国書をさしだしている。

日出ずる処の天子、書を日没する処の天子に致《おくります》す。恙《つつが》ないでしょうか。（原文：日出処天子致書日没処天子無恙）（『隋書《ずいしょ》』倭国伝）

ここに見える「致書」という用語は、対等の関係の国家に書信などを送る際用いられる特殊な用語である。また、天子という用語は天の神である天帝の命令を受けてこの天下を支配している皇帝の別称であるが、遣隋使がもたらした国書において当時の倭国がこうした外交用語を用いたということは、倭国もまた天命を受けた天子が統治する国であると隋に対して告げたに等しい。

『隋書《ずいしょ》』倭国伝《わこくでん》によると、この小野妹子による六〇七年の遣隋使より前の六〇〇年に隋に至った倭国からの使者は、煬帝の父である文帝が倭国の風俗を問うたとき、その下問に次のように答えたという。

倭国の王は天を以て兄とし、日を以て弟としている（原文：倭王以天為兄、以日為弟）

つまりこのときは、倭国王は「天の子」よりもさらに「格」が上であって、「天の弟」である、天子から見れば叔父に当たると述べていた訳である。

倭国の大王が「天皇」号を称するようになることはよく知られている。「天皇」とは天皇、地皇、人皇の三皇の首座であり、中国太古の天子の称号である。すなわち「天皇」もまた天下を支配する皇帝に等しい用語である。このことを踏まえると古代日本は「漢委奴国王」に始まる中国皇帝の臣下としての王号から、「治天下大王」や「天子」の採用をへて、「天皇」を頂点とする体制の確立に至ったことがわかる。

すなわち、古代日本はこの天皇を頂点として、本来、中国皇帝のみにしか許されない年号を大化の改新以降採用し、中国の体制を模倣しながら、中国とは別個に自己の法律体系（律令）を倭国国内で実施し、古代律令制国家を建設していくのである。

こうした一連の動きは、中国における政治思想の導入とともに古代日本の内部においても、「中華」として自己を中心とした世界を構想するという、中国風の中華意識が形成されていったことを示しているとされよう。本書の冒頭で、私は日本が自らの都である京都を洛陽と呼んだことについて注意をうながしたが、その淵源には、こうした日本における中華思想の受容があるのである。

このように考えてくると、ワカタケル大王の時代の倭国国内における「天下」の使用は、今日においてたどりうる古代日本における中華意識の形成の最古の始発点と見ることができるのである。すなわち、倭の奴国王や卑弥呼の時代には、中国皇帝に対し臣下としてその国際秩序に参画した。そしてワカタケル大王も倭国王として従来の路線を継承し、南朝の中国皇帝を中心とした国際秩序に参画したわけであるが、しかし一方で、ワカタケルは、その体制からの離脱、あるいは自立をめざしていたと想定されるのである。そして、遣隋使段階における中国皇帝と対等であることを主張する「天子」号の使用などは、ワカタケル時代以降のそうした自立の動きを受けて生じたことがらであったと考えられるのである。

ワカタケルの時代における倭国の天下観

ところで、ワカタケルが用いた「天下」とはそもそもいかなる領域を指していたのであろうか。天下の用語が信長の「天下布武《ふぶ》」のように後世の日本において、日本国内に限定して用いられることを踏まえると、その具体的領域は倭国国内を指していたとも考えられる。

しかし、先に『宋書』倭国伝の記事で見たように、ワカタケル大王は中国皇帝に対して「東は毛人の住む五五の国を征伐し、西は六六もの夷狄の国を服従させ、海を渡って北の九五もの国を平定しました」と述べている。この「毛人」の国、「夷狄の国」、「海を渡って」平らげた国と倭国とがいかなる関係にあるのか、はっきりしないが、彼が現実に「治天下大王」であったと考えられることや『宋書』倭国伝の文面による限り、その場合の「天下」が具体的には平定された「毛人」の国五五、「夷狄の国」六六、「海を渡って」平らげた国九五を含むものであったと考えるほうが自然であろう。

もっとも先に見たようにこの諸国平定の文章には続けて、「海を渡って九五もの国を平定しました。その結果、皇帝様の世の中はよく治まり（王道融泰）、皇帝様の領土は遥か遠くまで広がったのでございます（廓土遐畿）」とあるわけであるので、中国皇帝に対する場合には、これらの諸国や倭国が中国皇帝の支配の及ぶ領域という立場をとっていたことは明らかである。

ただ現実の場面においてはそうした領域を含むものとしてワカタケルが「天下」を構想していたことはほぼ誤りないであろう。この際、注目しておかなければならないことは、

①倭の五王の二番目の王である珍《ちん》が「都督《ととく》倭、百済《くだら》、新羅《しらぎ》、任那《みまな》、秦韓《しんかん》、慕韓《ぼかん》六国諸軍事《しょぐんじ》、安東大将軍、倭国王」と自ら称していること（この自称を宋朝側は認めなかった）。

②三番目の王である済《せい》のとき、宋から倭国王は「都督倭、新羅、任那、加羅《から》、秦韓、慕韓六国諸軍事《しょぐんじ》、安東将軍」と名乗ることが許されたこと（しかし、宋朝は倭国が望んだ百済に対する軍政権と安東大将軍号とは認めなかった）。

③五番目の王ワカタケル（中国名・武）のとき、右の六国と依然として承認してもらえない百済を含めた七国に対する軍政権と安東大将軍の位を勝手に自称していること。そして、ワカタケルが宋の順帝の昇明二年（四七八）に遣使した後に、百済に対する軍政権の承認はついになされなかったが、ワカタケルは安東大将軍を名乗ることを許され、「都督倭、新羅、任那、加羅、秦韓、慕韓六国諸軍事、安東大将軍、倭国王」に任ぜられたこと（以上『宋書』倭国伝）である。

当時の中国においては、ここに見える「都督……（国名、地域名）……諸軍事」に任ぜられると、「都督」と「諸軍事」の間に挟まれる地域の軍政権を付与された。また、安東将軍は中国を中心としてみたとき、中国の東の領域を支配する権限を与えられた将軍であることを意味し、安東大将軍は安東将軍より一段上位の将軍の称号であった。古代の倭国がその将軍号として「将軍」より上位の「大将軍」であることを求め続けたのは、宋朝によって高句麗や百済がいち早く安東と同様の概念のもとに置かれた征東大将軍、鎮東大将軍に任ぜられていたからである。

つまり、当時の倭国は、朝鮮半島における権益をめぐり、高句麗や百済と種々の競い合いを演じており、そうした中で朝鮮半島南部の地域における優位性確保のために、当時の東アジアにおける国際政治秩序の一中心としての南朝にその軍政権を承認してもらおうと努めていたのである。そして百済の地域を除いた軍政権と大将軍の官位はワカタケルの段階でようやく中国側の承認するところとなったのである。

このように見てくるとワカタケル大王の時代の「天下」が、具体的には安東大将軍倭王武の勢威がなんらかの形で及ぶ、倭国を含めた、新羅、任那、加羅、秦韓、慕韓の六国であったことが想定されてくるのである。そして、百済に対する軍政権は、最後まで南朝宋の承認するところとならなかったが、「治天下」という用語のもつ意味、および倭王武が百済をも含めた七国の都督を自ら称していたこと（上記③）を考えるとき、当時の倭国のワカタケルが「治天下大王」として君臨していた、あるいは君臨しようとしていた「天下」とは現実の場面においては、百済をも含む領域であったと断定してほぼ誤りない。

倭国にとっての「天」

先に遣隋使について述べた際、倭国の王が「天の弟」「天の子」と称したことを指摘した。また、有名な好太王の碑文には、その高句麗の建国神話を記した個所に、高句麗の建国の由来が次のように記されている。

> 昔、（高句麗の始祖の）鄒牟王《すうぼうおう》が国の基《もとい》を創《はじ》めたとき、（王は）北夫余《きたふよ》の地の天帝の子として生まれた。母は河伯《かはく》（河の神）の女郎（むすめ）であり、卵を剖《わ》ってこの世に降誕した。……そして、我はこれ大いなる天の子なりといった。……（原文：惟昔始祖鄒牟王之創基也、出自北夫余天帝之子。母河伯女郎、剖卵降世。……言曰、我是皇天之子）

ここに見える「天」とは何を指しているのであろうか。この場合の天帝の天や皇天の天は、天は天であっても、明らかに「高句麗を中心とした天」という意味をもっており、中国が使用するような、中国皇帝にとっての、あるいは中国を中心とした天とは異なっている。さらに先に述べたように、「天下」という概念は広大な天の下に広がる地上世界全体を指しており、本来、境界をもった領域概念ではない。

こうしたことを念頭におくとき、「治天下大王」等の場合における「天」とは、本来「倭国を中心とした天」であったと考えられ、そうした「天」の下に形作られる「天下」は本来領域概念ではなかったと考えられてくるのである。その際の、中国との相違は一方が中国を中心として天下を考えるのに対し、一方が倭国を中心として天下を考えるという相違があるにすぎないことになる。

つまり、ワカタケル大王の時代の倭国は、中国の世界秩序に参加する際には中国の臣下としてその秩序を認めていた。しかし、自国を中心とする立場においては、理念としては「倭国を中心とする天」の思想の下に「天下」を想定し、現実的な場面においては倭国と朝鮮半島南部などの周辺諸国を含めた領域を以て「天下」と想定していたと考えられるのである。

では、このように考えてくるとき、さかのぼってたとえば卑弥呼の時代の日本は、「天」や「天下」といったことをどのように考えていたのか、という疑問が生じてくる。こうした点の解明を可能にする史料が存在するわけではないので、推測の域を出ないが、そもそも「天」や「天下」という中国的な概念を卑弥呼の時代の日本の為政者が政治思想の概念としてどこまで理解し得ていたのかという問題がまずある。私は、いまのところ当時の日本の為政者はこうした政治思想を充分には理解できてはいなかったであろうし、またそもそも中国思想としての「天」、「天下」の存在すら知らなかったかもしれないと考えている。

ただし、卑弥呼は『魏志』倭人伝によれば、鬼道をよくし衆を惑わせたという。とすれば、シャーマンとしての行為を通じて政治や宗教的行為を行うことがあったであろう。その際、そこには彼らが仕えるなんらかの「天」が存在したことは想定される。しかし、その場合の「天」は中国における「天」とは相当異質であり、それだけにその派生概念である「天下」という概念も倭国にはいまだ受容されていなかったと考えるべきである。

魏晋南北朝時代における文化の伝播を通じて、漢字を中心とした中国文化が徐々に古代の日本に伝えられていく過程で、中国における「天」や「天下」の意味も徐々に倭国の人々にも理解されていき、ワカタケル段階での「治天下」という概念も生じたと考えられるのである。

また、先に見たように、小野妹子が遣隋使として隋に至る前に中国に至った倭国からの使者は、隋の建国者である文帝の下問に答え、「倭国の王は天を以て兄とし、日を以て弟としている」と答え、さらに続けて『隋書』には、倭国使は次のように回答したと記述されている。

（倭国王は）天がまだ明けないうちに出てきてまつりごとを聴き、跏趺《あぐら》をかいて坐る。日が出てくると便《すなわ》ち理務を停止し、わが弟に委ねると云う。文帝は、此はとても理屈の通らないことであるといい、そこで訓令して、これを改めさせた。（原文「天未明時出聴政。跏趺坐。日出便停理務、云委我弟。高祖〈文帝〉曰、此太無義理。於是訓令改之」『隋書』倭国伝）

天帝の子（天子）としての中国皇帝の存在をも上回る「天の弟」「日の兄」という表現は、文帝に理屈の通らないことという感想を持たせたのである。

倭国はこの六〇〇年の遣使ののちの六〇七年の小野妹子の遣隋使の段階ではすでに見たように、その国書の中で、「天弟」「日兄」という理解を捨て「天子」と称している。こうした「変更」はなぜ生じたのであろうか。この変更を用語の面のみから見れば、家族関係において尊属に位置する「天弟」という理解を改め、卑属としての「天子」といういわば降格した用語に変えているのである。ではなぜこうした変更を倭国は行ったのであろうか。このように考えてくると、そこには、六〇〇年の遣使における隋の文帝と使者との間の問答の結果が反映していると考えざるをえない。先に引用した『隋書』の記載によれば、文帝は倭国王が「天弟」「日兄」とすることが理に合わないとして倭国使にその変更を訓令しているのである。

そもそも外交という場面において、六〇七年の使節が、六〇〇年の遣使の際に外交交渉においで、いかなる問題が生じたのかということを知ることなく、交渉を行うということは考えがたい。六〇七年の遣隋使は六〇〇年の遣隋使に際し生じたことがらに対する対応を決定した上で、隋との交渉に臨んでいたと考えられるのである。すなわち、倭国は「義理」がないとして訓令した文帝の意向を汲みつつ、かつ自国の主張をも貫徹するという一定の判断のもとに、「天子」という用語を六〇七年の段階では用いたと考えられるのである。

このとき、倭国が「天子」という用語や「致書」という用語を用いて中国との政治的対等を主張したという点では、遣隋使段階の日本における中国政治思想の理解はそれ以前の時代に比して格段に進んでいたと思われる。しかし、遣隋使に関わる史料を子細に読む限り、「天」の理解に関し、倭国のそれが「天未明」などとともに語られるように、天が太陽そのものと強く結びついて想定されているのに対し、中国のそれが革命思想などと結びついて想定されるものである点などに、この段階においてもなお日中の「天」の理解には相当の異質性があったと考えられるのである。

第一〇章　中華世界の拡大と「新」世界秩序

古代東アジアと日本とのつながり

世界秩序の相克

前章では、倭国が魏晋南北朝時代の国際関係の中で、古代国家を形成していった過程について取り上げた。そのなかで中国の政治思想が徐々に古代日本にも受容され、皇帝の臣下としての王号の採用に始まって、「治天下大王」、「日出処天子」などの呼称も用いられるようになり、最終的には年号を建て、皇帝の別称としての天皇を頂点とした律令体制を打ち立て、徐々に中華意識を抱くようになっていったことを明らかにした。また、その過程で、本書の冒頭でなぜ平安時代における都である京都が中国の王都である洛陽の名を以て呼ばれるようになったのか、という疑問を提示したが、そのこともこの古代日本における中華意識の形成と関連することがらであったことを指摘した。

本章では、こうした現象が古代日本にだけ生じた現象ではなく、同時代の高句麗、百済、新羅といった古代朝鮮の場合にあっても生じていることについて述べたいと思う。また、こうした類似の現象が生じてきた淵源を追究し、魏晋南北朝時代には、漢から魏晋南朝へと受け継がれた世界秩序と、それまでの華夷関係の変容を迫る五胡十六国・北朝・隋唐によって担われた世界秩序とが相克し、隋唐帝国の出現によって前者から後者への転換が生じていることを指摘することとする。そのうえで、古代日本における中華意識の形成もそうした大きな歴史の動向の一環であったことを明らかにし、本書において私がその表題として掲げた「中華の拡大」の意味するところを示し、本書の結びとしたい。

高句麗における中華意識

三国時代の魏は遼東に拠った公孫氏の勢力を滅亡させた後、その新領土を確保するため、二四四年、将軍毌丘倹《ぶきゅうけん》を遼東に派遣し、遼東の背後にあった高句麗を討った。この攻撃によって、朝鮮北部にあって国力を発展させていた高句麗は、国都の陥落、国王の亡命など手痛い打撃を蒙ったが、三世紀後半からの魏晋交替、晋の国力の衰退などにともなって、遼東方面での中国の勢力が衰えたのに乗じて、再びその勢力を伸張し始める。そしてついに三一三年には前漢以来、中国王朝の長年にわたる半島支配の根拠地としての役割を果たしてきた楽《らく》浪郡《ろうぐん》を陥落させ、生産力の豊かな西北朝鮮の地とそこに住む漢人を傘下におさめることに成功し、その勢威を急速に強めていく。

　その後、朝鮮の南方にあって勢力を拡張してきていた百済との間で熾烈な抗争を演じ、史上著名な好太王《こうたいおう》（在位三九一―四一二）の代になると高句麗王はついに「太王《たいおう》」の号を称するようになり、永楽という年号を使用するまでに至る。こうした年号などの採用は、高句麗がその国家形成にあたって中国の政治制度を一つの模範としていたことを明確に示している。

その好太王が死去し、後を継いだ子の長寿王《ちょうじゅおう》（在位四一三―四九一）は四一四年に、その父の功績を称えて有名な好太王碑を建立している。

好太王碑の第一面には、高句麗の由来を記して、「おもうに昔、始祖の鄒牟王《すうぼうおう》の国の基《もとい》を創《はじ》むるや、北夫余《きたふよ》の天帝の子より出自《うまれた》す。母は河伯《かはく》（河の神）の娘であり、卵を剖って世に降る。……言って曰《いわ》く、我（鄒牟王）はこれ『皇天《こうてん》』の子なり」とあるが、ここで「皇天（大いなる天）」という用語が用いられていることは重要である。なぜなら、前章で述べたようにここに見える「天」は「中国を中心としてとらえられた天」ではなく、「高句麗を中心としてとらえられた天」であるからである。また、好太王碑は、高句麗の始祖である鄒牟王《すうぼうおう》が天帝と河伯の娘との間の子として卵から生まれたなどと、高句麗が高句麗独自の神話的世界を持っていたことを伝えている。それだけに碑文に見える「天」の内容は、そうした高句麗の神話と無縁な中国の場合における「天」の内容とはズレたものであったと考えられる。しかし一方で、そうした高句麗の神話的世界が、中国に由来する「天帝」、「皇天」などの用語を以て語られていることにも注目しなければならない。なぜなら、ここでは高句麗の神話的世界が中国思想というフィルターを通して語られているわけであり、そこには高句麗が中国文化を受容し、中国の用語を用いて自らの神話を語るという屈折した側面が見受けられるからである。

また、好太王碑第一面には、「百残《ひやくざん》（百済のこと）や新羅はもと（高句麗の）属民にして、由来朝貢す」と見え、第二面には、「（百済の王は高句麗の）王に跪《ひざまず》いて自ら誓う（跪《き》王自誓《おうじせい》）、今より以後、永く（高句麗王の）奴客《どきやく》たらん、と。太王（好太王のこと）恩赦す」とあって、高句麗の政治体制は、高句麗王を中心とした「朝貢・跪王《きおう》（貢を献じ、高句麗王に跪《ひざまず》く）」体制であったとされている。

高句麗における中国政治思想の受容

中国における「朝貢」という政治用語の実態と、当時の高句麗における「朝貢」の実態とは、高句麗では「跪王」、「奴客」などの独特の用語が使用されていることからみて、まったく同じものであったとは考えられない。けれども、ここで好太王の碑を建立した当時の高句麗が、百済のような服属勢力との関係を「朝貢」という用語を以て表現していることは注目されなければならない。従来の好太王碑の研究では、こうした用語の使用が当然のことがらとして取り扱われ、不思議なことに「朝貢」といった中国起源の政治用語が、中国ではない朝鮮のような地で用いられるようになっていることの意味自体が検討されることはなかった。しかし、こうした用語の使用は、少なくとも当時の高句麗が、「跪王自誓」などの独特の服属儀礼が存在していたにもかかわらず、百済や新羅などとの関係を中国の政治思想に基づいて「朝貢」の関係にあるものととらえていることを示しているのである。

さらに、好太王の子の長寿王時代の北扶余の地方官であった牟頭婁《ぼうとうろう》という人物の墓から出土した墓誌には、「天下四方」の表現も見られる。つまり、こうした中国の政治思想に基づく高句麗国家、高句麗社会形成の動きは、好太王の子の長寿王の代にも受け継がれ、「天下」という概念の受容をもたらしているのである（ただし、この「天下」という概念の受容はこの時期よりさかのぼるものかもしれない）。

また、五世紀末に建てられた朝鮮の忠清北道中原郡にある高句麗による新羅領侵入の記念碑である中原碑には、「東夷の寐錦《みきん》（新羅王を当時の現地音に基づいて呼んだ称号）」「寐錦に衣服を賜う」などの表現が見えるようになる。新羅を「東夷」と呼び、衣服を賜うなどの行為は、高句麗自身が、中国が高句麗を東夷（東方の夷狄）と見なす見方を受け入れ、同じく東夷である新羅に、その新羅が高句麗に服属してきたのでとった対応であると理解することはできない。なぜなら、高句麗は先に述べたように年号や天下の用語などを使用し、自らを「中華」と位置づけるようになってきているからである。すなわち、このときの高句麗は自らを「中華」と位置づける立場から、新羅を自国の東方にいる東夷（東方の夷狄）と見なしていたと考えられるのである。

ところが、高句麗王は太王《たいおう》と称しながら、一方では、中国へ遣使し、自らの臣下に対し中国王朝の将軍号や王爵などの官爵を賜るよう求めてもいる（四九四年、四九六年）。この動きは倭国王が南朝の宋に使節を派遣して中国王朝の官爵を求めた場合と同様であるが、こうしたことがらの実行もまた、高句麗における中国的政治思想の定着を促進したと考えられる。またこの際、高句麗中枢がそうした路線を積極的に採用しつつ、その国家形成を行って

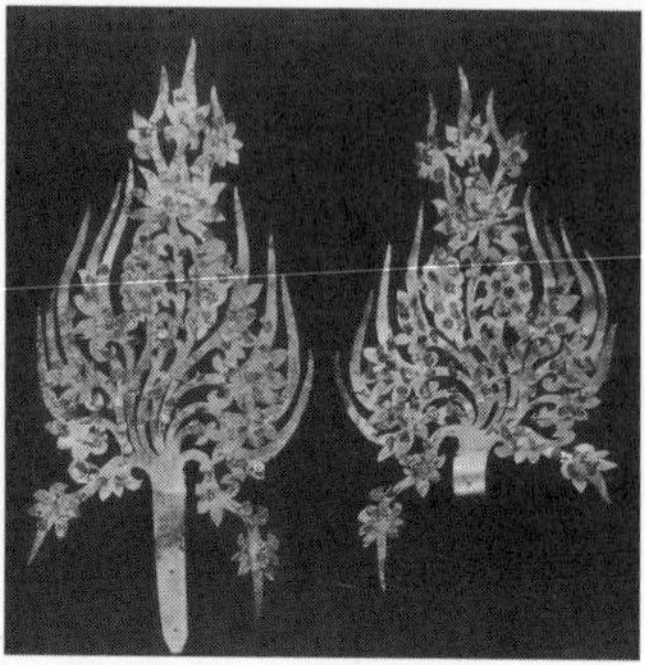

百済武寧王金冠　韓国忠清南道公州出土

いたことは十分注意されなければならないことである。

つまり、中国の政治思想に発する年号の採用、「朝貢」の採用、「天下」の認識などから考えて、高句麗は古代日本に先んじて、高句麗を中心とする「中華」意識を形成し始めていたといえるのである。

百済における中華意識

三韓の一つである馬韓《ばかん》の中から興った百済は、その王である近肖古《きんしょうこ》のとき（三七一年）高句麗の都である平壌を陥落させるほどの勢威を示すが、阿華王《あかおう》の代となると挫折を味わい、前に述べたように「奴客」として高句麗太王に跪くことになった（三九六年）。さらに、四七五年には高句麗の攻撃をうけ亡国の瀬戸際に立たされるが、その後体勢を立て直し、四九五年に百済王は南朝の斉に遣使し、高句麗や倭国のように自己の配下に対し、中国王朝の将軍号や王爵などの官爵を賜るよう求めるようになるまで勢いを盛り返す。

こうした百済王によるその臣下に対する中国的官爵の間接的下賜は、百済王がその国内にあって王の中の王、すなわち実質的に「大王」であったことを示しており、古代日本における「大王」「天皇」、高句麗における「太王」の出現と同様の動きが百済にもあったことを示している。南朝の梁の時代に出来た『梁職貢図《りようしよくこうず》』によると当時百済は、叛波《はんぱ》・卓《たく》・多羅《たら》・前羅《ぜんら》・斯羅《しら》（新羅）・止迷《しめい》・麻連《まれん》・上己文《じようこぶん》・下枕羅《かちんら》などと呼ばれる諸国を従えていたとされているが、このことは古代日本や高句麗の場合と同様の展開が百済の場合にもあったことを示している。

新羅における中華意識

高句麗の属民であった新羅は（好太王碑一面）、六世紀初めになって、五〇三年に建立された迎日冷水新羅碑《げいにちれいすいしらぎひ》の記載では至都盧葛文王《しとろかつぶんおう》が智証王《ちしようおう》と称し、五二四年に建立された蔚珍鳳《うるちんほう》坪《へい》新羅碑の記載では牟即智寐錦王《ぼうそくちみきんおう》が法興王《ほうこうおう》と称しているように、中国的かつ仏教的王号を称するようになっている。また、鳳坪新羅碑には、自らが攻め取った地の高句麗旧民に新羅王の命に違わぬよう「天」に誓わせた、とする記載も見える。このときの「天」が倭国や高句麗の場合と同様に、「新羅にとっての天」であることは明らかである。しかし、その新羅も一方では、南朝の梁の普通二年（五二一）に、百済に従い南朝に朝貢したのを皮切りに中国との交渉を深め、中国王朝から新羅王、楽浪郡公などに封ぜられ、倭国や高句麗と同様に中国の冊封国になっているのである。

また、法興王の二三年（五三六）には、初めて新羅独自の年号を建て五三六年を建元《けんげん》元年と称している。つまり、新羅も五三六年の時点で、中国の政治思想においては中国皇帝のみに許される年号の使用を開始しているのである。この採用は高句麗の永楽年号採用などに比

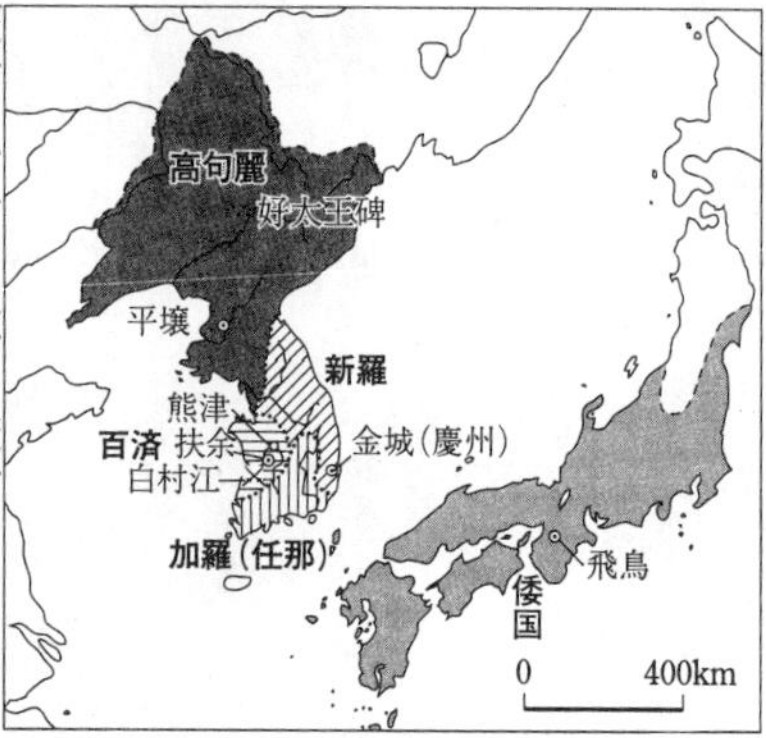

古代朝鮮・倭国図

較すると一〇〇年以上遅れているが、日本の大化年号と比較すれば一〇〇年以上早いこととなり、新羅の中華意識の形成過程を考察する上で重要な意味を持っている。

ところで、時期は降るが、奈良時代の日本に新羅が使者を派遣してきたとき（七三五年）、自国を王城国と称したので、その使節を日本が追い返すということがあった。

「王城」とは、中国皇帝から新羅王として冊封を受けた王の城という意味ではなく、天子の都城の意味である。中国古代においては、方千里の王畿《おうき》の外側に、順に侯服《こうふく》、甸服《でんぷく》、男服《だんふく》、采服《さいふく》、衛服《えいふく》、蛮服《ばんふく》、夷服《いふく》、鎮服《ちんふく》、藩服《はんふく》という九つの区画を設定し、侯服は毎年一朝、甸服は二年ごとに一朝、男服は三年ごとに一朝、采服は四年ごとに一朝……というように朝貢させ、そうした天下の直中に天子の住まう「王城」があったとされる。このことを新羅が王城国と名乗ったこととと考え合わせると、新羅は八世紀前半の段階において、日本に対し「天子の国」と称したことがわかる。また、であればこそ日本版の中華意識を確立していた奈良朝期の日本は、その使節を本国へ追い返したのであろう。つまり、新羅の場合にあっても、高句麗や古代日本などの場合と同様の中華意識形成の動きがあったことがわかるのである。

古代日本や朝鮮における中華意識形成の先駆け

五胡における中華意識の形成

前節で述べたように、古代朝鮮における高句麗や百済、新羅の諸国においては、前章で明らかにした古代日本における中華意識の形成と同様の現象が生じていた。倭国をも含めたこれら諸国における中華意識の形成を比較してみると、好太王碑の建立が五世紀初めであり、そこに高句麗独自の年号が見えること、その他の諸国における同様の動きの開始がそれより時期的に遅れていることなどから、これら諸国の中で最も早く中華意識形成への動きが生じたのは、高句麗においてであったと考えられる。では高句麗のそれはそうした現象の淵源ということができるのであろうか。本節ではこうした点について見てみることにする。

高句麗や倭国に中華意識が成長してきた時代は、本書でこれまで取り扱ってきた、いわゆる五胡の入華に示されるような東アジア動乱の時代と重なる。この時代は朝鮮、日本へもその影響が波及したように、文明圏規模での大量な人口流動が生じた時代である。そうした動乱の中心は中国の華北にあったが、そこで胡族と漢族との間の激しい攻防が繰り広げられたことについては、すでに見てきたところである。

五胡十六国時代の開始期に、漢族の側から「いにしえよりこのかた、異民族出身で中華世界の帝王となったものはいない。名臣や国家に勲功をたてたものならばいる」とする考えが主張されていた。つまり、胡族は中華世界の帝王たりえず、所詮は漢民族に使われる下僕としての「名臣」となるのが精々だとする差別的言辞が当時なされていたのである。一方、胡族はそれに対抗して「帝王となるものにどうして常にということがあろうか。中国における昔の聖天子である禹《う》や文王《ぶんおう》も夷狄から生まれたではないか。帝王となれるか否かはただその授けられた徳のみによるのだ」として、胡族も中華世界の帝王たりうると主張していた。

そして当初は胡族君主の中に皇帝の称号を名乗ることに躊躇するものもあったが、大勢は皇帝の称号を採用する方向へと突き進んでいったのである。この際、こうした皇帝の称号の採用等の動きの存在が、彼らが中国的な政治理念を受容し、自らを中華世界の正統と位置づける意識を懐くようになっていったことを示しているという点は注意しておく必要がある。

そのような、胡族であるにもかかわらず自らを中原の正統、中華そのものとみなす動きは、自らの軍（すなわち胡族の軍）を「王師（天子の軍）」の語で呼ぶようになるといった形でも現れてくるようになる。また、五世紀の初めに劉裕が宋を建国する直前に東晋の将軍として、山東半島に拠って鮮卑慕容部《ぼようぶ》が建国していた南燕《なんえん》を攻めたときのことを伝えた記事に、「南燕の皇帝であった慕容超《ぼようちょう》は群臣を引見して東晋軍をどのように防ぐかについて議した。公孫五楼《こうそんごろう》という南燕の官僚は、『呉兵《ごへい》（東晋軍をさす）は敏捷で果敢な兵ですので機先を制してこちらから攻めるべきです』と述べた。超はこの意見に従わず籠城策を採った。このとき慕容鎮《ぼようちん》は韓諄《かんたく》（南燕の尚書）に、『主上は籠城策を決定された。……今年わが国は滅び、私は必ずこの戦いに死ぬであろう。あなたたち中華の士は再び、文身《ぶんしん》となるのだ』と述べた」（『晋書』慕容超載記）とあるが、これは当時、慕容鮮卑が自らを中華と見なすようになっていたことをよく伝えている。

ここに見える「文身」は、南方の野蛮人（南蛮）の風習たる「被髪文身《ひはつぶんしん》（冠をつけず髪をふり乱し、入れ墨をした様）」を念頭においており、江南に都をおく東晋をそうした南蛮だとしているのである。そして南燕の支配下から東晋の支配下に組み込まれることを、「中華」から「文身」の境遇に陥ることになると述べているのである。

こうした表現の存在は、鮮卑族たる慕容鎮が、さらにはその国家が、南燕を胡族が建国した国家であるにもかかわらず、「中華」として位置づけ、漢族王朝である東晋を「南蛮」の国家と位置づけていたことを示しているとされよう。

北朝の中華意識

こうした動きは、五胡十六国時代の他の諸国にあっても見られ、後の時代になると、それはいっそう成長した形で示されるようになっていく。

北魏の時代の洛陽の有り様を記した『洛陽伽藍記《らくようがらんき》』には、「洛陽を流れる伊水《いすい》と洛水《らくすい》の間にある皇帝様のお通りになる御道《ぎょどう》をはさんで東に（東西南北の夷狄からの使節を応接する）四夷館《しいかん》があり、それぞれ金陵《きんりょう》、燕然《えんぜん》、扶桑《ふそう》、崦嵫《えんし》という名で呼ばれていた。道の西には（これら夷狄の亡命者を住まわせる）四夷里があり、それぞれ帰正、帰徳、慕化、慕義という名で呼ばれていた」とする記述がある。

この記事は鮮卑拓跋部が建国した北魏が、遷都後の洛陽に「四夷館」や「四夷里」を置いていたことを伝えているが、そこでは帰正（正しきに帰す）、帰徳（徳に帰す）、慕化（王の化を慕う）、慕義（正しきを慕う）の用語に表れているように、周辺の四夷は北魏の正義や帝徳、あるいは王化を慕って、その都である洛陽に至るものとする観念のもと、その館や居住区の名称が定められていたのである。

すなわち、そこには鮮卑という、漢民族の中華思想から見たとき夷狄にすぎない種族が建国した北魏が、中華として自らを位置づけていたことが示されているのである。

また、北魏の歴史を記した『魏書』は南北朝時代に相対峙した南朝の建国者をそれぞれ「島夷《とうい》（島に住む夷狄）劉裕《りゅうゆう》」、「島夷蕭道成《しょうどうせい》」、「島夷蕭衍《しょうえん》」などと呼んでいるが、長江以南を一つの島に見立て、そこに住む夷狄として南朝諸朝の建国者を呼ぶ現象も、またそうした中華意識の現れの一環と見ることができる。

これらのことがらを、前章や前節で述べたこと、すなわち古代の日本においては中華意識の形成が見られたこと、同じような動きが高句麗や百済、新羅にあっても生じたこと、そしてそうした動きの先駆けは、年号や太王号の使用などから見て、高句麗によってなされたと考えられることなどと比較したとき、五胡によって建国された華北の諸朝における中華意識の形成は、古代朝鮮や日本におけるそうした意識の形成時と重なる部分もあるが、古代朝鮮や日本における動きより先行して生じたものであったことが明らかとなるのである。

つまり、朝鮮や日本における「中華」意識の形成は、ひいては本書冒頭の「はじめに」で述べた、日本が京都を洛陽と称した現象は、古代日本や朝鮮の諸国における中華意識の形成に連なっているのみならず、この五胡と呼称される非漢族に生じた「中華」意識の胚胎と、その淵源において連なっているのである。

中国からの影響の大きさ

ここで確認しておくべきことは、こうした「中華」意識が、皇帝号などの尊号、天下、年号、中華・夷狄などの概念の採用に見られるように、あくまでも伝統中国の政治思想の枠内において形成されたものであるという点である。私たちは五胡の入華によって中国が混乱を極めたとはいえ、そこにその後もこれらの諸国に及んでいた中国の影響の大きさを改めてうかがうことができるのである。

この中国の影響の大きさを考えるとき忘れてならないことがある。中国の南北朝時代には将軍に任命されると、それが虚号ではなく実際の職務をともなう場合、将軍はその下に長史《ちょうし》や司馬《しば》、参軍《さんぐん》（長史は将軍府内における行政万般、司馬や参軍は府内の軍事を管掌した）などと呼ばれる諸官から構成される官僚機構を設置した。この組織は当時「府」、「軍府」などと呼ばれ、「府」を設置することを「開府《かいふ》」といったが、これと同様のことがらが古代日本や朝鮮の王が中国の官爵を受け、将軍に任ぜられたときにも生じているのである。いまこうした現象のもつ意味について見てみよう。

倭の五王の最初の王である倭讃《わさん》が元嘉《げんか》二年（四二五）に南朝の宋に使節を遣わしたとき、倭国から「司馬曹達《しばそうたつ》」という人物が使節として派遣されている（『宋書』倭国伝）。これは司馬という姓で名前が「曹達」という人物が派遣されたことを示すとも解釈できるが、どうもそうではないようである。なぜなら、倭王讃による南朝への遣使は二度行われていて、元嘉二年の遣使の四年前、すなわち永初二年（四二一）にすでに使節が送られており、その際、宋朝の皇帝となった劉裕は倭讃に詔し、その中でその万里の波濤を越えての倭国からの遣使を嘉《よみ》し、「除授《じよじゆ》を賜《たま》うべし」（可賜除授）と述べているからである。

倭讃はこのとき安東将軍《あんとうしようぐん》倭国王という官爵に任ぜられたものと考えられる。とすれば司馬という官がこのとき安東将軍府の属官として設置されたことが考えられるのである。また当時、倭国と同じく南朝に使いを遣わし、鎮東大将軍に任ぜられていた百済王は長史高達《こうたつ》、司馬楊茂《ようも》、参軍会邁《かいまい》などの将軍府の属官を中国に派遣している（『南斉書』百済伝）。このことに注意すると、「司馬曹達」が「司馬である曹達」であることは確実なことといえるであろう。

そもそも長史、司馬、参軍などの官は、魏晋南北朝時代になってにわかに重要性を増した中国内地における地方軍政官の名称であり、倭国や朝鮮の諸国は、中国諸朝より安東将軍、鎮東将軍などの、中国を中心としてその東方の地域を安寧なものとする、鎮圧するといった中国側の中華思想に基づく名称の将軍号を下賜されている。とすると、この場合の長史、司馬、参軍などの官はそうした将軍府の属官としての性格をもつものであるということになる。このことは日本や朝鮮における古代国家が、建国当初の時期にその国家建設にあたって、中国の国制を一つの範として行っていたことを示しているのである。

征夷大将軍と中華意識

よく知られているように、日本は蝦夷《えぞ》を征伐することを目的として、征夷将軍《せいいしょうぐん》、征夷《せいい》大使《たいし》などの官を置き、のちにそれは武官の最高位としての征夷大将軍《せいいたいしょうぐん》へと成長する。そして、その征夷大将軍が幕府を開く（開府）こととなるが、その際の「征夷」という用語は、京都を中心とした日本の東方に存在する夷狄（東夷）である蝦夷を征伐するところにその起源をもっている。

南蛮屏風　南蛮の用語は、日本中世にあっては東南アジア諸地方の称呼として用いられたが、ヨーロッパ人の来航とともに変化する

また、その「征夷」という用語は、決して倭の五王の最後の王である安東将軍倭王武《あんとうしょうぐんわおうぶ》が、宋の順帝《じゅんてい》に奉った上表のなかで、自らや祖先のたゆまぬ努力が東夷の世界の地において、「東のかた毛人を征すること五五国、西のかた衆夷を服すること六六国、渡りて海北を平らげること九五国」をなしとげ、結果、南朝宋の最後の皇帝である順帝の「王道」が「融泰（安泰である

こと）」となり、その支配領域は拡大した（「廓土遐畿」）とするような意識のもとにある用語ではない。

このことは当然といえば当然の事柄であるが、「征夷大将軍」という用語には、先に見た「天下」という用語の日本的翻案、すなわち本来中国を中心とするものとして生まれた「天下」の思想を、日本を中心とするものと置き換えたのと同様の転換が生じているのである。蝦夷を東夷と見ることと、先に述べた京都を洛陽と呼称すること、および古代日本が中国の政治思想を翻案する形で中華意識をいだいたということとは、すべてその淵源を同じくしているのである。

なお、よく知られているように日本人は、いま取り扱っている時代からはるか後の安土桃山時代に、日本を訪れたポルトガル人やスペイン人を呼ぶ際、本来は中華世界の南方に住む野蛮人に対する呼称であった「南蛮」なる用語をもって呼んでおり、また、江戸時代の末期に訪れた外国人を尊皇攘夷《そんのうじょうい》（天皇を尊び、中華たる日本の東方にいるアメリカなどの夷狄をはらう）のスローガンをもって駆逐しようとしている。こうした世界認識の存在自体に、本章で述べてきたような古代中国における国制の影響を受けて成立した思考方法が、いかに長い時間的スパンのもとで日本に影響を及ぼし続けたかを見ることができるのである。

中国政治思想の伝播

中国の政治思想を伝えた人々

いままで、古代朝鮮や日本、あるいは五胡諸国家における中華意識の形成について述べてきたが、それが中国の政治思想であるからには、当然こうした思想、あるいは制度はなんらかのかたちでこれらの諸民族に伝播したはずである。これら周辺の諸民族が中国の書籍を読むことによって、そうした思想や制度を導入していったということも考えられる。

しかし、私は周辺の諸民族にこうした思想、あるいは制度を伝えた人々は基本的には中国人、あるいはその影響を深く受けた人々であったと考える。周知のように、この時代は五胡の侵入に見られるように東アジア、あるいは北アジア、東南アジア、西域をも含めた広範な地域において人口の大流動が生じた時代である。その中心は華北にあり、戦乱を避けた人々は華北内部で移動し、さらにそれを越えて右で述べたような東西南北の地方へと移動していった。邪馬台国の卑弥呼と同時代に活躍した鮮卑拓跋族の始祖《しそ》である神元皇帝《しんげんこうてい》拓跋力微《たくばつりょくび》が死去したのちのこととして、「始祖が崩御して後、漢族出身の衛操《えいそう》はその親族の衛雄《えいゆう》をはじめとした一族や同郷の姫澹《きたん》ら十数人とともに拓跋部に帰属した。そこで、拓跋部のリーダーであった拓跋猗㐌《たくばついい》や拓跋猗盧《たくばついろ》に西晋の

冬壽墓壁画及び墨書

人々（漢族）を招き入れるよう説いた。そのため中原の混乱を避けて拓跋部に帰属する漢族の数はだんだんと増えていった。拓跋猗㐌はこのことを喜び衛操を国相となし国事を任せた」（『魏書』衛操伝）と伝える記事がある。これは、戦乱を避けた中国人の一部が、万里の長城を越え鮮卑族の建てた国家（代国）へと流入していったことを伝えているのである。こうした移民、難民の流れの最大のものは華北から江南への流れであったが、当然のこととしてそれは朝鮮半島にも及んだ。

高句麗に帰した冬壽《とうじゅ》という人物の事例もそうした一つである。本章冒頭で述べたように三一三年、高句麗は楽浪郡を領有するようになる。しかし、土着の漢人や官吏の中にはそのまままそこにとどまるものが多くいた。そうした楽浪郡の故地から発見された壁画古墳に安岳《あんがく》第三号墳がある。この古墳には「永和一三年（三五七）一〇月二六日癸丑の日、使持節・都督諸軍事・平東将軍《へいとうしょうぐん》・護撫夷校尉《ごぶいこうい》・楽浪相《らくろうしょう》・昌黎《しょうれい》・玄菟《げんと》・帯方太守《たいほうたいしゅ》・都郷侯、幽州・遼東郡・平郭都郷《へいかくときょう》・敬上里の人である冬壽、字は□安、年六九にして官に薨去《こうきょ》す」とする、倭王武が任じられたような使持節都督号をもつ冬壽なる人物の墨書銘が残されている。この冬壽は『資治通鑑《しじつがん》』に、慕容皝《ぼようこう》に仕え、慕容仁《ぼようじん》の攻撃を命じられたが、仁に敗れて彼に帰属し、さらに三三六年には高句麗に亡命した人物として記されているのと同一人物であると考えられる。つまり、冬壽の事例は先に見た拓跋部に亡命し、国相となった衛操と同様、漢族難民が非漢族国家で重きをなした事例であるということができるのである。

「部」の制度

ところで、高句麗、百済、新羅、倭国には、その国制に共通して「部《ぶ》」という制度が見られる。具体的には高句麗の消奴部《しょうぬぶ》、絶奴《ぜつぬ》部《ぶ》、順奴部《じゅんぬぶ》、灌奴《かんぬ》部《ぶ》、桂婁部《けいろうぶ》と呼ばれる五《ご》部《ぶ》からなる部の制度、百済の上部、前部、中部、下部、後部からなる五部の制度、新羅の梁部《りょうぶ》、沙梁《さりょう》部《ぶ》、牟梁部《ぼうりょうぶ》、本彼部《ほんひぶ》、漢岐《かんき》部《ぶ》、習比部《しゅうひぶ》からなる六部《りくぶ》の制度、日本の部《べ》民制《みんせい》がそれである。

ではこうした高句麗の五部、百済の五部、新羅の六部、日本の部などに「部」という用語の一致が生じたのはなぜであろうか。単なる「ぶわけ」という意味の一致が、表現の一致を生んだのであろうか。しかし、古代の地域を異にした諸国において、このような相似た用語の一致が出現したことを、意味の一致から生じたとする単なる理由のみに求めるとすれば、その理解は簡略の非難を免れないであろう。「部」という用語の一致をはじめとして、そこに相互になんらかの関連があるとするのが従来の定説である。私はそこに先に見たこの時代における「中国の政治思想を伝えた人々」の問題が絡んでいると思うので、この点について少し考えてみよう。

高句麗の五部は単なる区分、あるいは部族や氏族などの血縁的地縁的集団を意味する「部」とはかなり異なった性格をもっており、そこには軍事的な、さらに行政区画的な性格が顕著で、部に属する人々はほとんど王都やその周辺に集まり住んでいたのである。百済の五部や新羅の六部にも軍事的行政区画的な性格が顕著であるが、実はこうした体制はそれらに先立って中国にも存在していた。その一例は北魏の八部《はちぶ》制《せい》である。

第三章で取り上げたように、北魏は建国後、当時の都である平城周辺に所属諸族を集住させて、彼らを八つの特別な行政区に再編し（八部）、北魏国軍の中核とする体制をつくりあげている。こうしたことが北魏の独創にかかるものであるのかどうかはさらに研究を深める必要があるが、私はこうした体制は北魏が中原制覇の過程で滅ぼした後燕や後燕の前身である前燕にもあったと考えている。

古代日本や朝鮮諸国における「部」の制は相互に関係があるとする従来の見解を踏まえ、古代日本や朝鮮諸国における「部」の制の淵源は、日本における中華意識の淵源を探る視角と同様に考えると、高句麗の五部制に連なるという考えを生むことになる。

この高句麗の五部の名称に見える「奴」は古代朝鮮においては「原始的小国」を意味するが、とすると消奴部、絶奴部、順奴部、灌奴部、桂婁部の末語として付けられている「部」は、「原始的小国」を意味する「奴」の下に後からさらに付加された用語であり、「部」は「奴」の漢語表現ということになるであろう。

また、高句麗は五世紀の初めごろ、その首都をそれまでの国内城から南の平壌へと遷し、その頃、それまでの血縁的関係の濃厚な五部制を方位に基づく東西南北内部の五部制へと再編している。そしてそうした改変は隣接する鮮卑族が建国した強国である燕の影響を受けていたと考えられるのである。

「部」という用語にはこうした背景があるわけであるが、とすると高句麗の五部制が出現する直前の東アジアには、「部《ぶ》」とは、単に区分、あるいは血縁、地縁集団を指すのみではなく、軍事・行政の単位としての意味を持ち、その構成員は王権によって一定の地域内に集住させられ、しかも方位に基づいて区画されていたものでもあるとする理解が存在していたことがうかがえるのである。

このように考えてくると、ではそうした理解を高句麗に伝えた人々はいかなる人々であったのか、という点が問題となってくるであろう。とすると、先に見た鮮卑拓跋部における衛《えい》操《そう》や高句麗における冬壽《とうじゅ》の事例を思い出すまでもなく、おのずとそれは「部」という漢語表記に基づいて一定のイメージを抱きえた人々ということになるであろう。先に述べたように、たとえば、高句麗の五族は「奴」と本来は呼ばれていた。しかしそれに消奴部、絶奴部、順奴部、灌奴部、桂婁部のように「部」の語を加えたのは、漢語を自由に操れる人物であったはずであり、中国人が理解できるように「部」という語を付加したと考えられるのである。消奴部以下の部名に見える「消」「絶」「順」「灌」＋「奴」＋「部」という表記のような漢語表記と非漢族語表記との混在現象は、当該時代の史書にあっては枚挙にいとまがないほど見出される。

このような観点から「部」という用語を用いたのはそもそもどのような人々であったのかということで問題としていることについて考えてみると、古代日本における「部」に対する「べ」の読みは、漢語「部」の字音「ブ」から転訛したものであり、日本の古代において朝廷の記録をつかさどっていた百済の渡来人である史部《あやべ》が、百済の習慣に従い、漢語の「部」とその字音の「べ」を日本にも導入したことが想定されてくるのである。

つまり、「部」という語は当時の東アジアにおいて共通に用いられた。倭国でも、百済でも、そして百済の「部」制が範とした高句麗でも、さらには新羅においても用いられ、それはいずれの国においても「ブ」あるいは、それが若干転訛した「べ」などの音で読まれていたということになるのである。

『翰苑』と「部」

太宰府天満宮に中国の唐の時代に著された書物である『翰苑《かんえん》』の写本が所蔵されており、国宝に指定されている。この書物は中国ではすでに失われて今日に伝わらない貴重な天下の孤本であるが、そこに高句麗の五部制についての記述が見える。

五部とは皆な貴人の族である。一は内部という。すなわち後漢書にいう桂婁部であり、一名を黄部ともいう。二は北部という。すなわち絶奴部である。一名を後部とも、黒部ともいう。三は東部という。すなわち順奴部である。一名を左部とも、上部とも、青部ともいう。四は南部という。すなわち灌奴部である。一名を前部とも、赤部ともいう。五は西部という。すなわち消奴部である。一名を右部とも、下部とも、白部ともいう。内部の姓は高である。すなわち王族である。

この記事は、いまだ血族集団的性格が濃厚であった三国時代段階の五族（消奴部、絶奴部、順奴部、灌奴部、桂婁部）が王権のもとに方位に基づいて再編成され五部（東西南北内部）制となって以降のことについて伝えたものであるが、ここに内部と東西南北部の別名として、黄部、黒部、青部、赤部、白部という陰陽五行説《いんようごぎょうせつ》の方色に基づく名称が見えていることはいま問題としている、「部」についての理解を高句麗にもたらしたのはいかなる人々であったのかという問題との関連で注目される。

中国の陰陽五行説によれば、この世界を構成する五つの要素としての五行（木火土金水）はそれぞれ東、南、中央、西、北の五つの方位に対応するとされる。また、青、赤、黄、白、黒の五色もそれぞれ五行に対応するとされる。日本の相撲における青房《あおぶさ》、白房《しろぶさ》であるが、この対応は先の『翰苑』の記述と一致する。つまり、高句麗の五部制は明らかに五行説の影響を受けているのである。

烏衣巷扁額　南京市の烏衣巷は東晋南朝の時代、王氏や謝氏などの貴族が住んでいたところ。現在の文廟の近くにあたるその地に掲げられた扁額

また、高句麗に五部制がしかれたとき、まず内部と東西南北部が設置され、そののち黄部、青部、白部、赤部、黒部という五行の方色に基づく別称が生まれたとは考えにくい。なぜなら、もしそうであるなら、五方の部と五色の部とが古代朝鮮において、たまたま中国の場合と同じ対応関係を示したということを認めなければならなくなるからである。そのような偶然の一

致は、通例まずあり得ないであろう。

とすれば高句麗に五部制がしかれたとき、中国の五行思想を理解し、それを五部制に反映させ、しかも当時の華北に存在した「部」の制度を理解する人々が、当時の高句麗には存在し、その立案に携わったことが想定されてくるのである。つまり、それらの人々は、「部」が何処の地にあっても漢語の字音である「ブ」あるいはそれに近似した音で読まれていたと考えられることと相俟って、中国渡来の人々（子孫を含む）であったと考えられてくるのである。

六世紀のころの百済の状況を伝えた記事には、「百済の都では全体を五つの部に分け、それをそれぞれ上部、前部、中部、下部、後部といった。部にはさらに五の巷《こう》があり、士庶はそこに居住した。……人々の中には新羅や高句麗、倭国などの人々がまじっており、また、中国人もいた」（『北史』百済伝）とあって、百済の五部の下には各部ごとに五巷が存在し、そこに士庶が住んだとしている。百済における士庶がいかなる区分によるものであったかははっきりしないが、ここに見える「巷」は一九九五年五月から六月にかけての百済後期の都である泗沘《しひじょう》城の調査で出土した木簡に「西部後巷」という記述が見えることから、それが実在し、五巷が五部と同様、中巷、前巷、後巷、上巷、下巷に分けられていたことがわかっている。

一方、同時代の南朝の都である建康にも烏衣巷《ういこう》などと呼ばれる巷が存在していた。百済の巷制が建康の南朝の巷制からどの程度の影響を受けたものであるのか詳細は今後の研究を待たなければならないけれども、これまで見てきたことがらは結局、この時代の高句麗、百済などの諸国に中国文化を熟知した人々、あるいは中国人そのものが相当数存在していたことの反映ということができるのである。右で引用した『北史』百済伝の記事の末に、「人々の中には新羅や高句麗、倭国などの人々がまじっており、また、中国人もいた」と見えるのはその一端を示したものである。

また、北朝鮮で発掘された安岳第三号墳（冬壽墓）についてのこれまでの研究において、漢人冬壽が高句麗に亡命後も隠然たる勢力を保持していたこと、この時代における楽浪（ピョンヤン）、帯方（ソウル北方）、および遼東郡の遺民たちが、本郡が滅ぼされたあとも東晋の年号を奉じていたことや、『日本書紀』が日本に始めて漢字を伝えた人物として伝える渡来人王仁《わに》の姓である王《ワン》が楽浪郡に多い姓であること、『宋書』倭国伝の倭王の使者として宋に派遣された司馬の曹達は漢人渡来人と考えられることなどが明らかにされている。また最近の研究では、この時代の中国に広く見受けられる難民のリーダー（中国では塢主《うしゅ》と呼ばれた）とその率いる集団と同質のものが、当時の楽浪、帯方、遼東の諸郡にも生じていたことなども明らかにされてきている（古代朝鮮では村主《スグリ》などと呼ばれている）。

倭国と百済の上表

このような魏晋南北朝時代における東アジアの動向と、古代日本も無関係ではあり得なかったわけであるが、いまこうしたことが日本の場合どのようにあらわれているのかということとについて、南朝の宋の時代に倭の五王の一人である倭王武《わおうぶ》（雄略天皇《ゆうりゃく》ワカタケル）から中国の順帝《じゅんてい》に送られた上表（手紙）を取り上げ、さらに追究してみよう。

『宋書』倭国伝の、四七八年に倭国から劉宋に奉られた上表の原文は次のようである。

順帝昇明二年、遣使上表曰。①封国偏遠、作藩于外。……王道融泰、廓土遐畿。累葉朝宗、不愆于歳。臣雖下愚、忝胤先緒、②駆率所統、帰崇天極。③道逕（遥）百済、装治船舫、而④句驪無道、図欲見呑。掠抄辺隷、虔劉不已。毎致稽滞、⑤以失良風。（番号と傍線は説明の便宜のためにつけたもの）

この文章はすでに前章三三二ページで、「私が皇帝様から封ぜられている国（すなわち封国）は中国から見ますと偏って遠く（偏遠）はありますが、藩屏《はんぺい》（中国を守る垣根）を外に作っています。……私は身分は低く愚かではありますが（臣雖下愚）、私の先祖からの教えをついで、自分の配下のものを引き連れて、皇帝様のおられる天の中心（天極、具体的には建康を指す）に馳せ参じたいと思っております（駆率所統、帰崇天極）」として一部紹介したものである。

そのとき紹介しなかった傍線部②の「帰崇天極」より以降では、倭王武はさらに高句麗の無道を糾弾し、「宋の都に参りますのには百済経由で船をしつらえる必要があります。それなのに高句麗は無道にも攻撃をしかけてきてわが臣隷を殺害してやみません。ために使節の派遣は滞り、中国へ向かうのによい風が吹く季節も逸してしまいます」と続けている。

また、ここにもう一つ四七八年における倭王武の宋への上表文との関連で、きわめて重要な意味を持つ、四七二年に当時倭国と密接な関係を持っていた百済から北魏に使節が送られた際、百済から北魏に奉呈された上表文が残されている。

延興二年（四七二）、其王余慶始遣使上表曰。①臣建国東極、④豺狼隔路。①雖世承霊化、莫由奉藩。②瞻望雲闕、馳情罔極。⑤涼風微応、伏惟皇帝陛下協和天休、不勝係仰之情。謹遣私署冠軍将軍駙馬都尉弗斯侯長史余礼、……司馬張茂等、③投舫波阻、捜径玄津、託命自然之運、遣進万一之誠。（『魏書』百済伝）

右がその原文であるが、この百済から北魏に送られた上表で、百済王は「私は国を中国から見て東方の果てに建てています（臣建国東極）。山犬や狼のような高句麗は中国への道をふさぎ（豺狼隔路）、ために王化に浴さんと思っても藩となることも出来ません（雖世承霊化、莫由奉藩）。皇帝様の居られる雲にも至る御殿を望みつつ、はやる気持ちはつのるばかりです（瞻望雲闕、馳情罔極）。涼しい風が吹いてきたので（涼風微応）……長史の余礼や司馬の張茂らを派遣し船を波間に投じ、中国への道を玄き津《くろ》に捜し（投舫波阻、捜径玄津）、命を自然の運に託し、遣わして万一の誠を捧げます」と述べている。

倭王武から順帝に奉られた上表文がきわめて達意なものであることはすでに多くの論者に

よって指摘されてきた。しかし、この二つの上表文の類似については従来あまり注目されてこなかった。上で『宋書』倭国伝からの原文の引用史料中、丸付き数字と傍線を付した部分と、『魏書』百済伝の同じく丸付き数字と傍線を付した部分とは、検討の便のため書き加えたものであるが、その番号がそれぞれ対応する部分は「①封国偏遠、作藩于外」（『宋書』）、「①臣建国東極」「①雖世承霊化、莫由奉藩」（『魏書』）以下、きわめて類似している。

この類似がどのような原因で生じたのかを明らかにすることは、このときから一五〇〇年の日時をへた今日ではもはやかなりの困難をともなう。しかし、史料が極端に限られた時代にあって、これほど使用される用語や表現が酷似した上表が、四七二、四七八年というきわめて接近した年次において、相隣接した倭国と百済から発せられていることは偶然の一致では片づけられないことがらであるといえる。当時両者の間にこのようなレベルにおいてさえなんらかの緊密な関係があったと考えるのが自然である。そして、この両上表文がきわめて達意な中国語で記されていることをも踏まえると、そこに朝鮮や日本に渡った中国人、あるいは中国文化の深い素養を身につけた人物の存在と、それらの人々の間における緊密な連携をうかがうことができるのである。

旧人と新人

私は第三章でこの時代における戦乱によって生じた大量の人口流動がもたらした変化を、五胡十六国・北朝史の展開との関連で追究し、五胡によって建国された諸国に生じた政治構造を当時の史書に見える用語を用いて「旧人」（その国家を建国した、あるいはその創始期において国家を担った五胡を主体とする人々）と「新人」（国家建設、及びその拡大の過程で王権が吸収、重用した漢族を主体とする人々）との対立、融合の過程として取り上げた。

非漢族を中核として拡大した五胡政権は、その支配領域の拡大などにともなって新附の人々を数多く包摂するようになる。王権の強化を企図した五胡王権にとって、新人、とりわけ新たな国家制度の確立にあたって貴重な知識をもたらす中国人知識人の獲得はきわめて大きな意味を持っていた。先に見た鮮卑拓跋族の始祖である神元皇帝拓跋力微が死去したのちに拓跋部に参画していった衛操や姫澹ら漢族の事例もそうした事柄の一端を伝えたものである。朝鮮半島の場合にも同様の現象が生じており、先に見た高句麗における冬壽の事例もその一例である。

倭国の場合、『日本書紀』が、『宋書』に見える倭王武の上表文の執筆者との関係も想定される渡来人史部《ふみひと》身狭村主青《むさのすぐりのあお》や檜隈民使博徳《ひのくまのたみのつかいはかとこ》について、「雄略天皇（すなわち倭の五王の一人である倭王武ワカタケル）は専制的振る舞いが多く（原文：以心為師）誤って人を殺すことが多かったので、天下の人は誹謗して、大悪天皇と称した。天皇が寵愛したのはただ史部身狭村主青、檜隈民使博徳等のみであった」（雄略天皇二年一〇月条）と記すような渡来人の寵用、あるいはそののちに続く渡来人の進出もそうした観点から考察される必要があるであろう。

私はこれまでの考察で、当該時代の朝鮮、日本における古代国家建設の問題は、視野を広げ、華北に建国された五胡諸国家との関連の追究が必要であることを述べたが、国家建設のみに拘らず、中国文化の伝播という観点に拡大して考えれば、そうした伝播をもたらした、江南、福建、雲南・貴州、嶺南、東南アジア、北アジア、西域、朝鮮半島などの諸地域にまで広がる、当該時代における人口の移動の全容解明というさらに巨大な問題との関連が存在するのである。

ちなみに、中国文化を伝え朝鮮で没したこうした中国人の墓から出土した磚《せん》（黄海道安岳柳城里出土）の銘文に、「逸民《いつみん》含資《がんし》王君蔵《おうくんぞう》」、「含資《がんし》逸民《いつみん》王君磚《おうくんせん》」などとする文字が見えるが、そこに「逸民《いつみん》」という用語が用いられていることが注目される。なぜならこの時代の中国の史書には「逸民」の伝が数多く著録されていて、貴族制の全盛期であったこの時代の中国にあって「逸民」たることは知識人としての士大夫にとって一つの理想とされたことがらであったからである。であればこそ右の王氏の（おそらく楽浪郡で官人として重要な役割を果たした王氏の）墓磚にはそうした文字が刻まれているのであろうが、中国文化の伝播という場合、そうした貴族の生き方に関わる概念が、半島部にまで伝播していたと考えられることにも注目しておかなければならない。

魏晋南朝の世界秩序と北朝隋唐の世界秩序

外臣の内臣化と魏晋南朝の世界秩序

いわゆる魏晋南北朝時代にあっては中国との間で冊封関係（朝貢関係）を結んだ周辺諸国のリーダー（こうした存在を外臣という）が、中国王朝の爵位のみならず官職をも受けて中国王朝の臣下（こうした存在を内臣という）となるという現象が見られた。倭国王が王号のみならず将軍号や都督号を与えられていることなどにもそうした現象が端的に示されているが、それはこの時代における中国の王朝権力の弱体化と、中国王朝がそうした状況を踏まえつつ周辺諸国をその体制へと取り込もうとした意図の存在とによって促進されたものである。

しかし、一方でこれを胡族をはじめとした諸民族の側から見たとき、それは諸民族の自立への動きと併行するものでもあったのである。すでに見てきたように五胡の侵入はその後、北朝の拡大へと展開し、北朝の拡大を懼《おそ》れた南朝は、北朝を封じ込めるための国際的包囲網の形成を企図する。

四五〇年、北魏の世祖太武帝は、自ら大軍を帥《ひき》いて南朝の宋を攻め、長江の北岸にまで達したとき、宋の太祖に手紙を送り、その中で、「この頃、関中《かんちゅう》で蓋呉《がいご》という人物が反逆し、隴右《ろうゆう》の地の氐や羌を扇動しているが、それはおまえが使いを遣わして誘っていることである。……またおまえは以前には北方の芮芮《ぜいぜい》（モンゴル高原にあった柔然《じゅうぜん》のこと）と通じ、西は赫連《かくれん》（十六国の一・夏《か》国を建国した匈奴赫連氏）、蒙遜《もうそん》（河西《かせい》地帯にあった匈奴・沮渠蒙《しょきょもう》遜《そん》のこと）、吐谷渾《とよくこん》（鮮卑慕容廆《ぼようかい》の兄である吐谷渾が中国の西部・青海省の地に建国）と結び、東は馮弘《ふうこう》（十六国の一・北燕《ほくえん》の主）、高麗（高句麗）と連なる。凡そ此の数国、我みなこれを滅したり」（『宋書』索虜伝《さくりょでん》）とあるのは、南朝の宋の時代におけるそうした動きをうかがわせるものである。

しかし、こうした包囲網は時代を下るに従って徐々に崩されていくのである。右で述べた四五〇年における北魏の長江北岸にまで至る南侵も、そうした状況を生む上で大きな役割を演じることになった。

いまそうした南朝を中心とした体制の衰退の一面を具体的な事例をあげて見てみよう。

私は前章で、倭の五王の時代の山東半島が、倭国をはじめとして東夷の諸国の南朝への使節派遣において、その中継地点としてきわめて大きな役割を果たしていたことを指摘した。そして、四一三年から倭国の南朝への使節の派遣が始まるのも、東晋の将軍であった劉裕がその地にあって鮮卑慕容部が建国していた南燕を滅ぼし、山東の地を領有したことと関連すると述べた。

その山東半島の地は、四六九年正月以降、今度は、北魏の領有するところとなる。

それまで南朝領であった山東半島を手中にした北魏は、早速その経営に乗り出している。すなわち、その翌年（北魏皇興《こうこう》四年）にはそこに新たに光州《こうしゅう》という州を設置し（一五一頁の図参照）、その五年後の延興《えんこう》五年（四七五）には軍鎮を置き、その支配を一段と強化している。以後、北魏はここを基地として南朝へ朝貢する東夷の船舶を厳しく監視するようになるのである。

そのため、東夷の諸国から南朝へ送られた使節や南朝からの答礼使が、山東の沿岸で遊弋《ゆうよく》する北魏の船舶によって拿捕《だほ》されるという事態まで生じるようになっている。また皇興三年（四六九）二月には、柔然《じゅうぜん》、高句麗、庫莫奚《こばくけい》、契丹《きったん》等の北アジア、東北アジアの諸国が相継いで北魏に朝貢するが、これら遣使は北東アジア地域の諸国が南朝に朝貢する際のセンターとしての役割を果たしていた山東の地がその前月に陥落したことに触発されたものであろう。これは逆に見れば山東半島が魏領となることが東夷諸国にとってどれほど重大な意味をもつものであったかを示している。また、高句麗はその二年後に皇帝の位についた北魏孝文帝のとき、北魏に対してそれまでの貢献品の額を倍増しているが、このことも山東の陥落と無関係ではないであろう。

つまり、この五世紀の後半の時点で、南朝が目指した国際連携のもとでの北朝の封じ込めという施策は、その東部戦線においてその連環が断ち切られたことがわかるのである。

また、当時、西部の吐谷渾《とよくこん》や河西回廊の勢力、さらには北方の柔然の勢力との連絡に大きな役割を果たしていたのは長江上流の四川の地であったが、この地も長い南北抗争の末、南北朝の後半には北朝の勢力の傘下に組み込まれることになる。それは西魏廃帝二年（五五三）のことであったが、このとき江南は第五章で取り上げた侯景の乱によって生じた混乱の中にあった。当時征西大将軍として四川の地にあった梁の武帝の八男である武陵王《ぶりょうおう》紀《き》は五五二年八月、軍を率いて東下し、湖南の地をはかろうとした。

当時、湖南の地には武帝の七男である湘東王《しょうとうおう》繹《えき》（後の元帝）がいたが、彼は憂慮して救いを北方の西魏に求め、四川の地を背後から撃つことを求めた。これに対し西魏では将軍尉《うつ》遅迴《ちけい》を派して四川を討つ計を定め、翌年三月、軍を起こす。武陵王は防戦に努めたが、結局八月成都は陥落し、四川は西魏の領有に帰し、南朝は対北朝の国際戦略上の重要拠点である四川の地をこうして喪失したのである。

このような流れを受けて、南北朝時代は最終的に北朝最後の王朝である隋による中国再統一へと帰結していく。このことを南朝の側から見るとき、それは南朝を中心とした世界システムの崩壊を意味していたといえるであろう。

北朝の拡大、隋唐帝国の出現は南朝のみに影響を及ぼしたのではない。先に取り上げた北魏太武帝が宋の太祖に送った手紙にも見えるように、それまで南朝と連動、あるいはその傘下にあった柔然、吐谷渾、雲南爨蛮《うんなんさんばん》（雲南にあった南蛮勢力）、高句麗、百済などの諸勢力は唐代にかけて相継いで滅亡する。一方で、それら諸勢力の背後にあって勢力を蓄積してきていた突厥《とっけつ》、吐蕃《とばん》（チベットで興起）、南詔《なんしょう》（雲南で興起）、渤海、新羅、日本などが興隆してくるのである。

華夷秩序の変容

夷狄であった五胡の中から出現した北魏が、北朝として中国の士大夫からも認知され、北朝を受けた隋唐が中国の正統王朝となるという逆転現象、隋唐の文化、国制に見出される胡族文化の影響などに注目するとき、秦漢から魏晋へと受け継がれてきた中国史の流れはここに至って一転し、従来非正統であったものが正統となるという、きわめて興味深い展開をこの時代の中国の歴史は示しているのである。

第七章において私は、北魏孝文帝の諸改革について考察し、その中で孝文帝が北魏を西晋の金徳を継ぐ水徳の王朝としたことを述べ、拓跋鮮卑は五胡ではないという考えが主張されていることなどを指摘したが、本章で述べてきたことを踏まえると、孝文帝による改革は、従来非正統であったものが正統となるという、この魏晋南北朝時代の流れの中で分水嶺的な位置にあったことが、こうした面からも明らかとなってくるのである。

また、前章において私は古代日本における歴史展開をその中華意識の形成という観点から考察したが、その軌跡を五胡・北朝・隋唐に至る中国史の展開と比較するとき、秦漢魏晋的秩序から見ると、同じく夷狄であったものが、それぞれに「中華」となるという点で（「東夷としての倭から中華としての日本へ」と「五胡から中華への変身」）、両者は相似た軌跡を描いたのである。そしてこの軌跡の類似は、今まで述べてきたことを踏まえると、決して偶然に生じた類似ではないといえるのである。

すなわち、五胡・北朝・隋唐と古代日本は、秦漢帝国を母胎として、その冊封を受けるという形で魏晋南北朝的システムの中から成長し、それを突き崩しつつ出現した、という面で共通した側面をもつ国家群であったといえるのである。

学術文庫版のあとがき

本書の原本の刊行は二〇〇五年のことであった。その後、現在に至る十数年のなかで本書に関わって特筆すべきは、曹操《そうそう》の墓が発見、発掘されたことであろう。内外に広く報道されたことであるので、一般の強い関心をも呼び起こしたこととして記憶に新しい。また、これは研究者の間で特に注目されたことであるが、『梁　職貢図《りょうしょつこうず》』（本書三四九頁）の佚文《いつぶん》が中国で発見されたことも驚きであった。こうした発見、発掘などを通じて魏晋南北朝時代の研究には本書刊行の段階よりものち、さらに多面的な進展が見られた。

これらの進展を全体としてみたとき、それを推し進めた原動力として注目すべきは、本書刊行以前から大きな潮流となってきていた木簡、竹簡、墓誌、石刻など同時代資料の多量な出現ということができるであろう。このような事柄を踏まえた、現在の学界における研究・発見状況の概略を知ることができるものとして、窪添慶文編『魏晋南北朝史のいま』（アジア遊学二一三、勉誠出版、二〇一七年）を紹介しておきたい。また、本書刊行直後に出版された礪波護ほか編『中国歴史研究入門』（名古屋大学出版会、二〇〇六年）も国内外を含めた研究状況、参考文献の網羅的な紹介として挙げておかなければならない。

本書刊行時に掲げた参考文献には、海外の出版物、特に中国刊行のものを挙げることをしなかった。それは本書が研究者のみならず、広く日本における一般の読者を対象としたものであることを踏まえ、入手や閲覧が相対的に容易であるものに絞ったことによった。ただ改革開放以後の大陸における研究の進展には著しいものがある。そうした潮流は原著刊行の際にもすでに明らかとなっていた。そして、その潮流は国際化の進展と共に爆発的なものとなって今日に至っているといえるであろう。その成果の一端は、あえて挙げれば、張金龍氏の大部な『北魏政治史』（甘粛教育出版社、二〇〇八年）の刊行などに象徴できよう。一方、それと対照的に、我が国におけるそれが、従前と相違して大陸における研究状況に牽引される時代となったとの感もある。

厖大な新発現の資料群を前にしてこうした状況が生じることはやむをえないことでもあろう。そうしたなかにあって、例えば三国時代に限って取り扱うものではあるが、関尾史郎氏の近著『三国志の考古学』（東方書店、二〇一九年）のように、多くの出土資料を分析し、これまでの内外の研究史を丹念に整理、新たな時代像の解明に取り組んだ成果もある。ただ、近時の研究の中には、新出の資料の紹介・検討にとどまり、その紹介がどのような歴史的意義を持つものであるのか、といったもう一歩踏み込んだものでないものが散見され、何やらもどかしいこともある。また、こうした厖大な資料群について考究する際にも、研究環境の良し悪しや国際化の進展など種々のハードルはあるが、これまでの研究が構築してきたオリジナリティやプライオリティへの尊重には、当然のこととして努めなければならないであろう。

中国における本国の歴史研究は、多くの場合、いわゆる中国史に限局され、朝鮮や日本などの国外の諸国、諸民族に及ぶことは稀である。本書の中国語版に推薦文を寄せて頂いた閻歩克氏（大陸版）、呂春盛氏（台湾版）の評価をみても、拙著の扱う範囲が各王朝史を越えてその前後に及び、また中国内外の諸民族や国家との連関に及んでいることに特色を見出しているようである。日本ではもともと内藤湖南以来、中国内外の問題に対する広い関心とその全体的把握を東洋史学として目指してきたといえるであろうが、今日、日本における中国史研究も専門分化が進行し、各王朝史や各史実の追究にとどまっている傾向はある。

かつて丸山眞男氏は日本の文化の持つ雑居性を指摘し、その社会、政治、文化など全般に見られるタコツボ的様態を指摘した（同『日本の思想』岩波新書、一九六一年）。日本における魏晋南北朝史の研究は、大量な資料群の出現や国際化の進展状況を踏まえつつ、また「タコツボ」的なものとなることもなく、日本人にとっての中国史研究とはそもそもどのような意味をもつのかを問い、広く現代をも含めた世界の歴史との関わりのなかでなされるべきものであろう。これは自戒を込めた事柄であるが、本書の執筆はかつてそうした心構えのもとになされた。しかしながら、最近の大陸の政治状況や、いま文庫版となった本書を再読するとき、我ながら道遠しの感も強い。

清代の歴史家として著名な章学誠《しょうがくせい》の言葉に「史料の整理や史実の考証はあくまで整理、考証であり、いずれも史学の目的ではない」（整輯排比、謂之史纂。参互捜討、謂之史考。皆非史学）（『文史通義』巻五割注）というものがある。彼のいう史学は今日でいう歴史学とはズレるところもあるが、大きくとらえれば歴史学一般にも通じるといえるであろう。本書刊行後の私の研究の軌跡は、上記の観点を踏まえつつ、拙著『東アジア古代における諸民族と国家』（汲古書院、二〇一五年）にその一端を記した。読者諸兄姉にはご笑覧頂ければ幸いである。

なお、本書で使用した「民族」という用語について、少し説明しておくと、本来、「民族」は近代になって出現したものであり、それを近代以前にさかのぼって用いるのは不自然ではあるが、匈奴や鮮卑といった大集団を指す適切な語は他に見当たらない。また、現在の中国では漢族、蔵族（チベット族）、蒙古族（モンゴル族）といった呼称を用い、チベット民族、モンゴル民族とは呼ばないが、「中華民族」という呼称は多く使われている。そこには中華民族により構成された国民国家・中華人民共和国という国是が存在している。本書では、「漢民族」「漢族」といった用語を厳密に区別しているわけではないが、漢民族といった場合にはその形成過程をも踏まえて使用し、漢族という場合には現代中国における用法を念頭においた。以上の事柄の詳細に関しては、上記の拙著『東アジア古代における諸民族と国家』四九一頁以下、あるいは同『中国史のなかの諸民族』（山川出版社、二〇〇四年）、同『魏晋南北朝時代の民族問題』（汲古書院、一九九八年）などをご参照頂きたい。

二〇二〇年十一月

川本芳昭

主要人物略伝

劉淵《りゅうえん》（?―三一〇）中国、五胡十六国《ごこじゅうろっこく》・漢（前趙）の初代皇帝。在位三〇八―三一〇。字《あざな》は元海《げんかい》。匈奴南《きょうどなん》単于《ぜんう》の家に生まれ、匈奴貴族の子弟として幼時から儒学を学び、武芸にも秀でていた。魏末に洛陽《らくよう》の晋王《しんおう》のもとに人質として送られた。西晋《せいしん》では匈奴五部全体の責任者となり、その包容力ある人柄は部人の強い信頼を受けた。西晋が乱れると、劉氏一族は後漢以来漢族王朝の隷属下にある匈奴の独立をはかり、劉淵を大単《だいぜん》于《う》に擁立した。劉淵は建国にあたって（三〇四）、匈奴の官制のほかに中国風の官制も合わせ用い、漢王と称した。劉氏であるので漢朝の後継者をもって自任したのである。また、胡族で皇帝となったものはいないとする当時の通念にも抗して、三〇八年、皇帝の位に即き、王弥《おうび》らとともに洛陽を攻めるが、果たさずして病没した。

石勒《せきろく》（二七四―三三三）五胡十六国・後趙《こうちょう》の初代皇帝。在位三三〇―三三三。山西上党《さんせいじょうとう》地方にあった匈奴羌渠部《きょうきょぶ》の羯族《けつぞく》部落の小族長の家に生まれ、少年時代から族人の間に信望があった。しかし当時羯族は、漢人の蔑視と経済的困窮のなかにあり、石勒も飢餓に苦しんだ末、二〇歳ごろ奴隷狩りにかかって山東方面の地主に売られた。その後、八王《はちおう》の乱の混乱の中で各軍閥のもとを転々とし、劉淵（漢）に帰属した。中央アジアに由来するともいわれる石《せき》という姓を名のるのはこの頃からである。謀臣の張賓《ちょうひん》の策に基づき河北一帯に勢力を扶植し、やがて、三二八年長安《ちょうあん》に拠る前趙《ぜんちょう》を滅ぼして華北全域を手中に収めた。三三〇年、襄国《じょうこく》を首都として皇帝の位に即いた。石勒は学問を尊重し、漢族を虐待することはなかったが、胡族蔑視には厳罰をもって報いた。中国史上の人物を評定し、曹操、司馬懿を嘲笑して、「大丈夫たるもの日月の皎然《こうぜん》たる如くなるべし」といったと伝えられる。

劉裕《りゅうゆう》（三五三―四二二）南朝《なんちょう》・宋《そう》の初代皇帝。廟号は武帝《ぶてい》。在位四二〇―四二二。江蘇彭城《こうそほうじょう》の出身。貧しい家庭に育ち、若い頃無頼な生活を送り、博打の負債を当時の名族王謐《おうひつ》に肩代わりしてもらったことが史書に記されている。天師道《てんしどう》を奉じる孫恩《そんおん》が反乱を起こすと、劉牢之《りゅうろうし》に従って討伐し、多くの功績を挙げた。四〇二年、建康《けんこう》の司馬《しば》元顕《げんけん》と長江中流に拠った桓玄《かんげん》との抗争があり、劉牢之が桓玄に降ったので彼も北府《ほくふ》の兵を束ねて桓玄に従うこととなった。しかし、劉牢之が自殺に追い込まれ、桓玄が東晋《とうしん》を滅ぼし楚《そ》を建国すると、義兵をあげ劉毅《りゅうき》らと共に桓玄を討ち江南の覇権を握ることになる。その後さらに山東に出兵して鮮卑《せんぴ》慕《ぼ》容部《ようぶ》の南燕《なんえん》を滅ぼし、胡族の支配下にあった洛陽・長安に転戦し、羌族《きょうぞく》の建てた後秦《こうしん》を滅ぼした。これらの功績を背景に、四二〇年、東晋恭帝《きょうてい》の禅《ゆず》りを受けて宋を建国した。また、桓温《かんおん》の行った土断《どだん》政策を推進し、豪族をおさえ、東晋末の弊害の除去に努めた。

拓跋珪《たくばつけい》（三七一―四〇九）北魏の初代皇帝。在位三八六―四〇九。諡号である道武帝で呼ばれることも多い。前秦苻堅《ぜんしんふけん》の攻撃によってもたらされた祖父拓跋什翼犍《たくばつじゅうよくけん》の死を契機に、拓跋部族連合国家は瓦解した。拓跋珪は母方の賀蘭部《がらんぶ》の支持のもとにこの瓦解した国家の再建をはかり、三八六年代王の位に即いた。以後約一〇年間長城地帯の制覇に努めたのち、南進して後燕を攻撃、三九七年、その首都中山《ちゅうざん》を攻略した。翌年平城で帝位に即き、国号を代《だい》から魏と改めた。こうして山西、河北を手中に収めた北魏は、中原《ちゅうげん》王朝として拡大を始めた。拓跋珪は崔宏《さいこう》（玄伯《げんぱく》）など漢人名族出身の人材を重用して、国家体制の整備に努めた。また、部族解散を断行して族長の部民に対する支配権を中央に回収し、各部民を平城一帯に集住させ、従来の五胡諸国家から一歩ぬきん出た中央集権国家を目指した。しかし、こうした急激な施策は旧来の部族民たちの反感を買い、政情不安を招き、その子清河王紹《せいがおうしょう》に弑《しい》された。

孝文帝《こうぶんてい》（四六七―四九九）北魏の第六代皇帝。在位四七一―四九九。拓跋《たくばつ》（元）宏《こう》。献文帝の長子として生まれ、四七一年、父の譲位を受けて即位。しかし当時は馮《ふう》太后専制時代で、彼の親政は四九〇年の太后の死を契機として開始される。彼は、ようやく中国再統一の様相を深めつつあった時代にあって、種族的原理がなお強く作用していた北魏国家をいっそう普遍的な国家に高めようとした。そのために南朝から貴族制の原理を導入して、北魏の国制の大改編となる官制、祭祀など様々な面における改革を断行し、四九三―四九四年にはそうした改革の象徴ともいうべき、南伐と見せかけての洛陽遷都をも決行している。この遷都によって、それまで平城にいた鮮卑は洛陽への移住を命ぜられ、同時に朝廷で胡服を着け胡語を話すことを禁じられた。また合わせて胡姓を漢姓に改める改革を断行し、皇族である拓跋氏も元氏と改められた。さらに四九六年には姓族の分定を行い、北魏を支えてきた鮮卑を漢族風の貴族制原理によって組織づけようとした。

蕭衍《しょうえん》（四六四—五四九）南朝・梁の初代皇帝。在位五〇二—五四九。廟号である武帝で呼ばれることも多い。父蕭順之《しょうじゅんし》は南斉の建国者である蕭道成の族弟で、創業の功臣。文武の才に秀で、南斉の竟陵王蕭子良の邸に遊び「八友」の一人に数えられた。南斉の末、雍州刺史に任ぜられ襄陽（湖北省）へ赴任、この地を根拠地として勢力を養う。このころ、東昏侯の暴政ははなはだしく、兄の蕭懿《しょうい》までがその犠牲となると、属官および襄陽地方の豪族・土豪を結集し、東昏侯の非を責めて挙兵、東下して建康を陥《おとしい》れ、五〇二年梁王朝を開いた。武帝の治政は五〇年の長きに及ぶが、五二〇年代を境として、沈約などを宰相に任じ政治に精励した前期と、朱异《しゅい》などの寒人を寵用し、仏教に傾倒した後期とに分けられる。前期においては寛政をしいて疲弊した民生の回復につとめ、貴族層に自己革新をもとめ、官制改革を行って貴族制の再編を図った。後期になると多くの寺院を建立して大法会を催し、度々自らを仏寺に喜捨（捨身）するほど仏教への尊崇ぶりを示し、王朝滅亡の一因をつくった。

陳覇先《ちんはせん》（五〇三—五五九）南朝最後の王朝である陳《ちん》の初代皇帝。在位五五七—五五九。浙江《せっこう》呉興《ごこう》の人。初め郷の里司《りし》となり、建康で油庫吏《ゆこり》となる。のち嶺南の反乱の鎮定のため梁《りょう》の蕭暎《しょうえい》に従って出陣し勲功をあげた。侯景《こうけい》が建康を攻めると、五五〇年、侯景討伐のための軍三万を率いて北上し、王僧弁《おうそうべん》と連盟してこれを討つことに成功する。しかし、北斉は蕭淵明《しょうえんめい》を梁帝とするよう王僧弁に強要し、王僧弁が当時の情勢からやむなくそれに従ったので、陳覇先は王僧弁を殺し、晋《しん》安王《あんおう》を立てて敬帝《けいてい》とした。北斉はそれに乗じて来襲したが、陳覇先はこれを大破することに成功し、やがて敬帝を廃して自ら帝位に即き国号を陳とした（五五七）。陳の王朝は北朝の攻勢におされ、その支配領域は南朝諸朝の中で最狭であった。しかし、これまで南朝諸朝が北来の軍人によって建国されたのに対し、陳は江南出身者によって建国された国であること、また、陳霸先の制覇は嶺南《れいなん》から北上してくる際、率いてきた軍事力によっている点で注目される。

宇文泰《うぶんたい》（五〇五―五五六）西魏《せいぎ》の宰相として北周《ほくしゅう》の基盤を作った人物。先祖は匈奴系で、遼西《りょうせい》にあって鮮卑諸部落を統帥したという。四世紀中頃、慕容部に滅ぼされると燕に仕えた。その燕が北魏に滅ぼされると、宇文氏は北魏の政策により武川鎮《ぶせんちん》（内モンゴルのフフホト北方）に移され、代々北辺の守備に任じ、名家として知られた。北鎮《ほくちん》の乱が起こると、宇文泰は父兄とともに中国内地に移住し、葛栄《かつえい》、爾朱栄《じしゅえい》に投じ、賀抜岳《がばつがく》に従って関中の反乱を鎮定する。司令官賀抜岳が殺されると、諸将に推されてそのあとを継ぎ、北魏孝武帝《こうぶてい》を長安に迎えて、西魏の事実上の支配者となった。国軍の将帥は多く同郷の武川鎮出身者で固められ、宇文泰はその第一人者として軍の全権を掌握した。当初、東魏と比較して劣勢であった西魏の国力の向上に努め、漢人官僚の蘇綽《そしゃく》をブレインとして内政の革新に成功する。その理念は、孝文帝の改革の持つ『周礼《しゅらい》』尊重路線を継承しつつ、素朴主義に帰ることにあった。

宇文邕《うぶんよう》（五四三―五七八）北周《ほくしゅう》の第三代皇帝。在位五六〇―五七八。北周の実質的建国者宇文泰の第四子。幼くして孝敬聡明で、宇文泰は「わが志をなす者は必ずこの子なり」といったと伝えられる。孝閔帝《こうびんてい》（宇文覚《うぶんかく》）が北周を建てると、大将軍に任ぜられ、明帝《めいてい》（宇文毓《うぶんいく》）のときには大司空《たいしくう》として大政に参じた。明帝の遺詔によって帝位を継ぎ、専横を極めた宇文護《うぶんご》を誅《ちゅう》し、親政を開始する（五七二）。五七三年北斉討伐の軍を起こし、二年にして長年の宿敵北斉を滅ぼすことに成功する。彼は北斉末の苛政をのぞき、旧斉の遺民を登用し、国力は大いに振るった。しかし、北方に拠る突厥《とっけつ》を討っての帰途、病を得て急逝する。いましばらくのときが与えられれば、中国再統一は隋によってではなく、北周の彼によって実現されたであろうともいわれる。また、彼は仏教、道教を禁じ、その経《きょう》像《ぞう》を破毀し、僧侶・道士を還俗させた仏教史上三武《さんぶ》一《いっ》宗《そう》の法難を断行した人物としてもよく知られている。

王羲之《おうぎし》（三〇七?―三六五?）東晋《とうしん》時代の書家。山東琅邪《ろうや》の人。官名により王右軍《おうゆうぐん》とも呼ばれる。東晋の元勲王導《おうどう》の従子（いとこの子）。王羲之は早く父を失ったので、この王導や叔父の王儀《おうぎ》の庇護を受けて成長する。その後、貴族社会の寵児として官界に乗り出し、参軍、長史、刺史を歴任した。王導からたびたび中央に出仕するようすすめられ、一時、護軍将軍に就任したが、中央の空気になじめず、三五一年、右軍将軍、会稽内史《かいけいないし》として会稽郡治の山陰《さんいん》県に赴任した。土着の豪族や、謝安《しゃあん》らの名士と交遊しながら、四年間在任するが、その間の永和《えいわ》九年三月三日上巳《じょうし》の日、名勝蘭亭《らんてい》に集まって曲水《きょくすい》に杯を浮かべて宴を催したことは史上有名である。このときの来会者が作った詩を集めて一巻とし、その巻首に王羲之みずからが筆をふるって書いたのが有名な蘭亭序《らんていじょ》である。今日、王羲之の真筆は一つも残っていないとされている。しかし、真筆に近いものとしては、日本に伝わる喪乱帖《そうらんじょう》と孔侍中帖《こうじちゅうじょう》とがあり、その真跡を想像することができる。

顧愷之《こがいし》（三四四―四〇八？）東晋時代の画家。南朝宋の陸探微《りくたんび》、梁《りょう》の張僧繇《ちょうそうよう》とともに六朝の三大家といわれる。字は長康《ちょうこう》、江蘇無錫《むしゃく》の生まれで、名族呉郡顧氏《ごぐんこし》の傍系の出。その生涯の大半を長江中流地域を中心とする軍閥の首領をパトロンとして転々とした。初め桓《かん》温《おん》の参軍となり寵遇を受けたが、桓温の死後はどこの配下にも属さず、その三〇―四〇歳代の二〇年間については伝記資料を欠いている。三九二年（太元一七）ごろ荊州《けいしゅう》刺史殷仲堪《いんちゅうかん》の参軍となり、同時に江州刺史桓玄にもその天衣無縫でユーモアに富む人柄を愛されて、数々の逸話が伝えられている。四〇五年、建康に帰って散騎常侍《さんきじょうじ》を授けられている。四〇八年晋室《しんしつ》を再興した劉裕の牙旗《がき》（大将軍の旗じるし）の祭文《さいぶん》を書いたのを最後に消息を絶った。彼の絵の本領は対象の精神性を写しとろうとする晋初以来の伝統にのっとった肖像画にあり、流麗な描線でモデルの個性や雰囲気を巧みに表現したものである。

鳩摩羅什《クマーラジーヴァ》（三四四―四一三、三五〇―四〇九とも）五胡十六国の後秦時代の西域僧。クチャ（亀茲）の人。インドの宰相の家に生まれた父が、クチャに亡命し国王の妹と結婚して生まれたとされる。彼は篤い仏教信者であった母に従って二五年の長期にわたって留学し、カシミールで小乗仏教を修め、さらにカシュガルで大乗空義《だいじょうくうぎ》の学を修めたといわれる。後年、彼が龍《りゅう》樹《じゅ》系の中観教学《ちゅうがんきょうがく》の宣布者となる根源はここにある。その後、三八四年クチャを征服した前秦苻堅の武将呂《りょ》光《こう》の保護を受けることになる。この間に中国の事情に通じた彼は、四〇一年五七歳となって後秦の都であった長安に迎えられる。国王の姚興《ようこう》は国家事業として仏典の翻訳を推進し、クマーラジーヴァは八年間で三五部二九四巻の大部にのぼる訳経を完成させる。このとき訳された法華経《ほけきょう》、阿弥陀経《あみだきょう》、大品般若経《だいほんはんにゃきょう》などは後の東アジア仏教に計り知れない影響を及ぼした。初期中国仏教史上最大の貢献者である。

寇謙之《こうけんし》（三六五―四四八）北魏太武帝《たいぶてい》の時代の道《どう》士《し》。北魏政権と結びついて道教を国家宗教にまで高めた。字は輔真《ほしん》。寇氏は上谷《じょうこく》の豪族で、のち関中に移り、前秦、北魏に仕えた。兄の寇讃は北魏の州刺史。寇謙之は若くして天師道に志し、嵩山《すうざん》に入って修行した。やがて太上老君《たいじょうろうくん》が現れて天師の位を授け、これまでの道教の革新を命じた。ついで老君の玄孫《げんそん》という牧《ぼく》土宮主《どきゅうしゅ》から道書を授けられ、北方の太平真君《たいへいしんくん》を輔けて道教を宣布するよう命ぜられた。寇謙之はこうした宗教的体験をもとに北魏朝廷に接近し、太武帝の寵臣崔《ちょうしんさい》浩《こう》を仲介として帝の尊崇を受けた。首都平城の東南に天師道場を興し、また高大な静輪宮《せいりんきゅう》を営み道壇《どうだん》を築いた。太武帝は年号を太平真君と改め、その三年（四四二）には道壇に登って符籙《ふろく》を受けた。以後諸帝の即位にはこの儀式を例とした。寇謙之は太武帝の政治顧問としても活躍した。道教の尊崇は廃仏につながったが、寇謙之自身は徹底した廃仏には賛成ではなかった。

顔之推《がんしすい》（五三一―五九一頃、六〇二頃とも）中国、六朝《りくちょう》末期を代表する学者、文人。字は介《かい》。山東琅邪の人。彼の家は南遷して東晋に仕えた貴族で、『周礼』、『左氏伝《さしでん》』の学を代々受け継ぎ、父は梁の湘東王《しょうとうおう》蕭繹《しょうえき》に仕え、学問や草隷《そうれい》の書を称された。顔之推も学問、文章で知られ、蕭繹の左常侍《さじょうじ》、参軍となったが、侯景の乱にあって、以後、流浪の生活を送った。江陵が陥落すると、関中に拉致される。その後、北周治下の圧政を嫌って、妻子をともない増水期の黄河に小舟で乗り出し、北斉に亡命する。北斉では黄門侍郎《こうもんじろう》などの要職に任じ重用されるが、ここも胡漢の対立が厳しく安住の地とはなりえなかった。そしてその北斉もかつて自らの判断で脱出した北周に滅ぼされるという悲運に際会する。その後も、北周、隋と、仕える王朝が変転するが、そうした辛苦に満ちたその間の見聞と体験が『顔氏家訓《がんしかくん》』の随所に書きとめられている。彼はまた、熱心な仏教信者でもあった。

歴史キーワード解説

五斗米道《ごとべいどう》　二世紀末から三世紀初めに中国の四川省から陝西省《せんせいしょう》南部に広まった宗教。創始者といわれる張《ちょう》陵《りょう》が信者に米五斗を出させたので、この名が生まれたという。張陵の孫の張魯《ちょうろ》がその教法を大成し、司教や司祭にあたる治頭《ちとう》や祭酒《さいしゅ》などの教団組織を固めて独立の宗教王国を樹立したが、二一五年（建安二〇）、曹《そう》操《そう》の軍門に降った。しかし、その教団は天師道の名で継続し、いわゆる道教の重要な柱となって発展する。教えによれば、病気は犯した罪によるのであるから、病気を治すには、祭酒の指導のもとに静室で天・地・水の神々に罪を懺悔告白し、再び罪を犯さないとの誓約文を書く。道路や橋の修理に労働奉仕したりするような善行が、贖罪につながるとされ、信者は争ってその教えを奉じた。

屯田《とんでん》　魏の曹操は軍糧調達を目的として一九六年、屯田を設置した。彼は人民を募って荒れ地を屯田として耕作させ、典農中郎将《てんのうちゅうろうしょう》、典農校尉《てんのうこうい》などと呼ばれる官をおき管理させた。これらの官は郡県の官とは別系統の官で、中央の司農卿《しのうきょう》に直属していた。屯田民は官牛を用いるものは収穫の六割、私牛を用いるものは五割を納める定めとなっていた。この種の屯田（民屯）は中原の沃野に設置され、魏の財政はこれから上がる税収に大きく依存していた。また、魏にはこのほかに軍事的必要から設置された軍屯も存在し、これは呉や蜀に対する前線基地である淮水《わいすい》流域、渭水《いすい》流域に設置されていた。魏末の二六四年と西晋初めの二六六年に典農官が廃止され、これにともなって民屯は廃止された。

九品官人法《きゅうひんかんじんほう》　三国時代の魏から隋初まで行われた官吏登用法。一品から九品にいたる品級で人を官につけるので九品官人法といったが、のちには九品中正《ちゅうせい》制度ともいわれた。二二〇年に曹操が没し、子の曹丕《そうひ》（文《ぶん》帝《てい》）が後漢の献帝《けんてい》に迫って禅譲させ魏王朝を建てる直前、漢の官僚を才能徳行に応じて新政府に吸収することを当面の目的として、魏王の尚書であった陳羣《ちんぐん》（？—二三六）の建議により実施され、その後も引きつづいて一般に官吏を登用するのに用いられた。

戸調式《こちょうしき》 西晋の武帝が呉を平定して天下を統一した直後の二八〇年に発布した税法の名称で『晋書』に記載が見える。戸調とは戸に対して課する税目のことで、漢末曹操の執政のときに創設され、戸ごとに絹、綿（まわた）が徴収された。これは漢代の人頭税に代えて採用されたもので、戸単位に賦課された。この戸調は二六四年に発布された晋令に戸調令が存在したので、魏をへて晋に受け継がれたことがわかる。『晋書』の記載によると、丁男の戸は年ごとに絹三匹、綿三斤を納めることになっていた。

八王《はちおう》の乱 晋代の内乱。外戚《がいせき》の楊《よう》・賈《か》両氏の政権争奪に発して、汝南王司馬亮《じょなんおうしばりょう》、楚王《そおう》司馬瑋《い》、趙王《ちょうおう》司馬倫《りん》、斉王《せいおう》司馬冏《けい》、長沙王《ちょうさおう》司馬乂《がい》、成都王《せいとおう》司馬穎《えい》、河間《かかん》王《おう》司馬顒《ぎょう》、東海王司馬越《えつ》ら宗室八王が互いに抗争したので八王の乱という。二九〇年、武帝が没した後、外戚の楊駿《ようしゅん》が実権を握るが、恵帝の皇后賈氏は楊氏一族の隆盛を嫌い、二九一年、楊駿ら数千人を殺し、さらに汝南王、楚王らを殺し実権を握る。その後、賈后《かこう》に信任されていた趙王倫が兵をもって賈后およびその一党を殺害し、恵帝に迫って、自ら帝位に即く。しかし、彼の政治は乱脈を極め、ために朝威は甚だしく低下した。こうした情勢を受けて斉王と成都王は兵を起こして趙王を討ち、趙王を自害させ、恵帝を復位させることに成功する。しかしその後も、闘争はやまず、三〇六年、東海王が懐帝を位につけるときまで続く。こうして宗室諸王間の内乱は一応終息するが、この間に諸王がその軍事力を利用するために引き入れた匈奴をはじめとした諸族は華北各地に独立政権をたて、西晋を滅亡へと導くこととなった。

永嘉《えいか》の乱 西晋の末期に起こった蛮族による乱。この乱の中心となったのは山西省一帯に移住していた匈奴で、すでに八王の乱のときにその武力をかわれて成都王司馬穎《えい》に使われていたが、その族長劉淵《りゅうえん》は中原の混乱をみて三〇四年王の位につき、国号を漢と称した。当時、彼は羯族《けつぞく》の石勒《せきろく》や漢族流民の頭目である王《おう》弥《び》などを配下に加えその勢威を拡大しつつあった。また、このころ西晋政権は八王の乱による疲弊を受け東海王司馬越によってかろうじて支えられていた。しかし、王が憂死した後、その虚を石勒につかれ、晋軍十余万のほとんどが捕殺される事態に立ち至った（三一一）。このとき、漢軍は大挙洛陽を攻め落として略奪暴行の限りを尽くし、西晋はここに事実上滅亡した。

兵戸　魏晋南北朝期に行われた世襲的兵士。軍戸《ぐんこ》、兵家、士家ともいう。後漢ころから一般郡県民による徴兵制がすたれ、兵民分離の傾向が見られるが、魏晋以後の諸政権は、流民や降民などを兵籍に付け、軍事労働を世襲させた。一般郡県民と区別された、国家直属の戸であるところから、賤視される傾向があったが、南朝ではしばしば解放されて郡県民となり、兵戸制度はしだいに衰えた。五胡・北朝の兵士も一種の兵戸であるが、北方民族の例としてその地位は高く、その特性はのちの府兵制に継承された。

寒門《かんもん》　東晋時代には郷品《きょうひん》は門地《もんち》によって決定され郷品二品を得て六品官より起家する門地二品という階級が成立する。そしてそれは徐々に拡大されていき、門地二品に属する人々の起家の官は七品官にも食い込むようになった。一方、郷品三品以下の品を受けた人々は本来はそれぞれに郷品に相当する官品の官にまで最終的には昇進し得た。しかし、門地二品の拡大はおのずからこれら郷品三品以下の人々の昇進の機会を狭めていった。これらの人々は当時、次門《じもん》、寒門などと呼ばれた。

『文選《もんぜん》』　梁代《りょうだい》に編まれた詞華集《しかしゅう》。編者は梁の昭明太《しょうめいたい》子《し》蕭統《しょうとう》。三〇巻。古代の周《しゅう》から梁に至る代表的な詩文約八〇〇編を網羅する。こうした詞華集の編纂事業は三世紀末から始まり、『文選』はその集大成として現れ、唐以後の文学にも多大の影響を及ぼした。選択の基準は、経書《けいしょ》、史書《ししょ》、諸子《しょし》を除く詩文中から、深い内容と華麗な表現を備えた作品を採ることにあったと、昭明太子の序にはいう。時代別に見れば、晋の作品が最も多く選ばれており、作者では晋の陸機が最多の作品数を占める。『文選』の注釈のうち六五八年（顕慶《けんけい》三）に上進された李善《りぜん》の『文選注』六〇巻は、重要な意義を有する画期的な業績で、今日なお『文選』は基本的に李善注によって読まれている。

雲岡石窟《うんこうせっくつ》　山西省大同《だいどう》市の西約一五キロメートル、雲岡鎮にある北魏時代の仏教石窟。北魏は五胡の諸国を征服するたびにその文化を平城に移したが、三代太《たい》武帝《ぶてい》のとき、北涼を征服して、当時、仏教では先進地域であった涼州《りょうしゅう》の文化を平城に移し、政治に利用しようとした。仏教は太武帝の後期に弾圧を被るが、第四代文成帝《ぶんせいてい》は太武帝の廃仏政策を転換し、仏教を復興させた。彼は、涼州の僧であった師賢《しけん》や玄高《げんこう》を重用し、また曇曜《どんよう》の奏請をうけて、雲岡の地に石窟を開削した。これが雲岡石窟の始まりであり、曇曜の開削にかかる石窟は特に曇曜五窟と呼ばれ、涼州や中央アジアなどの影響が見られる。

三長制《さんちょうせい》　中国、北魏の四八六年（太和《たいわ》一〇）、警察・徴税機能の強化をめざす漢人官僚の李沖《りちゅう》の献策を文明《ぶんめい》太后馮氏《たいこうふうし》が取り上げ実施した隣保《りんぽ》制度。周の時代の制度に淵源する。五家を隣、五隣（二五家）を里、五里（一二五家）を党とし、それぞれに長をおき、党や里はそれぞれの長の名で呼ばれた。まもなく一〇〇家一党に改められ、畿内では党・里・隣の代わりに族・閭《りょ》・比《ひ》の名称が採用された。のち北斉では一〇〇家・五〇家・一〇家に変更され、西魏・北周では比・隣を廃し二長制となり、隋初に天下統一とともに廃止された。

均田制《きんでんせい》　北魏にはじまり、北朝、隋、唐の時代に行われたとされる土地制度。儒教の教えでは、一夫一〇〇畝を保障する井田制《せいでんせい》が土地制度の理想とされ、秦漢時代以降、土地所有の著しい不均衡に対処して、土地所有の最高限度をきめる限田制《げんでんせい》（前漢末）、占田制《せんでんせい》（西晋）などが試みられた。同時に秦・漢以来諸王朝は勧農に努め、曹魏の屯田、西晋の課田制などを通じて農民の再生産を確保しようとした。北魏はこの流れを受けて、成丁《せいてい》になれば授田し老死に応じ還公するという均田制を施行した。これは北魏の文明太后と孝文帝が、漢人官僚李安世《りあんせい》・李沖らの献策を採用して実施したもので（四八五）、戸籍登録の徹底、成丁夫妻を対象とする均額賦課の租調制や一定戸数の三長制の実施と組み合わせて、奴婢や丁牛にまで授田の及ぶ制度であった。

龍門石窟《りゅうもんせっくつ》　河南省洛陽の南一四キロメートルにある仏教石窟。北魏は四九四年（太和《たいわ》一八）に都を洛陽へ移すとこの地に石窟を造営した。勅命による造営は、宣武帝《せんぶてい》が孝文帝とその皇后のために五〇〇年（景明《けいめい》元）に行ったものが最初であったが、『魏書』釈老志《しゃくろうし》によるとこの二窟造営は規模が広大なため完成せず、五〇五年（正始《せいし》二）に計画を縮小した。また、永平《えいへい》年間（五〇八―五一二）には宣武帝のために石窟一を造営した。この三窟が西山北方にある賓陽洞《ひんようどう》三窟であるが、賓陽中洞だけが完成し、南北洞は下って隋・初唐に本尊の完成をみた。この賓陽中洞は一定の設計プランのもとにつくられた、龍門諸窟の中でもっとも整備された石窟である。西山には、そのほか古陽洞《こようどう》（第二一洞）、蓮華洞《れんげどう》（第一三洞）、魏字洞《ぎじどう》（第一七洞）などの北魏末の石窟がある。古陽洞は最古といわれ、四九四年（太和一八）以後の仏龕《ぶつがん》が多く、雲岡石窟からの残照をみとめることができる。

北鎮《ほくちん》の乱　北魏末の内乱。六鎮《りくちん》の乱ともいう。北魏はモンゴル高原に拠る勅勒《ちょくろく》を討伐したあと、陰山《いんざん》山脈南麓一帯に軍鎮《ぐんちん》を置いて北方防衛に当たらせた。その主な六つの鎮（沃野《よくや》、懐朔《かいさく》、武川《ぶせん》、撫冥《ぶめい》、柔玄《じゅうげん》、懐《かい》荒《こう》）を六鎮といい、鮮卑旧族長層出身者などを定住させて鎮の中核としたが、北魏の門閥化が深まると時代から取り残されて冷遇を受け、鎮内には不満が高まった。五二三年（正光四）、沃野鎮民の破落汗抜陵《はらくかんばつりょう》の暴動を契機に六鎮全体に反乱がひろがり、さらに陝西、甘粛方面にも波及した。数十万の鎮民はいったん降伏したが、南下して河北一帯で再び蜂起し、五二八年（武泰元）爾朱栄《じしゅえい》に鎮定された。北魏の国威を地に落とした反乱であり、これに続く軍閥抗争によって北魏王朝は瓦解した。

府兵制《ふへいせい》　西魏・北周・隋・唐で行われた兵制。日本古代の軍団の制の祖型となった。中国では有力な将軍が軍府《ぐんぷ》を開く制度があり、魏晋南北朝になると中央・地方に軍府が置かれ、その兵を府兵と称した。しかし狭義の府兵制は、西魏が五五〇年（大統一六）前後に編制を完了した二十四軍制に始まるとされている。府兵ないし府兵制の歴史的性格については諸説があり、制度の起源について鮮卑兵制説と中国兵制説がある。府兵は本来国家の召募に応じた者で、勲功によって将官に昇る道が開かれていた。北周の武帝以来、府兵は侍官《じかん》の称号を与えられ、天子を侍衛《じえい》する名誉ある軍士とみなされていた。西魏以来の実力者、君主は府兵軍の総帥として政権を掌握し、中国再統一の原動力となった。

科挙《かきょ》　旧中国に行われた官吏登用のための資格試験。科は科目で試験する学科目、挙は選挙で官吏を選抜挙用するの意。隋代から清《しん》代まで千三百余年間行われた、中国独特の制度である。三国以後南北朝までの中国は貴族制の時代で、政府の官吏の地位は門閥に独占され、世襲化される傾向にあった。隋の文帝は北周に代わって中国の大半を支配すると、門閥の特権を認めた九品官人法を廃し、個人の才能に従って官吏を登用するために科挙制を実施した。その年代は五八七年（開皇七）ごろと考えられ、その二年後に南朝陳が滅び、科挙によって選抜された官吏が全国に派遣されることになった。

参考文献

読者として一般の読者とともに専門家をも想定して著された文献

三崎良章『五胡十六国　中国史上の民族大移動』（東方選書、東方書店）二〇〇二年▼この時代の民族問題を通史的にあつかった近年の成果。五胡十六国の興亡、十六国時代の国際関係、仏教の普及、諸民族の移動と融合などが取り扱われており、この時代の全体像を簡潔詳細に示した好著。二〇一二年改訂版（東方書店）。

樺山紘一ほか編『中華の分裂と再生』（岩波書店、世界歴史9巻）一九九九年▼一九六九年から七一年にかけて発刊された『岩波講座世界歴史』後の研究成果を踏まえて新たな構想のもとに、現在の研究状況や研究の焦点となっている問題点などについて、三世紀から一三世紀までの間を主たるフィールドとする専門家が様々な観点から縦横に論じたもの。妹尾達彦は「中華の分裂と再生」という表題のもとに、中国史をユーラシア規模での視野から相対化する立場から総説をなし、魏晋南北朝時代に直接関わるものとして中村圭爾「南朝国家論」、川本芳昭「北朝国家論」、金子修一「皇帝祭祀の展開」などが収められている。

關尾史郎『西域文書からみた中国史』（世界史リブレット10、山川出版社）一九九八年▼魏晋南北朝時代から隋唐時代は、いわゆる西域を通じての東西交流が盛んであった。二〇世紀に入ってそこに属する敦煌やトルファンなどの地からおびただしい数の漢文文書等が発見されている。本書は古文書と中国史との関連を追究した論著であり、この分野の研究の全体像を簡便に示した論著でもある。

松丸道雄ほか編『中国史2―三国～唐―』（世界歴史大系、山川出版社）一九九六年▼魏晋南北朝時代を研究する専門家の分担執筆にかかる近年上梓された網羅的通史。隋唐も含む。窪添慶文が魏晋南北朝時代の政治史を、中村圭爾が魏晋南朝の社会経済を、關尾史郎が五胡・北朝期の社会経済を、池田温が魏晋南北朝時代の文化史を主に担当して執筆している。現在研究の第一線で活躍している研究者によるものであるだけに、現在の研究状況や新出史料への目配りもなされ、また、補説の部分にも興味深い記述がなされている。なお、窪添慶文にはこれとは別に専著として『魏晋南北朝官僚制研究』（汲古書院、二〇〇三年）があり、中村圭爾には『六朝貴族制研究』（風間書房、一九八七年）がある。

福原啓郎『西晋の武帝　司馬炎』（白帝社）一九九五年▼西晋を建国する司馬氏一族の興亡を司馬炎を中心にすえながら書き下ろした好著。司馬懿や司馬昭、司馬師に対する周到な記述、この時代の時代精神の有り様、八王の乱の実態など、魏晋時代を把握する上で必読の著作。

岡崎文夫『魏晋南北朝通史』（東洋文庫、平凡社）一九八九年▼わが国で初めてものされたこの時代の通史。東洋文庫に収載されて求めやすくなった。詳細にして簡潔な歴史展開の叙述、広い視野からとらえられた諸制度の解明など、今日においても、随所に著者の炯眼が光っている。

尾形勇『東アジアの世界帝国』（ビジュアル版世界の歴史8巻、講談社）一九八五年▼この時代に関係する数多くの図版を多数収載して、この時代を視覚的にとらえることを目指している。また、この時点における発掘などにともなう新出史料の紹介も行き届いている。なお、著者には専著として『中国古代の「家」と国家』（岩波書店、一九七九年）などもある。

谷川道雄『世界帝国の形成』（現代新書、講談社）一九七七年▼戦後から現在まで一貫して魏晋南北朝時代の研究をリードしてきた著者の考えがコンパクトにまとめられたこの時代についての新書版通史。古代世界帝国としての漢が崩壊し、その崩壊の中から何が模索され新たな時代が創造されていったのか、胡族と漢族がいかなる関係を持ちつつ北魏末の動乱をへて隋唐帝国の形成へと向かうのかを簡潔に述べる。

川勝義雄『中国の歴史3—魏晋南北朝—』（講談社）一九七四年。講談社学術文庫として再刊、二〇〇三年▼前回の『中国の歴史』シリーズにおいて故川勝義雄氏が書き下ろした概説書。本書はこの時代の概説書として現在も多くの人々によってまず推奨されるものである。筆者もその刊行以降、この著作に大きな影響を受けてきた。また、本書の執筆にあたっても種々参考にさせていただいた著作である。

吉川忠夫『侯景の乱始末記　南朝貴族社会の命運』（中公新書、中央公論社）一九七四年▼この時代の思想史の専門家による侯景の乱以降の南朝の歴史を格調高く、また時系列に沿いながら詳細に追究したもの。二〇一九年再刊（志学社）。なお、同氏にはこのほかに専門書として『六朝精神史研究』（同朋舎、一九八四年）、この時代の伝記をあつかったものとして『劉裕』（人物往来社、一九六六年）、『王羲之―六朝貴族の世界』（清水書院、一九七二年）もある。

川本芳昭『中国史のなかの諸民族』（世界史リブレット61、山川出版社）二〇〇四年▼魏晋南北朝時代の民族問題が中国史全体の歴史展開といかなる関連を有するのかといった点を、漢民族の形成との関連から追究した論著。これと関連する著作として『魏晋南北朝時代の民族問題』（汲古書院、一九九八年）もある。

読者として専門家および研究者を目指すものを想定して著された文献

安田二郎『六朝政治史の研究』（京都大学学術出版会）二〇〇三年▼『晋書』の徹底した史料批判、南朝における在地豪族層による貴族制革新への動き、退廃的状況に陥った南朝貴族の自己革新など貴族制研究に新局面を開いている。

渡辺信一郎『中国古代の王権と天下秩序―日中比較史の視点から』（校倉書房）二〇〇三年▼中国古代における天下のとらえ方、日本における天下のとらえ方を解明しその両者の比較を試みたもの。著者には魏晋南北朝時代に関わるものとして『天空の玉座―中国古代帝国の朝政と儀礼』（柏書房、一九九六年）など、このほかにも多数の著作がある。

氣賀澤保規『府兵制の研究』（同朋舎）一九九九年▼府兵制についての陳寅恪、谷霽光、岑仲勉から菊地英夫、谷川道雄などに至る学説史の整理に立って西魏～隋唐期の府兵制についての研究を集大成したもの。府兵制研究における必読の書。

西嶋定生『倭国の出現』（東京大学出版会）一九九九年▼中国古代史、東アジア世界論の唱道者として、先年亡くなられた同氏の没後に刊行された論文集。東アジア世界の中で倭国がどのように出現してきたか、倭国が出現後どのような形で成長していったかを論じたもの。なお著者にはこの問題に関わるものとして『中国古代国家と東アジア世界』（東京大学出版会、一九八三年）、『日本歴史の国際環境』（東京大学出版会、一九八五年）など、このほかにも多数の著作がある。

谷川道雄ほか編『魏晋南北朝隋唐時代史の基本問題』（汲古書院）一九九七年▼「中国史学の基本問題」と題する全四巻のシリーズの第二巻。隋唐時代も含む。現在、わが国において魏晋南北朝隋唐時代史を研究している専門家をほぼ網羅して、時代の全体像、その研究状況を紹介したもの。やや専門的ではあるが、中華のとらえ方、民族問題、西域文書、皇帝制度、律令などこの時代を研究する上で、重要な問題について縦横に論じられている。

堀敏一『中国と古代東アジア世界―中華的世界と諸民族』（岩波書店）一九九三年▼漢から唐にかけての中国の中華思想、天下観念、倭国・高句麗・百済・新羅の国家形成、五胡諸国の国家などについて高度な内容を平明な文章で説いた著作。古代東アジア世界について理解しようとするとき必読の書。なお、堀氏にはほかにこの時代に関わるものとして、『曹操』（刀水書房、二〇〇一年）、『東アジアのなかの古代日本』（研文出版、一九九八年）、『中国古代史の視点』（汲古書院、一九九四年）、『律令制と東アジア世界』（汲古書院、一九九四年）、『中国古代の身分制』（汲古書院、一九八七年）、『均田制の研究』（岩波書店、一九七五年）などの、この時代の理解を深める上で必読の著作がある。

川勝義雄『六朝貴族制社会の研究』（岩波書店）一九八二年▼前掲『中国の歴史3―魏晋南北朝―』（講談社）において展開された観点のもととなった論文を集めて一書となしたもの。漢末のレジスタンス運動の中から貴族制社会が成立する過程をダイナミックに描き出した本書収載の諸論文は学界に多大な影響を与えて今日に至っている。

越智重明『魏晋南朝の貴族制』（研文出版）一九八二年▼わが国における魏晋南北朝時代の貴族制研究を多面的な視角から考察し、とりわけ魏晋南朝の研究において多くの成果を上げた碩学の著作。魏時代の九品官人法、晋代の貴族制、南朝の貴族制などの諸問題が多面的に論じられる。著者にはほかに『魏晋南朝の人と社会』（研文出版、一九八五年）、『魏晋南朝の政治と社会』（吉川弘文館、一九六三年）など、この時代に関わる多数の著作がある。

内田吟風『北アジア史研究（匈奴篇、鮮卑　柔然　突厥篇）』（同朋舎）一九七五年▼この時代における匈奴や鮮卑などに関わる歴史、制度、文物、風俗など広範な諸問題を解明した諸論文を収載したもの。現在に至るまでの五胡に関わる歴史の具体的諸事象の多くは内田氏によって解明され、その後の研究者はその恩恵を受け続けている。

宮崎市定『九品官人法の研究　科挙前史』（同朋舎）一九七四年。中公文庫として再刊、一九九七年▼碩学によるこの時代の官制、政治史を中心とした古典的名著。この時代を研究するものにとって必読の書。副題として見えるように科挙前の官僚登用法である九品官人法の全体像を解明したもの。九品官人法の誕生、九品官人法の貴族化、南朝における変遷、北朝における貴族制など今日において定説化されている多岐にわたる問題点が提起され、かつ解明されている。また、著者の視野は、九品官人法という制度にとどまらず、この時代の政治の流れ、さらにそれを越えて官僚制一般、それと貴族制との関連、漢から唐へのマクロ的展望など、きわめて広範な領域にまで及び、透徹した見解を示している。

谷川道雄『隋唐帝国形成史論』（筑摩書房）一九七一年。一九九八年増補版刊行▼隋唐時代の本源がどこにあるのかという観点から、それを五胡十六国時代の諸国家、北魏に始まる北朝諸朝における動向の中に探ったもの。本書の観点は、現在に至るまで五胡北朝史研究の基本的視角として多くの研究者に多大な影響を与え続けている。五胡諸国家の構造、北魏国家の構造、北魏末の内乱の持つ歴史的意味などについて歴史を動態的にとらえ、その本質に迫ったもの。増補版には初版刊行後の著者の論を展開させた府兵制に関わる諸論文が合わせて収載されている。

浜口重国『秦漢隋唐史の研究』上、下巻（東京大学出版会）一九六六年▼魏晋南北朝時代について専門的に研究しようとする人に勧める古典的名著。内容は魏晋南北朝のみならず秦漢、隋唐関係をあつかったものを含む。ただし、この時代について研究しようとする場合、その前後の時代である、秦漢や隋唐について考究することも必須のことに属する。本書は著者が発表した諸論文をあつめたものであり、上巻には魏晋南北朝時代における軍制に関わる諸論文が収められ、下巻には北朝に関わる諸論文が収められている。

学術文庫版の追加

本書の刊行後出版された書籍のうち、主として本書の取り扱った内容と関わりのある魏晋南北朝史関係の研究書を以下に刊行年順に参考文献として追記する。
東潮『倭と加耶の国際環境』（吉川弘文館）二〇〇六年
金子修一『中国古代皇帝祭祀の研究』（岩波書店）二〇〇六年
田中良之・川本芳昭編『東アジア古代国家論―プロセス・モデル・アイデンティティ』（すいれん舎）二〇〇六年
谷口房男『続　華南民族史研究』（緑蔭書房）二〇〇六年
礪波護ほか編『中国歴史研究入門』（名古屋大学出版会）二〇〇六年
中村圭爾『六朝江南地域史研究』（汲古書院）二〇〇六年
堀敏一『東アジア世界の形成―中国と周辺国家』（汲古書院）二〇〇六年
三崎良章『五胡十六国の基礎的研究』（汲古書院）二〇〇六年
吉田孝『歴史のなかの天皇』（岩波新書）二〇〇六年
川勝守『日本国家の形成と東アジア世界』（吉川弘文館）二〇〇八年
堀敏一『東アジア世界の歴史』（講談社学術文庫）二〇〇八年
渡辺信一郎『中国古代の財政と国家』（汲古書院）二〇一〇年
渡邉英幸『古代〈中華〉観念の形成』（岩波書店）二〇一〇年
渡邉義浩『儒教と中国―「二千年の正統思想」の起源』（講談社選書メチエ）二〇一〇年
同『西晋「儒教国家」と貴族制』（汲古書院）二〇一〇年
愛媛大学東アジア古代鉄文化研究センター編『曹操高陵の発見とその意義―三国志・魏の世界』（汲古書院）

二〇一一年
河上麻由子『古代東アジアの対外交渉と仏教』（山川出版社）二〇一一年
河南省文物考古研究所編（渡邉義浩・谷口建速訳）『曹操墓の真相』（国書刊行会）二〇一一年
東潮『邪馬台国の考古学』（角川選書）二〇一二年
氣賀澤保規編『遣隋使がみた風景―東アジアからの新視点』（八木書店）二〇一二年
福原啓郎『魏晋政治社会史研究』（京都大学学術出版会）二〇一二年
藤野月子『王昭君から文成公主へ―中国古代の国際結婚』（九州大学出版会）二〇一二年
三﨑良章『五胡十六国　中国史上の民族大移動』改訂版（東方書店）二〇一二年
五胡の会編『五胡十六国覇史輯佚』（燎原）二〇一二年
盧泰敦『古代朝鮮三国統一戦争史』（岩波書店）二〇一二年
大内文雄『南北朝隋唐期仏教史研究』（法藏館）二〇一三年
塩沢裕仁『後漢魏晋南北朝都城境域研究』（雄山閣）二〇一三年
土屋聡『六朝寒門文人鮑照の研究』（汲古書院）二〇一三年
土肥義和編『敦煌・吐魯番出土漢文文書の新研究』（東洋文庫）二〇一三年
中村圭爾『六朝政治社会史研究』（汲古書院）二〇一三年
藤井律之『魏晋南朝の遷官制度』（京都大学学術出版会）二〇一三年
船山徹『仏典はどう漢訳されたのか』（岩波書店）二〇一三年
前島佳孝『西魏・北周政権史の研究』（汲古書院）二〇一三年
前之園亮一『「王賜」銘鉄剣と五世紀の日本』（岩田書院）二〇一三年
渡辺信一郎『中国古代の楽制と国家―日本雅楽の源流』（文理閣）二〇一三年
鈴木靖民・金子修一編『梁職貢図と東部ユーラシア世界』（勉誠出版）二〇一四年
好並隆司『後漢魏晋史論攷』（渓水社）二〇一四年

北岡伸一・歩平編『「日中歴史共同研究」報告書　第1巻　古代・中近世史篇』（勉誠出版）二〇一四年
伊藤敏雄ほか編『湖南出土簡牘とその社会』（汲古書院）二〇一五年
川合安『南朝貴族制研究』（汲古書院）二〇一五年
川本芳昭『東アジア古代における諸民族と国家』（汲古書院）二〇一五年
河内春人『日本古代君主号の研究―倭国王・天子・天皇』（八木書店）二〇一五年
戸川貴行『東晋南朝における伝統の創造』（汲古書院）二〇一五年
渡邉義浩『「古典中国」における文学と儒教』（汲古書院）二〇一五年
石見清裕編『ソグド人墓誌研究』（汲古書院）二〇一六年
佐川英治『中国古代都城の設計と思想―円丘祭祀の歴史的展開』（勉誠出版）二〇一六年
冨谷至『漢唐法制史研究』（創文社）二〇一六年
檀上寛『天下と天朝の中国史』（岩波新書）二〇一六年
渡邉義浩『三国志よりみた邪馬臺国―国際関係と文化を中心として』（汲古書院）二〇一六年
大阪市立大学大学院文学研究科東洋史学専修研究室編『中国都市論への挑動』（汲古書院）二〇一六年
三国志学会編『三国志論集　狩野直禎先生米寿記念』（汲古書院）二〇一六年
石井正敏『石井正敏著作集1　古代の日本列島と東アジア』（勉誠出版）二〇一七年
岡部毅史『魏晋南北朝官人身分制研究』（汲古書院）二〇一七年
窪添慶文『墓誌を用いた北魏史研究』（汲古書院）二〇一七年
同　編『魏晋南北朝史のいま』（勉誠出版）二〇一七年
氣賀澤保規編『雲南の歴史と文化とその風土』（勉誠出版）二〇一七年
鈴木靖民ほか編『日本古代交流史入門』（勉誠出版）二〇一七年
渡辺信一郎ほか編『中国の国家体制をどうみるか―伝統と近代』（汲古書院）二〇一七年
渡邉義浩『「古典中国」における小説と儒教』（汲古書院）二〇一七年

谷川道雄『谷川道雄中国史論集』（汲古書院）二〇一七年
河内春人『倭の五王―王位継承と五世紀の東アジア』（中公新書）二〇一八年
冨谷至『漢倭奴国王から日本国天皇へ―国号「日本」と称号「天皇」の誕生』（臨川書店）二〇一八年
堀内淳一『北朝社会における南朝文化の受容―外交使節と亡命者の影響』（東方書店）二〇一八年
宮宅潔編『多民族社会の軍事統治』（京都大学学術出版会）二〇一八年
李成市『闘争の場としての古代史―東アジア史のゆくえ』（岩波書店）二〇一八年
田余慶（田中一輝・王鏗訳）『北魏道武帝の憂鬱』（京都大学学術出版会）二〇一八年
金子修一『古代東アジア世界史論考―改訂増補　隋唐の国際秩序と東アジア』（八木書店）二〇一九年
河上麻由子『古代日中関係史―倭の五王から遣唐使以降まで』（中公新書）二〇一九年
角谷常子編『古代東アジアの文字文化と社会』（臨川書店）二〇一九年
関尾史郎『三国志の考古学』（東方書店）二〇一九年
関尾史郎・町田隆吉編『磚画・壁画からみた魏晋時代の河西』（汲古書院）二〇一九年
辻田淳一郎『鏡の古代史』（角川選書）二〇一九年
若槻真治『倭国軍事考』（塙書房）二〇一九年
渡辺信一郎『中華の成立―唐代まで　中国の歴史①』（岩波新書）二〇一九年
渡邉義浩『人事の三国志』（朝日選書）二〇一九年
同　『「古典中国」の形成と王莽』（汲古書院）二〇一九年
榎本淳一ほか編『中国学術の東アジア伝播と古代日本』（勉誠出版）二〇二〇年
丸橋充拓『江南の発展―南宋まで　中国の歴史②』（岩波新書）二〇二〇年
伊東敏雄・関尾史郎編『後漢・魏晋簡牘の世界』（汲古書院）二〇二〇年
金子修一先生古稀記念論文集編集委員会編『東アジアにおける皇帝権力と国際秩序』（汲古書院）二〇二〇年
榎本あゆち『中国南北朝寒門寒人研究』（汲古書院）二〇二〇年

年表

西暦	年号	中国	日本　世界
一八四	中平元	黄巾の乱おこる。	このころ卑弥呼、倭国王となる。このころ、インドのナガールジュナ、「空」の思想を基礎づける
一八九	六	何進、宦官に殺される。袁紹、宦官を殲滅。董卓、洛陽を制圧し、献帝を立てる。遼東太守公孫度自立	
一九〇	初平元	東方の諸州、董卓討伐の軍をおこす。董卓、洛陽から長安へ移る	
一九二	三	孫堅（孫権父）戦死。子の孫策つぐ。董卓が部下の呂布に討たれ、関中、大混乱に陥る。曹操、青州の黄巾軍を降伏させ、青州軍として再編	
一九六	建安元	曹操、長安を脱出した帝を許に迎え入れる	
二〇〇	五	官渡の戦いで、曹操、袁紹を破る。孫策が殺され、弟の孫権つぐ	
二〇八	一三	赤壁の戦い。曹操は劉備・孫権の連合軍に敗れる	このころ、高句麗、丸都を都とする
二一四	一九	劉備、成都に入り、益州牧となる。荊州の領有をめぐり劉備・孫権対立	
二一六	二一	曹操、魏公より魏王となる。南匈奴単于、魏に属す	ローマでカラカラ帝が大浴場をつくる
二二〇	延康元	曹操死去。九品官人法制定	このころ卑弥呼、遼東の公孫氏に属す
	黄初元	曹丕受禅。魏朝成立	
二二一	二	劉備、帝位に即く（昭烈帝）。諸葛亮を丞相とする	

二二二	三	孫権、黄武と改元して呉を建国	
二二三	四	昭烈帝死去。後主即位	
二二六	七	曹丕死去し、明帝即位	
二二七	太和元	諸葛亮、出師の表を奉る	
二二九	三	孫権、帝位に即く	
二三四	青龍二	明帝、呉を親征。諸葛亮、五丈原に死去	
二三八	景初二	司馬懿、遼東の公孫淵を滅ぼす	
二三九	三	明帝死去し斉王芳即位	卑弥呼、魏へ遣使、親魏倭王の印綬を受ける
二四〇	正始元	曹爽、魏の実権を握る	
二四二	三	呉の孫和、太子となる	
二四四	五		魏将毋丘倹、高句麗を攻め、丸都城を陥落させる（翌年再征）
二四九	嘉平元	司馬懿、クーデターをおこし、曹爽、何晏らを誅殺州大中正設置。呉、このころ太子党と魯王覇の党とが対立	
二五〇	二	司馬懿死去。呉、太子孫和を廃し、魯王覇に死を賜う	ローマでデキウス帝勅令を発し、キリスト教徒迫害
二五二	四	司馬師、大将軍となる。孫権死去、孫亮即位	
二五三	五	魏、呉軍の北征を撃破。呉の諸葛恪殺され、孫峻、丞相となる	
二五四	正元元	司馬師、斉王芳を廃し、文帝の孫、高貴郷公曹髦を立てる	
二五五	二	毋丘倹ら、司馬師を討って失敗。司馬師死去。弟の昭つぐ	
二五八	甘露三	司馬昭、諸葛誕平定。呉の孫休立つ（景帝）。景帝、孫綝を誅す	
二六〇	景元元	司馬昭、主君曹髦を殺し、元帝曹奐を立てる	
二六二	三	「竹林の七賢」の一人嵇康処刑さる	

二六三	四	司馬昭、相国晋公となる。蜀、滅ぶ	
二六四	咸熙元	司馬昭、晋王となる。呉の景帝死去。孫晧つぐ	
二六五	泰始元	八月、司馬昭死去。子の司馬炎、一二月に魏帝より受禅、晋朝成立	
二六六	二		倭の女王壱与、西晋に朝貢
二八〇	太康元	三月、呉滅んで天下統一なる。一〇月、州郡の兵を大きく削減。占田課田法（戸調式）発布	
二八四	五		ローマでディオクレティアヌスが帝位に即く
二八九	一〇	鮮卑の慕容廆を鮮卑都督とする。劉淵を匈奴北部都尉とする	
二九〇	永熙元	武帝死去。恵帝即位。外戚楊駿執政。劉淵、匈奴五部大都督となる	
二九一	元康元	賈后専権。司馬瑋を斬罪に処す	
二九六	六	氐族族長斉万年反乱	
二九九	九	斉万年の反乱平定。江統の『徙戎論』入れられず	
三〇〇	永康元	趙王倫、賈后一党を誅滅し、また張華・裴頠らの名臣をも殺す	
三〇一	二	趙王倫、帝を称し、恵帝を幽閉。八王の乱はじまる。李特、蜀に攻め入る	
三〇三	太安二	李特殺され、李雄これをついで益州に拠る。成都王穎ら長沙王乂を討つ。荊州に張昌の乱おこり、石冰、江南にむかう	
三〇四	永興元	長沙王乂、殺さる。琅邪王睿、洛陽から封地へ脱出。劉淵、漢王と称し、李雄、成都王と称して独立。江南豪族ら石冰の乱を平らぐ	
三〇五	二	成都王穎、洛陽に拠る。江南に陳敏の乱おこる	
三〇六	光熙元	李雄、帝位に即き国を大成と号す	

三〇七	永嘉元	陳敏の乱、平らぐ。琅邪王睿、王導ら建鄴に入る	
三〇八	二	劉淵、平陽で帝位に即く。江南豪族、琅邪王睿に協力	
三一〇	四	劉淵死去。劉聡、帝位に即く。周玘、江南呉興の乱を平らぐ	
三一一	五	石勒、王衍らを殲滅し、王弥ら洛陽を陥れ、懐帝を捕らえて平陽に移す	ローマのガレリウス帝がキリスト教を容認する
三一三	建興元	琅邪王睿、周馥の軍を滅ぼす 劉聡、懐帝を殺す。愍帝即位。琅邪王睿、丞相となり、江西の華軼を討つ。王敦、その総指揮をとる	高句麗、楽浪郡を滅ぼす。ローマのコンスタンティヌス帝がミラノ勅令を発し、キリスト教公認
三一四	二	襄国に拠った石勒、王浚を滅ぼし、河北全体を制圧。前涼の張軌死去。張寔つぐ	高句麗、帯方郡を滅ぼす
三一六	四	劉曜、長安を陥れ、愍帝降伏して、西晋完全に滅ぶ	
三一七	建武元	劉聡、愍帝を殺す。琅邪王睿、晋王となる。葛洪、『抱朴子』を著す	
三一八	太興元	石勒、劉琨を滅ぼし、山西北部を制圧。劉聡死去。劉曜自立。 琅邪王睿、帝位に即く（元帝）	
三一九	二	劉曜、国号を趙と改める（前趙）。石勒も趙王を称す（後趙）	高句麗、慕容廆に敗れる。このころ北インドでグプタ朝支配確立
三二二	永昌元	王敦反す。元帝死去。明帝即位	
三二四	太寧二	前涼の張茂死去。張駿つぐ。王敦死去	
三二五	三	明帝死去。成帝即位。庾太后摂政	ローマ皇帝コンスタンティヌスがニカエアで公会議を開く
三二七	咸和二	蘇峻、祖約ら反乱をおこす	
三二八	三	石勒、劉曜と洛陽に戦い、これを殺す。蘇峻、建康を制圧	
三二九	四	石勒、前趙を滅ぼし、華北を制圧。陶侃ら蘇峻の乱を平定	

三三〇	五	石勒、襄国で皇帝を称す	
三三三	八	慕容廆死去。慕容皝つぐ。石勒死去。石弘つぐ	
三三四	九	陶侃死去。庾亮、西府をつぐ。石虎、石弘を殺し、居摂天王となる	
三三五	咸康元	後趙、鄴に遷都。仏図澄、国師となる	
三三七	三	石虎、太子邃を殺す。慕容皝、燕王を称す（前燕）	コンスタンティヌス帝死去。ローマ帝国が諸子の間で分割される
三三八	四	成の李寿、国号を漢と改む。鮮卑拓跋部の什翼犍、代王となる	
三三九	五	王導、郗鑒死去	燕王慕容皝、高句麗を攻める
三四〇	六	庾亮死去	
三四一	七	東晋、土断実施	
三四二	八	前燕、龍城に遷都。成帝死去。康帝即位	高句麗の首都丸都に前燕攻め込む
三四三	建元元	成の李寿死去、子の勢つぐ	
三四四	二	前燕、宇文部を滅ぼす。康帝死去。穆帝即位。褚太后摂政	
三四五	永和元	前涼の張駿、涼王を称す。庾翼死去。桓温、西府の長となる	このころ百済成立
三四七	三	桓温、成漢を滅ぼし、蜀を晋領とする	
三四八	四	仏図澄死去。慕容皝死去。子の儁つぐ。桓温、征西大将軍となる	
三四九	五	石虎、皇帝を称するも病死。後趙大混乱に陥る。冉閔、胡族を虐殺する	
三五〇	六	冉閔、魏国を建てる。前燕南下し、薊に遷都。中原の混乱つづく	
三五一	七	氐族族長苻健、長安に入って天王大単于と称す（前秦）。殷浩、桓温と対立	
三五二	八	苻健、帝位に即く。前燕、冉閔を殺し、魏滅ぶ。慕容儁、帝位	

		に即く	
三五三	九	殷浩の北征失敗。王義之ら蘭亭の会を行う	
三五四	一〇	殷浩失脚し、桓温実権を握る。桓温北伐。前秦、桓温を退けて関中を制圧	
三五五	一一	前秦の苻健死去。苻生つぐ。前涼の張祚殺され、張玄靚立つ。高句麗、前燕に質を送る	
三五六	一二	桓温北伐して洛陽を奪回	
三五七	升平元	前秦の苻堅、天王となる。前燕、鄴に遷都	
三六〇	四	前燕の慕容儁死去、慕容暐つぐ	
三六三	興寧元	前涼の張天錫自立。桓温、大司馬都督中外諸軍事となる	
三六五	三	前燕、洛陽を占領。哀帝死去。海西公奕即位。このころから敦煌で石窟寺院の開窟が始まる	
三六九	太和四	前燕の慕容垂、桓温を枋頭に破る。垂そのあとで前秦に亡命	百済近肖古王、高句麗に大勝
三七一	六	前秦苻堅、鄴を陥れ、前燕滅ぶ。桓温、帝を廃し、簡文帝を立てる	百済、高句麗の平壌に攻め入る
三七二	咸安二	前秦、王猛を宰相とする。簡文帝死去。孝武帝即位	
三七三	寧康元	前秦、蜀を東晋から奪取。桓温死去、謝安ら政をたすく	
三七五	三	王猛死去	フン族、東ゴート王国制圧。西ゴート族、ドナウ川を渡り、ローマ領内に入る
三七六	太元元	前秦、前涼・代国を滅ぼし、華北統一	
三八〇	五	苻堅、関中の氐族一五万戸を東方に分散配置	
三八三	八	苻堅、東晋を討ち、淝水に大敗。謝玄ら前秦軍と戦う	
三八四	九	慕容垂独立（後燕）。羌族の姚萇、秦王を称す（後秦）。慕容沖、独立（西燕）。晋軍北伐	

三八五	一〇	姚萇、苻堅を殺す。呂光、姑臧に独立し（後涼）、乞伏国仁、大単于と称す（西秦）。謝安死去	
三八六	一一	拓跋珪、代王となる。四月、代を魏と改める。後燕は中山に、後秦は長安に都を定む。前秦の苻登、帝位をつぐ	
三八八	一三	西秦の乞伏国仁死去。弟の乾帰つぐ。謝玄死去	
三九二	一七	殷仲堪、西府の長となる	ローマ、キリスト教国教化完成
三九三	一八	後秦の姚萇死去、子の興つぐ	古代オリンピア競技終焉
三九四	一九	後燕、西燕を滅ぼす。東晋、司馬道子の専権	
三九六	二一	後燕の慕容垂死去。子の宝がつぐも弱体化。拓跋珪、帝位に即く（道武帝）。北魏、後燕に侵攻。東晋、孝武帝変死。安帝即位	高句麗広開土王（好太王）、百済を攻略
三九七	隆安元	南涼、北涼独立。北魏、黄河以北の中原を制圧。慕容宝、龍城に逃走して、後燕を維持。北府の王恭、司馬道子に内政改革を迫る	
三九八	二	北魏、平城に遷都。このころ部族解散。慕容徳、滑台に独立（南燕）。慕容宝殺され、盛つぐ。劉牢之の寝がえりによって、王恭殺さる	
三九九	三	呂光死去して後涼混乱。呂纂つぐ。法顕、長安から陸路インド求法の旅へ（―四一二、海路山東へ帰着）。孫恩の乱おこる。桓玄、殷仲堪と戦い、西府の長となる	
四〇〇	四	西秦、後秦に降伏。敦煌に西涼独立。南燕、広固に移る。孫恩の水軍、建康に迫り、劉裕これを撃退	このころグプタ朝最盛期（超日王）
四〇一	五	後涼の呂纂殺され、呂隆立つ。沮渠蒙遜、段業を殺して北涼を奪う。桓玄東下して建康制圧。司馬道子、劉牢之ら殺さる。鳩摩羅什（クマーラジーヴァ）長安に至る	

四〇二	元興元	北魏、後秦と戦う。孫恩自殺	
四〇三	二	後秦、後涼を滅ぼす。桓玄、受禅し、楚建国（永始元年）	
四〇四	三	鳩摩羅什、後秦の国師となる。劉裕のクーデター成功。桓玄殺さる	
四〇七	義熙三	赫連勃勃、夏国を建つ。後燕、高句麗王の支族・高雲に国を奪われて滅ぶ	
四〇九	五	馮跋、北燕を建つ。西秦、後秦からふたたび独立。北魏の道武帝殺され明元帝つぐ。劉裕、南燕を討つ	
四一〇	六	劉裕、南燕を滅ぼす。盧循、建康に迫るも、劉裕に撃退される	西ゴート王アラリックによるローマ略奪。永遠の都の陥落
四一二	八	劉裕、劉毅を討滅。土断を実施	
四一三	九		高句麗広開土王死去。倭国、高句麗、東晋へ遣使
四一六	一二	後秦の姚興死去。後秦乱れる。劉裕、中外大都督となり、北伐して洛陽を陥れる	
四一七	一三	劉裕、長安を陥れ、後秦を滅ぼす。司馬休之、司馬国璠、王慧龍ら北魏に帰す。慧遠没	
四一八	一四	夏国、長安を取り、関中を制す。劉裕、宋公となる	
四二〇	永初元	北涼、西涼を攻め、翌年これを滅ぼす。劉裕、受禅して帝位に即く（武帝）。東晋滅び、宋成立	
四二一	二		倭国、宋へ遣使
四二二	三	宋の武帝死去。少帝即位	
四二三	景平元	北魏の明元帝死去、太武帝つぐ。宋の徐羨之ら専権	
四二四	元嘉元	少帝廃され、文帝立つ	
四二五	二	夏の赫連勃勃死去。北魏の太武帝、柔然を駆逐。宋の文帝親政	

四二六	三	北魏、夏を討ち、長安占領。宋の文帝、徐羨之らを誅す	
四二七	四	北魏、夏の首都統万を占領。陶淵明死去	高句麗長寿王、平壌城修築
四三一	八	北魏、関中全域を占領	エフェソス公会議。ネストリウス追放。このころエフタル、ササン朝ペルシアへ侵攻
四三三	一〇	北涼の沮渠蒙遜死去。謝霊運処刑さる	
四三六	一三	北魏、北燕を滅ぼす	
四三九	一六	北魏、北涼を滅ぼし、華北を統一。南北朝時代はじまる	ヴァンダル族、カルタゴ占領
四四六	二三	北魏、仏教を弾圧	
四四九	二六	北魏、柔然に大勝	
四五〇	二七	北魏、宋の北伐に対して南征。宋、元嘉の治衰える。国史事件により、崔浩処刑され、漢人士大夫弾圧さる	
四五二	二九	太武帝、宦官に暗殺され、文成帝即位。仏教再興	
四五三	三〇	宋、文帝、皇太子に暗殺さる。皇子劉駿、太子を討って帝位に即く	フン族の王、アッティラ死去
四五四	孝建元	宋、南郡王義宣の乱	
四五九	大明三	宋、竟陵王誕の乱	
四六〇	四	北魏、雲岡石窟の開鑿はじまる	このころ、エフタル、インド侵攻
四六二	六	祖沖之、大明暦を上呈	
四六四	八	宋、孝武帝死去。前廃帝即位	
四六五	泰始元	北魏、文成帝死去。献文帝即位。馮太后摂政。宋の王族劉昶、北魏に亡命。宋、二銖銭を発行し、私鋳を許す。幣制混乱。明帝立つ	
四六六	二	宋、晋安王子勛の乱	
四六九	五	北魏、宋から青州を奪取	

四七一	七	北魏献文帝、五歳の太子宏（孝文帝）に譲位	
四七二	泰予元	柔然、魏を侵す	百済、北魏へ遣使
四七五	元徽三		高句麗長寿王、百済を攻め、蓋鹵王を殺す
四七六	四	北魏馮太后、献文帝を殺し、摂政となる	オドアケルの反乱により西ローマ帝国滅亡
四七七	昇明元	蕭道成、帝を廃し、順帝を立つ。袁粲ら蕭道成を討って敗死	
四七八	二		倭の五王最後の王・倭王武、宋へ遣使
四七九	建元元	蕭道成（高帝）受禅。斉国の建国	
四八二	四	高帝死去、武帝即位	
四八五	永明三	北魏、均田法発布	
四八六	四	北魏、三長制施行	
四九〇	八	北魏、馮太后死去。孝文帝親政開始	
四九三	一一	洛陽遷都を決定。南斉、武帝死去。廃帝立つ	テオドリック、オドアケルを討ち東ゴート王国建国
四九四	建武元	孝文帝、南朝から亡命した、王粛を鄴で引見す。胡服をやめる。龍門石窟の開削はじまる。蕭鸞、帝を殺し自立（明帝）	
四九六	三	北魏、姓族分定。前年、北魏はじめて、五銖銭を発行	フランク王クローヴィス、カトリック受洗
四九八	永泰元	南斉、王敬則の乱。明帝死去。東昏侯立つ	
四九九	永元元	孝文帝死去、宣武帝立つ。南斉、東昏侯の暴政	
五〇〇	二	蕭衍、兵を襄陽におこす	
五〇一	中興元	洛陽大修築。蕭衍、建康を制圧	
五〇二	天監元	蕭衍（梁武帝）受禅。梁朝成立し、南斉滅ぶ	
五〇五	四	梁の武帝、五経博士、学館を設置	

五〇八	七	北魏、京兆王愉の乱。高肇、彭城王勰を殺す。梁、九品の官階を十八班に改める	
五一五	一四	宣武帝死去。孝明帝立つ。霊太后胡氏摂政。大乗の賊おこる	
五一九	一八	羽林の変おこる。前年、宋雲インドへ求法の旅に出る	
五二〇	普通元	北魏の元乂、霊太后を幽閉	新羅、律令公布
五二三	四	北鎮の乱おこる。宋雲、西北インドより帰る。梁、法定通貨を鉄銭にきりかえる	百済武寧王死去
五二四	五	北魏、鎮を州に改む。乱、全土に波及	ボエティウス『哲学の慰め』
五二五	六	霊太后ふたたび摂政	
五二七	大通元	梁の武帝、同泰寺に捨身	筑紫国造磐井、九州で反す。ベネディクトゥス、モンテ・カッシノに修道院創設
五二八	二	霊太后、孝明帝を殺す。爾朱栄、洛陽に入り、太后はじめ皇族・朝士を問責し、大虐殺	トリボニアヌスら『ローマ法大全』編纂開始
五三〇	中大通二	北魏孝荘帝、爾朱栄を殺す。爾朱兆、帝を殺す	
五三一	三	爾朱氏、節閔帝を立てる。高歓は自立して廃帝を立てる。梁の昭明太子（蕭統）死去。蕭綱、太子となる（のちの簡文帝）	継体天皇死去
五三二	四	高歓、鄴を占領。爾朱氏の軍を滅ぼし、孝武帝を立てる	
五三四	六	孝武帝、洛陽から関中の宇文泰のもとに走る。高歓、孝静帝を立て鄴に遷都。宇文泰、孝武帝を殺す	ヴァンダル王国、ビザンティン帝国に滅ぼされる
五三五	大同元	宇文泰、文帝を立て、魏は東西に分裂	
五三七	三	高歓、宇文泰を攻め、沙苑で敗北	ユスティニアヌス大帝、聖ソフィア寺院奉献
五四三	九	邙山の戦いで、宇文泰、高歓に大敗	
五四七	太清元	高歓死去。高澄つぐ。侯景反す。梁の武帝、侯景の降伏を受け	

		入れる	
五四八	二	侯景の乱おこる	
五四九	三	侯景、建康を陥れる。武帝死去。簡文帝立つ	
五五〇	大宝元	高洋、孝静帝より受禅。東魏滅んで北斉成立（文宣帝）。このころ西魏、府兵制を布く	
五五一	天正元	西魏の文帝死去、子の欽（廃帝）立つ。侯景、簡文帝を殺し、漢帝と称す	
五五二	承聖元	王僧弁・陳霸先、侯景を討滅。湘東王繹、江陵で即位（元帝）。柔然を破って突厥の伊利可汗即位	仏像礼拝をめぐって蘇我・物部氏対立
五五四	三	西魏の軍、江陵を陥れ、梁の百官を関中に拉致。元帝死去	
五五五	紹泰元	陳霸先、王僧弁を殺し、蕭方智を帝とす（敬帝）	
五五六	太平元	西魏、六官の制を施行。宇文泰死去。子の覚、周公となる	
五五七	永定元	宇文覚、恭帝より受禅。西魏滅んで、周朝成立。宇文護、覚を廃して毓（明帝）を立つ。陳霸先、敬帝から受禅し、陳朝成立（武帝）	
五五九	三	北斉の文宣帝死去。廃帝立つ。陳の武帝死去。文帝立つ	
五六〇	天嘉元	北斉の常山王演、帝を廃して自立す（孝昭帝）。楊愔ら殺さる。北周の宇文護、帝を廃して宇文邕（武帝）を立つ	
五六一	二	北斉の孝昭帝死去。武成帝立つ	
五六四	五	北斉、北周の軍を破る。陳、福建の陳宝応を滅ぼし、江南統一	
五六五	六	斉の武成帝、太子緯（後王）に譲位	このころ、突厥、ササン朝ペルシアとともにエフタルを滅ぼす。ユスティニアヌス大帝死去
五六八	光大二	北周の楊忠死去し、子の堅つぐ。陳の安成王頊、帝を廃し、翌年正月、帝位に即く（宣帝）	

五七一	太建三	斉の琅邪王儼、和士開らを殺す。儼もまた殺さる	
五七二	四	周の武帝、宇文護を誅して親政。斉の名将・斛律光、殺さる	
五七三	五	斉の祖珽失脚。文林館の漢人知識人ら殺さる	
五七四	六	周の武帝、仏教・道教を弾圧す	
五七七	九	周、斉を滅ぼし、華北統一	
五七八	一〇	周の武帝死去。宣帝立つ	
五八〇	一二	北周、楊堅、実権を握り、隋王となる	
五八一	一三	楊堅、静帝を廃し、隋朝成立	
五八二	一四	隋、新都を龍首山に造営す。陳宣帝死去。後主即位	
五八三	至徳元	大興城に遷都	突厥、東西に分裂
五八九	禎明三	陳を平定し、天下統一成る。陳滅ぶ。後主捕らわれて関中へ移さる	

ワ行

マ行

ヤ行

ラ行

ハ行

ナ行

タ行

サ行

索引

本巻全体にわたって頻出する用語は省略した。

見出しに＊を付した語は、巻末の「主要人物略伝」か「歴史キーワード解説」に項目がある。

ア行

カ行

黒龍江
黒龍江省
チチハル
チャムス
ハルビン
長春
吉林
吉林省
内モンゴル自治区
ウラジオストク
赤峰
遼寧省
瀋陽
遼陽
張家口
フフホト
承徳
北京市
北京
秦皇島
朝鮮民主主義人民共和国
日本海
平壌
大同
天津
天津市
大連
黄河
河北省
ソウル
太原
石家荘
煙台
威海
淄博
山東半島
大韓民国
山西省
済南
青島
泰山
山東省
黄海
釜山
臨汾
臨沂
洛陽
開封
鄭州
徐州
連雲港
函谷関
日本
河南省
江蘇省
安徽省
南京
無錫
合肥
蕪湖
上海
蘇州
上海市
湖北省
長江
武漢
杭州
紹興
洞庭湖
浙江省
東シナ海
南昌
長沙
江西省
湖南省
那覇
福州
福建省
台北
廈門
台湾
広東省
広州
高雄
マカオ
香港
太平洋
海口
南シナ海
フィリピン

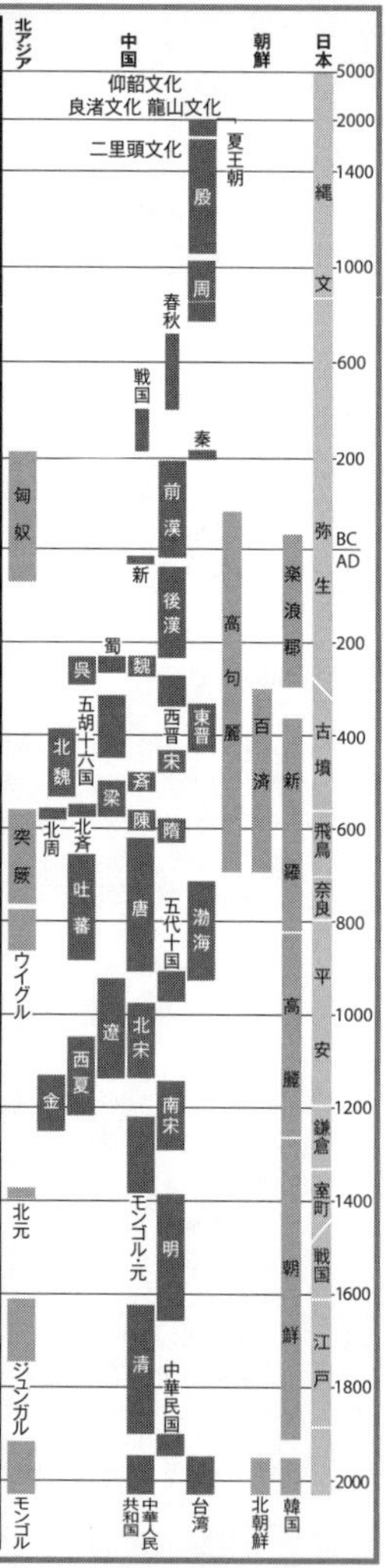
北アジア
中国
朝鮮
日本
5000
仰韶文化
良渚文化 龍山文化
2000
二里頭文化
夏王朝
1400
殷
縄文
1000
周
春秋
600
戦国
秦
200
匈奴
前漢
弥生
BC
AD
新
後漢
高句麗
楽浪郡
200
蜀
魏
呉
五胡十六国
西晋
東晋
百済
古墳
400
北魏
宋
斉
新羅
梁
北周
北斉
陳
隋
600
飛鳥
突厥
吐蕃
唐
五代十国
渤海
奈良
800
ウイグル
平安
遼
北宋
1000
高麗
西夏
金
南宋
1200
鎌倉
モンゴル・元
北元
室町
1400
明
戦国
朝鮮
1600
江戸
ジュンガル
清
中華民国
1800
モンゴル
中華人民共和国
台湾
北朝鮮
韓国
2000

現代の中国

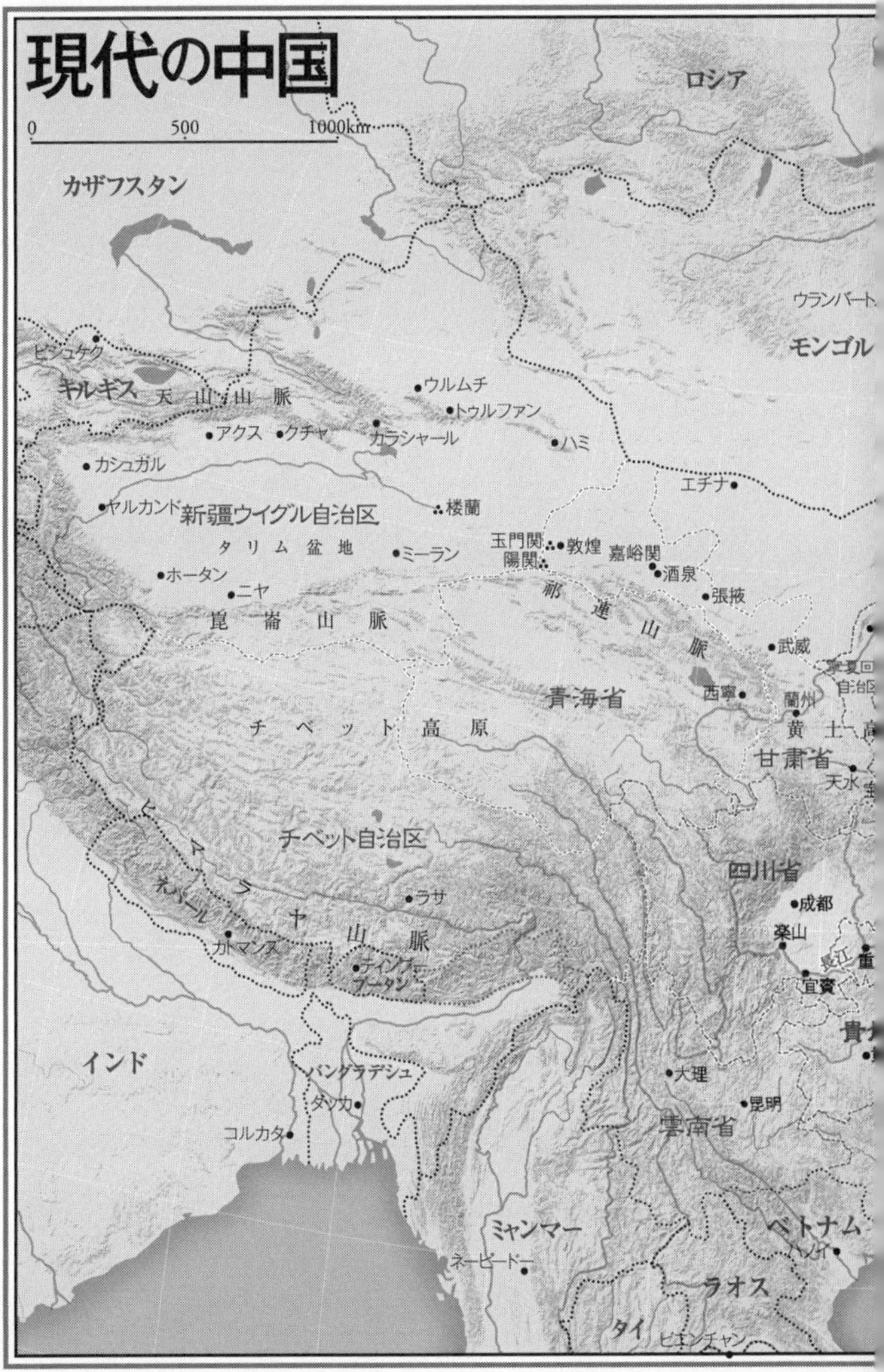
0
500
1000km
ロシア
カザフスタン
モンゴル
ビシュケク
キルギス
天山山脈
ウルムチ
トゥルファン
アクス
クチャ
カラシャール
ハミ
カシュガル
エチナ
ヤルカンド
新疆ウイグル自治区
楼蘭
タリム盆地
ミーラン
玉門関
敦煌
陽関
嘉峪関
酒泉
ホータン
ニヤ
張掖
祁連山脈
崑崙山脈
武威
青海省
西寧
蘭州
チベット高原
甘粛省
天水
チベット自治区
四川省
ヒマラヤ山脈
ネパール
ラサ
成都
楽山
カトマンズ
ティンプー
ブータン
長江
宜賓
インド
バングラデシュ
大理
ダッカ
昆明
コルカタ
雲南省
ミャンマー
ベトナム
ネーピードー
ハノイ
ラオス
タイ
ビエンチャン

KODANSHA

本書の原本は、二〇〇五年二月、小社より刊行されました。

川本芳昭（かわもと　よしあき）

1950年長崎県生まれ。九州大学文学部卒業。九州大学大学院文学研究科博士課程単位取得退学。佐賀大学教養部助教授，九州大学大学院人文科学研究院教授などを経て，現在，九州大学名誉教授。主な著書に『魏晋南北朝時代の民族問題』『中国史のなかの諸民族』『東アジア古代における諸民族と国家』など。

講談社学術文庫

定価はカバーに表示してあります。

中国の歴史５

中《ちゅう》華《か》の崩壊《ほうかい》と拡大《かくだい》　魏晋南北朝《ぎしんなんぼくちょう》

川本芳昭《かわもとよしあき》

2020年12月９日　第１刷発行
2023年９月４日　第４刷発行

発行者　髙橋明男
発行所　株式会社講談社
東京都文京区音羽 2-12-21 〒112-8001
電話　編集（03）5395-3512
販売（03）5395-4415
業務（03）5395-3615
装　幀　蟹江征治
印　刷　株式会社ＫＰＳプロダクツ
製　本　株式会社国宝社
本文データ制作　講談社デジタル製作

ISBN978-4-06-521906-5

「講談社学術文庫」の刊行に当たって

これは、学術をポケットに入れることをモットーとして生まれた文庫である。学術は少年の心を養い、成年の心を満たす。その学術がポケットにはいる形で、万人のものになることは、生涯教育をうたう現代の理想である。

こうした考え方は、学術を巨大な城のように見る世間の常識に反するかもしれない。また、一部の人たちからは、学術の権威をおとすものと非難されるかもしれない。しかし、それはいずれも学術の新しい在り方を解しないものといわざるをえない。

学術は、まず魔術への挑戦から始まった。やがて、いわゆる常識をつぎつぎに改めていった。学術の権威は、幾百年、幾千年にわたる、苦しい戦いの成果である。こうしてきずきあげられた城が、一見して近づきがたいものにうつるのは、そのためである。しかし、学術の権威を、その形の上だけで判断してはならない。その生成のあとをかえりみれば、その根は常に人々の生活の中にあった。学術が大きな力たりうるのはそのためであって、生活をはなれた学術は、どこにもない。

開かれた社会といわれる現代にとって、これはまったく自明である。生活と学術との間に、もし距離があるとすれば、何をおいてもこれを埋めねばならない。もしこの距離が形の上の迷信からきているとすれば、その迷信をうち破らねばならぬ。

学術文庫は、内外の迷信を打破し、学術のために新しい天地をひらく意図をもって生まれた。文庫という小さい形と、学術という壮大な城とが、完全に両立するためには、なおいくらかの時を必要とするであろう。しかし、学術をポケットにした社会が、人間の生活にとってより豊かな社会であることは、たしかである。そうした社会の実現のために、文庫の世界に新しいジャンルを加えることができれば幸いである。

一九七六年六月

野間省一

学術文庫版

興亡の世界史 全21巻

編集委員＝青柳正規　陣内秀信　杉山正明　福井憲彦

アレクサンドロスの征服と神話……………森谷公俊
シルクロードと唐帝国……………森安孝夫
モンゴル帝国と長いその後……………杉山正明
オスマン帝国500年の平和……………林　佳世子
大日本・満州帝国の遺産……………姜尚中・玄武岩
ロシア・ロマノフ王朝の大地……………土肥恒之
通商国家カルタゴ……………栗田伸子・佐藤育子
イスラーム帝国のジハード……………小杉　泰
ケルトの水脈……………原　聖
スキタイと匈奴　遊牧の文明……………林　俊雄
地中海世界とローマ帝国……………本村凌二
近代ヨーロッパの覇権……………福井憲彦
東インド会社とアジアの海……………羽田　正
大英帝国という経験……………井野瀬久美惠
大清帝国と中華の混迷……………平野　聡
人類文明の黎明と暮れ方……………青柳正規
東南アジア　多文明世界の発見……………石澤良昭
イタリア海洋都市の精神……………陣内秀信
インカとスペイン　帝国の交錯……………網野徹哉
空の帝国　アメリカの20世紀……………生井英考
人類はどこへ行くのか……………大塚柳太郎　応地利明　森本公誠
松田素二　朝尾直弘　ロナルド・トビほか

いかに栄え、なぜ滅んだか。今を知り、明日を見通す新視点！